陕西师范大学"一带一路"智库集成

丝绸之路通鉴

主编＝甘晖
副主编＝游旭群　周伟洲

丝绸之路经济带产业集群价值网络的演化与重构

雷宏振　贾妮莎　兰娟丽　孙军娜　李芸　著

陕西师范大学出版总社

图书代号　SK17N0127

图书在版编目(CIP)数据

丝绸之路经济带产业集群价值网络的演化与重构/雷宏振等著.—西安:陕西师范大学出版总社有限公司,2016.12
（丝绸之路通鉴／甘晖主编）
ISBN 978-7-5613-8632-3

Ⅰ.①丝… Ⅱ.①雷… Ⅲ.①丝绸之路—经济带—产业集群—研究—中国 Ⅳ.①F269.23

中国版本图书馆CIP数据核字(2016)第225006号

丝绸之路经济带产业集群价值网络的演化与重构
SICHOUZHILU JINGJIDAI CHANYE JIQUAN JIAZHI WANGLUO DE YANHUA YU CHONGGOU
雷宏振　贾妮莎　兰娟丽　孙军娜　李芸　著

出版统筹	刘东风
责任编辑	刘　定
责任校对	仲济云
装帧设计	杨　柯
封面插图	崔　彬　李文炯
出版发行	陕西师范大学出版总社
	（西安市长安南路199号 邮编710062）
网　　址	http://www.snupg.com
印　　刷	中煤地西安地图制印有限公司
开　　本	720mm×1020mm　1/16
印　　张	25.75
插　　页	2
字　　数	340千
版　　次	2016年12月第1版
印　　次	2016年12月第1次印刷
书　　号	ISBN 978-7-5613-8632-3
定　　价	50.00元

读者购书、书店添货或发现印刷装订问题,请与本社营销部联系、调换。
电话:(029)85307864　85251046(传真)

《丝绸之路通鉴》序一

中国古代有一条历时久远的经由中亚通往南亚、西亚以及欧洲、北非的陆上贸易通道,通过此道,产自中国的丝、丝织品、陶瓷等物品运送到了以上地区,由于其运送的货物以丝绸制品影响最大,故称"丝绸之路"。1877年,德国地理学家李希霍芬在其出版的《中国》一书中,把"从公元前114年至公元127年间,连接中国和河间地区(指中亚阿姆河与锡尔河之间地带)、中国与印度以丝绸贸易为媒介的这条西域交通道路"命名为"丝绸之路",简称"丝路"。这一称谓被学术界和民间所接受,并广为沿用。其后,德国历史学家赫尔曼在20世纪初出版的《中国与叙利亚之间的古代丝绸之路》一书中,依据新发现的考古资料,把丝绸之路延伸至地中海西岸和小亚细亚,确定了"丝绸之路"的基本内涵,即中国古代经过中亚通往南亚、西亚以及欧洲、北非的陆上贸易通道。

虽然人们在对商代帝王武丁配偶坟茔的考古中,已发现了产自新疆的软玉,证明至少在公元前13世纪,中原已开始和西域乃至更远的地区有商贸往来,但是严格意义上的丝绸之路奠定于两汉时期。西汉张骞出使西域时开辟的以长安(今陕西西安)为起点,经由甘肃、新疆,到中亚、西亚,并连接地中海沿岸各国的陆上通道已经形成,这条通道被称为"西北丝绸之路"。公元前119年,张骞第二次出使西域,经4年时间先后到达乌孙、大宛、康居、大月氏、大夏、安息、身毒等国,扩大了与西域各国的交往。张骞出使西域,最初主要是出于制御匈奴的考虑,后来则演变为"广地万里,重九译,致殊俗,威德遍于四海",即旨在保护疆域和发展经济。汉武帝曾招募大量商人,到西域各国经商,由此吸引了更多人从事丝路贸易活动,极大地推动了中原与西域之间的物质文化交流。之后,汉宣帝于神爵二年(前60),设立了直接管辖西域的机构——西域都护府,屯田于乌垒城(今新疆轮台东),以保障西域商路的通畅。随着汉朝在西域设立官员,丝绸之路日渐繁荣,大量丝帛锦绣源源不断西运,同时西域各国的珍奇异物也输入中原。到魏晋时,东西方商业往来仍然不断,位于丝路咽喉要地的敦煌,就是当时胡商的重要聚集地之一。到公元5—6世纪时,中国南北朝分立,但东西方沿丝路的交往却一直没有中断。北魏建国后不久就派使者前往西域,以后中亚各国的贡使、商人常聚集于平城(今山西大同东北),从事商业贸易。北魏迁都洛阳后,洛阳又成为各国商人的荟萃之地。至隋时,隋炀帝还曾派黄门侍郎裴矩到张掖招徕西域商人,说明当时丝路依然兴旺。

到7世纪后,唐代社会的繁荣使西北丝绸之路再度兴旺。唐王朝借着击破突厥的时机,一举控制了西域各国,并在伊州、西州、庭州三地设立同于内地的州县,在龟兹、于阗、疏勒、碎叶设立安西四镇,作为唐朝政府控制西域的机构,驻兵设防,并新修了玉门关,再度开放沿途各关隘。唐不仅打通了天山北路的丝路分线,还将西线延伸至中亚,使丝绸之路更为通畅。当时的长安、洛阳有大量商胡出入,已呈现出国际大都会的风貌。丝绸之路不仅是东西方商业贸易之路,也是中国和亚欧各国政治、文化交流的通道。西方的音乐、舞蹈、绘画、雕塑、建筑以及天文、历算、医药等,也通过此路先后传入中国。源于西亚、中亚的祆教、摩尼教、景教、伊斯兰教等宗教以及源于印度的佛教,也通过丝路传入中国,产生了深远影响。而中国的纺织、造纸、印刷、火药、指南针、制瓷、绘画以及儒家、道教等，也通过此路传向西方，产生了较大的影响。

从9世纪末到11世纪，中国政治、经济、文化中心向东南沿海转移，加之阿拉伯世界的兴起，东西方海上往来逐渐频繁起来；又由于中国西北地区各民族政权的分裂、对立，丝路安全难以保障，西北这条陆上通道的重要性逐渐降低，而相对稳定的南方对外贸易则明显增加，遂带动了南方丝绸之路和海上丝绸之路的兴起和繁荣，成都和泉州也因此成为南方的经贸大城。中国人此时开始将他们发明的指南针和其他先进科技运用于航海，海上丝绸之路迅速发展起来。

如果从发展的视角和广泛的意义上说，丝绸之路主要有三条：西北丝绸之路、南方丝绸之路和海上丝绸之路。海上丝绸之路是陆上丝绸之路的延伸，形成于宋元时期。海上丝绸之路不仅运送丝绸，还运送瓷器、糖、五金以及香料、药材、宝石等货物。由于运输货物品种的不同，海上丝路也出现了一些别称，如"陶瓷之路""香料之路"等。海上丝绸之路早已存在，《汉书·地理志》所载海上交通路线，实为早期的海上丝绸之路。当时海船载运的"杂缯"，即各种丝绸。海上丝绸之路的起航线可分为东海和南海两支。东海起航线从中国的东南沿海经由朝鲜至日本；南海起航线则从雷州半岛起，途经今越南、泰国、马来西亚、缅甸等国，远航至新加坡、印度等地。到宋代时，泉州、广州和明州成为海上丝绸之路最大的海港，通常将泉州作为海上丝绸之路的起点。南方丝绸之路，起点为四川成都，经"灵关道""朱提道""夜郎道"三路，进入云南，在楚雄汇合后并入"博南古道"，跨过澜沧江，再经"永昌道""腾冲道"，在德宏进入缅甸、印度等地。丝绸之路的多途打通，让中国通往西方的商路更得以扩展。这就将中原、西域与阿拉伯、波斯湾等地紧密联系在一起，向西延伸到了地中海地区，以至可到达法国、荷兰、意大利、埃及，向东到达韩国、日本。不过,这已不同于原来意义上的丝绸之路了,可视其为广义的丝绸之路。

2000多年前兴起的丝绸之路被誉为全球重要的商贸大动脉,有力地促进了东西方的经济文化交流,所以在一定意义上说,它是经济全球化的早期版本。同时,作为东西方商品交易和文化交流的通道,在交往的过程中也加深了沿线各国人民之间的友谊,所以它也是东西方友好往来的历史记录和象征。

历史翻开了新的一页。当世界步入21世纪,贸易和投资在古丝绸之路上再度活跃。2013年9月7日,习近平主席访问哈萨克斯坦的时候,提出用创新的合作模式,共同建设"丝绸之路经济带",以点带面,从线到片,逐步形成区域的大合作。这是中国领导人在国际场合公开提出共同建设丝绸之路的重大战略构想。到2016年10月,这个重大的战略构想越来越丰富,越来越受到许多国家的欢迎。习近平总书记在2016年9月3日杭州G20峰会的开幕式上有这样一段话,他说:"一带一路倡议旨在同沿线国家分享中国的发展机遇,实现共同繁荣。中国对外开放不是要一家唱独角戏,而是要欢迎各方共同参加……不是要营造自己的后花园,而是要建设各国共享的百花园。"

此外,2014年中国国家主席习近平在阐述中国特色外交理念的时候提出打造人类命运的共同体。2015年9月28日,在纽约第七十届联合国大会的一般性辩论阶段,他对这个理念做了系统的阐述,他说:"在联合国迎来又一个十年之际,让我们更加紧密地团结起来,携手构建合作共赢新伙伴,同心打造人类命运共同体。"2015年10月16日,在世界减贫与发展高层论坛上,习近平主席发表主旨演讲,阐述消除贫困是人类共同的使命。

综上所述,可以看出,习近平主席关于推进"一带一路"建设的思想和论述,是在新的历史条件下,关于实现世界和平、发展、繁荣、公平、正义的完整理论。我们需要深入学习、研究。

陕西师范大学地处丝绸之路的起点西安,具有独特的地缘优势,该校学者积极响应国家建设"丝绸之路经济带"的战略构想,充分发挥学校的学科优势和学者各自的专业特长,撰写了"丝绸之路通鉴"丛书,洋洋数万言,从不同角度阐发了"一带一路"所涉及的许多重大理论和实践问题,这是一件有重大意义的事。正如甘晖书记在《总序》中所说,该丛书之所以取名"通鉴","意在借鉴历史,透析现状,着眼未来,贯穿千年时域,探求发展趋势;意在立足中国,深入沿线,胸怀全局,经略万里空间,厘清错综关系;意在研究战略,丰富内涵,解决问题,横跨宏观、中观与微观,打通理论与实践;意在聚焦经贸,关注人文,促进合作,智慧应对世界形势变换,为'一带一路'国家战略的推进提供全领域、全视角、体系化的智力支撑"。我认为,如果这些想法得以贯彻,"通鉴"一定能够对"一带一路"战略在理论上有较大推进,且为"一带一路"的实施提供有价值的智力支持。

专注于研究"一带一路"的"丝绸之路通鉴"丛书的撰写,需要多种学科的通力合作。"通鉴"正是从丝路的历史、政治、经济、文化、社会、生态等多个领域来进行研究,带有鲜明的系统性特点。作者聚焦"一带一路"一些重大理论和现实问题,尤其是"一带一路"建设中的一些突出的矛盾和问题,提出了各自的看法、观点,可供参考。该丛书第一批出版的著作,就很有分量,既有学术性,又有实践性。其中《英雄在线:丝绸之路的开辟者和捍卫者》《丝绸之路与文明交往》《丝绸之路最早的东方起点:西汉长安城》《天山廊道:清代天山道路交通与驿传研究》等,从不同角度探讨了丝绸之路的历史;《西北丝绸之路上的汉字流传史》则属于丝绸之路的专门史研究;还有一些是专门研究丝绸之路经济战略的著作,如《打造丝绸之路经济带上的战略高地——陕西经济发展研究》《丝绸之路经济带产业集群价值网络的演化与重构》《丝绸之路经济带上生物多样性的经济价值识别、展示与捕获研究》;而《文化集聚·文化街区·文化地域:重塑丝绸之路的新起点》《丝绸之路上的遗址美术》《汉唐丝绸之路漆艺文化研究》《丝绸之路上的体育交流与发展》《丝绸之路经济带沿线国家体育文化交流问题研究》,则是关于丝绸之路文化交流、文化交流史的专门性著作。

相信该丛书的出版,一定能对"一带一路"的理论深化有所推进,一定能对助力"一带一路"国家战略的实施发挥积极而重要的作用。

《丝绸之路通鉴》序二

2000多年前,丝绸之路从长安发端,或从秦岭脚下穿越荒漠、草原,横贯欧亚大陆,或扬帆太平洋、印度洋沿岸众多港口和岛屿并蜿蜒至欧洲,跨越不同文化区域,推动华夏文明、印度文明、伊斯兰文明、欧洲文明的汇通,实现中西方物质特产和精神智慧的大融合。其波澜壮阔与坚韧竞合的画卷,展现了历史的宏伟与多彩。

千百年来,丝路精神薪火相传,成为促进沿线各国繁荣发展的重要纽带,推进了人类文明进步。进入21世纪,世界步入全新阶段,丝绸之路被赋予新的内涵和期望,焕发出新的生机与活力。在这一重要时点,国家提出"一带一路"战略构想,并迅速从规划落地为行动,成为重塑中国未来发展路径与发展空间的战略支点。

经世致用,服务国家,"丝绸之路通鉴"丛书应运而生。

一、古丝绸之路是人类历史最珍贵的遗产之一

1868年,德国地理与地质学家李希霍芬对中国地貌和地理进行了规模宏大的考察,发现在古代中国的北方曾经有过一条横贯亚洲大陆的交通大动脉。1910年,德国历史学家赫尔曼《中国和叙利亚之间的古代丝绸之路》一书,完成了对丝绸之路的学术认证,丝绸之路为世人所熟知。1927年,中瑞西北科学考察团到中国西部地区进行综合考察,第一次实现了对丝绸之路沿线珍贵文物的发掘、搜集、整理与保管,古丝绸之路的面貌得以较全面地复原。

丝绸之路因运输西方视同珍宝的中国丝绸而得名。考古资料证明,

丝绸之路早已存在,商周至战国时期,中国的丝绸就经西北各民族之手少量地辗转贩运到中亚和印度。

建元二年(前139),奉汉武帝之命,由匈奴人甘父做向导,张骞率领一百多人出使西域,打通了汉朝通往西域的南北道路,即丝绸之路。神爵二年(前60),汉置西域都护,屯田于乌垒城,以保西域通道通畅。魏晋时期,东西商业往来不断,位于丝绸之路咽喉重地的敦煌成为往来客商的聚集地之一。5—6世纪时,南北朝分立,但沿丝路的东西交往却进一步繁荣。隋炀帝时曾派黄门侍郎裴矩到张掖招徕西域商人。唐时则在伊州、西州、庭州设州,在龟兹、于阗、疏勒、碎叶等安西四镇驻兵,保证丝绸之路畅通。

9世纪末到11世纪,随着中国政治、经济、文化中心向东南沿海转移,及阿拉伯世界的兴起,东西方的海上往来逐渐增多。同时,中国西北地区政权分立,丝绸之路安全难以保障,陆上通道的重要性大大降低。蒙元时期,蒙古西征和对中亚、西亚广大地区的直接统治,使东西驿路再度通畅,丝绸之路又繁荣一时。明清采取闭关政策,虽出嘉峪关经哈密去中亚的道路未断,但陆上丝绸之路已远不如海上丝绸之路重要了。

虽有诸多争论,但大体来看,古丝绸之路主要包括四条路线。第一条是沙漠绿洲丝绸之路。从中国洛阳或长安出发,经甘肃河西走廊,至敦煌,沿昆仑山北麓和天山南北麓分三道,越葱岭通往中亚、欧洲和非洲,兴盛于汉唐时期。该路核心段因位于干旱缺水的亚洲内陆沙漠绿洲之间,故被中外学者称为"沙漠绿洲丝绸之路"。第二条是海上丝绸之路,分东海丝绸之路和南海丝绸之路。历史上有三大航线:东海航线由中国沿海海港至朝鲜、日本;南海航线由中国沿海海港至东南亚诸国;西洋航线由中国沿海海港至南亚、阿拉伯和东非。海上丝绸之路始于周,兴盛于宋元时期。中国通过海上丝绸之路往外输出的商品主要是丝绸、瓷器、茶叶等,运回国内的主要是香料、花草等,因此,亦称"瓷器之路"

"香丝之路"。第三条是西南丝绸之路。从中国四川成都,向西南到印度,再通往南亚、中亚、欧洲国家。因沿途山道崎岖,又称"高山峡谷之路"。第四条是草原丝绸之路。由中原地区向北越过古阴山(今大青山)、燕山一带的长城,西北穿越蒙古高原、南俄草原、中西亚北部,直达地中海北部的欧洲地区。因途径之地主要为游牧地区,故称"草原丝绸之路",又因往来贸易的主要商品是毛皮、金银和茶叶,又称"金银之路""皮毛之路"。

丝绸之路各线尽管起始时间不同,贸易货品不一,却将不同文明由隔绝孤立推向开放交融,成为东西友好交往的象征。它是人类文明竞合融汇的"搅拌器",是世界多样性发展的"分离机"。西方的音乐、舞蹈、绘画、雕塑、建筑等艺术,天文、历算、医药等科技知识,佛教、祆教、摩尼教、景教、伊斯兰教等宗教,通过此路先后传来中国,并在中国产生了很大影响。中国的纺织、造纸、印刷、火药、指南针、制瓷等工艺,绘画等艺术,儒家、道教等传统思想,也通过此路传向西方,产生了持久影响。

丝绸之路给中国和其他沿线国家留下了丰厚的文化遗产。在中国多年引领和推动下,包含中、哈、吉 3 国 33 处遗迹的丝绸之路跨国联合申遗在 2014 年取得成功,成为世界上第一个以联合申报的形式成功列入世界遗产名录的丝绸之路项目,也是联合国教科文组织确定的丝绸之路 54 个廊道中第一个成功申遗的项目。国家文物局局长刘玉珠 2016 年 9 月 20 日在甘肃敦煌首届丝绸之路国际文化博览会"丝绸之路文化遗产国际论坛"上介绍,在此前陆上丝绸之路申遗成功的基础上,中国正推动海上丝绸之路申遗。

二、新丝绸之路在 21 世纪焕发出新的生机

作为经济全球化的早期版本,2000 多年前兴起的丝绸之路被誉为全球重要的商贸大动脉。岁月变迁,20 世纪末 21 世纪初,贸易和投资

在古丝绸之路上再度活跃。如今,旨在强化东亚和中亚联系的"新丝绸之路"(New Silk Road)概念已经成型,并引起了中、美、印、俄等国的重视。

1990年9月12日,中国北疆铁路与苏联土西铁路胜利接轨。这是继苏联西伯利亚大陆桥之后,第二条连接亚欧大陆的通道,沿途连接40余国,是一条名副其实的国际大通道。新亚欧大陆桥的贯通,成为丝绸之路焕发生机的标志性事件,使传播过古老文明和象征传统友谊的丝绸之路再一次焕发光彩。

2013年9月7日,习近平主席在哈萨克斯坦纳扎尔巴耶夫大学发表重要演讲,首次提出了加强政策沟通、道路联通、贸易畅通、货币流通、民心相通,共同建设"丝绸之路经济带"的战略倡议。2013年10月3日,习近平主席在印度尼西亚国会发表重要演讲,明确提出,中国致力于加强同东盟国家的互联互通建设,愿同东盟国家发展好海洋合作伙伴关系,共建"21世纪海上丝绸之路"。"一带一路"战略赋予了丝绸之路崭新的含义,新丝绸之路概念一经提出,便引起全球高度关注和沿线国家的积极响应,亚太主要地区国家也纷纷提出了各自的新丝绸之路构想。

美国的新丝绸之路战略是对2014年后阿富汗和中亚地区的主要战略规划,继承和沿袭了美国历届政府的中亚战略,背后隐藏着美国在中亚地区巨大的地缘政治目标和利益,即在中亚地区排除俄罗斯、中国和伊朗的影响,将中亚国家引向南亚。2011年7月,时任美国国务卿的希拉里在美国学者弗雷德里克·斯塔尔新丝绸之路构想的基础上,提出了新丝绸之路战略,力图在美国主导下形成以阿富汗为中心的"中亚—阿富汗—南亚"交通经贸合作网络,实现这一区域的商品北上和能源南下。这一战略是美国"亚太再平衡"战略的补充。新丝绸之路战略提出后,美国即着手实施该战略并取得一定进展,但由于阿富汗安全形势不佳以及融资、地区国家间的竞争、美国地区战略本身的矛盾性以及气源等问题,美国新丝绸之路战略仍然充满了不确定性。2014年,美国常务副国务卿威廉·伯恩斯在一份政策报告中称,美国新丝绸之路战略的一大核心是为中亚建立一个区域能源市场,重点推进"土库曼斯坦—阿富汗—巴基斯坦—印度"天然气管道建设,打造"中亚—阿富汗—南亚"电力网络,打通中亚通往南亚的能源通道。

印度迄今为止还没有清晰的新丝绸之路战略,并在一定程度上有追随美国的意思。印度是美国中亚战略的重要支持者,作为阿富汗重建的第五大援助国,过去10年的花费超过20亿美元。从印度自身来讲,其新丝绸之路规划相对单纯,主要着眼于能源保障和贸易通道。2012年,印度经历了人类历史上最大的断电事件,6亿多人受到影响,却无法利用近在咫尺的中亚能源。印度总理莫迪自2014年上任以来,与存在历史恩怨的国家开始了前所未有的合作。印度是亚投行的创始成员之一。2015年5月,印度与孟加拉国签署了已搁置40余年的《陆地边界协议》。印度参与新丝绸之路建设的实质动作也越来越多。

2002年,俄罗斯与印度、伊朗联合推出"南北走廊计划",打算建设起始于印度,途径伊朗、高加索、俄罗斯,最后直达欧洲的铁路、公路和海运等。2010年1月1日,俄罗斯、白俄罗斯、哈萨克斯坦三国共同启动建立推动欧亚经济一体化的"俄白哈关税同盟",拟建立统一的关税制度。该同盟对"欧亚联盟"起到了重要的推动作用,一方面有利于欧亚地区经济基础设施的建设,另一方面有利于各地区安全合作框架的构建。2011年10月,俄罗斯总统普京正式提出"欧亚联盟战略",要同独联体国家一同建立关税联盟和欧亚经济共同体,从而推动更高层次的、更广泛内容的一体化组织。这一战略被看作俄罗斯版的新丝绸之路战略。

另外日本、韩国也基于亚欧经济合作提出了丝绸之路构想。主要亚太国家纷纷推进新丝绸之路战略,一方面预示中国的"一带一路"战略将面临全新的博弈与竞争,另一方面也表明新丝绸之路具有巨大的潜力和活力。

三、"一带一路"将重新定义中国未来发展空间

2015年3月,国家发展改革委、外交部、商务部经国务院授权发布《推动共建丝绸之路经济带和21世纪海上丝绸之路的愿景与行动》(以下简称《愿景与行动》),阐述了"一带一路"建设的时代背景、共建原则、框架思路、合作重点、合作机制等,为"一带一路"建设指明了方向。仅仅2年多时间,"丝绸之路经济带"和"21世纪海上丝绸之路"就已经从倡议变成实践,从国家战略落地为国家行动,进入务实合作阶段。从筹建亚投行到成立丝路基金,再到国家开发银行的近千个项目,"一带一路"建设取得明显进展,获得多方积极响应,不仅为各方在投资、贸易、金融、文化和旅游等领域的深化合作奠定了坚实基础,也给沿线各国民众带来了实实在在的好处。

从战略上看,"一带一路"将重新拓展和定义中国未来的发展空间。众多学者对此多有著述,可概括为以下几个方面:

首先,"一带一路"将加速亚洲和亚太经济一体化进程,中国将成为推动世界持续发展的新重心。"一带一路"战略将成为亚洲经济一体化的"两翼",有效连接中亚、西亚、东南亚、南亚、东北亚等地区,显著改善区域内的整体基础设施互联互通状况和营商环境。作为世界经济增长的重要引擎,亚洲已日渐成为经济全球化的中坚力量。"一带一路"战略涵盖亚洲26个国家和地区,拥有44亿人口和20多万亿美元的经济规模。在后国际金融危机时代,作为世界经济增长火车头的中国,将发挥自身的产能优势、技术与资金优势、经验与模式优势、市场与合作优势,通过"一带一路"建设促进亚洲国家分享中国改革发展红利,夯实亚

洲经济一体化的基础,成为推动世界持续发展的新重心。

其次,"一带一路"将打破亚欧大陆长期封闭的状态,中国在推动世界均衡发展的同时将获得新的战略发展空间。亚欧大陆是世界上最大的陆地,面积近5000万平方千米,占全球陆地面积的1/3,东西跨度超过1万公里,是世界上最具潜力的经济带。"一带一路"将通过打破亚欧大陆长期封闭的状态,带动内陆国家加快开发开放,实现均衡发展,改变历史上中亚等丝绸之路沿途地带只是作为东西方贸易、文化交流的过道而成为发展洼地的状况,将超越欧美主导全球化造成的贫富差距、地区发展不平衡,形成推动全球均衡发展的新格局。

再次,"一带一路"将打造利益共享的全球价值链,中国将在共同打造全球价值链的过程中获益。当前,世界经济仍处于深度调整期,低增长、低通胀、低需求同高失业、高债务、高泡沫等风险交织,气候变化、能源安全、粮食安全等全球性挑战不断增多,不仅发展中国家需要实现可持续性的经济转型,发达国家也需要促进经济转型。"一带一路"沿海国家多数精于制造业,而内陆国家资源丰富,能源供给充足,庞大的"中国市场"将为沿线国家经济持续增长提供新动力。随着"一带一路"的发展,沿线会形成发达的经济中心、文化中心,通过全方位的国际合作解决自身的问题,更有效地融入全球经济。

最后,"一带一路"将促进人类建设命运共同体,中国将成为推动世界和平发展的重要力量。"一带一路"继承了古丝绸之路开放兼容的历史传统,同时也吸纳了亚洲国家"开放的区域主义"精神,体现了世界各国谋求发展的现实需求。无论从历史还是现实来看,"一带一路"都为人类命运共同体建设提供了重要的路径和战略支撑。"一带一路"不是单一国家的战略,不是把一国利益凌驾于他国利益之上甚至全球利益之上的战略。"一带一路"坚持共商共建、共创共享原则,不搞封闭机制,有意愿的国家和经济体都可参与,成为"一带一路"的支持者、建设者和受益者。"一带一路"将加速人类命运共同体建设,构建各方融合发展的新格局,为各方带来更大发展机遇,共同建造和平、增长、改革、文明的未来世界。

"一带一路"战略是我党十一届三中全会以来,中国对外开放由点到线、由线到面、由面到系统的和平发展战略方针,它将不仅促进经济要素在全球的有序流动和市场的深度融合,而且推进沿线各国的经济政策协调,实现更为和谐的区域经济合作。更为重要的是,"一带一路"战略打开了中国的经贸合作圈、文化合作圈,将大大拓展中国21世纪的发展空间。

四、"一带一路"机遇与挑战并存

"一带一路"战略勾画出了中国走向综合性全球大国的路线图,在带给中国和沿线国家重大福利和机遇的同时,在实施过程中也面临诸多挑战,同时也充满了政治风险、经济风险、安全风险、企业经营风险、文化冲突风险。

政治风险。首先,政治体制差异大,一些国家政局不稳。"一带一路"战略涉及60多个对象国、40多亿人口,参与国既有社会主义国家,也有资本主义国家,还有君主制的阿拉伯国家,意识形态上的相互理解不一定成为根本性的障碍,但从历史看确实会成为影响国家间关系的重要因素。其次,沿线的东南亚、南亚、中亚、西亚地区政治形势复杂,政局不稳,对政策的连续性有很大影响。此外,一些国家的政治势力出于自身政治目的,有意煽动"中国威胁论",以阻止或延宕中国战略的实施。再次,大国博弈风险。在"一带一路"的战略布局当中,不同国家基于不同诉求都有其各自的国家战略,这其中甚至还涉及"一带一路"以外的一些国家的战略利益问题。美国、印度、俄罗斯、日本、韩国等与"一带一路"都有一定的竞争关系和利益冲突,如何处理好这些关系事关重大。同时,"一带一路"沿线一些国家其国内始终存在着反华势力,如印度尼西亚、越南等国。随着社交媒体的广泛运用,这些国家的政治越来越受底层民众民粹意识的裹挟,其中一些领导人可能会以中国因素来解释经济失败,以排华的方式来谋求个人政治利益。如果地区安全得不到保证,欧亚地区国家相互之间不能理解,"一带一路"建设就可能付之东流。

经济风险。实施"一带一路"战略存在着众多经济风险或潜在经济风险。首先,经济发展水平不平衡,对接耦合难度大。沿线国家中,一些国家法律较为健全,市场经济程度较高;一些国家较为封闭,主要为传统经济;还有一些国家处于两者之间,这在一定程度上加大了合作的难度和力度。其次,债务违约风险。"一带一路"沿线国的投资环境整体上不如中国与欧美发达国家,部分参与"一带一路"计划的国家存在着巨额的经常项目赤字、较差的经济基本面,这使其成为高风险债务人。第三,项目泡沫化风险。据有关研究,2015年中国各省"两会"政府工作报告中关于"一带一路"基建投资项目总规模已超过1万亿元人民币,涉及项目近1000个。如此庞大的投资能否落地,众多项目投资资金从何而来,通过何种方式去融资,如何保证海外投资的安全等,值得警惕。

安全风险。"一带一路"战略面临着巨大的传统安全风险与非传统安全风险。传统安全风险方面,如大国地缘政治的博弈,领土、岛屿争端,区域内个别国家政局动荡,等。非传统安全风险方面,如经济安全、金融安全、恐怖主义威胁、跨国有组织犯罪等。中国"一带一路"战略与美国的全球战略相比,其根本区别在于中国更侧重于经济、文化的交流,而非谋求军事霸权。这也意味着"走出去"的中国企业与公民很多时候缺乏国家直接的强力保护。

企业经营风险。当前,中国在"一带一路"沿线国家的资本输出,基本上是以企业投资海外基础工程建设为主要途径。与高技术含量、高回报率的经济领域相比较,基础建设存在着投入大、周期长、不确定因素较多等问题。在一些比较落后的区域,铁路、港口等基础建设实际上很难在短时期内见到效益,甚至将在很长一段时期内面临亏损运营的局面。另外,由于不熟悉国外商业习惯和法律环境,一些中资企业往往要承担商业风险。大批"走出去"的中小型民营企业既缺乏信贷、保险方面的制度安排,也往往难以得到有关管理部门的政策指引、信息服务,其在"走出去"过程中面临的信息问题、安全问题都十分严峻。

文化冲突风险。"一带一路"沿线文化繁杂多样,民族宗教问题复杂多变。丝路沿线是世界主要宗教基督教、佛教、伊斯兰教、印度教共生共存的地区,历史上的宗教争斗延续至今,使中东、中亚、东南亚等地区的国际恐怖主义、宗教极端主义、民族分裂主义势力和跨国有组织犯罪活动猖獗,地区局势长期动荡不安。同时,宗教问题时常与民族问题交织叠加,既恶化了当地环境,又增加了沿线各国相互合作的难度。

面对"一带一路"的种种风险,我们应树立防范意识,未雨绸缪,做好预案,采取有效措施,积极应对挑战。

五、"丝绸之路通鉴"宗旨与使命

自古以来,我国知识分子就有"为天地立心,为生民立命,为往圣继绝学,为万世开太平"的志向和传统。历史经验告诉我们,知识分子对民族和国家的使命担当,是中华民族实现伟大复兴的希望所在。

2016年5月17日,习近平主席在哲学社会科学工作座谈会上的讲话中指出,当代中国正经历着我国历史上最为广泛而深刻的社会变革,也正在进行着人类历史上最为宏大而独特的实践创新,我们不能辜负了这个时代。习近平主席指出,构建开放型经济新体制,实施总体国家安全观,建设人类命运共同体,推进"一带一路"建设,是党和国家根据新的实践提出的具有原创性、时代性的概念和理论。我国哲学社会科学应该以我们正在做的事情为中心,提炼出有学理性的新理论,概括出有规律性的新实践。

习近平主席的讲话深刻解答了事关我国哲学社会科学长远发展的一系列根本性问题,是指导哲学社会科学工作的纲领性文献,也是发展繁荣哲学社会科学的基本原则和行动指南。围绕国家重大需求,重视应用研究,推进智库建设,着力提升解决重大问题的能力和原创能力,既是陕西师范大学繁荣发展哲学社会科学行动计划(2013—2020年)的核心部分,也是陕西师范大学"十三五"发展规划的重点内容。

近10年来,陕西师范大学在围绕丝绸之路的哲学社会科学研究方面发展迅速,成绩斐然,主要体现在以下几个方面。一是以丝绸之路上的重大理论和现实问题为重点,在不同学科交叉协同的基础上,先后获批并建设了陕西省协同创新研究中心"国际长安学研究院"、陕西省哲学社会科学重点研究基地"一带一路与中亚区域协同创新研究中心"、教育部人文社会科学重点研究基地"西北历史环境变迁和经济社会发展研究院"、陕西省哲学社会科学重点研究基地"中国西部边疆研究院"等一批省部级学术创新平台,已经成为国内外在研究丝绸沿线历史发展与环境变迁、西部国家安全、西部边疆、西北民族与宗教、西夏学、语言学、基础教育发展等重大历史与现实问题的重镇。二是在丝绸之路研究的方面取得了丰硕的成果。早在2006年,陕西师范大学就编纂出版了《丝绸之路大辞典》,收录词目11607条,总字数达230多万,是迄今出版的同类书籍中体系最完整、词目最全面、内容最丰富的一部有关丝绸之路的百科全书,也是一部集学术性、知识性、资料性、实用性为一体的大型工具书。其后,陆续出版了《西北丝绸之路的历史文化研究》《中国丝绸之路经济带生态文明建设评价与路径研究》《丝绸之路经济带建设中的国家形象传播研究》等近百部学术著作,承担国家级、省市级有关丝绸之路的课题30余项,获得资助经费1000余万元。其中《丝绸之路戏剧文化研究》获得教育部第六届高等学校科学研究优秀成果奖,《推进丝绸之路经济带战略实施和区域合作共赢空间发展战略研究》的调研报告获得陕西省第十二次哲学社会科学一等奖等。三是将丝绸之路研究的成果积极服务于国家战略、经济与文化发展。陕西师范大学提交的《推进丝绸之路经济带战略实施和区域合作共赢空间发展战略研究》《关于丝绸之路经济带建设的问题与挑战》《俄美在乌兹别克斯坦的博弈及其影响》《边疆热点地区城市民族关系发展态势与对策研究》《关于喀什"南达经验"的总结报告》《新疆城市居民的社会交往空间:利益机制与民族关系》得到国家领导人及中办、国办和国家有关部委批示和采纳。四是陕西师范大学首次倡导并共同参与成立了"丝绸之路大学联盟"。积极推进阿富汗、乌兹别克斯坦两个国别研究中心的建设,研究与"新丝绸之路经济带"沿线国家的双边、多边人文交流机制,开展民间人文交流活动。其中,2013年9月,在习近平主席和阿富汗时任总统卡尔扎伊的见证下,陕西师范大学与阿富汗喀布尔大学在人民大会堂签署合作谅解备忘录,较好地服务了国家战略层面上的国际合作与交流。

新的历史时期,陕西师范大学积极响应国家建设"丝绸之路经济带"的战略构想,切实推进陕西省"服务国家发展战略,促进互利共赢"的共建思路,以教育合作与文化交流为重点,与"丝绸之路经济带"沿线国家与地区,不断创新合作、扩大开放、共同发展。

"一带一路"战略是一项长期、复杂而艰巨的系统工程,推进过程中必然面临诸多机遇和挑战,其中的许多问题需要学界、政府、企业界、民间、文化界等的高度重视和思考。古代丝绸之路的起点在西安,陕西师范大学具有独特的地缘优势,也给我们发挥智库功能,服务区域社会发展和国家建设,提供了难得的历史机遇。

有鉴于此,陕西师范大学组织一批专家编纂了"丝绸之路通鉴"丛书。本套丛书以丝绸之路为本体对象,聚焦"一带一路"这一重大现实问题和战略问题。取名"通鉴",则意在借鉴历史,透析现状,着眼未来,贯穿千年时域,探求发展趋势;意在立足中国,深入沿线,胸怀全局,经略万里空间,厘清错综关系;意在研究战略,丰富内涵,解决问题,横跨宏观、中观与微观,打通理论与实践;意在聚焦经贸,关注人文,促进合作,智慧应对世界形势变换,为"一带一路"国家战略的推进提供全领域、全视角、体系化的智力支撑。

期望"丝绸之路通鉴"丛书坚持以下标准:

第一,体现继承性、民族性。丝绸之路是人类文明交融互鉴的珍贵遗产,蕴含着取之不竭、用之不尽的物质财富和精神财富。如习近平主席所说:我们要坚持不忘本来、吸收外来、面向未来。既向内看,深入研究关系国计民生的重大课题,又向外看,积极探索关系人类前途命运的重大问题;既向前看,准确判断中国特色社会主义发展趋势,又向后看,善于继承和弘扬中华优秀传统文化精华。期望本套丛书的出版,能更好地传承丝路文明,促进全新历史条件下丝绸之路的政治与经济、民族与宗教、文化与生活、自然与文脉等等的发展。

第二,体现原创性、时代性。理论的生命力在于创新,理论思维的起点决定着理论创新的结果。本书的课题确定与编撰,均应专注"一带一路"建设的突出矛盾和问题,突出主体性、原创性、时代性,不追随他人亦步亦趋,不迷信权威人云亦云,力争形成一系列原创性成果,解决丝路建设的重大现实问题。

第三,体现系统性、专业性。希望本套书能全方位、全领域、全要素地研究丝路历史、政治、经济、文化、社会、生态等领域,打通传统学科、新兴学科、前沿学科、交叉学科等诸多学科,构建"丝绸之路学"基本蓝图、学理逻辑、主要架构与核心内容,推进具有中国特色的丝路研究学科体系、学术体系、话语体系建设,助力"一带一路"国家战略的实施。

出版本套丛书是一项巨大的系统工程。第一批陆续出版的著作涉及丝绸之路历史、丝绸之路专门史、丝绸之路经济、丝绸之路文化交流等,大致勾勒出了本套丛书的面貌,包括《英雄在线:丝绸之路的开辟者和捍卫者》(朱鸿)、《丝绸之路与文明交往》(李永平)、《丝绸之路最早的东方起点:西汉长安城》(肖爱玲)、《西北丝绸之路上的汉字流传史》(冯雪俊)、《打造丝绸之路经济带上的战略高地》(王琴梅)、《丝绸之路经济带产业集群价值网络的演化与重构》(雷宏振、贾妮莎、兰娟丽等)、《丝绸之路经济带上生物多样性的经济价值识别、展示与捕获研究》(裴辉儒、宋伟)、《文化集聚·文化街区·文化地域:重塑丝绸之路的新起点》(薛东前、马蓓蓓)、《丝绸之路上的遗址美术》(高明、王晓玲、程玉萍、朱生云、李慧国)、《汉唐丝绸之路漆艺文化研究》(胡玉康、潘天波)、《丝绸之路上的体育交流与发展》(黄聪)、《丝绸之路经济带沿线国家体育文化交流问题研究》(史兵、崔乐泉、李重申等)、《天山廊道:清代天山道路交通与驿传研究》(王启明)等。

限于编著者能力与水平,书中难免有疏漏不足之处,恳请各位方家与读者批评指正。

学术研究的意义不仅在于解释现实与反映现实,更在于改造现实与塑造未来。希望本套丛书所有编撰者筚路蓝缕、创榛辟莽,有淡泊名利、耐得住寂寞的定力,有敢立潮头、勇于创新的勇气,有忧国忧民、为民鞠躬的情怀,积极努力,为实现"两个一百年"奋斗目标与实现中华民族伟大复兴的中国梦做出新的贡献!

是为序。

2016 年 9 月 28 日

引　言

"**丝绸之路经济带**"——这条起始于公元前 2 世纪、持续至公元 16 世纪的古代亚欧大陆长距离贸易与文化交流的交通大动脉,被认为是东西方文明的融合、交流之路。它以中国长安和洛阳为起点、经中亚向西到达地中海地区、向南延伸至南亚次大陆,横跨欧亚大陆东西长约 10000 公里、南北宽约 3000 公里的广阔区域,称得上是人类历史上规模最大的文化线路。19 世纪末,德国地质地理学家李希霍芬在《中国》一书中,把"从公元前 114 年至公元 127 年间,中国与中亚、中国与印度间以丝绸贸易为媒介的西域交通道路"命名为"丝绸之路",这一名词很快被学术界和大众所接受,并正式运用。其后,德国历史学家郝尔曼在 20 世纪初出版的《中国与叙利亚之间的古代丝绸之路》一书中,根据新发现的文物考古资料,进一步把丝绸之路延伸到地中海西岸和小亚细亚。

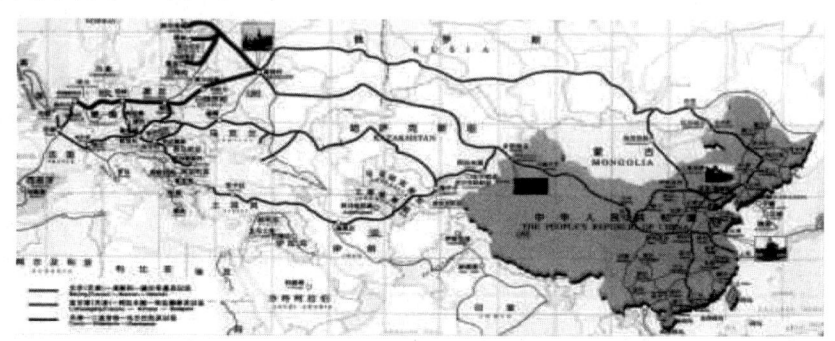

丝绸之路经济带

古丝绸之路,在世界史上有着重大的意义,不仅是古代亚欧互通有无的商贸大道,还是促进亚欧各国和中国的友好往来、沟通东西方文化的友谊之路。这是亚欧大陆的交通动脉,是中国、印度、希腊三种主要文化的交汇桥梁。

今天,重建"丝绸之路经济带",将有利于西部地区更好地发挥区位、资源优势,统筹利用国际国内两个市场、优化配置市场资源,实现我国东西部经济的平衡发展。同时,通过互利共赢的经贸文化交流,密切我国同中亚国家的关系,进而推动欧亚大陆经济合作的深化。丝绸之路经济带的形成和拓展,将使中亚国家可以便利地通往世界上经济发展最活跃的亚太地区,同时,也将促进中国的向西开放。而在欧美市场普遍不景气的背景下,拓展中亚、西亚和南亚市场,无疑对我国的外贸出口具有积极意义。

目 录

第一章 丝绸之路经济带产业结构及产业集群发展状况 …… 1
  第一节 丝绸之路经济带省区经济总量发展状况 …… 2
  第二节 丝绸之路经济带产业结构发展状况 …… 11
  第三节 丝绸之路经济带产业集群发展状况 …… 28

第二章 丝绸之路经济带产业集群的区位与协作性分析 …… 35
  第一节 产业集群的概念 …… 35
  第二节 分工与协作效率 …… 42
  第三节 规模经济与范围经济 …… 47
  第四节 产业区位理论与新地理经济学 …… 52
  第五节 产业集群区位特征分析 …… 57
  第六节 产业集群发展的创新周期性分析 …… 63
  第七节 产业集群规模经济与范围经济分析 …… 71

第三章 丝绸之路经济带产业集群竞争性分析 …… 75
  第一节 增长极理论 …… 75
  第二节 技术创新与经济周期理论 …… 78
  第三节 竞争力理论 …… 89
  第四节 产业集群竞争力分析 …… 92

第四章 丝绸之路经济带价值网络结构及效应 …… 98
  第一节 价值网络理论 …… 98
  第二节 供应链理论 …… 111
  第三节 丝绸之路经济带价值网络结构 …… 122
  第四节 丝绸之路经济带价值网络效应 …… 129

第五章 丝绸之路经济带产业集群价值网络演化博弈基本分析 …………………………………………………………… 136
第一节 基本模型 ………………………………………… 139
第二节 博弈展开路径分析 ……………………………… 144
第三节 产业集群价值网络演化 ………………………… 146

第六章 丝绸之路经济带产业集群价值网络演化分析 ………… 151
第一节 产业集群动态演化规律 ………………………… 151
第二节 产业集群及其价值网络形态 …………………… 160
第三节 产业集群价值网络的形成 ……………………… 174

第七章 丝绸之路经济带高端技术制造业产业集群价值网络演化 …………………………………………………………… 190
第一节 丝绸之路经济带高端技术制造业产业集群动态演化规律 ……………………………………………………… 191
第二节 丝绸之路经济带高端技术制造业产业集群价值网络的形成及演化 ……………………………………… 214

第八章 丝绸之路经济带中端技术制造业产业集群价值网络演化 …………………………………………………………… 224
第一节 丝绸之路经济带中端技术制造业产业集群动态演化规律 ……………………………………………………… 224
第二节 丝绸之路经济带中端技术制造业产业集群价值网络的形成及演化 ……………………………………… 237

第九章 丝绸之路经济带低端技术制造业产业集群价值网络演化 …………………………………………………………… 245
第一节 丝绸之路经济带低端技术制造业产业集群动态演化规律 ……………………………………………………… 246

第二节 丝绸之路经济带低端技术制造业产业集群价值网络的形成及演化 ……… 263

第十章 丝绸之路经济带科技、文化及教育产业价值网络演化 ……… 271
第一节 丝绸之路经济带科教文产业集群动态演化规律 … 272
第二节 丝绸之路经济带科教文产业集群价值网络的形成与演化 ……… 280

第十一章 丝绸之路经济带物流产业集群价值网络演化 ……… 287
第一节 丝绸之路经济带物流产业集群动态演化规律 … 289
第二节 丝绸之路经济带物流产业集群价值网络的形成与演化 ……… 307

第十二章 丝绸之路经济带能源集群价值网络演化 ……… 322
第一节 丝绸之路经济带能源产业集群形成过程与动态演化 ……… 323
第二节 丝绸之路经济带能源产业集群价值网络的形成与演化 ……… 333

第十三章 基于协同论的丝绸之路经济带产业集群价值网络重构 ……… 343
第一节 协同论理论 ……… 343
第二节 系统不稳定条件分析 ……… 348
第三节 状态参量(续变量) ……… 356
第四节 重构"产业集群格局"的体系分析 ……… 361

参考文献 ……… 371

第一章 丝绸之路经济带产业结构及产业集群发展状况

2013年9月,习近平总书记在访问哈萨克斯坦时,倡议亚欧国家通过以点带面、从线到片的区域合作共同建设丝绸之路经济带的战略构想。丝绸之路经济带建设是我国在应对国际区域合作发展新形势下,提出的具有高层次战略意义的经济发展思路,也是我国探索国际经济合作新模式的重大举措。作为中国"两横三纵"城市化战略的重要延伸,丝绸之路经济带是中国重要的地缘布局,包括核心区(中亚经济带)、重要区(环中亚经济带)以及拓展区(亚欧经济带)。2014年11月APEC会议中,400亿美元丝路基金的设立标志着"一带一路"国家战略构建进入务实合作、全面推进的新阶段。

产业结构转型与合作是以互联互通推动丝绸之路经济带建设的重要部分。其一,丝绸之路经济带的构建与发展需要通畅的交通与贸易,以产业承接等模式,形成上下游、供应链等相对合理的国际分工协作;其二,由于历史、地理等多方面原因,丝绸之路经济带沿线地区对资源型产业依赖大,在市场竞争中很容易被锁定在生产价值链的低端,单纯地以交通走廊的形式,对沿线区域经济增长与发展的推动力有限且不可持续,其发展需要要素禀赋结构升级、产业结构升级与空间结构优化;其三,若将与丝绸之路经济带沿线发展中国家的产业贸易与合作局限于获取能源、资源,推销产能过剩产品,则"中心—外围"效应会将自然资源丰富而工业基础薄弱的经济体锁定在国际分工外围,加剧中亚等国对中国"大国威胁论"的恐惧,从根本上不利于丝绸之路经济带产业转型与合作机制的构建和持续。中国与丝绸之路经济带中其他经济体作为发展中国家,产业升级与技术进步源于对全球技术前沿的追赶,共同经济利益的实现需要通过科学技术与工业合作,最终以技术进步与创新来推动,实现从要素驱动、投资驱动向创新驱动的转型。

鉴于此,本章基于产业结构及产业集群的理论框架,从丝绸之路经济带主要涉及的省区:新疆、陕西、宁夏、甘肃、青海、内蒙古、四川、重庆入手,研究丝绸之路经济带产业结构及产业集群发展状况。

第一节 丝绸之路经济带各省区经济总量发展状况

经济总量狭义指社会财富总量即社会价值总量,包括能够用货币来计算的与不能用货币来计算的社会真正财富总量。既包括社会财富的量,也包括社会财富的质。广义的经济总量指所有能够用货币来计算的国民经济总量,既包括有效经济总量,也包括无效经济总量。狭义的经济总量是有效经济总量,不包括无效经济总量。

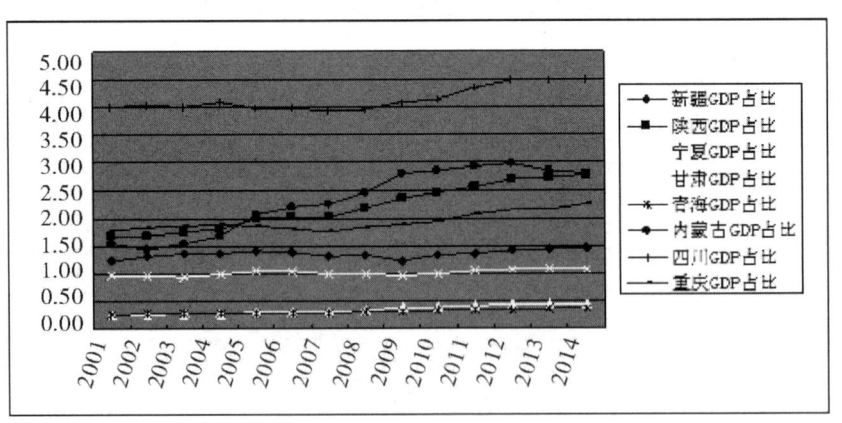

图1.1 2001—2014年丝绸之路经济带各省区GDP占全国GDP比例变化

第一章　丝绸之路经济带产业结构及产业集群发展状况

一、制造业

根据产业环境中一种产业的存在成为另一种产业发展的前提或结果，将产业划分为高端产业、中端产业、低端产业三类。三类产业之间相互关联、相互区别、相互依赖，每一个产业只是产业系统中一个环节或一个片段，由各个环节或片段联成一体形成产业链。在经济活动过程中，各类产业之间存在广泛、复杂和密切的经济技术联系。一个产业需要其他产业为自己提供各种产出，作为自己的要素供给；同时，又把自己的产出作为一种市场需求提供给其他产业进行消费。如果产业价值链中的某些企业通过技术创新首先取得了优势地位，使产品更新换代，那么它必然会要求上下游的企业能够提供符合它技术要求的原材料或者零部件，制订相应的销售计划，提供更高级的技术支持，获得更好的服务。依据高中低端产业划分，本书将制造业划分为高中低端制造业进行分析。

高端产业，是指在一个区域经济中所生产的东西，得到前所未有的发展。"高端"主要表现在三方面：第一，技术含量高，表现为知识、技术密集，体现多学科和多领域高精尖技术的继承；第二，处于价值链高端，具有高附加值的特征；第三，在产业链占据核心部位，其发展水平决定产业链的整体竞争力。从科技含量角度讲，高端产业一般是指高科技含量较多，新兴产业或新概念产业，属于技术密集型和知识密集型产业相结合的产业。从环境经济学角度讲，一般认为，高端产业属于以上分类法中污染小的产业。本书中高端产业包括专用设备、通用设备、交通运输、电器机械及器材、通信电子、仪器仪表及文化办公用机械、医药、化学原料化学制品、化学纤维九个行业。

中端产业，是指在三类产业分类法中，处于价值链中端、技术含量一般且存在年代较为久长的行业，属于技术密集型、知识密集型、资本密集型和劳动密集型相结合的产业。本书中中端产业包括非金属、有色金属、黑色金属、金属制品、石油及焦炼五个行业。

低端产业是指在全球产业网络垂直分工中的传统劳动密集型产业与水平分工中产业链的劳动密集加工阶段的产业,处于产业价值链低端的产业,属于资本密集型和劳动密集型相结合的产业。从环境经济学角度讲,一般认为,低端产业属于以上分类法中污染最为严重的产业。本书中低端产业包括纺织业、造纸业、食品加工业、食品制造业、饮料、烟草、服装七个行业。

按照以上分类法,将丝绸之路经济带产业分为高、中、低端产业。根据《中国工业经济统计年鉴》数据显示,2001年,高端产业总值为1997.11亿元,占当年三类产业总产值的比例为37.52%;2011年高端产业总值为26227.95亿元,占当年三类产业总产值的比例为40.76%。2001年,中端产业总值为2017.48亿元,占当年三类产业总产值的比例为37.90%;2011年中端产业总值为24539.27亿元,占当年三类产业总产值的比例为38.14%。2001年,低端产业总值为1308.47亿元,占当年三类产业总产值的比例为24.58%;2011年低端产业总值为13576.29亿元,占当年三类产业总产值的比例为21.10%。图1.2为2001—2011年,高端产业、中端产业、低端产业占当年三类产业总产值比例的变化图。

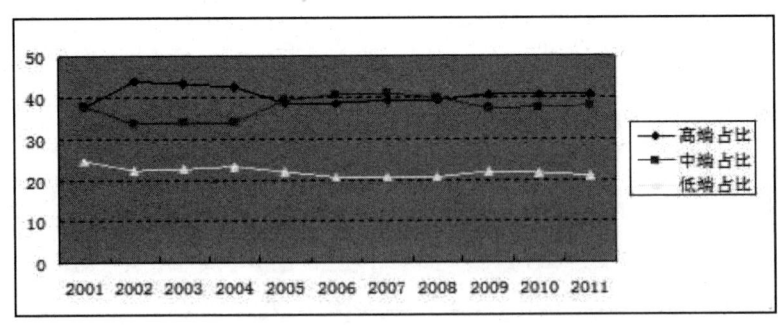

图1.2　2001—2011年丝绸之路经济带高中低端产业在产业总值中占比

由图1.2可以看出,高端产业总值占比逐年上升,中端产业总值占比基本稳定,低端产业总值占比逐年降低,表明丝绸之路经济带经济发展过程中,高端产业因为高科技技术投入与产出需要一定的周期,近几年发展较快;中端产业多年来产值稳定,占比也较稳定;低端产业发展较慢,占比逐渐下降。

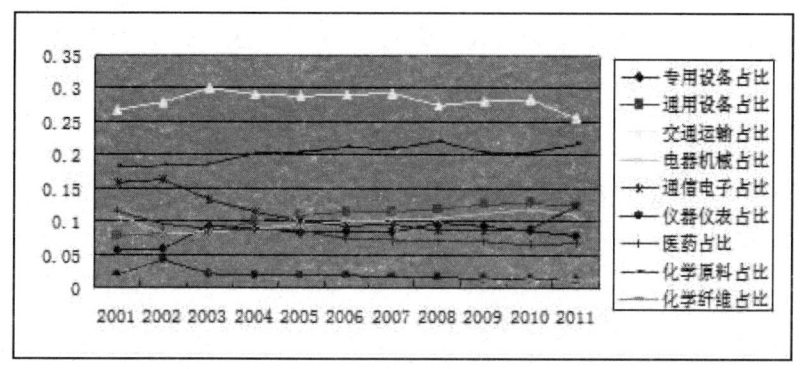

图 1.3 2001—2011 年高端制造业各行业产值占比

由图 1.3 可以看出,2001—2011 年,高端制造业中的交通运输占比最大;通用设备行业与化学原料行业占比总体趋势增大;2011 年,通信电子类工业总产值增长趋势最明显。从现有数据分析,丝绸之路经济带八个省区中,四川省和陕西省,专用设备工业总产值占比较大;整体来看,丝绸之路经济带上八个省区中,高端制造业从业人员数量和企业单位数逐年增加。自丝绸之路经济带概念提出后,四川省、陕西省出口总额增加较明显,充分说明一带一路对国内省区,特别是经济带上各省区经济影响之大。

一般来讲,在产业链中技术创新能力强,掌握了关键技术或核心技术,控制了关键链条环节的高端产业则具有比较优势,在产业链利润库中的份额占有绝对高比例。在产业链没有核心技术的中低端产业存在比较劣势,占据产业链利润库中的份额较少。因而要提高产业的竞争力,就要进行技术创新,向产业链的中高端产业延伸。产业价值链当中的企业不断地进行链式创新,从而使整个产业价值链处于良性循环的状态。首先发展起来的产业技术通常可以凭借占先的优越地位,利用规模巨大的单位成本降低,以及普遍流行导致的学习效应提高许多行为者采取相同技术产生的协同效应。技术创新又进一步引发产业价值链不断延伸。无疑,产业价值链越长,企业的专业化分工往往越发达,衍生企业也就越多,从而使产业链中的技术溢出效应和规模效应更强。然而,低端产业利润低污染大经济带动力弱,并不表明经济发展过程中应该摒弃或者将其迁移,世界上没有只吃第三个馒头就会饱的事情,也没有只要第十层就能立得住的大厦。欧美迁移掉低端产业之后,造成的产业空心化,很大程度上也是今天欧美加速衰落的本质原因。唯有保留并发展全套完整的工业体系,经济才能长远稳步前进。

产业价值链上的企业通过产业的关联效应相互配合、相互推动,从而建立起一种远远大于单个企业点优势的竞争优势——链优势和群优势。这样,产业价值链中的企业不但能使创新符合需求,而且能实现快速创新,并且与上下游环节协同,快速地将技术创新转换为产品,并快速有效地推向市场,进而转化为企业的竞争优势,使得整条产业价值链及其各环节企业处于有利地位,真正实现多赢。

二、科技、文化及教育产业

科技产业,是以科学技术为依托发展起来的产业,是以创新为增长动力的产业,也是以高新技术为核心的产业。科技产业没有确切的内容,它是根据世界科学技术发展的趋势以及国民经济与社会发展战略而不断变化其内涵的。进入21世纪以来,科学技术迅猛发展,各个领域孕育着新的重大突破,各个国家的社会经济面貌都将发生深刻的改变。信息科学和技术发展方兴未艾,依然是经济持续增长的主导力量;生命科学和生物技术迅猛发展,将为改善和提高人类生活质量发挥关键作用;能源科学和技术重新升温,为解决世界性的能源与环境问题开辟新的途径;纳米科学和技术新突破接踵而至,将带来深刻的技术革命。可见,信息技术、生命科学以及纳米科学等都将成为未来

第一章 丝绸之路经济带产业结构及产业集群发展状况

推动经济迅速增长的新兴科技产业。

文化产业,这一术语产生于20世纪初。最初出现在霍克海默和阿多诺合著的《启蒙辩证法》一书之中。它的英语名称为Culture Industry,可以译为文化工业,也可以译为文化产业。文化产业作为一种特殊的文化形态和特殊的经济形态,影响了人们对文化产业的本质把握,不同国家从不同角度看文化产业有不同的理解。联合国教科文组织关于文化产业的定义如下:文化产业就是按照工业标准,生产、再生产、储存以及分配文化产品和服务的一系列活动。从文化产品的工业标准化生产、流通、分配、消费的角度进行界定。文化产业以生产和提供精神产品为主要活动,以满足人们的文化需要作为目标,是指文化意义本身的创作与销售,狭义上包括文学艺术创作、音乐创作、摄影、舞蹈、工业设计与建筑设计。

教育的产业性是教育的物质属性的客观特征,是指教育作为一种产业,可以提高劳动生产率,对经济发展具有长远推动作用;通过教育投入,可拉动教育经济增长,促进教育事业发展的功能和特性。在经济学上,产业特征的基本要素包括市场需求、产业资本、产业产品、产品质量、成本核算、社会经济效益、价值规律等。

本章科技、文化及教育产业主要考察丝绸之路经济带省区各高等学校研发(R&D)课题数、人员数量及投入经费等主要经济指标。

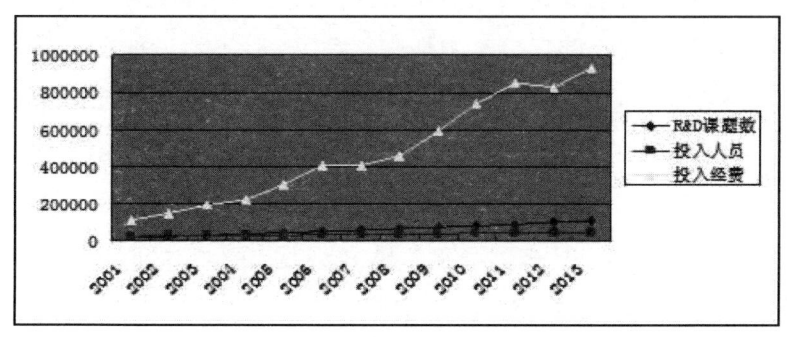

图1.4 丝绸之路经济带科技、文化及教育产业主要经济指标变化情况

由图 1.4 可以看出,丝绸之路经济带沿线省区中,各高等学校研发(R&D)投入经费逐年增高,且增长趋势较快,说明政府支持力度较大。但因为地域限制及人才聚集有限,即便政府加大课题研发经费,研发人员数量变化幅度不大,课题数目与研发人员数量几乎成 1∶1 增长。

三、物流产业

物流业已实现产业化,作为一个新兴产业,其属于国家大力促进发展的第三产业,是第三产业的新增长点。其不仅能够通过自身产业链中的交通运输、仓储、通信等行业快速发展扩大第三产业的增加值,而且能通过产业关联效应拉动第三行业内金融保险、旅游等产业的发展,提高第三产业在经济中的比重。同时会通过提供物流服务降低第一、第二产业中流通成本,特别是促进了对物流成本敏感的先进制造业的发展,通过产业内部结构的调整实现整体产业的结构优化。

物流产业是物流资源产业化而形成的一种复合型或聚合型产业。物流资源包括运输、仓储、装卸、搬运、包装、流通加工、配送、信息平台等。运输又包括铁路、公路、水运、航空、管道五种资源。这些资源产业化就形成了运输业、仓储业、装卸业、包装业、加工配送业、物流信息业,等等。这些物流资源也分散在多个领域,包括制造业、农业、流通业,等等。把产业化的物流资源加以整合,就形成了一种新的服务业,即物流服务业。它是一种复合型产业,也可以叫聚合型产业,因为所有产业的物流资源不是简单的叠加,而是一种整合,可以起到 $1+1>2$ 的功效。

本章物流产业主要考察丝绸之路经济带省区邮电业务总量、铁路运输长度及公路长度等主要经济指标。

第一章　丝绸之路经济带产业结构及产业集群发展状况

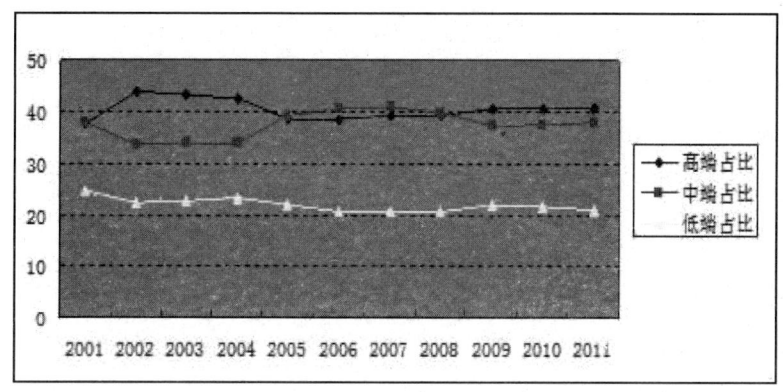

图 1.5　丝绸之路经济带物流产业主要经济指标变化情况

由图 1.5 可以看出,丝绸之路经济带省区邮电业务总量在 2010 年遭遇暴跌,这与快递行业的兴起有很大关系。铁路运输长度及公路长度多年来保持趋缓稳步增长,由于年鉴等可得数据更新较慢,截至本书出版时,官方数据只更新至 2013 年,所以不能以数据来支撑在丝绸之路经济带提出后,铁路运输长度及公路长度是否增长加快。

新疆位于我国的西北部、欧亚大陆腹地,是丝绸之路经济带区域内的交通枢纽。新疆周边与蒙古、俄罗斯、哈萨克斯坦、吉尔吉斯斯坦、塔吉克斯坦、阿富汗、巴基斯坦、印度 8 个国家接壤,边界线长达 5600 多公里,是我国邻国最多、边界线最长的省区。新疆目前对外开放的(一类)17 个口岸中,已经正式开通使用的有 15 个,即阿拉山口、霍尔果斯、都拉塔、巴克图、叶尔朵特、伊尔克什坦、乌拉斯台、红其拉甫、卡拉苏口岸、喀什航空口岸、老爷庙、红山嘴、吉木乃、塔克什肯、乌鲁木齐航空口岸。未开放的 2 个,分别是阿黑上别克口岸、木扎尔特口岸。其中霍尔果斯、阿拉山口、巴克图、吉木乃、红其拉甫、伊尔克什坦口岸和乌鲁木齐国际机场、卡拉苏口岸、喀什航空口岸对第三国人员、货物、交通工具开放完整体系的对外口岸是丝绸之路经济带区域经济发展的基础设施,尤其是边境贸易成就显著,已经形成了一些依托交通干线和大型口岸的边贸经济区,如塔城、霍尔果斯边境口岸城市因其区位优势,利用国内外两种资源和国内外两个市场,发展成丝绸之路经济带区域物流体系中的重要节点。

在资金支持方面,丝绸之路经济带各国对本区域内的物流基础设施加大资金投入,如西部欧洲—西部中国国际交通走廊项目,"双西"公路途径圣彼得堡、莫斯科、卜诺夫哥罗德、喀山、奥伦堡、阿克托别、克孜勒奥尔达、奇姆肯特、塔拉兹、科尔泰、阿拉木图、霍尔果斯、乌鲁木齐、兰州、郑州、连云港,全长8445公里,其中2233公里途经俄罗斯,2787公里途经哈萨克斯坦,3425公里途经中国。"双西"公路交通走廊全线开通后,将成为"丝绸之路经济带"最重要的货物运输大干线,并且可以吸引部分中国货物由海运改为陆运,预计平均每年可为哈创造经济效益3.6亿美元。哈萨克斯坦境内"双西"公路走廊建设改造资金共需51亿美元(8040亿坚戈),其中国际融资36亿美元(4225亿坚戈)。哈萨克斯坦政府对外融资计划是:世界银行21.25亿美元;欧行1.8亿美元;亚行7亿美元,分三笔支付,第一笔2009年的3.4亿美元,第二笔2010年的2.1亿美元,第三笔2011年至2012年的1.5亿美元;伊斯兰开发银行4.14亿美元;日本国际合作署1亿美元。这反映了丝绸之路经济带物流建设中所获得的各种支持,尤其是资金支持。"双西"公路使物质、人员在丝绸之路经济带区域跨境运输便利化,促进"丝绸之路经济带"的发展。

四、能源产业

能源产业即利用先天地理及资源优势,以原煤、原油、天然气及水电等开采、炼制及使用等为主要业务的产业。能源产业与其他产业不同,对资源依赖性强。本章中所涉及的能源产业包括原煤、原油、天然气、水电等,生产总量及消费总量等主要经济指标。

第一章　丝绸之路经济带产业结构及产业集群发展状况

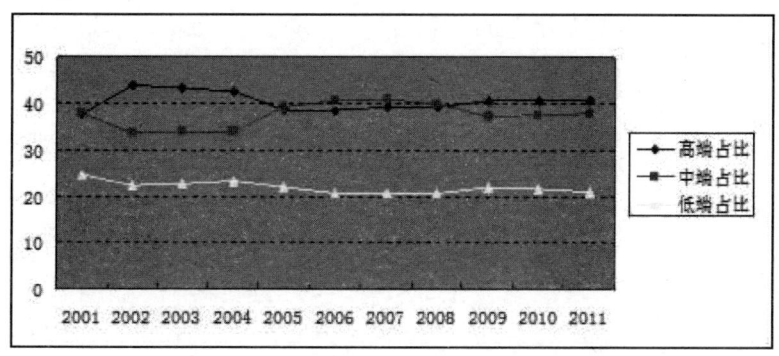

图1.6　丝绸之路经济带能源产业主要经济指标变化情况

1997年,中国石油天然气集团公司收购了哈萨克斯坦阿克纠宾石油公司60.3%的股权;同年,中国又取得了对哈萨克斯坦乌津油田的开采权益;2004年,中哈原油运输管道正式开始建设,于2006年实现了一期工程(阿塔苏至阿拉山口段)的竣工投产,二期工程肯塔亚克—库姆科尔原油管道于2009年开始投入商业运行;2013年,中亚天然气管道哈国段二期工程第一阶段(巴佐伊至奇姆肯特段)竣工通气,第二阶段(别伊涅乌至巴佐伊段)计划于2015年建成投产。

2006年,中土两方签订了天然气购销协议,于2009年起,土库曼斯坦每年对中国供应天然气300亿立方米,为期30年;之后,两国两次签订增加天然气购销的协议,预计到2020年,土方每年向中国出口天然气的总量将达650亿立方米;此外,双方在天然气运输管道的建设方面也多次达成共识,大幅度增强了土库曼斯坦对中国的天然气供应能力。

第二节　丝绸之路经济带产业结构发展状况

产业结构,也称作国民经济的部门结构,指国民经济各产业部门之间以及各产业部门内部的构成。社会生产的产业结构或部门结构是在一般分工和特殊分工的基础上产生和发展起来的。研究产业结构,主要是研究生产资料和生活资料两大部类之间的关系;从部门来看,主要是研究农业、轻工业、重工业、建筑业、商业服务业等部门之间的关系,以及各产业部门的内部关系。产业结构是影响区域经济发展的重要因素,一国产业结构合理与否,直接关乎本国经济的增长和可持续发展。研究产业结构发展状况,了解当前中国产业结构发展水平,是解决中国产业结构发展问题的前提条件。只有对产业结构发展状况进行深入的剖析,才能制订出科学的调整政策,通过调整政策的实施,实现产业结构升级、产业结构合理化和高级化等发展目标。

一、新结构经济学理论框架

林毅夫所提出的新结构经济学指出了经济发展的本质、结构转型与升级驱动要素的理论框架,为丝绸之路经济带产业转型与合作机制的构建提供了新的阐释基础。第一,从要素禀赋与结构到产业结构再到收入水平。新结构经济学认为经济发展的本质是结构不断变迁的过程;发展中国家在追赶发达经济体的过程中,只有通过要素禀赋及其结构赶上发达国家,推动产业结构转型与升级,才能最终实现收入水平赶上发达国家;相反,"中等收入陷阱"的出现源于经济结构缺乏有效的调整与升级。第二,产业结构转型与升级是一个连续谱,在结构变化过程中需要硬性基础设施(交通、电力、港口等)与软性基础设施(金融、法制等)的逐步完善。经济发展的每一阶段均是从低收入农业经济到高收入产业经济连续谱上的一点;持续性技术创新、产业结构升级是经济增长的实质及其普遍特征事实,需要如高速公路、港口、机场、电信系统、电网等硬件基础设施,以及制度、条例、社会资本、价值体系等软性基础设施的支持。第三,要素禀赋、比较优势、市场与政府是结构变迁的四大驱动力。(1)一个经济体的要素禀赋及其结构

第一章　丝绸之路经济带产业结构及产业集群发展状况

会随着发展阶段的变化而升级,按照比较优势发展,会推动要素禀赋结构的提升并形成新的产业,进而推动产业结构的转型升级;(2)按照比较优势发展,需要以价格反映要素稀缺性为前提条件,因而市场与政府作用存在边界:市场机制在资源配置中应发挥基础性作用,而政府在产业转型与升级中的作用,应侧重于提供新产品信息、协调同一产业中不同企业的关联投资、为先驱企业补偿信息外部性,以及通过孵化与鼓励外商直接投资来培育新产业。在产业结构升级过程中,政府的协调作用主要包括两方面:其一,通过完善各种基础设施降低交易成本使得比较优势转化为竞争优势;其二,通过对创新者的"外部性补偿"以降低并分散其风险。此外,新结构经济学将结构变化这一逻辑延伸到经济发展的其他方面,指出金融的结构也应当与经济发展的阶段相匹配,以更好的支持结构升级与经济增长。第四,自生能力。按照比较优势发展经济,就是要选择符合要素禀赋条件的产业,并形成与之相适应的产业结构;如此形成的产业才能够具有自生能力,不需要政府以补贴等扭曲要素配置的方式维持其存在与发展。在产业结构升级过程中,政府应做到"增长识别与因势利导"以促进要素禀赋升级。

总之,新结构经济学框架中,经济发展是以动态效率为基础的结构升级转型过程;产业结构内生决定于要素禀赋结构,产业结构转型与升级是一个连续发展的过程,其根本动力来自人口、资本与技术要求的相对充裕度和结构转变。

二、丝绸之路经济带产业结构发展状况

按照配第一克拉克大分类法及《中国统计年鉴》口径,将丝绸之路经济带产业按第一产业、第二产业、第三产业进行分类。按照社会生产活动历史发展的顺序,产品直接取自自然界的部门称为第一产业,

对初级产品进行再加工的部门称为第二产业,为生产和消费提供各种服务的部门称为第三产业。

第一产业:农业(包括种植业、林业、牧业和渔业)。

第二产业:工业(包括采掘业,制造业,电力、煤气、水的生产和供应业)和建筑业,产业革命往往是由于制造业的革命引发的一场三大产业的全面变革。

第三产业:除第一、第二产业以外的其他各业。根据我国的实际情况,第三产业可分为两大部分,一是流通部门,二是服务部门。具体可分为四个层次,(一)流通部门(物流业),包括交通运输、仓储及邮电通信业,批发和零售贸易、餐饮业。(二)为生产和生活服务的部门,包括金融、保险业,地质勘查业、水利管理业,房地产业,社会服务业,农、林、牧、渔服务业,交通运输辅助业,综合技术服务业等。(三)为提高科学文化水平和居民素质服务的部门,包括教育、文化艺术及广播电影电视业,卫生、体育和社会福利业,科学研究业等。(四)为社会公共需要服务的部门,包括国家机关、政党机关和社会团体以及军队、警察等。

著名的"克拉克定理"指出:伴随着经济的发展,第一产业的产值比重呈不断下降的趋势,第二产业比重先是不断上升而后略有下降,第三产业比重呈持续上升的现象。美国著名经济学家库兹涅茨收集和整理了20多个国家的庞大数据,从各国国民收入和劳动力在产业间分布结构的演变趋势的统计资料中也得出了与主体内容相同的结论。他们从经验和历史角度,指出了伴随着经济发展,产业结构从低级到高级的变动特征。

一般经济落后的国家,产值比重最大的是第一产业,其次是第二产业,最后是第三产业。但对于经济发达的国家,第三产业是国家的支柱产业,其产值最大。由图1.7可以看出:2009年中国三次产业产值结构与中等收入国家的产业结构较为接近。

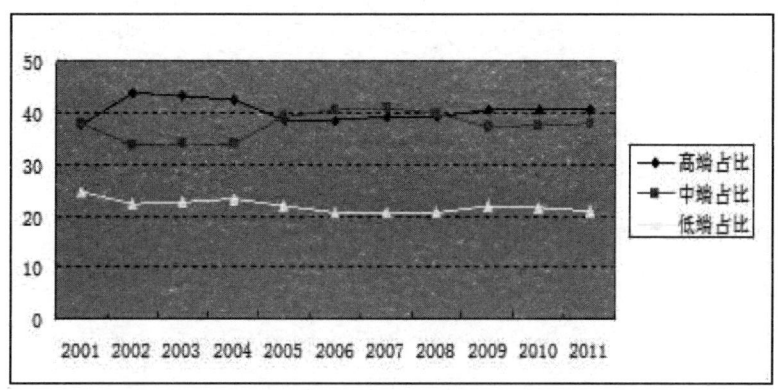

图 1.7 2009 年世界不同收入国家各产业产值比重

美国著名经济学家 H. 钱纳里则更将经济发展过程归结为工业化的实现过程,而工业化正是落后地区产业结构高级化的一个重要内容。H. 钱纳里等人根据世界银行的多国统计资料,在系统考察、分析不同发展阶段国家经济结构的基础上,提出了工业经济发展阶段的划分标准。他们将从不发达经济到成熟的工业经济整个变化过程划分为六个阶段,以人均国民收入水平作为标准:

第一阶段:人均国民收入 140—280 美元;第二阶段:人均国民收入 280—560 美元;第三阶段:人均国民收入 560—1120 美元;第四阶段:人均国民收入 1120—2100 美元;第五阶段:人均国民收入 2100—3360 美元;第六阶段:人均国民收入 3360—5040 美元。

其中第一阶段指经济落后,尚处于快速发展之前的阶段,而第六阶段意味着工业经济成熟,步入发达经济阶段。

以上的分析都显示了经济发展水平和产业结构高度之间的对应关系,即经济发展水平越高,产业结构高度越高。但我们应看到这是从众多国家和地区的统计分析中得到的结论,是从长期的经济发展历史中概括的结论;它的正确性并不能否定例外的存在。在现实经济中,尤其是从较短时期来考察,存在经济发展水平与产业结构不一致的状况,产业结构的"虚高度"就是其中之一。产业结构的"虚高度",指产业结构高度水平超出了经济发展水平。从产业结构来看,该地区呈现第一产业比重较低,第二、第三产业比重较高的状况,但从经济发展的状况来看,该地区的人均产值等指标又较低。

我们以世界经济增长与结构变动关系的"标准模式"为参照系,对比分析我国产业结构的现状。众所周知,经济增长是一个总量过程,部门的产值变化都是与总量的变化相联系的,把部门的变化归并到总量中去,进行权衡,分析经济总量的变动趋势,对产业结构分析来说,无疑是一种合适的方法。H.钱纳里等人将经济增长理解为经济结构的全面转变。影响经济增长的结构因素都是通过产业部门之间产品的交换、流通、分配才形成相互涡合关系的。经济发展是总量与结构相互作用的结果,总量增长在一定程度上取决于结构的状态并依赖于结构的转换,通常总量增长越迅速,结构变动率越高。根据2000/2001年世界银行的世界发展报告中划分不同经济水平的统计数据,可以计算出人均 GDP 和产业结构变化的国际标准,以此来研究产业结构与经济发展水平的关系,见表1.1。

表1.1 人均 GDP 与产业结构的国际比较(%)

	1999年人均GDP	第一产业	第二产业	第三产业
世界平均	5057	4	33	63
低收入国家平均	442	27	30	43
中低收入国家平均	1230	15	40	46
中等收入国家平均	2058	10	36	55
中高收入国家平均	5092	7	32	61
高收入国家平均	26560	2	31	67

(此表根据2000/2001年世界银行世界发展报告中统计数据计算和调整得到)

第一章　丝绸之路经济带产业结构及产业集群发展状况

在运用 H. 钱纳里人均经济总量标准时,必须把各国以本币计算的 GDP 折算为美元进行比较。折算方法一般有汇率法和购买力平价法两种。按汇率法计算,我国 2014 年人均 GDP 已超过 7000 美元。因此从世界银行对世界产业结构的国际比较来看,2003 年我国相当于中高收入国家水平。以各种收入水平对应的产业结构作为参照标准,在此基础上测算出我国的目标产业结构。

此处采用加权平均的方法来确定丝绸之路经济带各省区的目标产业结构。例如:

2003 年北京市人均 GDP 为 31613 元,按汇率法计算,为 3823 美元,处于中等收入国家和中高收入国家之间。因此采用中等收入国家平均水平和中高收入国家平均水平的加权平均数作为北京市的目标产业结构。

由 $3823 \in [2058,5092]$,故可将权系数取为

$\alpha = (5092 - 3823)/(5092 - 2058) = 0.41826$

目标产业结构中各产业的比重分别取为 1999 年与中等收入国家平均水平和中高收入国家平均水平相对应的各产业比重的加权平均数。如北京市目标产业结构中:

第一产业比重为 $\alpha \times 10 + (1 - \alpha) \times 7 = 8.3$

第二产业比重为 $\alpha \times 36 + (1 - \alpha) \times 32 = 33.7$

第三产业比重为 $\alpha \times 55 + (1 - \alpha) \times 61 = 58.5$

由此可得北京市的目标产业结构为:8.3∶33.7∶58.5。

采用同样的方法,我们可以根据丝绸之路经济带各省区 2014 年人均 GDP,参照世界"标准",计算出相应水平的产业结构目标值。运用表 1.1 所示的世界标准和 2014 年各省市区的人均 GDP 用权重法(2014 年丝绸之路各省权系数分别为,新疆 0.93,陕西 0.88,宁夏 0.92,甘肃 0.27,青海 0.94,内蒙古 0.70,四川 0.97,重庆 0.88)计算出各省产业结构的目标值,结果如表 1.2 所示。

表1.2 2014年丝绸之路经济带各省区三次产业目标结构(%)

地区	人均GDP（美元）	一产	二产	三产	地区	人均GDP（美元）	一产	二产	三产
新疆	6593	6.65	31.93	61.42	青海	6447	6.7	31.94	61.36
陕西	7616	6.4	31.88	61.72	内蒙古	11530	5.5	31.7	62.8
宁夏	6788	6.6	31.92	61.48	四川	5700	6.85	31.97	61.18
甘肃	4287	7.81	33.08	59.38	重庆	7762	6.4	31.88	61.72

（表中人均GDP数据来源于国家统计局网站，汇率按1美元=6.1581元人民币）

根据以上计算标准及丝绸之路经济带人均GDP，计算出经济带三次产业目标结构为6.55∶31.91∶61.54。

表1.3 偏离—份额分析空间模型分产业明细结果

省区	第一产业				第二产业				第三产业			
	实际增长	国家分量	空间结构分量	空间竞争分量	实际增长	国家分量	空间结构分量	空间竞争分量	实际增长	国家分量	空间结构分量	空间竞争分量
陕西	53.02	41.00	7.38	4.65	3443.53	2818.30	762.60	-137.37	2414.40	1696.02	-12.72	731.10
甘肃	35.02	28.99	6.78	-0.75	1207.91	1277.96	531.86	-601.92	753.81	960.28	56.72	-263.18
青海	6.57	6.14	-0.22	0.65	465.05	403.27	86.87	-25.09	231.17	260.23	0.09	-29.15
宁夏	7.87	6.78	1.93	-0.85	494.33	428.59	103.25	-37.52	221.78	308.31	92.81	-179.34
新疆	75.32	47.76	10.35	17.22	1413.85	1775.14	105.94	-467.23	1142.25	1133.53	-104.83	113.55
重庆	50.23	43.60	0.10	6.54	3023.29	1918.90	592.50	511.89	1651.85	1644.02	254.43	-247.27
四川	142.20	142.70	27.63	-28.11	6988.15	4674.45	924.67	1389.02	3438.88	3459.75	440.69	-461.56

用偏离—份额分析空间模型分三次产业对本书中涉及的丝绸之路经济带7个省区的经济增长情况进行分类分析，见表1.3。整体来看，丝绸之路经济带省区第二产业的生产总值增长量大于第三产业和第一产业，表明丝绸之路经济带省区经济发展仍以第二产业为主导，第三产业居次，第一产业最后。在三次产业生产总值增长的分解中，国家分量的增长

第一章 丝绸之路经济带产业结构及产业集群发展状况

量和增长率明显大于空间结构分量和空间竞争分量,说明国家第一产业、第二产业和第三产业生产总值的增长是带动各省区产业生产总值增长的主要因素。

从第一产业来看,四川的国家分量比较大,而青海、宁夏和甘肃由于自身地理条件使得其第一产业生产总值增长少,导致国家分量较小。青海省的空间结构分量为负,表明邻近区域第一产业的增长速度要低于全国第一产业的平均增长水平,给这些省区的第一产业发展带来负面作用。甘肃、宁夏、西南的四川空间竞争分量为负,意味着与邻近省区相比,这几个省区的第一产业相对处于竞争弱势地位。

从第二产业来看,青海、宁夏两省区第二产业的实际增长相对其他省区较小,但是总偏离为正,说明带动了全国第二产业的发展。西北各省区的空间竞争分量均为负,表明相对于邻近省区,西北各省的第二产业处于竞争劣势。重庆、四川的空间竞争分量为正,具有相对竞争优势。

从第三产业来看,青海和宁夏的第三产业生产总值实际增长仍最小,并且总偏离为负,表现为全国第三产业发展带动这两省区的发展。陕西、新疆的空间结构分量为负,意味着其邻近省区第三产业的发展对自身产生了拖后影响。青海省虽然空间结构分量为正但值较小,说明邻近省区的推动作用不显著。陕西和新疆的空间竞争分量为正,即相对于邻近省区,这些省区的第三产业发展处于竞争优势。重庆和四川的空间竞争分量均为负,表示第三产业较邻近省区的竞争力要弱。

三、丝绸之路经济带各省区产业结构发展状况

(一)新疆

2001年,新疆全年实现地区生产总值1365亿元,其中第一产业增加值288亿元,增长4.8%;第二产业增加值587亿元,增长9.0%;第三产业增加值490亿元,增长10.4%。在地区生产总值中,第一、第二、第三产业增加值占生产总值的比重分别为21.1%、43.0%和35.9%。

2014年,新疆全年实现地区生产总值9264.10亿元,其中第一产业增加值1538.60亿元,增长5.9%;第二产业增加值3927.82亿元,增长10.8%;第三产业增加值3797.68亿元,增长10.9%。在地区生产总值中,第一、第二、第三产业增加值占生产总值的比重分别为16.61%、42.4%和40.99%。

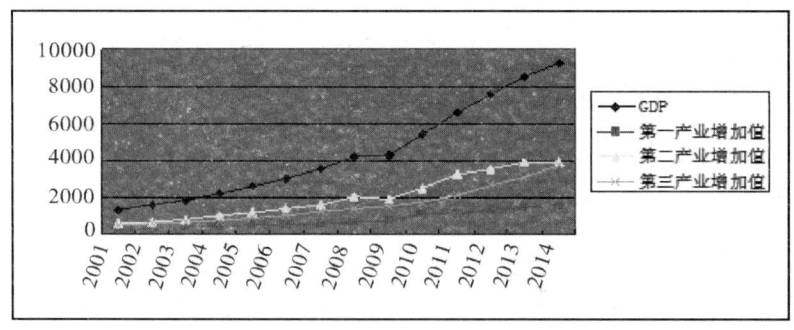

图1.8 新疆2001—2014年GDP及第一二三产业总量图

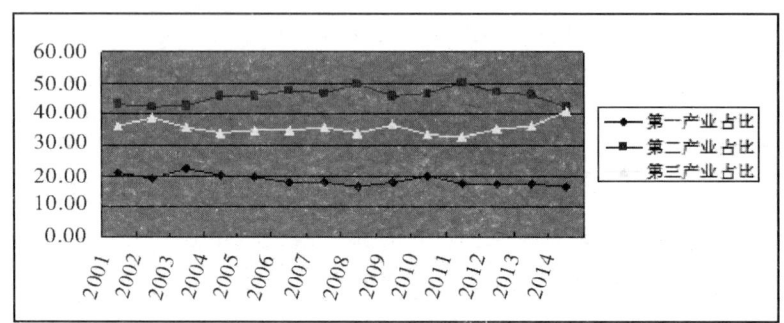

图1.9 新疆2001—2014年第一二三产业占比变化图

(二)陕西

2001年,陕西省全年实现地区生产总值1841.24亿元,其中,第一产业增加值280.52亿元,增长2.5%;第二产业增加值815.69亿元,增长10.1%,其中工业增加值604.93亿元,建筑业增加值210.76亿元,分别增长9.5%和11.8%;第三产业增加值745.03亿元,增长10.8%。在地区生产总值中,第一、第二、第三产业增加值占生产总值的比重分别为15.2%、44.3%和40.5%。

2014年,陕西省全年实现地区生产总值17689.94亿元,其中,第一产业增加值 1564.94 亿元,增长 5.1%;第二产业增加值 9689.78 亿元,增长 11.2%;第三产业增加值 6435.22 亿元,增长 8.4%。在地区生产总值中,第一、第二、第三产业增加值占国内生产总值的比重分别为 8.8%、54.8% 和 36.4%。

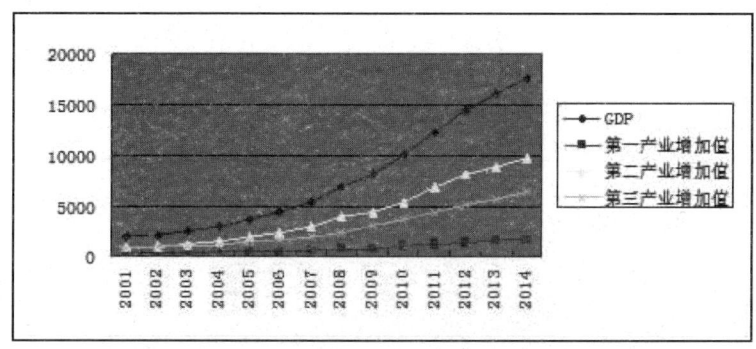

图 1.10　陕西省 2001—2014 年 GDP、第一二三产业总量图

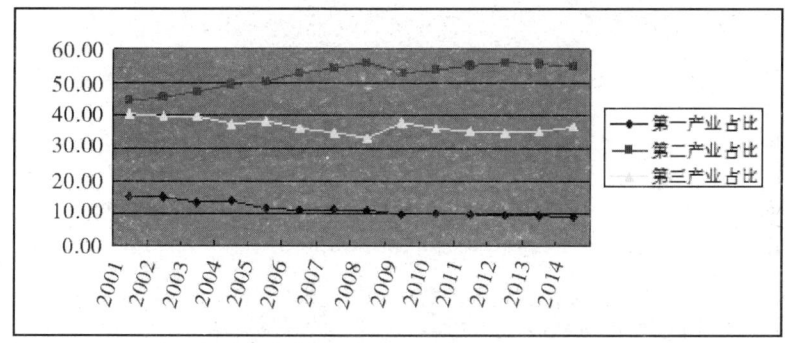

图 1.11　陕西省 2001—2014 年第一二三产业占比变化图

(三) 宁夏

2001 年,宁夏实现全年地区生产总值 298.3 亿元,其中,第一产业增加值 49.5 亿元,增长 6.3%;第二产业增加值 135 亿元,增长 11.3%,其中工业增加值 102.2 亿元,增长 9.7%,建筑业完成增加值 32.8 亿元,增长 17.3%;第三产业稳中趋快,尤其是旅游、房地产、邮电通信业的快速发展对经济增长的贡献率进一步提高,第三产业完成增加值 113.8 亿元,增长 10.5%。在地区生产总值中,第一、二、三产业增加值占生产总值的

比重分别为 16.59%、45.26% 和 38.15%。

2014 年,宁夏实现生产总值 2752.10 亿元,其中,第一产业增加值 216.84 亿元,增长 5.4%;第二产业增加值 1343.13 亿元,增长 9.2%;第三产业增加值 1192.13 亿元,增长 6.9%。按常住人口计算,人均生产总值 41834 元,增长 6.8%。在地区生产总值中,第一、第二、第三产业增加值占生产总值的比重分别为 7.88%、48.80% 和 43.32%。

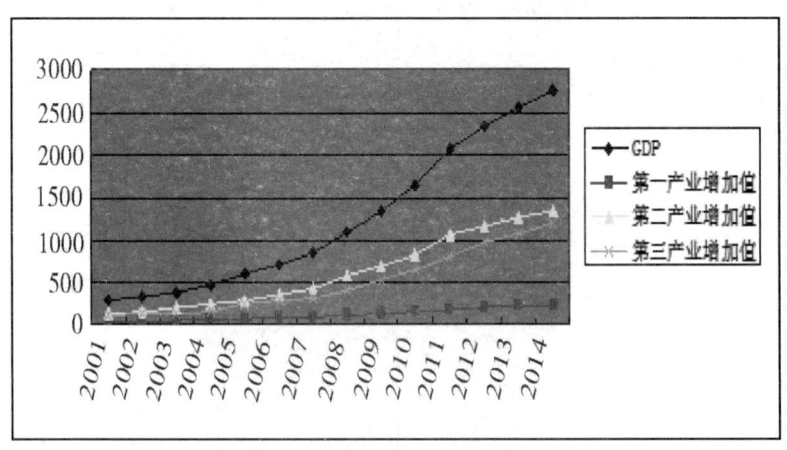

图 1.12　宁夏 2001—2014 年 GDP 及第一二三产业总量图

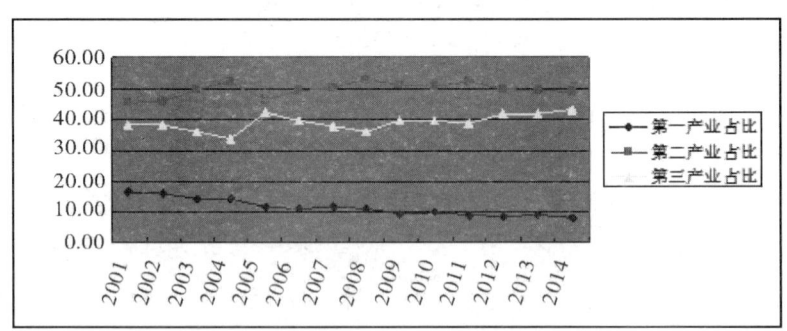

图 1.13　宁夏 2001—2014 年第一二三产业占比变化图

(四)甘肃

2001 年,甘肃实现全年地区生产总值 1073 亿元,其中,第一产业增加值 207 亿元,增长 7.5%;第二产业增加值 481 亿元,增长 10.1%,其中工业增加值356亿元,增长10.0%;第三产业增加值385亿元,增长9.4%。在地区生产总值中,第一、第二、第三产业增加值占生产总值的比重分别为19.29%、44.83%和33.18%。

2014年,甘肃实现全年地区生产总值6835.27亿元,其中,第一产业增加值900.80亿元,增长5.6%;第二产业增加值2924.86亿元,增长9.2%;第三产业增加值3009.61亿元,增长9.5%,其中批发和零售贸易业增加值482.65亿元,增长7.8%,金融业增加值355.81亿元,增长19.5%,房地产业增加值234.14亿元,增长5.4%。在地区生产总值中,第一、第二、第三产业增加值占生产总值的比重分别为13.2%、42.8%和44.0%。

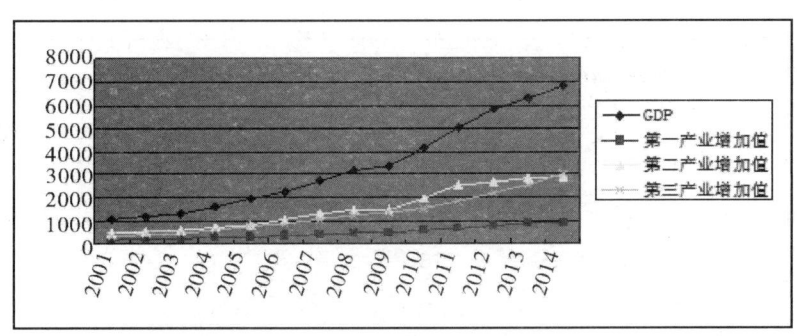

图1.14 甘肃省2001—2014年GDP及第一二三产业总量图

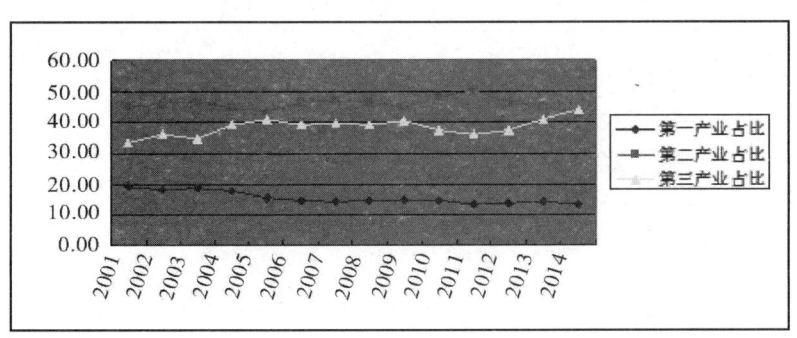

图1.15 甘肃省2001—2014年第一二三产业占比变化图

(五)青海

2001年,青海实现全年地区生产总值300.83亿元,其中,第一产业增加值42.79亿元,增长5.8%;第二产业增加值132.31亿元,增长15.4%;第三产业增加值125.73亿元,增长10.6%,比重由2000年的42.1%下降为41.8%;在地区生产总值中,第一、第二、第三产业增加值占生产总值的比重分别为14.22%、43.98%、41.79%。

2014年,青海实现全年地区生产总值2301.12亿元,其中,第一产业增加值215.93亿元,增长5.2%;第二产业增加值1232.11亿元,增长10.0%;第三产业增加值853.08亿元,增长8.8%。在地区生产总值中,第一、第二、第三产业增加值占生产总值的比重分别为9.4%、53.5%、37.1%。

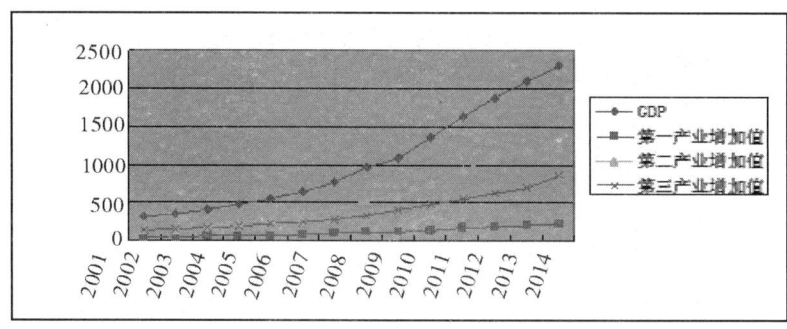

图1.16 青海2001—2014年GDP及第一二三产业总量图

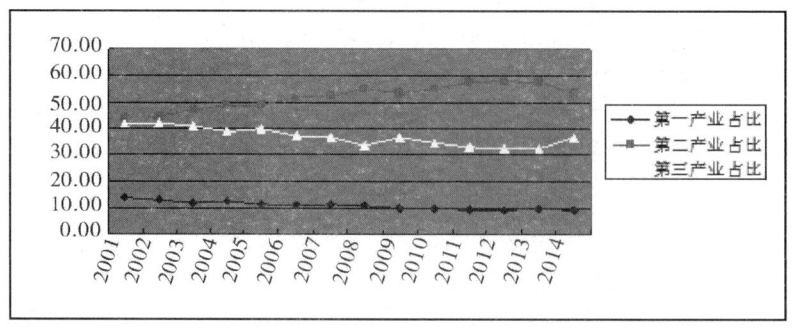

图1.17 青海2001—2014年第一二三产业占比变化图

(六)内蒙古

2002年,内蒙古实现全年地区生产总值1732.48亿元,其中,第一产业增加值371.98亿元,增长4.8%;第二产业增加值729.86亿元,增长16.5%;第三产业增加值630.64亿元,增长11.8%。人均生产总值7233元,比2001年增长11.9%。在地区生产总值中,第一、第二、第三产业增加值占生产总值的比重分别为21.47%、42.13%和36.40%。

2014年,内蒙古实现全年地区生产总值17769.5亿元,其中,第一产业增加值1627.2亿元,增长3.1%;第二产业增加值9219.8亿元,增长9.1%;第三产业增加值6922.6亿元,增长6.7%。在地区生产总值中,第一、第二、第三产业增加值占生产总值的比重分别为9.16%、51.89%和38.95%。

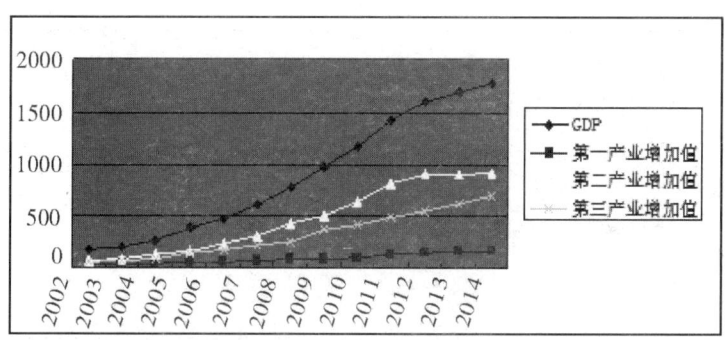

图1.18 内蒙古2002—2014年GDP及第一二三产业总量图

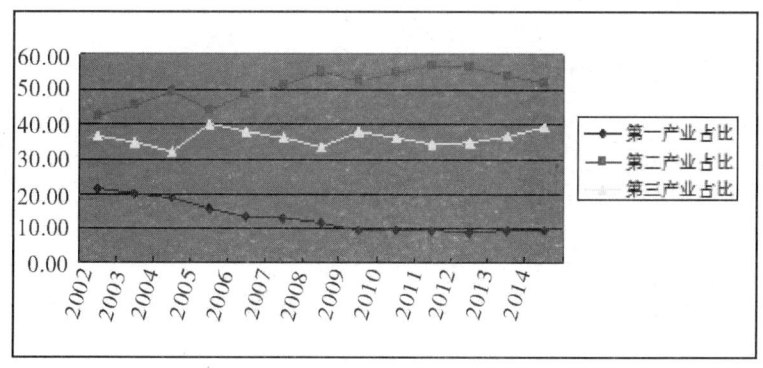

图1.19 内蒙古2002—2014年第一二三产业占比变化图

(七)四川

2001年,四川实现全年地区生产总值4421.8亿元,其中,第一产业增加值981.7亿元,增长2.4%;第二产业增加值1756.9亿元,增长12.3%;第三产业增加值1683.2亿元,增长10.2%。在地区生产总值中,第一、第二、第三产业增加值占生产总值的比重分别为22.20%、39.73%和38.07%。

2014年,四川实现全年地区生产总值28536.7亿元,其中,第一产业增加值3531.1亿元,增长3.8%;第二产业增加值14519.4亿元,增长9.3%;第三产业增加值10486.2亿元,增长8.8%。三次产业对经济增长的贡献率分别为5.0%、59.7%和35.3%。在地区生产总值中,第一、第二、第三产业增加值占生产总值的比重分别为12.37%、50.88%和36.75%。

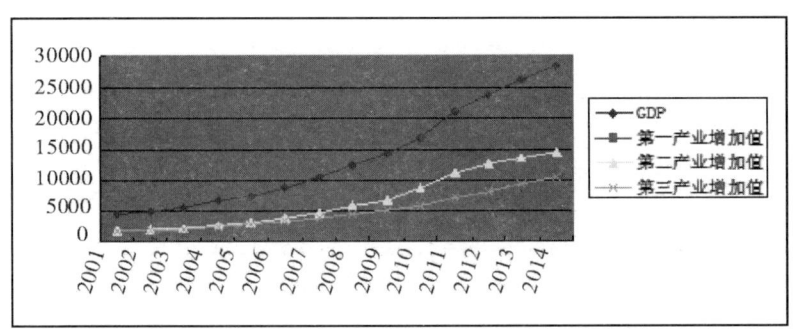

图1.20　四川省2001—2014年GDP及第一二三产业总量图

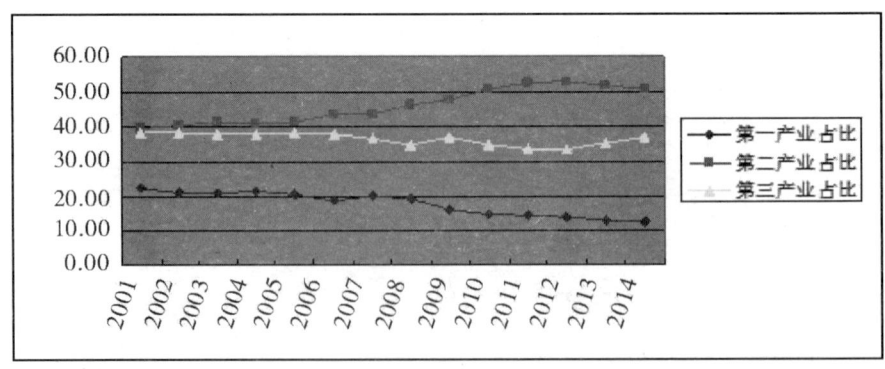

图1.21　四川省2001—2014年第一二三产业占比变化图

第一章　丝绸之路经济带产业结构及产业集群发展状况

（八）重庆

2010年，重庆实现全年地区生产总值7894.24亿元，其中，第一产业实现增加值685.39亿元，增长6.1%；第二产业实现增加值4356.41亿元，增长22.7%；第三产业实现增加值2852.44亿元，增长12.4%。在地区生产总值中，第一、第二、第三产业增加值占生产总值的比重分别为8.68%、55.18%和36.13%。

2014年，重庆实现全年地区生产总值14265.40亿元，其中，第一产业增加值1061.03亿元，增长4.4%；第二产业增加值6531.86亿元，增长12.7%；第三产业增加值6672.51亿元，增长10.0%。在地区生产总值中，第一、第二、第三产业增加值占生产总值的比重分别为7.44%、45.79%和46.77%。

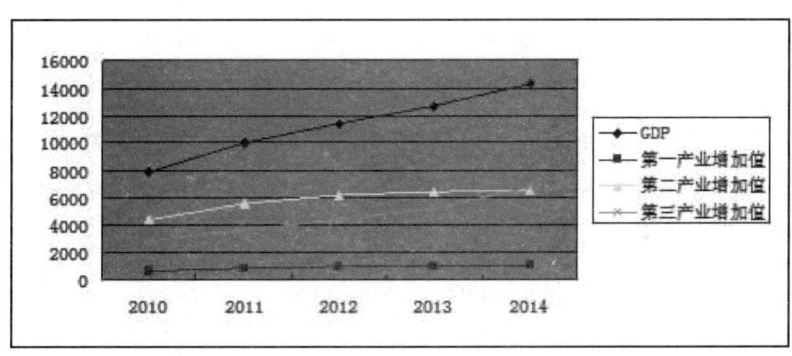

图1.22　重庆市2010—2014年GDP及第一二三产业总量图

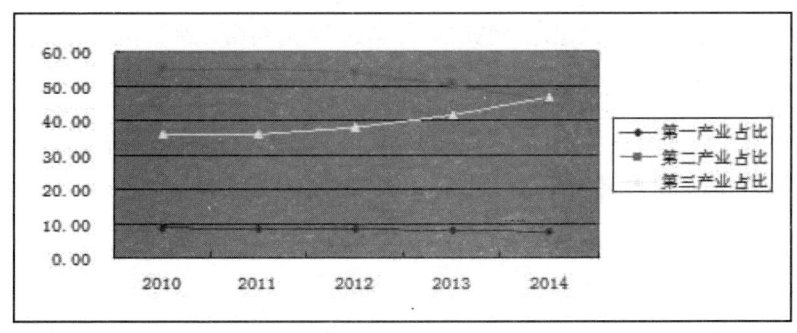

图1.23　重庆市2010—2014年第一二三产业占比变化图

27

第三节 丝绸之路经济带产业集群发展状况

一、中国产业集群发展状况

（一）产业集群的区域发展情况

首先，东部产业集群正在历经产业升级。在经历了多个阶段的发展后，东部地区大部分产业集群已进入成熟或即将进入成熟期，具备了升级转型的条件。受地区产业结构调整、全球性竞争加剧、中西部地区以传统产业为主导的产业集群崛起等因素的影响，东部地区产业集群正由低级形态向高级形态升级转型。升级转型主要有三个方向：由专业化向综合化方向发展；由传统制造业向产业链高端扩展；由块状集群向链状集群发展，目标是形成一大批具有综合竞争力、高附加值、高集群力，能引领国际行业发展，跨区域发展的产业集群群落。东部各省市政府目前都在有意识地推动集群优化升级，通过实施集群内部的公共服务体系建设、区域品牌建设和具有集群效应并符合产业发展方向的产业园区建设等措施，促使集群向更具竞争力、更具可持续性方向发展。

其次，中西部产业集群正处于培育成长期。目前，中西部地区各级地方政府都在积极引导和促进本地区产业集群发展，以河南、湖南、四川为代表的区域产业集群发展很快，而具备自然和劳动力资源优势的中西部地区更是具有产业集群发展的巨大潜力，随着东部地区产业集群的转移和我国国民经济的持续快速增长，中西部产业集群将会进入一个大发展时期。

（二）产业的技术含量与空间分布呈负相关

据《中国产业集群蓝皮书（2007—2008）》的统计，越是高技术产业，在空间分布上越是不均匀，换言之，聚集程度越高，反之亦然。因

第一章 丝绸之路经济带产业结构及产业集群发展状况

此产业的技术含量与空间分布呈负相关关系,即与聚集程度成正相关关系。在蓝皮书对中国2792个县级行政区域的523个行业进行测算后得出表1.4:

表1.4 不同技术水平产业的聚集指数

产业名称	产业聚集指数
高技术产业	0.42
航空航天制造业	0.39
计算机及办公设备制造业	0.49
电子及通信设备制造业	0.48
医药制造业	0.23
专用科学仪器设备制造业	0.47
电器机械及设备制造业	0.40
中高技术产业	0.37
汽车制造业	0.38
化工制造业	0.35
制造业平均水平	0.36

所谓聚集指数是指在特定的区域和行业规模上,某一产业在区域分布上的不均衡程度。由表1.4可见,高技术产业的平均聚集指数为0.42,中高技术产业的平均聚集指数为0.37,而制造业等技术含量较低的产业的平均聚集指数为0.36。高技术产业的聚集指数较高说明这一产业在发展的过程中受地理环境和区域自然条件的影响较少,而技术含量低的产业则受自然条件的影响较大。这一结论的现实指导意义是,在中国目前的发展条件下,如果一个地区在制造业等低技术产业的发展上不具有先天的自然禀赋优势,可以考虑培育适合于高技术产业发展的内在条件。比如在中国的东部地区,受自然资源禀赋的约束和劳动力价格上升的影响,传统产业上的竞争力呈逐步减弱态势,依赖技术、资本等要素的产业集群的竞争力逐步显现出来。

(三)集群仍以传统产业和中小企业为主导

经过改革开放近40年的持续高速增长,我国在国际分工中的地位有了明显提高,但在新一轮的国际分工格局中仍处于较低层次。我国的产业集群主要分布在传统的劳动密集型的产业上,技术水平普遍比较低,而高新技术产业集群数量很少。我国大部分工业行业占据的是提供很少价值量的完全竞争环节,与发达国家占据具有垄断地位的战略环节、获得价值链上最多价值增加值相比,还有相当大的距离。加上国内日益扩大的对传统产品的需求,传统产业仍将是我国未来较长一段时间里产业集群发展的主导产业,而其中的装备制造、金属冶炼等重化工业集群将越来越多。在以传统产业为主的产业集群大框架内,高新技术产业集群将会占越来越大的比重。

(四)产业集群的发展多数以政府为主要推动力量

根据《集群倡导绿皮书》对全球超过500个产业集群(主要在欧洲、北美、新西兰、澳大利亚)的统计,其中由政府推动而形成产业集群的占32%,由产业本身推动的占27%,两者共同推动的占35%;融资渠道由政府主导的占54%,由产业主导的占18%,两者共同主导的占25%。可见,在全球范围内的产业集群的发展过程中,政府都发挥了至关重要的作用。在中国更是如此,事实上很多地方性的中小产业集群都是政府的政绩工程,依靠政府的推动与扶持来发展,一旦这些集群离开了政府的支持将难以为继。政府除了在集群规划、制度建设、资本投入、招商引资等方面对产业集群倾力相助外,有的还直接参与集群的发展和建设,"缺位"与"越位"并存。可以说,中国产业集群的发展主要是以政府为主导。

二、丝绸之路经济带产业集群发展状况

(一)产业集群发展现状

现代产业发展具有以供应链物流管理与服务为基础的产业链组织、

第一章 丝绸之路经济带产业结构及产业集群发展状况

产业集群化发展特征,在建设丝绸之路经济带过程中,以提升经济带交通物流和商贸流通产业发展水平为切入点,通过积极营造具有成本和效率优势的现代交通物流和商贸流通服务环境与条件,不仅有利于强大物流供应链服务支撑下的产业集群布局发展,还可以培育现代流通服务产业,形成现代物流服务业与货物贸易等联动发展的全新产业发展模式,推动丝绸之路经济带发展。通过现代交通物流体系的建设,畅通新丝绸之路国际物流通道,实现与交通物流关系紧密的产业在丝绸之路重要枢纽节点的集聚,不仅对提高丝绸之路经济带相关国家和地区之间的合作水平具有重要的战略意义,而且有利于形成紧密的合作机制和互利共赢的经济、产业发展关系,尤其是可以培育丝绸之路经济带具有产业集聚发展功能和可持续增长能力的枢纽中心城市,对丝绸之路经济带建设意义重大。

1. 形成了一定规模的产业集群

丝绸之路经济带主要包括新疆、陕西、宁夏、甘肃、青海、内蒙古、四川、重庆八个省区。区内产业一直发展不均衡。在经济基础相对好的区域,随着经济发展和产业结构调整,聚集了一定数量的产业集群。目前可以看到一些初步具备集群成长特征的企业网络:以中小企业自然集聚形成的"成都—重庆—贵阳的制药业走廊";陕西、四川、重庆等省区依托自然和人文特色形成的旅游产品企业聚集;重庆的摩托产业集群对重庆区域经济的发展也起到举足轻重的作用;陕西的高科技产业集群;内蒙古的乳品产业集群;四川德阳的装备机械产业区、六盘水—攀枝花的煤炭—冶金工业基地;克拉玛依—乌鲁木齐的石油化工基地等,所有这些都为丝绸之路经济带省区产业集群成长创造了有利的条件和环境。

2. 尚未形成有竞争优势的产业集群

企业之间还没有形成真正的专业化分工和基于共同的地域文化背景之上的协同关系,也没有形成上、下游产业及支撑产业相互关联的互补作用效应,更缺乏既竞争又合作的创新动力,实际上形成对周边地区没有经济辐射力的"飞地"。但与国际上以及我国东部地区的产业集群相比,丝绸之路经济带目前还没有出现真正意义上的民营中小企业集群。严格来讲,大多数是产业在地域内的聚集,产业内的关联度小,产业链较短,对于区域内的经济的带动作用较弱。

3. 产业集群多集中在资源依托型产业

丝绸之路经济带各省区由于历史的原因,工业体系集中在重工业、采掘业和原材料工业,自身的加工能力弱,产业链不长,以出卖初级产品为主,产品的附加值也比较低,竞争力较差,难以显示出优势产业集群的特征。在农业优势产业方面,虽然具备形成产业集群的客观条件,但只是形成了在自然禀赋基础上相对集中的产业区,真正意义上的产业集群尚未形成,对农业的带动效应弱。

4. 产业集群程度较低,存在着"低端锁定"的现象

丝绸之路经济带各省区的产业集群规模较小,大部分集中在初级产品加工阶段。产品差异度小,这种现象直接导致同业间过度竞争,难以形成可持续发展。丝绸之路经济带各省区产业集群大多是由市场带动而自发形成的,行业自律性组织的组建和运行滞后,企业的生产经营缺乏相应的行业引导,加上少数企业的短期行为,往往会在一个产业集群中产生同行业企业的恶性竞争,不利于产业集群的可持续发展。

(二)产业集群的主要类型

尽管与发达国家和我国东部地区相比,丝绸之路经济带产业集群发展相对滞后,但目前也形成了一些产业集群,主要有三种:国有大中型企业产业集群、高科技产业集群和自发形成的产业集群。

1. 大型企业配套形成的产业集群

这类产业集群多为"嵌入式"产业集群,特点就是在大型企业集团附近都有相关企业和机构的繁殖和衍生,典型代表有西部国防科技工业产

业集群、重庆摩托车产业集群。西部地区国防科技产业形成明显的产业集群特征,有企业及研究机构295个,其中工业企业226个、研究所59个、大专院校10所,占全国军工单位总数的37%;职工总数80.9万人,占全国军工总数的46.2%;共有专业技术人员25.8万人,占全国军工总人数的39.7%。西部国防科技工业包括航空、航天、船舶、兵器、核工业及军工电子六大行业,其中,核工业占全国的2/3,航空、电子工业占全国的60%,兵器、航天占全国的50%,国防科技产业集群在西部已具有相当坚实的基础和雄厚的实力。重庆摩托车企业群是在军工企业基础上发展起来的,并通过一些与之适应的社会中介组织和上下游的配套企业形成了较为完整的产业链。

2. 科技为主导的产业集群

这类产业集群实际上是由大学、科研机构等知识机构孕育形成的产业集群,包括各地的高新科技开发区,代表是陕西的高科技产业集群。陕西省的高新技术产业主要集中于陕西中部的国家关中高新技术产业带,包含了西安高新技术产业开发区、西安经济技术开发区、宝鸡高新技术产业开发区和杨凌农业高新技术产业示范区等4个国家级开发区和渭南、咸阳两个省级高新技术产业开发区,其中杨凌农业高新技术产业示范区是我国唯一的一个农业开发区。陕西省依靠省内众多的科研院校在电子信息、计算机软件、先进制造技术、新材料、生物医药、航空航天技术、光电一体化技术和节能技术等高新技术领域的优势,初步形成了高新技术产业的集聚。众多的高新技术企业构成了整个关中经济发展的主导因素,高新技术产业作为该区域的主导产业,其发展直接影响关中地区甚至全省的经济发展。

3. 自然形成的产业集群(原发型)

这类的集群多以中小企业为主,也是西部地区企业集群发展的主要力量,典型代表有陕西户县的纸箱产业集群。据统计,当地纸箱集群企业的用工量常年稳定在7000人以上,而且平均每年增加800人左右。行业的收入也使得全乡人均年纯收入增加了 1180 元,群众生活水平有了较大提高。户县纸箱产业集群的发展已经证明,集群经济可以吸纳大量的农村劳动力就业,较好地实现农业人口向非农产业的转移,从而有利于农业人口比重的减少以及非农产业人口比重的增加。产业集群促进了农民增收和收入结构多元化,进而带动了整个县域农村居民收入水平的上升。

第二章 丝绸之路经济带产业集群的区位与协作性分析

第一节 产业集群的概念

集群(Cluster)是生态学概念,来源于生态学中的种群。种群是指生活在有限空间内或多或少有一致特征的同一类生物个体的集合(伊藤嘉昭,1982)。在现代牛津高级词典(1979)中,集群是指一组在一起发育的相似的事物。以上解释,并没有强调各元素之间的相互联系,只说明了同类元素聚集在有限的空间内。正是集群的初始定义的宽泛性,让人们在使用集群这一概念时往往根据自己的理解进行解释,进而加重了人们认识的混乱。对集群现象最早的关注源于马歇尔一百多年前提出的产业区概念,茨扎曼斯凯(Czamansk,1974)最先将集群概念引入经济学范畴。但直到哈佛大学迈克尔·E.波特(1990)才在他的《国家竞争优势》一书中重新提出产业集群的概念,并将产业集群和国家或地区的竞争优势联系起来,集群才引起了政、学、商界的高度关注,并迅速地风靡全球。

一、产业集群概念的综述

目前,大家对产业集群广泛认同的定义并没有统一,以下对国内外具有代表性的几种定义说明如下。迈克尔·E.波特在1998年进一步完善地提出了产业集群（industrial cluster）的定义，它是在某一特定领域内互相联系的、在地理位置上集中的公司和机构的集合。产业集群包括一批对竞争起重要作用的、相互联系的产业和其他实体。产业集群经常向下延伸至销售渠道和客户，并从侧面扩展到辅助性产品的制造商，以及与技能技术或投入相关的产业公司。产业集群包括提供专业化培训、教育、信息研究和技术支持的政府和其他机构。波特的定义也是国内研究产业集群理论学者们比较推崇的定义。J. A. Theo、Rolelandt & Pim den Hertog 在1998年认为为了获取新的互补的技术、从互补资产和利用知识联盟中获得收益、加快学习过程、阳氏交易成本、克服或构筑市场壁垒、取得协作经济效益、分散创新风险，相互依赖性很强的企业（包括专业供应商）、知识生产机构（大学、研究机构和工程设计公司）、中介机构（经纪人和咨询顾问）和客户通过增值链相互联系形成网络，这种网络就是产业集群。Rosenfeld 在1997年定义产业集群是地理接近和相互依赖的具有协同效应的企业在地理位置集中。Swann & Prevezer 在1998年提出产业集群是相关产业的大量企业集中在特定的区域。茨扎曼斯凯和阿伯拉斯（Ablas，1979）提出，产业集群是在所有经济产业中，一簇在商品和服务联系上比国民经济其他部门联系强，并在空间上相互接近的产业。经济合作与发展组织（OECD，2002）提出，产业集群是相互依赖的企业、知识生产机构（大学、研究所、技术提供企业）、中介机构（技术或咨询服务提供者）和消费者联系的网络，与生产链的创造和增值有关。

我国产业集群实践早于理论。改革开放以前，由于经济发展水平较低，加之过去计划经济的生产力布局方式，实际上我国没有形成产业集群。在改革开放初期，首先在东南沿海地区，由于过去台海关系的影响，国家没有投资布局大型工业企业，当地工业经济发展水平非常有限。因为没有更多的资本，当地只好利用廉价的劳动力，发挥传

第二章 丝绸之路经济带产业集群的区位与协作性分析

统经商或手工艺技术优势,开始搞结合地方特色的中小企业。伴随企业发展,一大批特色集镇竞相成长,成为发展地方经济的支柱,初步形成了各具特色的产业集群,并引起浙江、广东有关学者关注。其中比较有代表性的学者的定义有:曾忠禄(1996)认为,产业集群是指同一产业的企业以及该产业的相关产业,支持产业的企业在地理上的集中。仇保兴(1999)将产业集群定义为克服市场失灵和内部组织失灵的一种制度性办法。具体地说,小企业集群就是一群自主独立又相互关联的小企业依据专业分工和协作建立起来的组织,这种组织的结构介于纯市场和层级组织之间,它比市场稳定,比层级组织灵活。借助于这种特殊的组织结构,小企业之间建立长久的交易关系不一定需要以契约来维持,而主要通过信任和承诺来进行协作。盖文启(2001)将产业集群描述为新产业区现象,认为产业集群是指大量的中小企业在一定范围内集聚成群,集聚区内的企业在生产经营中进一步专业化,并在市场交易与竞争过程中彼此之间形成密集的合作网络(包括正式的和非正式的),协同创新。这种创新的网络根植并融入当地不断创新的社会文化环境,进而形成具有较强创新动力和竞争力的区域创新系统或柔性地域生产网络。王缉慈(2002)认为集群是指在某一特定的产业及其相关领域中,大量密切联系的企业以及相关支撑机构,如行业协会、金融机构、职业培训和科研机构等,在空间上集聚,并形成强劲的、持续竞争优势的现象。

国内外学者对产业集群定义的不同描述,源于学者们所处的学科不同,研究的角度各异,也体现了产业集群本身的复杂性。有的学者甚至提出不应有唯一正确的产业集群定义,这主要取决于研究者的兴趣所在。

基于以上学者的定义,本书认为产业集群不但是上下游相关产业中的企业因集聚而产生的地理位置上的集中,而且是其他组织(高等教育机构、科研院所和中介组织机构)在地理位置的集中,实质上是知识网络、生产网络和社会网络的融合。

二、产业集群的特征

从上述定义可以看出,产业集群的表述虽然各不相同,但我们仍从中找出产业集群具有的并为学者们都认可的产业集群的一些特征。

一是地理接近,即产业集群内的公司及其支持机构在地理上的集中性。虽然研究者们没有给出产业集群应该具备的地理范围,但所有研究者现在都承认产业集群各组织机构都必须在特定的地理位置上集中。产业集群各个组织机构在特定地理位置上的集中能够给集群内的公司带来三方面的好处:一是地理上的集中可以让集群内的各个企业共享区域内的各种基础设施,降低了企业的经营成本,实现了外部规模经济带来的好处;二是地理位置上的集中为集群内的各个企业在共享专业技术、劳动力资源方面创造了可能,从而可以享受外部范围经济可能给企业带来的好处;三是地理上的集中使集群内各个公司在隐性知识方面的交流成为可能,能形成良好的氛围,从而更加有利于创新。总而言之,产业集群降低了各种交易费用。

二是植根性,即产业集群内的各种组织在其所在地区的根植性。产业集群中植根性具有多层含义。产业集群内的公司和支持机构在地理上集中的特性为它们之间的隐性知识交流提供了可能,这是产业集群组织植根性的特征;但如果希望隐性知识的交流成为现实甚至一种常态,还需要集群内的企业具有根植性的特征。根植性是社会学概念,是指集群内的公司和支持机构在文化上融入所在社区,取得文化上的认同,并在此基础上扎根于当地社区,形成企业网络,这是产业集群具有的空间植根性。产业集群内公司根植于当地会带来两点好处。一是有利于集群内部各组织之间的非物质联系,使隐性知识的交流成为现实,更加有利于知识外溢,从而有助于集群的创新。只有集群内的各种组织根植于当地,各个公司及其支持机构才能形成有机的企业网络,才会形成良好的产业氛围,隐性知识才会有效地传播。如果各个企业只是地理位置上临近,其关系仅仅是简单的扎堆。二是有利于集群内各组织之间有形的物质联系。集群内各个组织根植于社区,使组织之间可以不仅仅通过契约联系,企业在文化认同基础上建立起来的信任关系同样可以成为企业联系的纽带,降低了企业的经营成本。

三是交互性,即产业集群内的各种企业之间、各种支持机构之间、企业和各种支持机构之间要有联系。产业集群内的公司不是各种不相干的企业简单的群集,而是处于特定价值链上的企业及其相关支持机构的有机结合。产业联系包括纵向的联系和横向的联系两方面。纵向的联系主要是指集群内企业分别处于特定价值链的各个不同环节,在生产上具有互补性,企业之间形成的有效分工协作关系。集群内的企业之间分工有利于创新观念、创新方法的形成,而企业在分工基础上的协作使整个区域的生产具备了柔性专业化的特征,提高了区域竞争力,也为单个企业的发展创造了更好的环境。纵向联系还包括集群内的企业和各种支持机构之间形成的有效协作关系。没有各种科研院所、金融机构、中介公司等支持机构的支持,集群内的企业也不可能形成良性、快速的发展。横向联系主要是指集群内的企业在价值链的同一环节组织生产,企业之间形成有效的竞争与合作关系。集群内企业之间有效的竞争和合作,降低了中小企业在创新方面所要承担的风险,使中小企业在创新方面具备了同大企业一样的竞争优势。同样,横向联系还包括集群内各种支持机构之间的竞争与合作关系。

四是创新性,即产业集群有利于企业的创新,能大大提高集群内企业的创新能力。产业集群内的企业大都是中小企业,作为单个的小企业,其创新能力和承担创新风险的能力都是非常弱的,很难和大企业进行有效的竞争。但从整个集群的角度来看,集群内的企业处于同一价值链,它们之间存在非常紧密的分工协作、竞争合作的关系,并且这些企业根植于特定的地理区域,又有助于形成良好的产业氛围,有利于隐性知识的传播,这些因素都有利于创新,使得集群内的小企业拥有了可以和大企业进行竞争的创新能力,极大地提高了集群内小企业乃至整个区域的竞争能力。

五是外部经济性,基于专业化分工合作,产业集群中企业可以实现外部规模经济与范围经济。同时,知识溢出也带来外部经济。

六是依赖性,即产业集群中企业相互依赖,从而形成生产网络、知识网络和社会网络。产业集群得而高水平的与前向和后向经济技术关联,决定集群中企业的高度相互依赖性。

总之,产业集群是一种由中小企业组成的有机整体,是中小企业及相关支持机构组成的一种特殊的组织,这种组织既不同于完全竞争的市场组织,也不同于等级制的企业组织,而是一种中间性体制组织。一方面,集群内的中小企业是独立的产权主体,通过市场交易产生联系,自主经营,自负盈亏,自担风险,具有市场组织的特征。另一方面,集群中的中小企业是在信任的基础上进行交易,大大减少了完全市场组织进行交易时所需要的交易费用,又具有层级制组织的特征。所以,产业集群是介于市场组织和等级制组织之间的一种中间性组织。威廉姆森(1975)提出中间性组织并认为这种组织形式具有稳定性的特点,它比市场稳定,比层级组织灵活。

三、产业集群的分类

Peter Knorringa 和 Jorg Meyer – Stamer(1998)在对发展中国家的产业集群研究中,借鉴 Markusen(1996)对产业区的分类,把产业集群分为以下三类:意大利式产业集群、卫星式产业集群、轮轴式产业集群。

第二章 丝绸之路经济带产业集群的区位与协作性分析

产业集群是一种世界性的经济现象。有关产业集群的相关理论也会随着产业集群的不断发展而相应地演变成系统的理论体系。我们可以将产业集群分为以下三种类型：

1. 传统产业集群。以传统的手工业或劳动密集型的传统工业部门为主，如纺织、服装、制鞋、家具、五金制品等行业，大量的中小企业在空间上相互集中，形成一个有机联系的市场组织网络。在这种产业集群内，劳动分工比较精细，专业化程度较高，市场组织网络发达。典型的例子如：意大利瓷砖产业群、服装加工产业群等；德国印刷机械产业群；瑞典的造纸产业群；我国浙江嵊州的领带，诸暨市大唐镇的袜业，海宁的皮装，柳市的低压电器等。这类产业集群往往与县域经济发展联系密切。

2. 高新技术产业集群。主要依托当地的科研力量，如著名大学和科研机构，发展高新技术产业，企业间相互密切合作，具有强烈的创新氛围。如美国的硅谷，波士顿128公路，得州的奥斯汀高新技术产业群；日本的工业机器人；印度的班加罗尔地区；以色列的特拉维夫；英国的剑桥工业园；法国的索菲亚；中国北京中关村的高科技产业集群等为典型代表。这类产业集群一般分布于中心城市或其邻近地区。

3. 资本与技术结合型产业集群。如日本的大田，德国南部的巴登-符腾堡等。一般说来，由于存在着不确定性以及研发与生产的日益分离，高新技术企业比传统产业企业更倾向于集聚。另据研究表明：在美国像电脑、制药等高新技术产业的创新活动明显多于传统产业，与此相对应，高新技术产业的企业更加倾向于以集群的形式存在，以共享大型高技术装备和高科技人才资源。目前，世界各地的高新技术产业集群如雨后春笋般涌现，各国政府也往往对这种基于知识或创新的高新技术产业集群给予大力支持。

第二节 分工与协作效率

一、分工的本质

(一)分工的含义

分工的含义有多种。一般意义上,分工含义狭窄一些,通常有宏观和微观两层意思。

宏观上,分工指不同产品的生产和服务的提供;从微观上说,分工是指一种产品生产的各个工序或提供一种服务的各个环节的划分。分工的宏观角度是从整个生产系统的视角看问题,分工的微观角度是从一种或一类产品生产的视角看问题。从物质生产的角度来看,分工还可以分为横向分工和纵向分工。分工还可以从生产功能的角度来考察,宏观上说,在市场发展到一定阶段时会产生自身的内部结构,由此形成生产功能方面的分工,就是当生产系统的分工水平发展到一定阶段时才产生对它们的需要,并导致相应的分工产生。从微观上看,一个独立的生产单位也会有自己的内部结构,并形成生产功能方面的分工。生产功能的分工是针对整个生产系统而言的,它只能在市场发展的一定历史阶段,随着市场和生产单位内部结构复杂化程度的提高而逐步分化形成,一般不能超越经济发展的阶段去强制实行。

(二)专业化的含义

提到分工,必然要提到专业化。专业化是对生产者而言的,它是指人们所拥有的从事某一方面的专门知识和技能。有时,专业化也可以指只有具备专门知识和技能的人才能从事的工作。在日常使用中,分工和专业化这两个术语有时并不严格加以区分。正式场合,分工是对生产而言的,专业化是对生产者而言的,而分工专业化同时包含生产的分工和生产者的专业化两方面的意义。

分工和专业化的过程是相互关联的。分工的存在,要求人们从事不同产业的生产或统一产品的不同生产工序的生产,并掌握相应的生产知识和技能,它促进了生产者专业化程度的提高。同样,生产者专业化程度的提高,不仅可以掌握生产知识和技能的学习时间,还可以因从事一种工作的时间增长而更好地积累生产的经验,反过来也为分工的进一步发展提供了基础和可能。

二、分工思想的沿袭

(一)柏拉图的分工思想

柏拉图在《理想国》一书中从人性论、国家组织原理以及使用价值的生产三方面,考察社会分工的必要性,认为分工是出于人性和经济生活所必需的一种自然现象。柏拉图认为:(1)国家与城市的起源来自分工和专业化;(2)社会分工的起源在于人类多样性的需求;(3)分工带来互惠,互惠引起交换,这种交换可以通过市场来进行。柏拉图对分工问题的探讨和思考主要表现在他对理想国的描述上:理想国中的公民将被分为治国者、武士、劳动者三个等级,分别代表智慧、勇敢和欲望三种品格。治国者为哲学家,依靠自己的哲学智慧和道德力量统治国家;武士们辅助治国,用忠诚和勇敢保卫国家的安全;劳动者则为全国提供物质生活资料。在柏拉图的思考中,人生来就有三五九等,他甚至主张希腊人不应该从事体力劳动,奴隶则不被考虑到。因此,柏拉图认为分工的主要根源在于天然绝对优势,比如说天赋的才能,也就是所谓的"外生分工禀赋"。柏拉图对分工的论述和研究成了日后亚当·斯密、大卫·李嘉图等经济学家相关分工思想的源泉。

(二)亚当·斯密的分工思想

斯密认为应当将专业化和分工水平作为全面考察经济增长和繁荣的基础。他提出了相当于现代理论中内生比较优势的观点,并认为相同条件下个人之间的生产率差别是分工的结果,而不是分工的原因,即人们能力差异通常是由于劳动分工的影响而扩大。因此,斯密把分工对生产力的具体影响概括为:(1)使得劳动者的技巧更加熟练从而提高生产率;(2)节约工作调整的时间;(3)使得技艺和知识可以通过积累而产生各种发明,如机器设备等。然后,斯密进一步探讨了分工的起源:分工来自人类独有的交换本性。因而分工的程度受到交换能力大小的影响,而交换能力的大小决定了市场的规模,同时斯密也指出运输能力对市场容量起到了关键的作用。就此斯密提出了他的假想:市场容量由运输效率决定;分工水平由市场大小决定;资本是迂回生产活动中提高分工的工具。从他的假说中,古典经济学汲取了营养,开始重点探讨分工这个命题;而近代的新制度经济学则从"运输效率"一点上发展出了"交易费用"的概念,认为交易费用与分工程度具有相关性;而另外一些经济学者则从这个假说中继续挖掘斯密所忽略的协调问题,认为市场的分工程度是协调成本与分工后带来的生产力增进的两难权衡。

(三)大卫·李嘉图的分工思想

大卫·李嘉图采用了不同方法来研究专业化与分工。他强调外生比较优势与分工的关系。这种效应来自一种社会性互补产生的生产力,分工能将生产可能性曲线提高到比非专业化生产更高的水平。在李嘉图的学说中,外生比较优势是指个人或国家在偏好、技术条件和要素禀赋上的先天差异,并且这些差异能产生贸易利益。李嘉图发展了斯密的国际分工理论,按照比较成本学说进行国际贸易,各国都能取得程度不同的利益,即在一定程度上节约了社会劳动。比如说对于经济发展落后的国家,特别是一些极少具有绝对优势的国家,按照比较成本原则发展对外贸易,能促进比较优势产品的生产。因此比较成本学说具有一定的科学因素和合理的内核。这一学说最终成为19世纪英国工业资产阶级积极争取自由贸易的理论武器,促进了当时英国经济的发展,具有一定的历史进步作用。

第二章 丝绸之路经济带产业集群的区位与协作性分析

(四)马歇尔的分工思想

马歇尔试图用一个数学框架来组织古典经济学思想。在斯密的学说中,经济学的问题主要由两方面组成:(1)资源配置问题,就是指在给定的稀缺度和给定的分工模式和水平条件下,确定不同产品最优的相对数量以及生产这些产品的最优相对要素数量;(2)分工问题,也就是组织问题,则是给定相对生产和消费量,分工规模水平和生产力是怎样由分工的好处与交易费用之间的两难冲突所决定。马歇尔将斯密学说中并不占重要地位的资源问题数学化,形成了一个完整的经济学数学分析框架,而忽略了分工与组织的问题。自此,经济学便走向了专门为资源优化配置提出决策和解释的学科,直到杨小凯的超边际分析的提出为止。

马歇尔数学化的资源配置模型成为往后的经济学主流。马歇尔的边际理论为经济学教学建立了很好的框架。一代代的经济学家和学生不仅能分享同一个框架,而且老师也易于教学。一代代的经济学家以及不同分支的经济学家也在这一共同的框架内分工。但是,这个主流并没有解决古典经济学关于专业化和分工的核心问题。经济学家布坎南认为,为了教学上的方便,马歇尔的新古典模型不得不放弃斯密关于劳动分工的思想。尽管马歇尔出色地将资源优化配置问题数学化,可是古典经济学的核心难题——专业化和分工却被遗忘了。

以上列举的四个具有代表性的思想提出者、发展者和完善者如柏拉图、斯密、李嘉图和马歇尔的具体分工思想内容,并从历史发展的角度来考察分工思想的沿革。在研究中我们发现:经济学家的分工思想并不是一蹴而就,无中生有的。每一个分工理论的提出都与当时的社会环境,如政治需求、经济生活等因素,及学术上的要求和继承发展有重大联系。柏拉图的分工思想脱胎于对时政的不满,对理性的追求和当时经济生活的启发;斯密的分工理论则是以活生生的制造工场为案例进行思考和探索,最终提出市场—分工假说;李嘉图的国际贸易分工理论更多地反映了当时英国贸易的具体情况,他的努力正是为了揭示当时贸易存在的内在机理;马歇尔虽然在他的著作中论述了分工组织问题,但并没有将其数学化;后世学者发现马歇尔没有对分工思想进行数学化是因为相关辅助的数学工具并未出现,从而导致了日后经济学的发展日益偏离分工组织问题。总而言之,分工思想的沿革都与经济学者们所处的外部环境息息相关,说明了经济学思想必然是来源于生活而致用于社会。

三、分工与协作效率

(一)分工如何提高生产效率

早在古希腊,人们就开始关注分工与效率的关系。到 17 世纪末,古典经济学文献中重新出现了分工的概念,为什么生产过程的分工能够提高生产的效率?不同学者有不同的见解。斯密把分工提高劳动生产率的主要原因归结于:它能够增加劳动的熟练程度,可以节约不同劳动之间的转换时间,以及有利于机器的发明和使用。

(二)分工与分工的协调

当代,分工专业化的水平可以说是到了史无前例的高度,可以说,一个国家在经济上的竞争力是与它的分工专业化水平成正比的,国家之间的竞争,本质上是分工专业化水平和分工协调模式的竞争。但是,分工的影响是两面的,一方面极大地促进了生产效率的提高,另一方面极大地增强了相互依赖性。有分工就有利益冲突,有利益冲突就有利益协调。

第二章 丝绸之路经济带产业集群的区位与协作性分析

第三节 规模经济与范围经济

一、规模经济

（一）规模经济的理论溯源

规模经济可以追溯到西方古典学者从专业化、分工的角度对其进行的阐述，古典经济学派的鼻祖亚当·斯密（1976）在《国富论》中用扣针制造业为例阐述了分工的意义。约翰·斯图亚特·穆勒（1848）在其著作《政治经济学原理》中沿承和发展了斯密的劳动分工论，肯定大规模生产的优点，并且从生产成本节约的角度进行了论述，任何经济中的小个体小经济都不能与大个体大经济进行竞争。亚当·斯密的定理之一"分工受市场范围的限制"认为，通过社会分工可以节约劳动时间，增强工人劳动熟练程度，通过改进劳动工具，提高劳动生产效率，充分利用有限的社会资源，增加社会总财富。所以，工厂规模如何扩大，扩大到什么地步，也就是增加分工和增加财富的核心问题（Smith，1910）。

新古典学派的马歇尔同样也发展了斯密的观点，根据分工和专业化的程度提出规模内部经济和外部经济。他提出了规模经济和控制力及垄断之间的关系，即著名的"马歇尔冲突"，在追求规模经济的同时，会使大企业更具有控制力，容易形成垄断。Arthur Young 也发展了斯密古典经济学中的分工理论，突破了斯密的"分工受市场范围的限制"一说，论证了分工和市场规模之间互相影响互相制约的关系。在《报酬递增与经济进步》的论文中他指出，企业规模在生产和产业间是彼此迂回，互相作用，逐渐演进的，市场规模取决于分工，分工又反过来取决于市场规模。卡尔·马克思认为，随着企业不动产和资产额的累积，劳动由简单的协作发展到以分工为基础的协作和不分工的协作,即以机器体系为基础的协作,认为较大的资本比较小的资本更有竞争力。

近代外国学者对规模经济与企业大小之间的关系进行了探讨,康芒斯(Commons)和熊彼特(Schumpeter)认为规模经济与大型厂商规模有关,大厂商和集中性产业的存在就证明存在规模经济。舒马赫(Schumacher)则认为小的就是美好的。制度经济学派的科斯(1937)指出企业是对市场的替代,市场交易费用和企业内部组织的协调共同确定企业规模,企业在扩大规模的过程中存在边界。当企业规模扩大到其外部交易费用等同于内部协调费用时,企业规模达到最佳点。威廉姆森(Williamsen)在《反托拉斯经济学兼并、协约和策略行为》论文中基于市场效率的角度阐述了企业规模经济的问题,认为资金流量调节和奖惩激励是市场的两大功能,企业规模过度庞大和经营上的过度多样化有可能最终导致规模不经济。从资产专用性的角度来说,资产专用程度、交易频率等也决定了企业的规模。巴克利(Buckley)和卡森(Casson)通过研究世界市场和跨国公司对外投资的动因及决定因素,探讨公司的规模经济。

(二)规模经济的种类

规模经济按照不同的方法可以分成多种类型。

1.按照规模经济来源不同区分,规模经济可分为内部规模经济、外部规模经济和集聚经济。

其中集聚经济严格地说,本身也是一种外部经济。内部规模经济主要是源于企业自身生产规模的扩大,规模扩大产出必然增加,那么分摊到每个产品上的固定成本,信息成本,包括管理成本、设计成本和科研技术开发成本越来越少,从而使整个企业的平均成本下降。影响内部规模经济的因素包括技术经济因素、地理因素、劳动力和资本的供需、地区市场规模、交通运输发展等,技术经济因素是一般普遍考虑因素,技术经济因素决定企业的技术经济规模。如果确定了企业的成

第二章 丝绸之路经济带产业集群的区位与协作性分析

本曲线,就可以根据产品产出变化带来生产成本的上升或下降幅度确定企业的最优规模。

外部规模经济是一种经济外部性的表现,当其他条件相同时,行业规模的扩大可以使得该地区出现规模收益递增,行业规模较小的地区比行业规模较大的地区不具有较高的生产效率。同理,行业规模较大的地区具备较高的生产效率,这会导致某一行业或其辅助部门在同一个或几个地点大规模高度集中,形成外部规模经济。马歇尔(1980)认为外部规模经济和内部规模经济的区别是,外部规模经济指在特定区域的由某种产业的集聚发展所引起该区域内生产企业整体的成本下降,而内部规模经济是由于个别企业的内部资源、组织和经营效率所形成的规模经济。

集聚经济在一定意义上严格定义为外部规模经济,是一种充分利用了地区的某种优势或者多重优势而形成指向性产业集聚。阿尔弗雷德是最早提出"集聚经济"的经济学家。随后,区域经济学家佛罗伦斯(Florence)和奥古斯特(August)等人对阿尔弗雷德的观点进行了扩展。

集聚经济可分为六种类型:(1)基于一种区位优势的同指向、同产业部门集聚,特点为集聚大量具有相同产业部门的企业。(2)基于一种区位优势的同指向、多产业部门集聚,为形成产业群落而集聚大量不同部门的企业。(3)基于地区的多种区位优势的多指向、多产业部门集聚,通过集聚大量不同部门的企业,形成产业群落。(4)为企业创造有利的外部条件和加强不同地区内企业间的经济联系,形成的经济联系集聚。(5)当一个企业的投入是源于另一个企业的产出时,形成的纵向经济联系集聚。(6)产业群落围绕地区主导产业而形成的内部各部门之间的关系,形成的横向经济联系集聚。

2. 按照生产要素集中程度不同区分

(1)产品规模经济

产品规模经济是一种最基本的规模经济形态。由于产品在生产中的分工和专业化,生产过程可以分解为一系列小型任务,工人重复地完成所分配的任务,使企业获得更高的利益。在大量制造一种产品时,随着产量的增加和每个生产者操作效率的提高,使单位产品的平均成本在一定范围内递减,直到达到单位产品平均成本的最低点,通常可以观察到学习曲线效应。

(2)工厂规模经济

工厂规模经济,也称为工厂规模效益,是指单个工厂水平上的规模报酬递增,单产品的厂商通过自身生产规模的扩大,提高生产效率,降低平均成本,从而获得规模报酬。工厂规模经济是由生产的专业分工及协作和工艺条件的先进性而产生的经济效益。

(3)厂商规模经济

除了与一个工厂的规模经济相关,其他规模经济还与多个厂商的整体规模有关,这种经济性普遍主要体现在大型多产品和多工厂厂商中。厂商规模经济也称为厂商规模效益,厂商规模经济的成因源于企业规模的扩大增加企业经营的灵活性,生产经营同类产品的若干工厂实现横向一体化,或者在生产经营过程中不同生产阶段的工厂实现纵向一体化,以及生产经营多样化等这三种形式所产生的规模效益。厂商的规模经济性相对于工厂规模经济性要小得多,即工厂规模的扩大,会出现规模经济,而企业规模的扩大,就要复杂得多。从理论基础上讲,规模的经济性首先是实现工厂规模经济,在这个基础上进一步实现企业规模经济,才能使企业规模如有源之水,得以恒久。

二、范围经济

(一)范围经济的理论溯源

范围经济产生于近代,1975 年美国经济学家 Panzar & Willing(1981)最早定义了范围经济,基于产业组织学的角度指出范围经济就是当一个企业从专门生产一种产品或劳务转为生产两种或者两种

第二章 丝绸之路经济带产业集群的区位与协作性分析

以上产品或经营多种劳务而使平均成本下降的这样一种经济现象。另外一个美国经济学家 Chandler(1990)认为范围经济能显著减少成本,可以通过生产和批发经销两个层面实现,并用实证法解释了范围经济与企业多元化经营之间的关系。前几位经济学家认为范围经济源于共享要素与富余生产能力生产的充分利用(吴斌和高遥,2011)。Teece(1980)认为范围经济源于对企业无形资源的利用,范围经济是建立在多元化经营的基础上,通过诀窍的共同重复使用来实现的,这里的诀窍包括技术利用和管理运营上的诀窍,这样就可以通过技术用于新产品的开发研究,存在潜在的成本节约,形成技术匹配的范围经济(宋波,2011)。Baumol、Panzar 和 Willing 在 1982 年进一步指出,范围经济产生于产品的生产投入是联合生产和共享利用。David Besanko 和 Mark Shanley 于 1996 年提出范围经济源于固有成本不可分割、分摊和营销的经济性、购买的经济性和研究开发的经济性(何红见,2011)。Teece(1980)、Panzer 和 Willing(1981)认为某种公共要素被应用到一种产品的生产中后,在不需要太多其他相关要素的基础上,就可以投入生产其他相关产品,这时就存在范围经济。Baumol(1982)依托成本效应函数研究范围经济,他认为在多产出环境下,由于多产品产出的协同效应会产生范围经济。Pendyck(2002)认为范围经济是指两个企业分配相等的投入要素,单个企业联合产出超过两个生产单一产品的企业所能达到的产出情况(吕超,2011)。

(二)范围经济的分类

按照范围经济的来源也可以分为内部范围经济和外部范围经济。在同一核心专业化生产中,导致各项活动的多样化,多项活动共享一种专业化生产带来的益处,进而导致各项活动费用的下降和经济效益的提升。

1. 内部范围经济

内部范围经济是指随着生产产品种类或者服务品种的增加,企业的长期平均成本下降的现象,企业通过生产多种联合产品的支出小于多个企业单独生产每种产品的支出,实现范围经济。

2. 外部范围经济

外部范围经济是指同一地方,单个企业通过产品的分工协作,产生一种生产体系,促使企业间的分工协作更加具有专业化,从而引起整个生产经营过程中的成本节约这一现象。叶光华认为外部范围经济通过企业间的协作,形成联盟,组成地方区域性的生产系统,进而降低企业成本(何红见,2011)。

第四节　产业区位理论与新地理经济学

一、产业区位理论的发展历史

(一)从区位到"产业区位"

区位论是研究产业的,如第一产业、第二产业、第三产业等,不同的产业特点不同,甚至在同一产业内部不同的部门其特点也不一样,因此产业区位的选择必然迥异。产业是区位理论研究的主体,产业(资源)在空间的分布是区位理论研究的目的。区位论对产业的研究是以空间为基础的,尽管区位论的产生是以微观(企业)为主体的,但不可否认的是,对产业区位的研究正逐步走向宏观化,表现为微观、中观与宏观相结合的多层次的空间研究格局。毫无疑问,这种格局在指导产业布局上具有更强的实践意义。对区位理论的研究涉及不同的学科,包括区域经济学、经济地理学、产业经济学等。这些学科在研究过程中,具有不同的研究范式,但是范式之争不影响研究的目的——区域发展问题。实际上,不同的范式在某种程度上具有互补性,而不是传统意义上的对立。我国区域实践的目标是工业化,是区域的工业化发展。从区域协调的角度来说,这种发展需要多方位、多层次的协作,需要各种体制环境,也需要创新的竞争与合作。产业区位理论的创新应该说是我国产业发展的客观需求。

(二)新产业区理论

20世纪70年代,欧美发达国家大多陷入经济萧条甚至是衰退,与此同时,如美国的硅谷、"第三意大利"、德国的巴登-符腾堡却呈现出旺盛的增长势头,引起了理论界的广泛关注。随着对这一现象研究的深入,各国学者在研究中发现:尽管这些区域的产业不尽相同,既有如美国硅谷般的高新技术产业,也有如意大利艾米利亚—罗马格纳区等区域的新兴手工产业;但在企业规模、产业结构、社会关系网络等方面仍存在相似性。即这些区域内企业多以规模相近的中小企业为主;产业结构也多为高新技术或新兴手工业,都具有较高的技术含量;企业与企业之间凭借信任关系维系着稳定的联系,并形成发达的协作关系网络。从某种意义上讲,这些新兴产业区与19世纪末所做的描述惊人的相似,却又存在一定区别。因此,学者们称之为"新产业区",而由此引发的理论探讨也相应地被称为"新产业区理论"。此后,理论界关于新产业区的研究著作层出不穷,并且根据研究视角的不同,逐渐形成了四大流派,即以皮埃尔和萨贝尔为代表的意大利学派、将交易费用引入产业区研究的加利福尼亚学派、区域创新环境小组(GREMI)形成的创新环境学派、以伦德威尔和尼尔森为代表的创新系统学派。

(三)现阶段我国的主要产业区位特点

在中央、地方和企业地区经济的三重主体作用下,现阶段我国产业区位的实践表现出多重特点。首先,计划内投资的企业区位——在大的建设项目的布局过程中,区位选择的灵活性很强,反映为地方政府与中央政府的博弈,局部利益与整体利益的均衡。地方政府为获得经济利益和竞争优势,总是尽可能地让中央政府相信,在它的范围内布局项目是具有战略前景的,而且会使企业获得较高的利润,可以实现区域利益与企业利益的结合。其次,计划外项目的区位,包括地方自筹资金建设、引进外资、民营资本等,则是多重因子作用的结果。由于企业自主进行区位选择,因此各种因素均要考虑。劳动密集型企业对地方劳动力的要求考虑甚多,资本密集型则主要考虑良好的投资环境,技术密集型则对区域的创新能力尤为青睐。在区位选择的过程中,企业与地方政府的博弈也很明显。第三,很多地方政府都在不遗余力地发展开发区、科技园区等,并且将此作为招商引资的重要手段。不少地区确实取得了相当的经济绩效。这种产业区位模式的一个至关重要的特点是,大量企业的空间集聚。从理论上来讲,由集聚而产生的好处是一系列关联效应(既包括物质关联,如投入—产出关系,也包括非物质关联,如合作和竞争及由此产生的学习和创新)。但是在实践上,很多开发区的关联效应并不明显。在全球化和地方化相互作用的背景下,开发区的作用和功能将受到进一步关注。第四,在我国沿海及南部各省,大量的中小企业集群的出现,要求传统的区位理论对此做出新的解释。这种区位模式具有很强的活力,对地区经济发展具有很强的带动和促进作用。

二、新地理经济学

(一)新地理经济学的提出

自20世纪初期以来,经济活动的空间集聚现象一直是经济学家和地理学家共同关注的一个焦点现象,马歇尔和韦伯等都曾经对产业集聚现象提出过不同的解释。伴随着后来"新产业区"研究的兴起,一些经济学家如克鲁格曼、波特等对经济地理在企业竞争和国际活动中重要作用的关注,从而也使产业集聚现象再次引起广泛的关注,尤其关注产业聚集区复杂的社会相互关系,各种网络关系和知识转移过程,因此特别关注对产业聚集区和地方环境之间的关系和区域发展中的学习创新,由此,在吸收了传统的空间经济思想和产业组织理论等

第二章 丝绸之路经济带产业集群的区位与协作性分析

传统假设前提和经济思想基础之上,逐渐形成了用来解释经济活动和经济增长高度的空间集聚现象的新经济地理理论。

经济学中的"新经济地理学"又称"地理经济学",这种"新经济地理学"吸收了城市经济学、区域科学和经济区位论等有关空间经济的传统思想,结合产业组织理论有关不完全竞争和收益递增模型的最新进展,试图构建"空间经济"的理论体系。它比较注重国际经济学与地理区位及运输费用(贸易壁垒)的关联,强调规范的模型分析方法,提出了一系列复杂的空间经济模型,以模拟产业集聚的向心力和离心力的相互作用,寻求产业集聚持续发展和多重均衡实现及被打破的条件,强调收益递增、不完全竞争、历史和偶然事件、路径依赖等在产业集聚和区域发展中的作用。

(二)新经济地理学概述

新经济地理学源于20世纪80年代对"新国际贸易理论"和"竞争优势经济学"的研究,可以说是经济学领域中继新产业组织理论、新贸易理论、新增长理论之后形成的第四次"新经济学"研究浪潮。比较有代表性的经济学家是克鲁格曼,他所建立的经济地理学是在新贸易理论基础上展开的,其对地理集中的解释采用了两种方法:马歇尔模型和张伯伦模型。新的经济地理的理论来源与模型特点都具有明确的空间关系,认为相互关联的经济活动在空间上相互接近会带来成本的节约以及生产规模扩大导致的规模经济,所以报酬递增是经济活动空间集聚的根本原因,经济活动空间上的集聚只是报酬递增的外在表现形式。它揭示了在经济一体化过程中的要素流动、产业分布变化和产业集聚趋势等现象,以及这些现象进程中企业规模、企业的生产效率、要素价格等影响,新经济地理学的两个研究主题主要集中在"经济活动的空间集聚"和"区域增长集聚的动力"两个方面。总体来说,新经济地理理论强调规模报酬,运输成本,市场结构和市场需求等因素对产业分布和贸易的影响。

（三）新经济地理学的发展

20世纪80年代末90年代初,藤田、克鲁格曼等学者把运输成本、要素流动和路径依赖等因素引入垄断竞争模型(以下简称D-S模型)分析框架中,用不完全竞争、细分产品、报酬递减和市场外部性等理论模块构建新的经济地理学模型,该模型论证了封闭经济中资源的有限性导致细分产品专业生产的规模经济和多样化消费之间形成的矛盾冲突,克鲁格曼则进一步将D-S模型扩展为贸易模型,论证了原本自给自足的地区一旦放开贸易,经济空间一体化导致人口规模激增和可用资源增加,给市场空间平衡带来的诸多冲突,从而实现厂商规模经济与消费者更多选择的共赢,由此掀开了新的地理经济学革命,为研究区域协调发展提供了重要理论框架和方法基础。

产业现象增强了企业的学习能力,使创新的不确定性大为减少。为研究国家层面上的产业集聚现象,1996年,沃纳斯伯尔把行业内垂直上下游之间的投入产出联系引入到地理集聚现象的分析中,将新经济地理学模型作为区际贸易新类型的基础,发展了产业集群理论;2001年,马丁和奥特维埃诺内生增长理论引入新地理经济学,通过模型得出区域竞争中获胜的区域其他企业具有较大的吸引力。2006年,鲍德温指出由于新经济地理理论关注劳动要素的自由流动与产业的垂直联系,仅仅根据前向联系的内生资本产生积聚的许多动态问题;波斯玛和兰布认为,偶然性事件和规模收益递增,相比较于环境选择,更有利于解释企业的区位选择及由此而来的产业空间的形成。

真实的经济空间是一个包括自然环境、各种资源、社会环境,经济和社会活动的广义空间,然而之前的研究显然不能满足解决现实问题的要求,因此一些学者开始创造性地将环境变量和技术外部性引入研究当中,为增进新地理经济学的理论预测和政策引导能力做出了积极贡献,构成了新的区域协调发展理论体系。

总之,新经济地理学与经济学、地理学、地理经济学之间虽有界限

第二章 丝绸之路经济带产业集群的区位与协作性分析

但也有共通之处,不完全竞争、报酬递增与积累因果已成为关于贸易、内生增长及区域发展研究的主要内容;在现实生活中经济贯穿存在于地域、国家等空间组织,面对不同的空间组织,经济的组织形式和作用方式也将随之改变,这也就构成了经济学与地理学融合的基础。当前区域经济研究需要的是实际意义的分析而不是抽象空洞的理论分析,只有与多学科不断融合,将科学研究转向为解决实际问题而研究,基于此,将地理学得研究方法与理论引入经济学,在经济全球一体化的大背景下,相互融合,更好地用来解释经济与空间的相互匹配问题,使我们可以更好地理解产业空间集聚的进程,各地区、各经济体更好地应对和制定产业政策,最终实现经济的增长。

第五节 产业集群区位特征分析

一、产业区位理论和新产业区位理论

德国经济学家阿尔弗雷德·韦伯(Alfred Webber)在其1909年著作《工业区位论》中从产业集聚带来的成本节约的角度讨论了产业集群形成的动因。他认为费用最小的区位是最好的区位,而聚集能使企业获得成本节约。一个企业规模的增大能给工厂带来利益或节约成本,而若干个企业集群在一个地点同样也能给各个企业带来更多的收益或节省更多的成本,技术设备发展的专业化、搜寻劳动力的相关成本的降低,也都促进了企业集聚。他把集聚带来的好处视为成本的节省和收益的增加,正是成本的节约促使企业产生了集聚的动因。专业市场的发展可以提高批量购买规模和销售的规模,使企业享有购买原材料的便利,顺利实现产品交易,从而降低了企业成本,提高了效率。企业集聚有利于道路、煤气、自来水等基础设施的建设和共享,从而减少经常性开支成本,促进了企业集聚。

新产业区理论从企业与其所处的社会环境之间的互动关系入手研究企业集群的形成动因。在对美国硅谷、德国巴登-腾堡、意大利爱米利亚—罗马格纳等高技术产业综合体实践的研究基础上,新产业区理论在20世纪80年代应运而生。该理论认为,决定一个国家、一个地区乃至一个企业高新技术产业发展状况最主要的因素,不是物资资本的数量与质量,而是与发挥人力资本潜力相关的经济组织结构和文化传统等社会环境因素。正如长期研究硅谷特征的美国经济学家萨克森宁所说:"硅谷成功的真正奥秘,是因为硅谷有了一个良好的有利于创新、有利于人才成长的文化生态环境。"此后,又出现了欧洲学派,它是由法国、意大利、瑞士区域科学家组成的小组(区域创新环境研究小组),他们的主要概念是文化环境(Milieu)。这个概念把产业的空间聚集现象与创新活动联系在一起,使该理论流派相当有影响力。创新环境理论认为产业的本地化包括提升整个社区的技术和专业化水平,提供丰富的高素质劳动力,增加辅助的贸易和专业化服务,满足众多公司的需求,为采用更加专业化的机构创造条件。企业聚集使大家可以共享单个企业无法实现的大规模生产和技术以及组织创新的好处。创新环境研究强调产业区内创新主体的集体效率(collective efficiency),强调创新行为的协同作用,强调社会根植性。Capello(1999)、Hart & Simmie(1997)等人研究发现,在创新地区中,创新厂商群聚在特定区域,但通常保留他们彼此独立运作,群聚区域内厂商运用的是区内良好的环境特质。

二、丝绸之路经济带产业集群现状概述

产业集群既是一种新型的区域经济发展模式,也是发达地区获取竞争优势的主要源泉,更将成为欠发达地区实现迅速发展、赶超发达地区的有效战略工具。因此产业集群作为提高区域竞争力的一条重要途径,受到了社会各界的广泛关注,各地区已经把培育发展产业集

第二章 丝绸之路经济带产业集群的区位与协作性分析

群作为带动本地经济的战略。在中国的经济发展进程中,东部地区有着无可比拟的地理优势,相对而言,西部要提升自己的竞争力,自然不能脱离自身的资源优势。俗话说,"靠山吃山,靠水吃水",境内各省市的特色资源为西部地区工业发展提供了充足的原材料。在东部沿海出现发展活跃的产业集群雏形时,西部地区加大产业结构调整,以本地资源禀赋为支撑,实行资源开发与资源加工并举,也开始形成了一定数量的不完善企业网络,例如,新疆的石油化工网络、攀枝花的煤炭冶金网络,陕西关中地区的煤化工网络群。当然,如果按照完善的标准来进行评估,这些还不算是严格意义上的产业集群。

随着西部大开发战略的有效推进以及地方政策的扶持,我们可以看到目前西部地区12个省市自治区已经分布着一些具备产业链成长特性的集群雏形,比如,重庆的摩托车产业集群,成都地区的制鞋业集群,绵阳的家电产业群,云南的烟草产业集群,陕西关中高新区,四川德阳的装备制造业集群,内蒙古乳制品集群,四川炉州、宜宾及贵州仁怀的小酒厂集聚等等。从总体上看,西部地区产业集群后续发展还是比较迅速的,但是已经形成的产业集群与东部地区相比,还处于初级阶段,不够成熟,并且发展的规模和水平也较为落后。伴随着西部地区的产业集群发展步伐的加快,其中主要以成都、重庆、西安作为代表的西三角地区产业集群与部分东部省市的集群相当,不仅规模大,而且发展态势也不错。可以说:自西部大开发以来,西部地区的产业布局经历了大跃进,在由点状发展转向带状发展的轨道上有条不紊的运行着。

三、丝绸之路产业集群发展的有利条件

共建丝绸之路经济带,有利于西部地区更好地发挥区位、资源优势,统筹利用国际国内两个市场、优化配置市场资源,推动经济社会加速发展,力争与全国同步进入全面小康社会,并实现我国东西部经济

的平衡发展。

1. 丰富的自然资源

经济发展的必要条件之一就是资源。西部地区幅员辽阔,约占全国总面积的71.5%。西部地区的地理条件优越,拥有富集的能源资源、动植物资源和矿产资源,为我国及其自身经济发展提供了丰富的原料和能源。西部地区还蕴藏着丰富的水能资源,占全国46.6%,水电资源是不能移动的可再生能源、清洁能源,具有很高的经济价值;独特的光热水土优势、多样的气候和宝贵的森林、草场资源,除了造就大量生产质量优良、产量高的粮食作物、经济作物、畜牧产品,其特有的植物药材品种与珍稀物种也很丰富。西部的部分省市如陕西、四川、重庆、新疆还蕴藏着大量的石油天然气资源和矿产资源,廉价的石油天然气资源也为西部地区提供了发展油气深加工产业的机遇。

中国和中亚国家间在地域特点、资源禀赋、经济结构、文化特色、生活方式上存在着明显的互补性,在能源、交通、电信、农业、化工、纺织、科技创新等各个领域也都明显地存在着互补特性。近些年,双边经贸合作发展迅猛。数据显示,2012年中国与中亚五国的贸易额达到了459.4亿美元,与1992年建交之初的4.6亿美元相比,增长了近100倍。这样的发展势头,超出了20年前人们最大胆的预想,有理由让人们对丝绸之路经济带的进一步繁荣发展、合作共赢充满更高期待。

2. 良好的产业基础

西部地区现有的工业体系和支柱型产业为集群的发展提供了有利条件,一批在全国具有竞争优势的企业,可以有效地带动当地产业集群的形成。西部地区的产业经过发展,形成了以能源开发与初级产品加工业、装备制造业、高技术产业为主体的特色优势体系,并形成了一定的产业基础。特色优势产业的快速发展极大地推进了西部地区经济的发展。统计显示,2001—2010年西部地区生产总值由14471.46

第二章 丝绸之路经济带产业集群的区位与协作性分析

亿元增加到 81408.5 亿元,年均增长 7437 亿元,占全国 GDP 的比重提高了 3.5 个百分点。西部地区进出口贸易总值从 2001 年的 130.11 亿美元增加到了 2010 年的 1283.9 亿美元,进出口总额占全国的比重由 2.4% 上升 4.3%。

3. 市场需求潜力大

近代以来,由于海路交通的发达和海洋贸易的繁荣,深处内陆的西北地区逐渐成为亚欧经济发展带上的一块"凹陷"地带,经济社会发展滞后,小康进程远低于全国平均水平,对外开放仍处于初级阶段。以 2012 年的数据为例,西部地区进出口贸易总额 2300 多亿美元,仅相当于广东的 1/4、江苏的 1/2。所以,共建丝绸之路经济带,搭建内陆开发开放型经济发展平台,将能让西部地区更多地参与到全球贸易中来,有利于西部地区更好地发挥区位、资源优势,统筹利用国际国内两个市场、优化配置市场资源,推动经济社会加速发展,力争与全国同步进入全面小康社会,并实现我国东西部经济的平衡发展。

由于受收入水平、消费观念、生活习惯等因素的影响和制约,西部大多数本地市场较东部地区需求层次较低、市场空间狭小。截至 2010 年年底,西部地区人口绝对数近 36069.3 万人,占全国的比重为 27%;国内生产总值 81408.5 亿元,占全国的比重仅为 18.6%;城镇居民可支配收入 15806 元,明显低于中东部地区;农村居民人均纯收入 4481 元,仅相当于全国平均水平的 75.7%。通过比较分析,西部的经济实力、居民收入水平都低于全国的平均水平,但是也从侧面反映西部地区消费市场空间广,发展潜力大。此外,随着西部开发的深入,国内外资金的注入和人才的流入也为产业的发展带来了巨大的市场空间。

4. 西部大开发战略的倾斜扶持

自 1999 年实施西部大开发战略以来,国家采取了一系列优惠扶持措施,为培育西部产业集群创造了良好的政策环境。国家发布了一

丝绸之路经济带产业集群价值网络的演化与重构

系列"关于实施西部大开发若干政策措施的文件",在税收、财政、金融等诸多方面给予优惠政策,从2000年到2009年9月,中央财政部向西部地区下达的转移支付和信贷支持累计高达5507亿元,并合理地提高了对西部地区项目补助的比例,增加了投入西部基础建设的中央预算,间接带动了地方及社会资本投资于西部。同时,国家加快西部地区民生工程及基础设施建设、加强生态环境保护力度、积极开展技术创新,改善了西部地区投资的软硬环境。

打造丝绸之路经济带,还有利于拓展中国西部大开发的战略空间,推动西部各地经济社会发展。丝绸之路经济带的战略构想,将对未来欧亚大陆政治经济格局产生深远影响,而中国广大中西部地区将成为这条经济合作走廊的战略通道和经济腹地。在西部大开发的背景下,在中国向西开放的大背景下,这一战略构想的提出,是西部大开发战略在第二个十年实施过程中的深化,必将推动西部大开发进入一个新的阶段,进而打造西部大开发的升级。

习近平主席在访问中亚时提出了共同建设丝绸之路经济带的战略构想,受到国内外高度关注。这个战略构想,高瞻远瞩,气魄宏大,具有多方面的战略意义。打造丝绸之路经济带,有利于深化区域交流合作,通过互利共赢的经贸文化交流,密切我国同中亚国家的关系,进而推动欧亚大陆经济合作的深化。丝绸之路经济带的形成和拓展,将使中亚国家可以便利地通往世界上经济发展最活跃的亚太地区,同时,也将促进中国的向西开放。而在欧美市场普遍不景气的背景下,拓展中亚、西亚和南亚市场,无疑对我国的外贸出口具有积极意义。

打造丝绸之路经济带,进一步拓展中国通向中亚、欧洲的陆路通道,对于巩固中国的战略安全与经济安全,具有重大战略价值。近年来,美国在重返亚太的过程中,推出了"跨太平洋伙伴关系协议"和"新丝绸之路计划",都把中国排除在外,遏制中国发展的意图十分明显。对此,我们除了努力打破两条岛链的封锁,还应积极落实共建丝

第二章　丝绸之路经济带产业集群的区位与协作性分析

绸之路经济带的战略构想,形成连接东亚、西亚、南亚的交通运输网络,进而取道中亚直接面向中东、欧洲大市场。如此,通过打造这条我国深度开放的陆上大通道,将彻底打破美在海路封锁我国的战略企图。

而且,中亚地区处于欧亚大陆的腹地,具有丰富的石油和天然气资源,对于中国的地缘安全和能源安全具有重要意义。地缘安全与地缘经济需要联姻,地缘政治需要经济基础支撑。在全球经济增长放缓之际,经济增长也是安全的重要组成部分,经济增长乏力,往往会给稳定造成冲击,进而引起地区政治的不安定。丝绸之路经济带的建设,经济、贸易、货币的联系的加强,将为欧亚大陆腹地的多边安全合作注入新的活力,为地区安全提供"内生动力"。因此,丝绸之路经济带不仅具有巨大的经济效益,还有着巨大的安全效益。

第六节　产业集群发展的创新周期性分析

一、产业集群发展阶段论

众多的集群理论家认为产业集群的成长呈现出明显的阶段性特征,并提出了多种不同的集群成长阶段划分方法。以下整理出一些具有代表性的学者的划分。克鲁格曼(1991)、波特(1998)都认为产业集群的成长过程存在某种生命周期形态,即产业集群如同生物一般,存在一个从出生到死亡的过程。一个典型的集群成长周期大体包括集群形成、持续增长、饱和与转型、衰退、解体或复兴成长等五个阶段。

意大利著名集群理论家布诺梭(1990)提出两阶段模型。布诺梭的模型是根据对集群进行干预的时间先后来划分的。根据他对意大利集群的研究,集群的出现大都是自发形成的,而不是政府计划或干预的结果。布诺梭把无政府干预的集群自发成长阶段称为第一阶段。

当集群成长到一定规模以后,政府或当地行业协会开始干预集群的成长,向集群提供多种多样的社会化服务,这一阶段称为集群成长的第二阶段。

荷兰经济学家范迪克(1997)提出了集群成长阶段理论。范迪克教授长期研究发展中国家的产业集群,对印度、秘鲁以及非洲国家的一些产业集群做过实地调研。为此他提出了一个基于进化理论的五阶段成长模型,即地理区位型集群、贸易集散地型集群、劳动分工型集群、创新型集群、功能齐全的工业区。在范迪克看来,马歇尔式的工业区是集群进化的最高阶段,集群从此像大企业一样具备自我调整能力,成为长寿型的组织。

Tichy G(1998)从时间维度考察了产业集群的演进。将集群生命周期划分成诞生阶段、成长阶段、成熟阶段和衰退阶段,并将其四个阶段的特征概括如下:(1)诞生阶段,产品的产生和开发阶段,产品和生产过程还没有标准化,企业最初聚集在一起进行产品生产,集群内企业基于信息网络、分工协作以及资源共享所产生的外部经济获得竞争优势。(2)成长阶段,集群发展迅速,增长率高,但也可能使得集群没有压力去创新,而往往只集中资源于最畅销的产品,并以日益增长的速度和规模扩大生产。集群内的资源(知识、信息、技能等)会日益集中,更多地投入主导产业(或产品)。(3)成熟阶段,生产过程和产品走向标准化,企业追求大规模生产,本地同类产品企业间竞争加剧,利润下降。这个阶段,企业可能更注重成本控制,对专业技能及知识的学习和转化减少,产品技术含量降低并且出现雷同现象,存在"过度竞争"的威胁。(4)衰退阶段,这一阶段集群中企业大量退出,只有少量新进入者。集群衰退最重要的标志是失去对市场的灵活反应,缺少应变的内源力。

综上所述,不同学者的理论从不同的侧面分析了产业集群发展的生命周期划分,任何事物要长久发展,其不竭动力必然是创新,创新不仅是发展的动力,更是发展的源泉。因这一节的内容主要讨论产业集群发展的创新周期性分析。接下来,我们进行基于创新视角的产业集群发展周期性分析。

二、基于创新视角的产业集群创新周期性分析

产业集群演化理论对产业集群升级研究的支持与借鉴主要体现在两方面:第一个方面,反映集群演化成长动态过程的产业集群五个阶段的生命周期的划分,是集群升级研究的基础,集群从低级阶段到高级阶段的成长演化过程,从某种意义上来说就是一种集群升级。第二个方面,产业集群在不同的生命周期阶段的竞争优势是不同和变化的,它会随着集群内外部力量的改变而发生改变,因此处于产业集群发展的不同阶段的行为主体,要维持或提升集群竞争优势地位,必须以加强集群内成员间的知识技术联系、合作创新等积极行为去影响或改变集群组织特征、学习机制和创新模式,以达到升级的目的。

创新产业集群如果要获得可持续发展,必须保持集群持续的竞争优势。竞争优势的持续力是一种持续的改善和自我提升,这种持续的改善和自我提升通过创新行为实现,持续的创新使得集群保持旺盛的生命力与活力,从而获得持续的竞争力。

1. 产业集群发展不同阶段竞争力分析

在产业集群发展的形成阶段,竞争力初步显现,但缺乏稳定性;专业化水平较高,成本优势较为明显;经济活力较强,创新能力不足;企业价值网效应逐步稳定,受产业集群发展各方面环境影响较大。

在产业集群发展的成长阶段,产业集群的竞争力迅速提升;生产灵活性和专业性能更强;企业间价值网效应稳步提升,并发挥作用;创新能力提升,品牌优势凸现;开始提升集群适应环境和利用环境资源的能力。

在产业集群发展的成熟阶段,产业集群的竞争力进一步巩固;标

准化生产,规模经济效应突出,价值网络效应明显;技术和人才大量聚集,自主创新能力强;占有领先的市场份额;集群品牌信誉度很高,交易费用下降到最低点附近,能灵活规避各种风险和捕捉市场机会。

在产业集群发展的衰退阶段,产业集群受到各种环境变化带来的风险冲击,发展活力进一步衰退,产品创新能力、市场竞争力及适应环境变化能力明显下降,竞争优势逐步丧失;产业集群中价值网络效应失去支撑力。

在产业集群发展的演化与复兴阶段,集群间价值网络不断演化,优胜劣汰,最先能从内部打破鸡蛋的集群能够优先获得复苏的机会,最重要的是自主创新能力的进一步提升。

接下来,我们从以下几方面就创新能力逐一分析。

2. 产业集群的创新

随着产业集群内分工和全球价值链整合的深入,产业集群在发展中所面临的风险以及产业集群升级所面临的问题也逐渐显露出来,为此国内外学者针对该问题也开展了研究。庞德尔和圣约翰(Pounder and St. John)认为在集群的动态发展过程中,集群的过度集聚会导致集聚度不经济,出现创新潜力、业绩和集群整体竞争力下降的情况。Bent Dalum(2008)认为技术的重大变革尽管为集群的发展或新集群的产生创造了条件,但是新技术也会导致原有集群的技术锁定或集群衰退甚至消亡的情况。Tichy G 认为一个区域过于依赖一个产业集群会出现随着集群内产业的衰退而拖垮整个区域经济。波特(2001)认为在不存在全球价值链中国际竞争对手挤压的条件下,发展中国家集群发展的困难主要来源于集群内部体系僵化、刚性和集群外部技术和市场竞争环境的剧变。Gmbher(1998)认为,产业集群发展中的路径依赖和锁定效应是造成集群内部体系僵化的根本原因。

在许多产业集群的形成阶段中,初级生产要素的优势占据了重要

第二章 丝绸之路经济带产业集群的区位与协作性分析

的作用,但在进一步发展中,初级生产要素的作用逐渐没落,初级生产要素获得的门槛比较低,后发展地区可以依靠更具有比较优势的初级生产要素获得竞争优势。尤其是在成本方面,处于成熟阶段的产业集群由于竞争激烈,各种要素的成本都已经上涨,对比起后发展地区自然不再具有优势。因此,集群要想保持可持续的竞争力,必须不断地创新,"从内部打破鸡蛋"!创新是多方面的,根据熊彼特的定义,创新包括以下五种情况:引入一种新的产品或提供一种新质量的产品;采用一种新的生产方法;开辟一个新的市场;获得一种原料或半成品的新的供给来源;实行一种新的企业组织形式。对于产业集群来说,创新不仅意味着生产方式、生产技术与效率的提升,产品质量的改进以及新的产业环节与市场空间的发现,而且意味着集群协作与竞争方式、群内企业组织结构的创新。创新的结果往往提升了竞争的层次,将竞争从成本竞争提升到差异化竞争,从而能够保持持续的竞争力。可见,产业集群升级研究不能仅停留在集群外部,挖掘集群内部升级潜力显得尤为重要。因此从"地域化"视角出发的价值网络下的产业集群升级研究不仅与集群竞争力研究及集群演化研究有许多共通之处,而且有两大突破:一种是揭示了产业集群创新网络通过完善网络结构,促进产业集群内部主体间的创新合作,对集群整体竞争力的提升和产业集群升级发挥的关键作用。二是产业集群的演化、学习和创新等驱动机制为产业集群升级研究提供了理论支持。

促进创新实现的机制是竞争与协作,竞争为创新提供压力与动力,协作为创新提供有效的实现形式。产业集聚通常会带来两种效果,一是产业之间激烈的面对面的竞争;另一种是产业之间紧密的分工协作。竞争与协作既是对立的,又是统一的,正是这种矛盾统一体推动着集群的发展与创新。反之,当集群内部的竞争机制与协作机制出现问题时,则集群的竞争力将会受到损害,从而影响集群的生存能力。

三、区域产业集群生命周期面临的风险及其成因

产业集群在演化的不同阶段,其发展过程中面临的潜在风险不可忽视,为保持产业集群整体竞争力,维护区域经济持续健康发展,应该基于产业集群创新视角不断审视产业集群发展中将面临的潜在风险,下面结合产业集群生命周期做分析。

1. 产业集群产生阶段——资源依赖、路径依赖和锁定风险

众所周知,产业集群在行程初期往往是由于技术或者资源的专有性或者稀缺性而产生的,而这正是潜在风险所在:集群的核心竞争力来源应该是对手难以模仿的竞争优势,而以资源为依托形成的产业集群常常是资源高度集中于一个产业或者单一产品,可能形成结构单一的专业化产业区,从而降低集群对市场变化和外界冲击的适应能力;企业规模偏小,技术开发水平较低,当产品需要更新换代时,或者市场需求出现转移时,原有产业集群无法提供更具竞争力的产品,又难以迅速实现转型,便有可能导致整个产业集群的衰败。我国西部地区大量资源型城市的衰落就是区域经济对当地资源优势过度依赖的结果。

路径依赖和锁定风险。产业集群一般是在产业链上发生前向、后向、横向等关联,继而形成稳固的产业链结构,乃至形成网状联系结构,再由产业从集聚走向集群的阶段,通过产业链将企业有机地积聚在一起,增强企业间的产业关联和协作效应。随之区域经济会在这种产业链上表现出较强的路径依赖性,进而造成功能锁定效应。这也是产业集群发展初期造成潜在风险的原因之一。Keeble 和 Wilkinson 认为,集群中企业长期的集体学习和连续的知识积累可能会使整个集群被一条日渐失去竞争力的路线锁定,包括技术轨道、运作模式等,因此,产业集群的学习应该是开放的,一旦某些产业或集群中核心企业的生产环境发生变化,产业集群的生产经营很有可能会发生多米诺骨

牌效应,由此导致产业集群衰退。因此,产业集群既有优化资源配置的积极作用,也有导致产业连锁衰败的可能,合理地协调集群的规模经济和灵活风险机制之间的关系需要审时度势的权衡。

2. 产业集群成长阶段——金融性风险、柠檬市场风险

在成长阶段,产业集群的规模和结构迅速扩大,对资金和资产的需求也迅速增加,此阶段融资和金融行为将成为制约集群发展的关键。金融性风险表现为两种形式:一种为短缺型,短缺型集中出现在集群初具规模的时候。另一种是积累型,需要进一步融资,而产业集群内部信用融资带来的风险更具隐蔽性,一旦某个企业发生信誉危机和财务危机,整个集群内部很有可能出现连锁反应。

柠檬市场风险在技术密集型产业集群中表现最为明显。信息不对称通常用来描述供求双方对市场和产品信息的了解不均衡状态。由于集群中集聚了大量生产同类产品的企业,供求双方信息的不对称使供求者很难从众多的同类产品中辨别出产品的优劣,这就使提供低质量产品的企业可以通过低价销售扩大市场份额来增加获利,部分企业甚至以次充好、以假乱真等价格欺诈行为牟取暴利,而提供高质量产品的企业却很难通过提供优质的产品的认可而得到优价,从而难以获得必要的利润水平,甚至无法维持其正常成本。这样有可能导致集群的不断衰退。

3. 产业集群的成熟阶段——结构性风险、组织性风险、网络性风险、第三方风险

结构性风险一般存在于产业集群的成熟阶段,以某一个或者几个核心企业为中心。许多小企业围绕核心企业进行生产制造是区域产业集群运作的基本结构形式,这种集群结构虽然可通过大企业与众多中小企业的合作形成弹性灵活的生产方式,从而增强集群整体的竞争优势和风险抵抗能力,但这种协作关系是以小企业在技术、财务、产品等方面对核心企业的依赖为特征的。因此产业集群中的核心企业与

非核心企业知识转移的主要形式是单向传递,这种网络结构往往由大企业的决定而决定,应对市场灵活性差。

组织性风险往往存在于产业集群的成熟时期,处于产业集群发展的稳定阶段。此类风险的产生受地域范围的影响和本地植入性薄弱的制约。首先,建立在非正式制度基础之上的企业风险具有明显的地域局限性。集群中以信任与承诺为核心的非正式制度合作虽然有助于降低交易费用,提高经济的运行效率,然而,这种交易活动只有局限在一定的地域范围内,在相互熟识的人中才有概率产生,一旦超过特定的地域范围,其交易费用就会迅速上升,甚至不存在这种组织性风险,无法满足产业集群的持续成长和规模扩张;其次,部分产业集群是在政府优惠政策的引导下形成的,企业难以融入本地的经济文化氛围,同时企业间缺乏根植于本地的内在联系,一旦优惠政策发生变化,集群内的企业便会迁往收益更大的地区,甚至发生集群的整体迁移;最后,依托专业化市场发展起来的产业集群扩张能力有限。

网络风险:产业集群作为一种根植于区域的企业网络,虽然有助于降低交易费用,促进知识外溢和信息共享,但这种网络关系主要依赖建立在共同的文化传统和历史背景上的信任和承诺维持,不仅缺乏制度上的约束力,而且受地域范围限制。企业网络结构不牢固,极易导致恶性竞争,非正式制度限制集群的规模扩张与持续成长,知识外溢与信息共享降低企业搜索信息和自主创新的积极性。

第三方风险:政府过度干预。当前,推动相关产业空间上的集中并促进企业间分工合作的形成已成为各地政府发展区域经济的有效手段和共识。政府相关部门本身就是产业集群的重要构成部分,企业与政府机构间的关系网络也是集群网络的重要内容。融洽的本地企业家与政府官员之间的惯性系可以给集群企业及时提供政策倾斜、资金扶持、市场信息,从而使集群在较短时间内获取快速发展,进而形成较强的竞争优势。但是当集群成为政府区域产业的重要内容时,过强

第二章 丝绸之路经济带产业集群的区位与协作性分析

的本地企业与政府间关系往往容易导致政府权力因素对集群活动的渗透,权力因素自然就在集群的形成发展过程中发挥着决定作用,原本应由市场自发形成的企业间分工合作关系便可能转而被政府的行政安排所取代。这种做法一方面加速甚至替代了市场自然发育、网络自我演化的进程,可能节省集群间寻找合作伙伴的交易费用,另一方面,政府主导型的产业集群,即使内部交易网络得以形成后,企业间的交易也往往多受到政府指令的影响,无法真正按照市场效率的原则自主进行,进而影响到集群行为的有效性,同时长期占用政府管理监督的倾斜政策和优惠资源,也会造成顾此失彼的局面。

第七节 产业集群规模经济与范围经济分析

不同于传统经济增长理论,无论是有形资本——土地、物质资本、劳动,还是无形资本——知识资本、组织资本,在产业集群中,对区域经济增长都起到更显著的作用。经过深入分析后,产业集群促进经济增长的机制有以下两方面。

一、产业集群的外部规模经济

外部规模经济是指某区域内同行业企业数增加,共享当地的辅助性生产、公共基础设施与服务、劳动力供给和培训等所带来的成本的节约。通常在产业集群中,大部分的企业规模比较小,内部规模经济难以观察。然而由于分工的不断外部化和专业化生产的深入,企业的平均规模虽然较低,但是由于各个企业的生产都集中于某个特定的产品和特定的经济环节,所以一个企业的产品和服务可以同时满足其他厂商的需求,产业集群的外部规模经济也就非常显著。

相对于内部规模经济,外部规模经济对于产业集群具有非常特殊的重要作用。即使是一个孤立的企业,也可以通过扩大规模而获得内部规模经济,但外部规模经济只有通过集群才能够获得,这恰恰是产业集群的独特之处。集群的外部规模经济主要表现在以下四方面。

基础设施的共享。由于大量同行业企业或机构集聚于特定区域内,一方面企业可以通过共同使用公共设施,能源、交通、通信等基础设施的共享式的高额成本由集群内的全体企业分担,从而降低了企业的成本,减少了分散布局所需要的额外投资,并利用地理接近性而节省相互间物质和信息流的运移费用,从而降低生产成本,也为建设和通信基础设施提供了条件。另外,由于集群内企业活动的一致性和相关性,对基础设施的需求也存在一致性和相关性,从而使得基础设施的提供具有针对性,提高了基础设施建设的产出效率。

资源的供给。同样,由于集群内企业活动的一致性和相关性,集群内企业对特定资源的需求也是一致的,如劳动力资源、专业技术人员和管理人员等。在劳动力市场,一方面,随着集群的扩大,本地人员通过培训就业、外地技工被吸引过来,形成劳动力供给充足的区域性市场,企业在长期雇用管理和技术人员的同时,可以根据自身生产的需要,及时调整工人的数量,减少工资成本和工人劳动保障方面的费用,并为集群内每个企业带来成本的节约。另一方面,劳动力在区域内企业间自由流动,企业内部劳动力变换率也高,劳动力快速流动对其自身素质要求加大,也促进了信息、思想的传播和扩散,所以在数量和质量上提高了集群内劳动力供给的效率。这样,企业和劳动力的集中式的特质性需求转变为非特质性需求,并可以保持劳动力市场的稳定。

企业间的协同。两个或两个以上独立但又相互关联的个体企业利用地理接近性维持长久的交易,也可通过承诺与信任来进行,使集群网络内的个体获得集群外个体所没有的竞争优势。通过合资、合作或建立联盟等方式共同进行生产、销售等价值活动,如大批量购买原材料等,不仅使原材料价格降低,也节约了单位运输成本;建立共同销

第二章 丝绸之路经济带产业集群的区位与协作性分析

售中心,形成零售、批发市场,降低集群内企业成品的运输、库存费用,使平均成本明显降低。产业集群的外部规模经济性降低了企业协同的不确定性,提高了企业的生存能力。

信息的共享。单个企业获得信息的能力是有限的,为了获得一定的信息必须付出很大的成本。但由于产业集群的存在,地理接近性节省相互间信息流的运移费用,使得企业可以获得的信息量倍增,能够迅速而低成本地获得有关技术、产品和市场的信息。

二、产业集群与范围经济

外部范围经济引起产业集群内企业长期平均成本下降,不但有利于企业的利润增加,也促进区域经济的增长。产业集群内的企业可以从以下三方面实现外部范围经济。

1. 专业化分工。由于专业化分工程度越来越大等,企业往往更集中于生产某一专门的产品或价值活动的一部分,同时利用自身的技能与别的企业紧密合作,协同参与价值链的全部增值活动。在这种情况下,生产系统被肢解为许多部分,分散在众多小企业中,然后,企业之间再通过建立合作的网络关系进行交易。这些专门化的企业联合起来进行多样化产品的生产,便可以形成行业的范围经济。对单个企业来讲,大量的中小企业在地域上的集中,通过频繁的交易、交换或交流,有效地传递着新的知识、市场中的产品价格信号或市场需求信息等资源,从而更有利于区域内企业生产与经营多样化的产品,企业在集聚区域内与其他企业的合作中便实现了范围经济。

2. 整体协同性。产业集群内的大量中小企业,为满足不断个性化和多样化的市场需求,不仅可以通过采取柔性的生产方式,同时生产两种或者更多的不相关产品,而且仍能节约生产的成本,获得内部范围经济。当集群内企业的数量增多,生产范围扩大,特别是相关产业的企业集聚时,可以通过垂直联系及时获得与供应商、客户之间的业务联系,也可以通过水平联系借助分包商的生产能力、控制分包商的产品质量等。这样也可以通过集群创新网络中的各个主体高度的一体化和互补性,保证各企业之间的协同创新,并使企业间通过合作而生产多样化的产品,以低廉的价格进入市场,而获得外部的范围经济。

3. 品牌效应。我们知道,品牌效应是非价格竞争的重要手段,形成较高的组织资本。品牌往往与特定的产业区域紧密联系,如意大利的皮革、时装,法国的酿酒、香水,德国的精密仪器以及我国西湖的龙井茶等。当企业在某个产品或某个领域内具有良好的声誉时,将有助于其进入相关的甚至不相关的市场,新产品将从已有产品的良好声誉中获得潜在用户的认可。产业集群由于存在大量生产同一产品或相关产品的企业,可以通过各种行业协会或其他中介组织,将企业组织起来利用区位品牌集中广告宣传力度,而改变单个企业因广告费用过大而不愿投入的状况,一旦区位品牌形成,每个企业都能享受这种品牌效应所带来的好处。如我国浙江嵊州的领带产业集群,群内企业经常组织中高档领带企业以"区位品牌"的形象去参加博览会,这样使嵊州成为中国的领带之都,吸引了大量的客户前来采购。

第三章　丝绸之路经济带产业集群竞争性分析

2013年9月,习近平主席在哈萨克斯坦提出共同建设丝绸之路经济带,这一战略构想立即得到国际社会的高度评价和广泛响应。目前丝绸之路经济带是我国政府和社会各界关注的焦点问题之一,并已经成为国内外学术界研究的热点问题之一。

第一节　增长极理论

经济增长是在不同部门、行业或地区,按不同速度不平衡增长的,增长极的概念最早由法国经济学家佩鲁在20世纪50年代最先提出的,他认为经济增长以不同强度出现在一些增长点或增长极上,而非同时出现在所有的地方,并且由于扩散渠道的不同,对整个经济产生的最终影响也不同。他认为,经济要素存在不均等的相互影响,其作用完全是在一种非均衡的条件下发生的,会导致非对称关系,即一些经济单元是由另一些经济单元支配的,占支配地位的优势经济单元——"推进型单元"——通过其自身的增长与创新,会诱导其他经济单元的增长。增长极就是在特定环境中与周围环境相结合的一个推进型单元。即主导产业或有创新能力的企业在一些地区或城市的集聚和优先发展,从而形成了多功能的经济活动中心。佩鲁将增长极出现的原因归结为,主导新产业和有创新能力的企业由于自然条件、政策影响等原因在一些地区聚集发展,形成了"磁极"式的复合经济活动区,他认为这些增长极不仅促进自身发展,产生"城市化趋向",并且以其吸引和扩散作用进一步推动其他地区的发展,从而形成经济区域和经济网络。但是,佩鲁的理论存在明显的两个缺陷,一是增长极是由物理学引入的抽象的经济概念;二是夸大了增长极的扩散作用,未对吸引作用给予应有的重视。法国经济学家布代维尔弥补了第一个缺陷;瑞典经济学家缪尔达尔和郝希曼等人对第二条进行了修正。

一、国外研究现状

1966年,法国经济学家布代维尔将增长极的发展功能同城市的集聚体系联系在一起,认为一个增长极或增长中心的形成离不开城市的集聚优势和多种功能,其扩散遵循中心地的等级扩散。而缪尔达尔和赫尔希曼则分别在其著作中对增长极的消极影响进行了阐释。他们认为经济发达地区对经济落后地区会产生回波效应(极化效应)和涓流效应(扩散效应)的双重影响。回波效应促使生产资料和劳动力向经济发达地区回流和聚集,产生一种扩大两地经济发展差距的趋势。同时,由于技术扩散等原因,发达地区对落后地区的经济又产生拉动作用,产生使两地的差距逐步缩小的趋势。他们同时指出:在市场机制作用下,回波效应往往大于涓流效应起支配地位。因此,缪尔达尔认为政府应当采取积极的干预政策来刺激增长极周边落后地区的发展以平衡发达地区的回波效应所造成的经济差距。

美国经济学家弗里德曼在20世纪60年代提出了"核心—边缘"理论,从两者的依附关系角度分析增长极中心与周边地区之间的关系,认为增长极中心产生的极化效应将会导致区域经济发展的不平衡,并随着增长极中心与周边地区的发展,逐渐走向平衡。维宁在20世纪80年代进行经验研究,从经济的角度实证分析了"中心—外围"理论。沃纳·松巴特(1998)提出了增长轴理论,他强调交通干线对经济活动的引导和促进作用,认为通过建立交通运输与现有的增长极的联系,以交通线为"主轴",会逐步在若干增长极中形成系统的产业带。迈克尔·E.波特(1998)认为,在某一特定的领域中,相关产业紧密联系的企业与机构在空间上集聚并形成强劲、持续竞争优势的现象即产业集群。这种由产业集群而形成的地域综合体即为区域增长极。伯格曼、梅尔和托特林等学者,反对单纯依靠外力,对传统"自上而下"建立增长极和增长中心的政策提出了反思。艾萨尔德学者将增长极理论与区域空间结构、区位理论、产业结构理论互相结合,增长极理论踏入实用化和政策化。在此时期,相对具有影响力的理论还包括孵化器理论和粘胶效应理论。孵化器理论认为创造良好的孵化环境和生长机制是新企业发展的需要;粘胶效应理论则是为了防止区域增长极出现资金、企业和人才外流的现象,避免出现增长极空洞和空壳。

二、国内研究现状

增长极理论在我国发展的时间不长,我国的经济学家,根据我国自身区域经济发展的特点,将增长极理论与区域经济理论结合起来,形成有中国特色的区域增长极理论,他们分析了增长极的效应及对周边区域经济的影响。杜俊涛从技术进步的角度,探讨了增长极的理论模型,认为增长极模式能运用,增长极腹地必须在一定时间内能承受由于经济差距增大而导致的压力。彭云林基于空间经济学的分析框架,更加细致地划分了增长极的极化效应及扩散效应,并对此划分进行了分析。贺有利、张仁陆根据佩鲁的增长极理论,通过对增长极的区域差距扩大的问题及规模经济效应的分析,提出了相关促进区域经济的均衡协调发展的对策建议。安江林的研究表明,由于发展规模、扩散能力和集聚状况在我国各城市之间发展差异较大,区域增长极由此应划分为多层次的,并据此分析提出,建立增长极的辐射系统是统筹区域经济发展的有效途径。综上所述,由佩鲁提出的增长极概念,经国外的学者们从自身的角度修订和补充,增长极理论有了较大发展,并据此提出了一系列对区域经济发展有重要指导作用的理论。我国的经济学家更多是从我国的经济发展阶段和特点出发研究增长极理论,多集中在分析增长极的效应上。增长极是在增长中具有推动性工业的集合体,并具有空间集聚的特点,它有狭义和广义的区分。产业的增长极、城市的增长极及潜在的经济增长极都是狭义的增长极。广义的增长极则泛指能促进经济增长的积极因素和生长点,如制度创新点、对外开放度、消费热点等。先导产业增长、产业综合体与增长、增长极的增长与国民经济的增长是增长极的三个层面。在增长极理论框架下,经济增长是一个有机联系的系统,由点到面、由局部到整体依次递进。产业、工业园区、经济协作区等都可以是增长极的物质载体。

增长极理论逐渐发展成为具有可操作性的区域经济发展战略理论,很多发达国家和发展中国家在制订区域发展计划时会把增长极理论作为理论依据指导实践工作。

第二节 技术创新与经济周期理论

一、技术创新理论

1912年,熊彼特在《经济发展理论》书中,首次阐述了"创新"的概念,并建立了他的"创新"理论,包括三方面:一是创新的特定内涵,二是创新与发明的关系,三是创新与企业、企业家的关系。展开来说,一方面,他认为创新是一种新的生产函数的建立,或是"生产要素和生产条件的一种重新组合",并"引入生产体系使其技术体系发生变革",以获得"企业家利润"或"潜在的超额利润"的过程;熊彼特的创新理论是一个较为完整的理论系统。它包括了创新系统的诸多组成要素,各要素之间相互联系和相互作用,以共同实现创新活动。这些要素主要包括:(1)创新主体,整个创新活动的承担者和参与者。熊彼特认为创新是企业和企业家的"基本职能"。在熊彼特看来,创新主体是企业和企业家。故其具体列举的五种创新的情形都是针对企业而言的。但是,并非所有的企业和企业家都是创新者,同样,发明家并非就一定是创新者,只有把发明应用商业化并获得利润才是创新者。(2)创新客体,创新活动所指向的对象。创新客体主要是由当时的社会经济条件、认识水平和创新过程中所运用的技术所决定的。熊彼特创新理论的客体主要是指自然物,它是针对自然界而发生的变革活动。如一种新产品的开发,生产设备的改进、工艺流程的改善或一个新市场的开辟等。创新客体范围的大小说明了创新活动变动的程度和生产力水平的高低。但是熊彼特的创新理论尚缺少对社会和人自身的研究。(3)创新主体的创新构想作为任何一项创新活动在创新付诸实施之前必须有一系列完整的设想,即对该项创新的市场、核心技术、发展前景、创新价值等的预测。这是创新的前提,没有构想就不可能有成功的创新。熊彼特创新理论的新构想是希望通过由企业家率领其企业使其产品、工艺、市场和组织手段等的调整、变革,从而获得新的利润的设想,它在很大程度上决定了创新的过程和结果。(4)研究与开发,把技术创新构想转化成实施方案。在这个过程中,需要大量地运用各种技术,技术创新不是技术的创新,但离不了技术。技术是人们改造自然、社会和人自身的手段和工具,根据技术所处理的对象的不同,也和自然科学、社会科学、人文科学相对应,技术也可分为自然技术、社会技术和人文技术。技术的创新就包括这三类技术的变革和发展。熊彼特的创新中的技术主要指自然技术,如产品创新、工艺创新,它是通过自然技术的革新应用于生产而获得商业利润的活动。因此,人们把熊氏的技术创新理解为自然技术创新,其研究与开发主要是自然技术的应用过程。(5)市场,技术创新成功的唯一标志是产品或服务在市场实现其价值。具体就是获得预期的商业利润或目标。熊彼特以技术创新来解释商业利润的来源,实际上也就是表明技术创新的实现标志。市场的实现、开辟、渗透或扩大与巩固,也是技术创新的重要目标,最终表现为商业利润的增加。创新是一个复杂的巨系统,其中包括若干子系统。从不同的角度有不同的类型。根据熊彼特创新的技术应用对象,可以分为产品创新(新产品的开发,旨在生产出新产品的技术创新活动)、工艺创新(旨在对企业生产过程中的工艺流程及制造技术改善或变动的技术创新活动)、组织创新(组织规制交易的方式、手段或程序的变化)、市场创新(开发新市场,是指在市场经济条件下作为市场主体的企业通过引入并实现各种新市场要素的商品化与市场化,以开辟新的市场,促进企业生存与发展的新市场研究、开发组织与管理等活动)。

熊彼特指出创新主要包括技术创新和制度创新两方面,具体包含:a.引进新产品,b.引入新的生产方法,c.开辟新的市场,d.控制原材料来源,e.实现新的工业组织五方面内容,其中a、b为技术创新,c和d属于市场创新,e属于制度创新。他从经济学的角度重新界定了创新与发明的关系,即先有发明(Invention),后有创新(Innovation):发明是新工具或新方法的发现(Discovery),创新是一种经济活动,获得新的经济价值。发明是创新的技术基础,创新是发明的首次商业应用,创新=发明+开发。最后,他又从经济学的范畴界定创新,认为创新离不开企业,企业和企业家的基本职能就是创新。创新是企业和企业家的特定行为。"我们将新组合的实现称为'企业',实现这些组合的人称为'企业家'"。由于创新的实现所带来的企业的利润就是创新的价值。企业家必须有三个条件,一是发现潜在利润的能力;二是敢于冒风险的胆量;三是有组织、创新能力,关键是要能创新,为企业带来利润。

熊彼特的创新首先是产品技术的创新,这种产品是消费者还不熟悉的或者是熟悉的产品有了新的特性,技术赋予了产品新的特性和功能,新的技术产生了新的产品。其次,新的生产方法的创造,使产品本身的性能或产量得到了提升,而原料的供应等产业链中上下游生产要素重新组合的创新和产品生产链中某一环节的创新,都可以说是产品的升级或整个产业链的升级。再次,他提到"开辟一个新的市场",新的市场可以在本国本地区也可以到其他国家和地区,那么行业市场的开辟便是产业的转移。最后,他也提到新的组织新的管理,企业的组织和管理创新也是企业本身创新和整个产业的创新。

创新含义中非常重要的概念便是"新组合",熊彼特认为新组合是在工业和商业中发生的生产要素或生产组织形式等实现的新的结合方式,是创新者发动的经济变化,而不是消费者对最终产品的需求发动的。新组合的实现一般发生在新企业中,而且在竞争性的经济里,新组合意味着对旧组合通过竞争而加以消灭。生产要素新组合的出现会刺激经济的发展与繁荣,当新组合出现时,老的生产要素组合仍在市场上存在。新老组合的共存必然给新组合的创新者提供获利条件。而一旦用新组合的技术扩散,被大多数企业获得,最后的阶段——停滞阶段也就临近了。在停滞阶段,因为没有新的技术创新出现,因而很难刺激大规模投资,从而难以摆脱萧条。这种情况直到新的创新出现才被打破,才会出现新的繁荣。

熊彼特指出,新组合无法通过使用闲置的生产手段实现,只有对经济体系中现存生产手段做不同以往的组合。而且新组合的实现具有不连续、不均匀的特征,并不遵循一般的概率论原理均匀出现。因此,创新的作用"只是蜂聚在某些时间里,直到最后创新为人们所熟悉,并且成为一种自由选择的事情",并由此产生商业循环或经济周期。他以汽车工业的出现为例说明了新组合和创新的这种蜂聚现象,提出了一旦社会对于新组合的各种不良反应被克服之后,就能够引发人们对新组合的模仿浪潮,不仅重复做同样的事情,而且从不同的方向上做类似事情,从而产生一种蜂聚现象。熊彼特的创新理论不仅开创了技术创新的新领域,而且也奠定了非均衡经济分析和制度学派的基石,在整个西方经济学史上占据极其重要的地位,特别是在第三次科技革命开始之时,即20世纪五六十年代,由于对经济的特别重视和科技作用的日益显现,熊彼特理论得到了足够的重视,促进了该理论的进一步发展,本书着重讨论技术创新理论。

由于熊彼特本人并没有对其所提出的"创新"进行严格的定义,也没有明确"创新"的研究对象和范围,在熊彼特去世之后,西方经济学家进一步探讨了技术创新的内涵、过程、动力机制和运作模式等。人们对创新理论的研究进一步深入,研究的角度、范围、内容都有了较大的变化,产生了不同的创新学派,从而丰富和发展了创新理论。如美国经济学家罗斯把熊彼特的创新叫作"技术创新",后来的经济学家爱德华·曼斯菲尔德、比尔科克·维尔金斯和卡曼·施瓦茨等专门从技术的角度研究技术创新,把技术创新与市场紧密结合起来进行研究,从而形成了技术创新经济学派,即新熊彼特主义;几乎与此同时,兰斯·戴维斯和道格斯等人把熊彼特的创新理论与制度学紧密结合起来进行研究,从而形成了制度创新经济学派。从此,技术创新沿着这两个方向发展。熊彼特提出创新理论的时候,并没有引起人们太多的注意,"二战"之后,特别是从20世纪五六十年代开始,随着科技的进步,经济、社会的发展,人们重新认识到熊彼特创新理论的价值,尤其是经济学家、管理学家和科技政策学家等,从不同的角度进行研究,从而在全球范围内掀起了至今仍在不断拓展的研究技术创新的热潮。

索罗首次提出了技术创新成立的两个条件,即新思想根源和以后阶段的实现发展,这种"两步论"被认为是技术创新研究上的一个里程碑。伊诺思首次对技术创新明确地下定义,"技术创新是几种行为综合的结果。这些行为包括发明的选择、资本投入保证、组织建立、制订计划、招用工人和开辟市场等"。他是从行为集合的角度和行为过程来进行定义的。如果从技术创新的时序过程来看,应该是始于对技术的商业潜力的认识而终于将其转化为商业化产品的整个行为过程。

第三章 丝绸之路经济带产业集群竞争性分析

美国学者曼斯菲尔德认为,"一项发明,当它被首次应用时,可以称之为技术创新"。这个概念主要区别了技术发明与技术创新,并说明了二者之间的内在联系。按照他的观点,技术创新就是一种新的产品或工艺被首次引进市场或被社会所使用。厄特巴克认为,"与发明或技术样品相区别,创新就是技术的实际采用或首次应用","按照发生的先后次序,创新过程可以分为三个阶段:a. 新构想的产生;b. 技术难点攻关或开发;c. 商业价值实现及扩散"。弗里曼教授认为,技术创新是指在第一次引进某项新的产品、工艺的过程中,所包含的技术、设计、生产、财政、管理和市场活动的诸多步骤。"技术创新是一技术的、工艺的和商业化的全过程,其导致新产品的市场实现和新技术工艺与装备的商业应用","技术创新就是指新产品、新过程、新系统和新服务的首次商业性转化"。他对技术创新的研究突出了技术创新的多因素、多环节。西方经济学家诺思和托马斯认为,制度创新是现代经济增长的根本原因,技术创新是几种行为的综合结果,包括发明的选择、资本投入保证、组织建立、制订计划、开辟市场等。

经济合作与发展组织(OECD)认为,"技术创新包括新产品和新工艺,以及产品和工艺的显著的技术变化。如果在市场上实现了创新(产品创新),或者在生产工艺中应用了创新(工艺创新),那么就说创新完成了。因此创新包括了科学、技术、组织、金融和商业的一系列活动";又认为,技术创新指新产品的产生及其在市场上的商业化以及新工艺的产生及其在生产过程中应用的过程。迈尔斯和马奎斯认为"技术创新是一个复杂的活动的过程,从新思想和新概念开始,通过不断地解决各种问题,最终使一个有经济价值和社会价值的新项目得到实际的成功"。我国哲学家陈昌曙教授认为"技术创新是以企业为主体,以市场为导向,应用先进科技成果进行开发,并使之商业化的过程"。技术的体系化与社会化是技术创新的本质特征。体系化是指"技术发明的成果必须与其他一系列技术相匹配,形成产业技术,才能生产出产品和商品";社会化是指"技术创新的活动和目的必须在一定的社会经济条件下才能实现"。傅家骥教授认为,"简单地讲,技术创新就是技术变为商品并在市场上销售得以实现其价值,从而获得经济效益的过程和行为。""技术创新是企业家抓住市场潜在的盈利机会,以获取商业利润为目标,重新组织生产条件和要素,建立起效能更强、效率更高和费用更低的生产经营系统,从而推出新的产品、新的生产(工艺)方法、开辟新的市场、获得新的原材料或半成品供给来源、建立企业新的组织,它是包括科技、组织、商业和金融等一系列活动的综合过程。"这一概念突出了技术创新的商业性质。陈文化认为,"创新是将新构想创造性地引入社会、经济系统并获得综合效益的动态过程"。着重强调技术创新应以"经济和社会目标导向",并以"获得综合效益"为结果。贾蔚文等认为,"技术创新是一个从新产品或新工艺设想的产生,经过研究、开发、工程化、商业化生产,到市场应用的完整过程的一系列活动的总和。"远德玉把技术创新分为创新决策、创新物化、创新实施和创新实现几个阶段。产业经济理论将技术创新区分为三个阶段:一是研究开发,包括旨在取得基本知识的基础研究、与工程有关的应用研究和开发;二是把研发的新产品和新工艺带入商业化使用,这是技术创新的市场实现;三是市场化阶段,通过授予特许权,模仿取得专利创新,或采用为获得专利的创新,而使创新在产业中扩散。张世贤认为,"技术创新是一个始于研究开发而终于市场实现的过程,这一过程的普遍展开就是一项技术成果的产业化实现。技术创新显然并不是技术本身的发展问题,而必须是一系列相互关联的经济行为所组成的复杂系统及其过程。"以上是中外专家学者从不同的角度阐述的技术创新理论,他们从各自的理解和研究领域出发,各有侧重点。但是,这些观点都有一个共同点,就是认为技术创新都是一个新构想——新技术——新价值的过程。新构想、新技术、新价值就是技术创新体系的核心要素。当然,要把这三个要素和活动有机地结合起来成为一个完整的过程就还得有一种把各种要素联系起来的方式。这就是我们在下面要讨论的熊彼特之后的技术创新理论结构。

二、经济周期理论

经济周期(Economic Cycle)可称为商业周期(Business Cycle)或景气循环,它是指经济运行中周期性出现的经济扩张与经济紧缩交替更迭、循环往复的一种现象。它是国民总产出、总收入和总就业的波动,是国民收入或总体经济活动扩张与紧缩的交替或周期性波动变化,分为繁荣、衰退、萧条和复苏四个阶段,现在一般叫作衰退、谷底、扩张和顶峰四个阶段。现有应用最广泛,得到经济学家公认的经济周期定义是由美国经济学家 A. 伯恩斯和 W. 米切尔在《测定商业周期》一书中的描述,他们认为"经济周期是在主要按商业企业来组织活动的国家的总体经济活动中所看到的一种波动:一个周期由几乎同时在许多经济活动中所发生的扩张,随之而来的同样普遍的衰退,收缩和与下一个周期的扩张阶段相连的复苏所组成的;这样变化的顺序反复出现,但并不是定时的;经济周期的持续时间在一年以上到十年或十二年;他们不再分为具有接近自己的振幅的类似特征的更短周期"。尽管经济学界对经济周期定义的解释各不相同,但普遍认为经济周期有如下几个特点:

a. 经济周期是商品经济和社会化大生产的产物,是以工商业企业组织经济活动的国家的一种普遍想象;b. 经济活动的增幅与规模必须表现明晰的下降与反弹,且每一周期的具体情况不完全相同;c. 周期的持续期至少一年,现在所观察到的最长周期大约为十二年;d. 把周期分为两个时期,即收缩与扩张;两个转折点,波峰和波谷,其中波峰是指经济增长运动中所达到的最高点,反之为波谷;波峰与波谷指标差的绝对值称为振幅,振幅越大,经济越不稳定;波长是指每一个具体的经济周期从一个波谷(波峰)到另一个波峰(波谷)所经历的时间,时间越长,经济发展越稳定。经济周期可分为四个阶段,即繁荣、衰退、萧条和复苏,具体特征如表 3.1 所示。而已有文献对经济周期的类型包括基钦短周期、朱格拉中周期、康德拉季耶夫长周期、库兹涅茨(Kuznets)的另一种长周期以及熊彼特(Schumpeter)综合周期理论,如表 3.2 所示。

表 3.1 经济周期四阶段理论

繁荣阶段	在经济繁荣阶段,市场兴旺,投资高涨,就业率高,物价上涨,经济扩张到波峰
衰退阶段	经济波峰已经过去,经济开始下滑,在此期间,物价下跌,需求下降,生产、就业下降,利润减少
萧条阶段	萧条是经济已接近谷底,失业率高,企业生产能力大量闲置,许多工商业企业破产
复苏阶段	促使经济复苏的原因有很多。新科技的应用,固定资产的更新,就业、收入等的增加,经济前景看好

表 3.2 经济周期的类型

基钦(Kitehin)周期:短周期	1923 年英国经济学家基钦提出的一种为期 3—4 年的经济周期。基钦认为经济周期实际上有主要周期与次要周期 2 种。主要周期即中周期,次要周期为 3—4 年一次的短周期。这种短周期就称为基钦周期
朱格拉(Cleement Juglar)周期:中周期	1860 年法国经济学家朱格拉提出的一种为期 9—10 年的经济周期。该周期是以国民收入、失业率和大多数经济部门的生产、利润和价格的波动为标志加以划分的
康德拉季耶夫:长周期或长波	1926 年俄国经济学家康德拉季耶夫提出的一种为期 50—60 年的经济周期。该周期理论认为,从 18 世纪末期以后,经历了三个长周期。第一个长周期从 1789 年到 1849 年,上升部分为 25 年,下降部分 35 年,共 60 年。第二个长周期从 1849 年到 1896 年,上升部分为 24 年,下降部分为 23 年,共 47 年。第三个长周期从 1896 年起,上升部分为 24 年,1920 年以后进入下降期

续表

库兹涅茨 (Kuznets)周期: 另一种长周期	1930年美国经济学家库兹涅茨提出的一种为期15—25年,平均长度为20年左右的经济周期。由于该周期主要是以建筑业的兴旺和衰落这一周期性波动现象为标志加以划分的,所以也被称为"建筑周期"	
熊彼特 (Schumpeter)周期:综合理论	基于以上的理论模式,他提出了经济周期"四阶段论":繁荣—衰退—萧条—复苏。并且综合了康德拉基耶夫40到60年长周期、朱格拉7到11年的中周期、基钦40个月的短周期,提出资本主义社会发展史中同时存在这三种经济周期	

自从经济学家西斯蒙第(Sismondi,1773—1842)第一个讨论经济危机,拿破仑战争以后,欧洲遭受严重商业危机,西斯蒙第成为自由放任学说的反对者,他认为消费能力与生产能力不一定同时增长,比例失调使得经济衰退成为可能。自此到20世纪三四十年代,经济周期迅速发展起来,哈勃勒(Gottfried Von Haberler,1900—1995)在《繁荣与萧条》书中,对以往的各种理论进行了总结。根据经济周期的动因不同将经济周期理论分为七大类:纯货币理论、投资过度理论、消费不足论、心理理论、太阳黑子理论、政治性周期理论和创新理论,各自的代表人物、时代与代表著作及研究结论,如表3.3所示:

表3.3 按照动因理论划分的经济周期理论

经济周期理论	代表人物	代表著作	研究结论
纯货币理论	霍比特	《商业的盛衰》 《商业和信用》 《商业萧条及其出路》 (1913—1933)	经济波动是由金融体系信用交替扩张与紧缩造成
投资过度理论	哈耶克	《货币理论与商业周期》 (1929)	信贷变动引起的投资变动是经济周期的根源

续表

经济周期理论	代表人物	代表著作	研究结论
消费不足理论	西斯蒙第、马尔萨斯（早期）、霍布森（近代）	《政治经济学原理》（马尔萨斯,1820）、《帝国主义研究》（霍布森,1902）	消费品需求无法满足消费品生产和供应的增长,富裕者过度储蓄等都是造成经济衰退的原因
心理理论	凯恩斯	《就业、利息和货币通论》(1936)	投资乐观与悲观预期交替出现,引起经济的繁荣与衰退
太阳黑子理论	杰文斯	1875年提出	太阳黑子的周期性变化会影响气候的周期性变化,从而影响农业收成,进而影响整个经济
政治性周期理论	卡莱茨基	《经济波动理论文集》(1939)、《动态经济学研究》(1943)、《经济动态理论:论资本主义经济周期变动和长期变动》(1954)	使用政府交替运用紧缩性和扩张性政策调节经济生活,来解释经济周期的变化
创新理论	熊彼特	《经济发展理论》(1912)、《经济周期:资本主义过程的理论、历史和统计分析》(1939)	创新的引进不是连续平稳的,时高时低,产生经济周期

　　熊彼特的观点强调了创新是经济周期波动的驱动力,他认为经济的发展有升有降的原因是创新不均匀地出现,这样就形成了商业循环或经济周期。创新潮的涌现使市场上产品种类增多,供应量增加,市场繁荣,持续一段时间之后过度的产能导致产品价格下跌,市场萎缩,经济下滑,企业家不得不再创新避免使企业被淘汰,由所有产业组成的经济体就在这样不断涌现的创新潮中繁荣衰退,周而复始。一个产业在经济危机中遭受利润下滑,市场萎缩,那么熊彼特已经在百年之前就为危机中的产业指明了突破危机的方法,产业的创新便是走出经济困境的唯一道路。

第三章　丝绸之路经济带产业集群竞争性分析

第三节　竞争力理论

一、竞争力的定义及测量

从管理学到经济学、公共政策等领域都关注竞争力,与同样是20世纪90年代开始流行的"全球化"一样,竞争力已成为理解全球财富分配的关键词语。长期以来,可以追溯至至少15世纪晚期的英格兰,竞争力一直是工业化国家政策决策者所关注的重要议题,是长期存在的"挑选胜者"实践的一个新名词,用于追求那些在不完全竞争下的活动(Reinert,1995)。在2000年3月的里斯本峰会上,欧盟在其发展目标中提出,到2010年把欧盟建设成为世界上最有竞争力和动态的知识经济体(Mundschenk et al. 2006,p.3)。国家竞争力的概念随着全球化的进程开始普及,每个国家都可以被看作一个大公司在全球市场上参与竞争。

在微观层面,竞争力被定义为一个企业在市场上竞争、成长和盈利的能力,它涵盖了竞争力测量的三个维度:首先是竞争绩效,关注绩效表现的能力,描述运营结果;其次是竞争潜力,关注竞争优势的产生和维护,描述投入运营;最后是竞争过程,关注管理决策的过程,描述营运的管理。(Buckley et al. 1988,p.196)指出竞争力的单个指标测量不能抓住研究问题的全部要素,想要严格评估竞争力的变化,必须检验绩效、潜力和管理过程。世界经济论坛(1994)将企业竞争力定义为"一个公司在世界市场上均衡地生产出比其他竞争对手更多的财富"。罗国勋认为企业竞争力是企业和企业家在适应、协调和驾驭外部环境的过程中成功地从事经营活动的能力。营销大师科特勒从营销的角度认为企业比竞争对手更有效地满足消费者需求的能力就是企业竞争力。张志强等认为企业竞争力的实质是比较生产力的竞争。企业竞争力只有通过其在市场上与其他企业的比较来衡量,即通过市场努力表现出企业的竞争力优势。

当竞争力的概念被运用于宏观层面时,使用层次转移,竞争力的使用从企业层面转移到国家层面。竞争力的概念在很大程度上与人们对企业竞争力的定义相关,"在当前和未来,企业家在世界范围内设计、生产和营销产品的能力,相对于国内和国外的竞争者而言,这些商品的价格和非价格质量形成更具有吸引力的包裹"(European Management Forum,1984),这个概念说明了企业竞争力可用世界市场份额来测量。竞争力在宏观层面的相关界定可总结为表3.4。

表3.4 宏观层面的竞争力界定

提出者	界定
Porter(1990)	真正的竞争力是用生产率来衡量的。经济发展的核心挑战是如何为迅速而持续的生产率增长创造条件
Hughes(1993)	区分了竞争力的两种用途:一是指相对效率(动态或静态);一是相对的国际贸易绩效(市场份额、显性比较优势)
Scott等(1985)	国家竞争力指一个国家在国际经济中与其他国家在生产、分配和服务商品上的能力,以及随之所带来的生活水平的提升
OECD/TEP(1992)	竞争力可以界定为在公开市场条件下,一个国家能生产商品和服务,以符合外国竞争的测试的程度,同时保持和扩大国内真实收入
《中国区域竞争力发展报告》(2005)	竞争力是一个国家或地区参与市场竞争的能力,涉及经济活动的各方面
管理论坛(1994)	国际层面的竞争力,是一个国家或企业协调经济增长、获得外部平衡的能力
Tyson(1992)	一个企业若比国内和国际的竞争者以更低的成本和更高的质量生产产品和服务,那么这个企业有竞争性。竞争力与一个企业的长期盈利绩效、补偿其员工的能力及向所有者提供高额回报的能力是同义的
The Global Competitiveness Report(2010—2011)(2010)	竞争力是制度、政策和要素的集合,这个集合决定了一个国家的生产率水平

国家的繁荣需要一个竞争性的经济体系,它能够把生产要素用于驱动生产率的提升。一个具有竞争力支撑的经济环境能够帮助国民经济拥有高收入,以及确保经济持续发展机制的运行[The Global Competitiveness Report(2010—2011),2010,p.3]。从2005年以来,世界经济论坛(WEF)提出一个综合的全球竞争力指数(GCI),用于衡量全球各国家竞争力,GCI可细分为3大要件12个指标(见表3.5)。

表3.5 《全球竞争力报告》中竞争力的12个指标

竞争力要件	内容	经济驱动类型
基本要求	(1)制度、(2)基础设施、(3)宏观经济环境、(4)健康和基础教育	要素驱动
效率提升要求	(5)高等教育和培训、(6)商品市场效率、(7)劳动市场效率、(8)金融市场发展、(9)技术准备、(10)市场规模	效率驱动
创新和成熟度要素	(11)商业成熟度、(12)创新	创新驱动

资料来源:The Global Competitiveness Report (2010—2011), 2010

竞争力主要侧重两个方面:(1)侧重"生产率"。主要以波特和《全球竞争力报告》为代表,"国家层面的竞争力概念,唯一有意义的概念是国家生产率"(Porter,1990)。

(2)侧重"能力"。竞争力的"能力"侧重,体现了以人作为经济发展落脚点的基本思想。一方面,国家或地区不仅要有能力生产或供给该国所需的物品,而且该物品在国际上还能颇具竞争性;另一方面,这种能力在经济上的发展和实现,是以国民的生活水平提高为核心内容。例如,《美国竞争力和世界经济》、Scott等学者(1985,p.15)、OECD的《技术和经济》以及我国学者,都把竞争力的内涵以能力提升和社会公众的福利改善为指向:"国家竞争力指一个国家在国际经济中与其他国家在生产、分配和服务商品上的能力,以及随之所带来的生活水平的提升。"

二、企业竞争力评价

关于企业竞争力研究的经济学和管理学方法,我国经济学家金碚认为,在市场经济中,竞争力最直观的表现为比其他企业更有效地向消费者(市场)提供产品或者服务,能够使自身得以发展的能力或者综合素质。根据美国管理学家钱德勒的看法,企业发展的动力是组织的能力,组织能力是企业充分利用规模经济和范围经济获得的生产能力、营销能力和管理技能,是企业从内部组织起来的物质设施和人的能力集合。企业竞争力的本质来源是企业的持续创新能力。在激烈的国际动态环境下,企业竞争优势不会永久不变。所谓持久性竞争优势只能是通过不断创新而保持的竞争优势,体现了企业竞争力的动态性。企业的竞争优势只能在市场竞争中实现,否则只能是潜在的竞争优势。

参考胡大立对企业竞争力指标体系的设计,认为组织的竞争力评价应包括市场能力、创新能力、企业文化及管理能力。其中创新能力包括营销创新、技术创新、管理创新等;市场能力即是企业竞争力的外在表现形式,它是企业资源、能力、素质的综合作用,其本质是企业通过持续创新,最终超越竞争对手,赢得市场份额、获取利润时所表现出来的绝对优势,包括获利能力、市场份额、市场控制力等;管理能力包括组织结构、信息技术水平、运营能力等;企业文化则包括团队合作、员工满意及价值观等。综上,可以认为企业的竞争力表现为企业与其外部环境相互博弈并且良好地适应外部环境的动态能力。

第四节 产业集群竞争力分析

产业集群(Cluster),是指在某一特定领域中(通常以一个主导产业为

第三章 丝绸之路经济带产业集群竞争性分析

核心),大量产业联系密切的企业及相关支撑机构(行业协会、金融机构、中间服务机构等)在空间集聚,并形成强劲、持续竞争优势的现象(Poter,1998)。产业集群竞争力是指在国内和国际市场竞争中,整个产业集群的地位,是基于资源禀赋,通过群内企业的竞争合作以及群体协同效应整合群内资源所形成的经济竞争力以及创新能力,是保持产业可持续发展的动力和源泉。产业集群竞争优势来源于产业集群的竞争力,产业集群竞争力的形成是一个多因素相互作用的结果。竞争优势包括早期由"外部经济"产生的成本优势、规模优势;后期虚拟集群所带来的技术优势、创新优势。早期的外部经济优势适用于集群成长阶段;而后期动态可持续的优势则是由集群成员间知识外溢产生的。国内外对产业集群竞争力的研究认为产业集群对资源集聚、促进区域经济发展、增强区域经济竞争力具有显著的作用。

产业集群竞争力理论的雏形来源于亚当·斯密的绝对优势理论。韦伯首次提出了集聚经济(Agglomeration Economics)的概念,他认为集群产生的动因是集聚因素所造成的经济性"成本"的降低。马歇尔从劳动力市场共享、中间产品投入和技术外溢这三方面对产业地区性集聚进行解释,他指出区域企业群落的出现是积极的外部经济吸引更多的资源汇聚,形成竞争优势。克鲁格曼通过数理模型分析,证明了工业集聚将导致制造业中心区的形成。国内对产业集群的研究始于 20 世纪 90 年代,随着研究的不断深入,对产业集群竞争优势的认识由资源驱动向创新驱动转变。北京大学王缉慈教授从纯经济学(外部规模经济和外部范围经济)、社会学、技术经济学三个不同角度分析了产业集群不同成长阶段中竞争优势产生的根本原因。蔡宁、吴结兵认为产业集群的竞争优势来源于对区域资源所具有的融合创新能力。陈剑锋认为区域集群所具有的知识根植性,只是存量及增量能够产生不可比拟的竞争优势。波特在《国家竞争优势》中提出集群竞争优势内容包含在国家竞争优势中,其竞争优势表现为:首先,集聚资源、促进新企业建立,壮大集群;其次,提高该领域企业的生产率;最后,指明创新方向和提高创新效率,获取动态竞争优势。

一、产业集群竞争力评价

对产业集群竞争力评价的研究是一个新领域,国内外学者对产业集群竞争力的研究经历了一个从定性描述到定量衡量的过程,所考虑的影响因素与测评指标逐渐细化,因素之间的影响关系也日趋复杂。现有的研究基本趋于两个方向:(1)解析集群的竞争优势,从规范角度来分析;(2)通过构建产业集群竞争力评价模型,收集产业集群各方面的统计数据来进行定量演算分析。

(一)定性评价

产业集群竞争力的定性评价主要集中于分析产业集群竞争力的各个影响因素,综合评价这些因素及其相互作用关系的质量水平,从而得到产业集群竞争力的总体概况。波特最早从规范的角度来分析产业集群竞争力,通过构建钻石模型,开创了产业集群竞争力评价的基础性工作,并得到普遍的应用。但波特钻石模型的静态因素分析方法也受到不少学者的质疑。Feser(2001)则考虑了产业集群竞争力的诸多动态影响因素,从生命周期(时间,Time)、地理(空间,Geography)和关联关系(Linkage)等三维角度来分析和评价产业集群竞争力。Mitra(2003)认为产业集群有11维属性:地理范围、密度、宽度、深度、活动、跨度、领导能力、发展阶段、技术、创新能力、产权结构,综合这11个方面的能力表现,就可评判产业集群竞争力的情况。定性评价的特点是主观性较强,所得的结果也比较模糊,一般难以对产业集群竞争力的强弱进行明确定论。

(二)定量评价

基于定性研究成果,近年来许多学者都在尽力探索产业集群竞争力评价的定量分析工具和方法。波特用钻石模型解释产业集群在区域发展中的动态竞争优势。集群的竞争优势表现在产品质量、特征和产品创新,波特强调在每一个因素都积极参与下,国家或地区发展才能组成一个"钻石模型"构架。波特钻石模型主要立足静态分析法,提供了产业集群竞争力评价的基础性工具,Padmore & Gibson(1998)在对波特钻石模型分析的基础上,建立了产业集群竞争力评价的 GEM(Groundings—Enterprises—Markets)模型,该模型涉及基础—供给决定因素、企业—结构决定因素和市场—需求决定因素共三对六个决定因素,它的方便性在于能把握集群的关键症状,并提供解决这些症状的分析框架,但 GEM 模型并不能反映出企业之间的网络协作关系,而企业之间的作用恰恰是集群获取技术创新、外部经济、降低交易费用、区域品牌等竞争优势的关键,它也缺乏总得分的明细评价标准,难以评价和比较大量不同种类集群的竞争力。投入产出法(Input—output)在产业集群竞争力评价上也得到一定的应用,该方法对统计资料依赖比较重,在传统产业统计资料支持下的投入产出法,其评价结果的有效性和可靠性也值得怀疑。郑海天、盛军锋通过对广东省产业集群竞争力的微观和宏观分析,构建了集群竞争力评价指标体系,来量化集群竞争力,并进行了实证。

二、产业集群影响主体分析

产业集群既是一个有组织结构性的生产系统,也是非正式的市场集聚体,其发展绩效受到许多相互关联的因素的影响与制约,一些内在于集群的企业,还有一些与集群所在地区的经济和社会环境有关,也有的直接来源于政府的干预,然而,增强集群竞争力的有效方式还是通过市场渠道去有效竞争,行业协会与市场中介对于推进集群内市场信息流通和共享,激活集群市场竞争,发掘市场新机会等都是至关重要的。集群竞争力的直接影响主体主要是政府、企业和中介机构,其他外部作用力量,比如,外部竞争对手、外部投资者、外部客户等都是通过这三种主体对集群发挥作用。

Ahuj & Stefan(2002)研究认为产业集群内部的众多企业存在着相互关联性,同时又存在信任双赢基础上的竞合关系,产业集群是集自我、经济、社会属性为一体的组织。在已有文献研究的基础上,结合产业集群现实特征,可以描绘出产业集群竞争力的"新钻石模型",如图3.1所示。

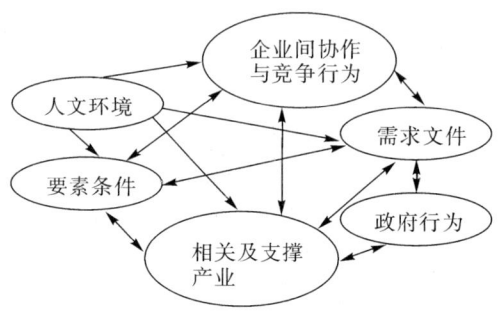

图 3.1 产业集群竞争力的"新钻石模型"

集群竞争力直接影响主体的作用方式及内容可总结如下:(1)政府—公共投入、管理协调、政策引导。政府行为一般首先在于为集群的发展创造良好的环境条件,包括划拨土地、投入资金、建立基础设施、给予税收优惠等,稳定的经济、政策环境有利于降低集群交易成本和赋予集群更多的发展机会;其次,政府参与集群管理,制定一些正式制度,以解决集群形成和发展中的市场失灵和系统失灵问题;最后,提供金融、生产、创新、教育和培训等服务,公共采购,鼓励融资体系,以引导企业行为有利于促进集群和良性竞争互动的环境,培育优势集群,加快区域发展。(2)企业—生产经营、竞争合作、集体学习。企业的生产和经营是集群发展的质量基础,企业的扩张和新企业的出现是集群成长的基本形式。企业在产业价值链上的联接及其之间基于信任的竞争与合作关系是保持集群结构稳定的关键,企业家精神、"干中学"的默会知识学习和传播等企业集体行为又是提升集群技术能力的内在核心动力。具有高技术能力的企业可激发集群的学习网络,从而保证企业之间的技术传导和共享、信息交流、联合R&D等,并形成集群创新系统。(3)中介组织—沟通信息、制定标准、开拓市场。中介组织包括行业协会与市场中介,它们的行为方式,包括协调管理、制定行业标准、促成企业的联合行动等,保障了企业的信任、

第三章　丝绸之路经济带产业集群竞争性分析

邻近性、高技能劳动力的集中、技术扩散和溢出,是获取集体效率的关键,有利于减少集群的市场交易成本,整顿和规范市场秩序,培育社会诚信体系,并进行统筹规划,将分散经营的企业有效地组织起来,提高集群组织化程度。市场中介对于推进集群内市场信息的收集、编译、流通和共享,激活集群市场竞争,发掘市场新机会等都是至关重要的。

第四章 丝绸之路经济带价值网络结构及效应

第一节 价值网络理论

价值网络(value network):公司为创造资源、扩展和交付货物而建立的合伙人和联盟合作系统。价值系统包括公司的供应商和供应商的供应商以及它的下游客户和最终顾客,还包括其他有价值的关系,如大学里的研究人员和政府机构。

一、价值网络的概念

Mercer 顾问公司的著名顾问 Adrian Slywotzk 在《利润区》(Profit Zone)一书首次提出价值网络的概念。他指出,价值网络是一种新业务模式,它将顾客日益提高的苛刻要求与灵活及有效率、低成本的制造相连接,采用数字信息快速配送产品,避开了代价高昂的分销层;将合作的提供商连接在一起,以便交付制订解决方案;将运营设计提升到战略水平,适应不断发生的变化。价值网络是一种以顾客为核心的价值创造体系。它结合了策略思考和进步的供应链管理,取代了传统的供应链模式,以满足顾客所要求的便利、速度、可靠与定制服务。传统的供应链是对消费需求进行预测,然后根据预测来制造产品,经由通路推出产品,期望消费者购买。在这种关系中,消费者、公司和供应商是线性关系。价值网络则是交互式的网络关系。顾客是价值网络的核心,环绕在顾客之外的是公司,

第四章 丝绸之路经济带产价值网络结构及效应

控制与顾客间的接触,包括取得顾客信息、维持关系、客户服务等;最外围是供应商,执行部分采购、装配与交运的功能。

价值网络(value network):公司为创造资源、扩展和交付货物而建立的合伙人和联盟合作系统。价值系统包括公司的供应商和供应商的供应商以及它的下游客户和最终顾客,还包括其他有价值的关系,如大学里的研究人员和政府机构。

Mercer 顾问公司著名顾问 Adrian Slywotzky 于 1998 年在《利润区》首次提出了价值网络的概念。书中指出,随着 Internet 和信息技术的发展,激烈的市场竞争使得企业将传统的供应链转变为价值网,来满足顾客不断增长的需求。根据书中的定义:"价值网络是一种新的业务模式,它将顾客日益提高的苛刻要求和灵活以及有效率、低成本的制造相连接,采用数字信息快速配送产品,避开了代理高昂的分销层,将合作的提供商连接在一起,以便交付定制的解决方案,将运价提升到战略水平,以适应不断发生的变化。"

二、价值网络的演变

(一)价值链到价值网络的理论演进

1. 价值链到价值网络

有学者认为,价值链和价值网络是两个不同的概念。从价值链到价值网络的理论演进,基本上经过了由价值链、虚拟价值链、价值矩阵理论、价值星系理论到价值网络理论的发展过程。本文认为,价值链和价值网络虽然不同,但实际上价值网络是价值链的另一种说法或扩展。因为价值链也可以不是直线式的,如果把研发、服务等非生产环节也看成为价值链的构成部分,那价值链也可以是复杂的、包括纵横关系的体系,这实质上也是网络结构。所以,虚拟价值链、价值矩阵理论、价值星系理论,还有模块化价值链理论,都是价值链理论丰富和发展中不同学者从不同角度的一种拓展,是价值网络理论不同视角的解释。从价值链到价值网络的

理论演化路径可以简要归纳如图所示。(钟运动)

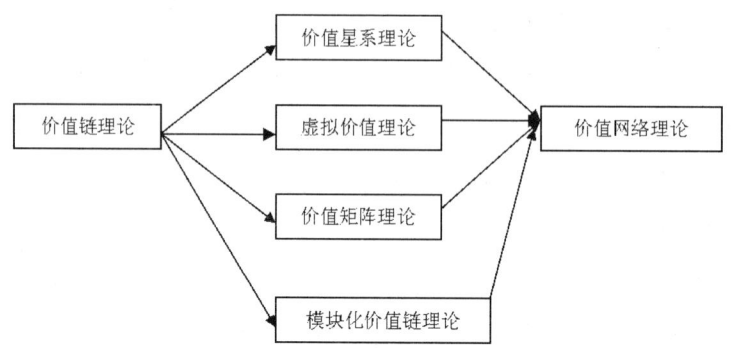

图4.1 价值链到价值网络的理论演进

(1)价值链理论

价值链理论认为,价值链是企业在一个行业内的各种活动的组合,即它将一个企业分解为战略相关的许多活动。基本价值链包括基本价值活动(主要活动)和辅助价值活动(支持活动)。企业获取竞争优势的途径在于高效而独特的价值链活动,其基本路径是在某些环节的活动中创造成本或差异的优势(Poter,1985)。

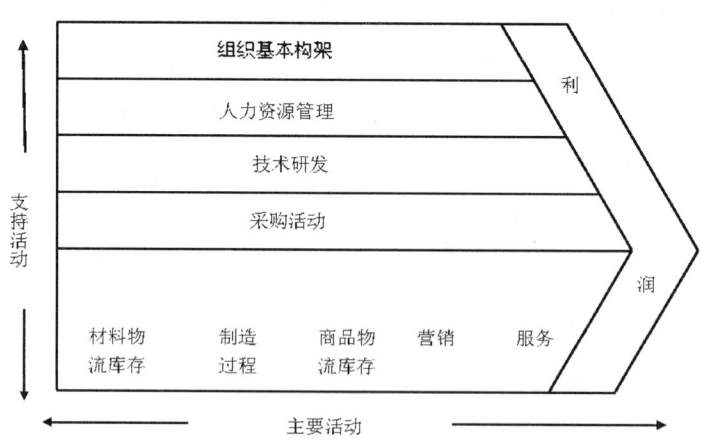

图4.2 Poter价值链模型示意图

第四章　丝绸之路经济带产价值网络结构及效应

(2) 价值星系理论

Richard Normann and Rafael Ramirez (1993)在《从价值到价值星座设计交互式战略》一文中提出了价值星系的概念。价值星系理论继承并发展了原先的价值链理论，它把顾客和企业比作恒星与行星的关系，恒星是星系的引力中心，而顾客则是价值系统（网络）的根本驱动力。也就是把若干个企业看成类似行星一样的价值创造系统，它们依靠相互之间的"引力"围绕顾客价值这颗"恒星"，各自拥有自己的运行"轨道"，从而形成一个完整的星系。价值链的拓展和融合，是企业各自按照自己的"轨道"有序运行和相互之间的存在"引力"的关键。价值星系理论使价值链的概念从企业内部拓展到了企业之间。企业通过相互合作为顾客创造价值的同时也获得价值。价值星系是一个企业的中间组织，是一个企业引力集合的创造价值的系统。这个系统的成员包括核心企业、模块生产企业、供应商、经销商、战略伙伴和顾客等，这些市场主体通过"成员组合"方式进行角色与关系的互换，以新的关系共创价值（罗珉，2005）。因此，该理论包涵了价值链的外部化、网络化、复杂化的管理思维。

(3) 虚拟价值链与价值矩阵理论

以 Jefferey·F. Rayport 和 John·J. Sviokla (1995)为代表的学者提出的虚拟价值链理论，是对价值链理论的新发展。波特的价值链实际上是一条实物链，认为信息技术只是产生价值的辅助因素，不是价值的来源。但知识密集型服务业的出现，证实信息本身也具有价值创造的功能；虚拟价值链即以信息技术为载体，依托实物价值链——有价值的信息在企业内部和企业之间复制、加工、共享，从而实现对传统实物价值链的增值，并使得价值链在现实世界和虚拟世界所组成的空间呈现网络化（迟晓英、吴海平、宣国良，2003）。企业要想在市场上获得竞争优势，就必须充分利用信息，发挥虚拟价值链的作用，使其和实物价值链很好地结合在一起，创造出更多价值,虚拟价值链在提升企业竞争力中起着重要作用(单胜辉、胡吉琴,2007)。

Jefferey·F. Rayport(1999)等提出的价值矩阵理论进一步丰富了虚拟价值链理论。通过对不同行业的几十家企业研究后,发现它们都试图同时在两类(信息产品和实物产品)市场开拓业务,并且发现在信息产品世界获利的企业往往成功地发展了两条价值链。这两条价值链蕴含了不同的经济逻辑,传统的规模和范围经济理论并不像适用于实物价值链那样适用于虚拟价值链。因此,企业需要既分开又相互联系地管理这两条价值链。

材料物流库存 -inbound	生产过程 -production Process	产出物流 -outbound Logistics	营销 -marketing	销售与服务 -sale	实物价值链 -physical
信息获取和管理-information capture and management					
采购物流信息	生产过程信息	产出物流信息	营销信息	销售与服务信息	

图 4.3 虚拟价值链模型示意图

(4)模块化价值链理论

由于产品设计的模块化,使得企业的能力要素必须与之相适应,因而模块化组织应运而生(Sanchez、Mahoney,1996)。大型企业组织的模块化是对传统的 M 型组织结构和纵向一体化战略模式的扬弃,大型企业组织形态经历了纵向一体化模式、业务核心化企业、模块化组织这样三个形态的演进。模块化组织形态的出现,标志企业核心竞争能力理论已经成为理论界和实业界的共识(罗珉,2005)。在信息技术的推动下,价值模块和价值链都存在着分解和整合的动态过程。传统的集合型价值链通过裂变、分解,可以形成具有兼容性、可重复利用、符合界面标准的价值模块;这些价值模块按照新的规则和标准,在新的界面上进行重新整合,能够形成新的模块化价值链(余东华、荷明杰,2007)。

(5)从价值链到价值网络的拓展

虚拟价值链理论的发展,企业内部的行为主体间关系及业务联系已构成内在的价值网络关系;价值星系理论的发展,企业之间通过实物价值链和虚拟价值链也构成复杂的网络关系。因此,不同企业间的价值链关系已经演变成价值网络的关系(安娜搭尔·碧莱尔,2000)。在模块化时代,由于业务聚焦战略或业务归核战略逐渐取代了纵向一体化战略(罗珉,2005),企业内部价值网络趋于分解,业务组合有所缩减,企业的主要战略资源逐渐聚焦于核心业务,将一些非核心业务通过外包等形式转移到企业外部(Samulson,1994)。同时,随着业务、价值和组织结构等复杂系统的模块化,不同企业的核心能力要素相互连接,形成一个开放的企业外部价值网络,相关企业价值的创造、交换和共享分布在整个网络之中。企业内部价值网络的模块化整合,为企业融入企业外部价值网络提供了大量"接口",通过这些精心设计的"接口",企业内外价值网络相互连接、融合形成企业价值网络(余东华、荷明杰,2007)。价值链和价值网络理论的对比如下表所示。

表4.1 价值链与价值网络理论的比较

对比点	价值链	价值网络
基本活动	内部后勤,生产,外部后勤,营销,服务	网络内各个企业的功能定位,企业间关系的投资和维护(网络扩充与契约管理)
基本结构	链式联系	纵横交叉的网络
节点间的关系	拉动的,前后联系的	资源互补的,同时并行的
企业价值体系	内部连接	单一水平式整合与不同产业网络联络
价值驱动因素	规模,生产利润率	规模,能力共享程度
价值创造原理	单个企业的投入与产出	围绕顾客价值的企业间协同价值创造

续表

对比点	价值链	价值网络
价值创造主要技术类型	长串联络性型	中介技术型(运用协调的技术,在顾客中建立巩固的网络关系来创造价值)
管理模式	制度化内部可曾管理	非制度化的依赖和信任

2. 价值网络理论的发展趋势

当前,我国学者更多地从比较宏观的层面上讨论在价值网络下国家、产业、区域的竞争优势和产业升级等问题,而对微观层面的研究则不多而且缺乏有创意的探讨,尤其缺乏从企业的角度来深入而系统地研究价值网络对其竞争战略的影响。为推进价值网络理论与实践研究的纵向深发展,本文认为未来研究的理论问题主要应该集中在以下几方面:(1)国内对价值网络理论的应用研究主要集中在产业方面特别是产业升级方面,从企业角度的研究还比较少且不够系统,这应该成为一个研究的方向和重点。(2)价值网络中企业之间关系的合作程度、互动水平与企业绩效的关系。(3)如何提高整个价值网络的竞争力,使处于价值网络中的企业可以享用网络中已有的各种资源,创造出更多的价值。(4)怎样建立高度协作的关系,探索牢固契约关系的形成机理,无论在理论上还是实践中都很有价值。(5)整合网络思想于企业战略管理理论研究之中,使之成为新的管理范式,是现代企业战略管理理论研究的新方向。(6)在研究方法上,紧密结合企业发展的实践,通过大量而具体的实验研究工作,收集足够的数据,建立合理实用的数学模型,做到定性与定量分析的有机结合。(7)结合中国实际(如社会文化背景),探索价值网络各企业如何形成竞合文化,在竞争中合作、合作中竞争,使之成为具有真正独特性的竞争优势。

在传统的供应链模型中,生产者生产的出发点是对客户需求的预测,也即生产者根据历史同期产品的销量、产品替代品以及客户购买力等方面的情况,来决定产品的生产量。这时企业就会面临两大问题:第一,可能因为预测市场状况时选择的变量或是标准不当使得预测出现偏差;第二,因为市场的需求是随时变化的,而预测仅仅是基于当前的需求产生,所以当产品生产出来以后,已经"过时"。传统供应链中的这些缺陷,使得价值不断流失,究其原因,正是没能及时地对市场变化做出反应。要做到及时、有效地对市场需求做出反应,仅靠单一的企业是无力完成的,所以一些对企业来说成本较高或不具备完成能力的任务,就要交给其他合作企业来完成了。正是在这种情况下,有互联网和不断发展的信息技术做支撑,就出现了价值网络的概念。

由此可见,客户、供应商及其合作伙伴、信息、资金都在价值网络这个动态的网络中流动,其动力正是客户的实际需求,而信息技术正是连接这些网络实体的桥梁和保证。因此,价值网络与传统的供应链理论相比,具有很多符合信息化快速发展要求的诸多特征。与传统的供应链相比,价值网络具有以下特质:

顾客需求为中心,企业的生产活动基于顾客的实际需求,关注的是如何使顾客的价值最大化;高度协作,网络中的企业关注的是整个网络成员共同效率的提高,因此企业要充分利用合作伙伴的能力,其中内嵌和外包是价值网络中企业运作的主要手段;快速反应,信息技术增强了各网络成员间的沟通能力,能够及时有效地对市场需求做出反应;低成本,虽然在企业信息技术方面的成本增加了,但是信息技术为企业带来的交易成本的降低,能够抵消基础设施建设方面增加的成本,总体看来,企业的成本是下降的。

三、价值网络中企业的关系构成

在价值网络这个动态的网络中不存在固定的边界,也没有固定的模式。处于网络中的企业都是根据客户的需求来组织自己的资源。一般来说,企业之间存在两种关系:第一种是各个企业处于平等的地位;第二种就是存在一个"核心企业",由一个企业或是企业联盟组成,而其他企业围绕核心企业来组织协调。具有核心企业的价值网络比较稳定。

每个企业都有自己独立的内部价值网络,这个基于企业员工价值观的网络能不断促进企业的创新进步。同时每个企业又处于一个大的外部价值网络中,可能不同时期在不同的价值网络中,发挥不同的作用,但在信息化高速发展的时代,企业不可避免地卷入这样一个大环套小环的结构中,正是在这样一个相互作用的影响下,企业间的相互合作、影响为顾客创造了更大的价值。

四、价值网络模型

Prabakar Kathandaraman 和 David T·Wilson 提出了价值网络的模型。这一模型使用了价值创造的三个核心概念,即优越的顾客价值、核心能力和相互关系。该模型明确表现出三个核心概念之间存在复杂的相互作用和系统联系,如下图:

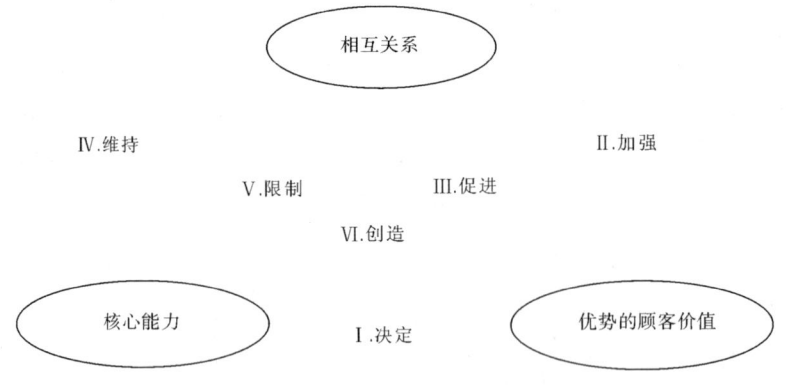

图 4.4 价值网络模型

价值网络模型的三个核心概念两两之间存在着动态的正反馈联系。其实这三个核心概念之间也存在着动态的互动影响。图中的 Ⅱ —Ⅳ —Ⅵ和 Ⅰ —Ⅴ —Ⅲ 分别是三个核心概念之间存在的两条反馈回路,而且均以顾客价值为起点。第一,Ⅱ —Ⅳ —Ⅵ:优越的顾客价值要求价值网成员建立稳定的相互关系,而牢固的成员关系网的确立以各公司的核心能力为前提,通过核心能力来维持成员间的相互关系,核心能力的优化整合实质上对顾客价值的创造起决定作用,顾客对价值实现的满意评价反馈到价值网络成员,则会更加强化之间的合作联系方式,同时提升核心能力;第二,I—V—III:顾客的价值需求可以决定价值网络核心能力的类型、水平及组合方式,而核心能力的这些要素又约束着价值网络成员的类型及其相互之间的合作方式,基于核心能力建立的相互关系网络促进着优越的顾客价值得以实现,顾客需求的进一步深入又为价值网络核心能力提出新的要求,无形地挑战已有的关系网络。如此形成两条积极的闭合自增强循环,体现出价值网络的运行模式。

五、企业价值网

1. 价值网模型

价值网强调各种关系的对称因素。例如,顾客和供应商都拥有其竞争者和互补者。一家公司的顾客通常拥有其他供应商,如果其他供应商使这家公司的产品、服务或顾客价值增加,那么它就是该公司的互补者;反之,则是该公司的竞争者。同样,一家公司的供应商也拥有其他顾客,这些顾客是其竞争者或互补者。如果他们使这个供应商为最初那家公司提供的产品(或服务)更昂贵,那么他们就是竞争者;反之,则是互补者。与顾客相关的原则同样适用于供应商,而与竞争者相关的原则也适用于互补者。客户、供应商、竞争者或互补者是一家公司扮演的多重角色,即同一家公司可以有多重身份。若要制定有效的战略,公司须理解每个角色扮演者的利益。

2. 价值网的四个核心部分

Adam Brandenburger 和 **Barry Nalebuff** 提出的价值网概念,认为企业的发展进程受到以下四个核心组织成分的影响:顾客(Customers)、供应商(Suppliers)、竞争者(Competitors)补充者(Complements)。补充者是指那些能够提高本企业产品或服务吸引力的产品或服务,它经常被用来描述 IT 企业,尽管补充者这一角色见于各个行业。软件制造商总是希望硬件制造商(软件的使用者)不要对软件制造发生兴趣,它们互为支持和依靠,为满足另一种产品或服务的需要展开合作。

3. 价值网模型与波特的五种产业竞争力管理模型的关系

迈克尔·E.波特的五种产业竞争力管理模型一般用来讨论一个行业内五种参与者之间的竞争,而布兰德伯格和纳尔波夫为波特的管理模型带来了第六种力量。虽然它并不比其他五种力量更重要,但也不应被忽视。价值网和五种产业竞争力管理模型的另一个区别是,波特强调价值的分割,而价值网既强调价值的分割,也强调价值的创造。价值分割的最终结果是价值为零,谁是最终的赢家取决于参与竞争者的相对力量。价值网强调竞争和合作两个方面。公司要与客户、供应商及互补者共同合作创造出价值(双赢的过程),同时它又要同顾客、供应商、互补者竞争以便获得价值(赢输的较量)。这种竞争和合作的结合被称为合作竞争(Co-competition)。

4. 价值网及其与传统价值链的比较

价值网的概念是由 Merce 顾问公司的 Adrian Slywotzky 在《利润区》(Profit Zone)一书首次提出的。他指出,由于顾客的需求增加、国际互联网的冲击以及市场高度竞争,企业应改变事业设计,将传统的供应链转变为价值网。对价值网做进一步发展的是美国学者大卫·波维特,他在《价值网》(Value Nets)一书中指出,价值网是一种新业务模式,它将顾客日益提高的苛刻要求与灵活及有效率、低成本的制造相连接,采用数字信息快速配送产品,避开了代价高昂的分销层;将合作的提供商连接在一起,以便交付定制解决方案;将运营设计提升到战略水平,适应不断发生的变化(大卫·波维特,2000)。价值网的本质是在专业化分工的生产服务模式下,通过一定的价值传递机制,在相应的治理框架下,由处于价值链上不同阶段和相对固化的彼此具有某种专用资产的企业及相关利益体组合在一起,共同为顾客创造价值。产品或服务的价值是由每个价值网的成员创造并由价值网络整合而成的,每一个网络成员创造的价值都是最终价值的不可分割的一部分。因此,价值网是由利益相关者之间相互影响而形成的价值生成、分配、转移和使用的关系及其结构。价值网潜在地为企业提供获取信息、资源、市场、技术以及通过学习得到规模和范围经济的可能性,并帮助企业实现战略目标。

价值网络的思想打破了传统价值链的线性思维和价值活动顺序分离的机械模式,围绕顾客价值重构原有价值链,使价值链各个环节以及各不同主体按照整体价值最优的原则相互衔接、融合以及动态互动,利益主体在关注自身价值的同时,更加关注价值网络上各节点的联系,冲破价值链各环节的壁垒,提高网络在主体之间相互作用及其对价值创造的推动作用。从全球价值网络环境具有科学技术日新月异、信息技术发展尤为迅猛、顾客要求快速多变、产品与服务市场快速更新、物流等新兴产业运应而生等特点来看,企业面对的外部环境更加复杂而多变,科学技术尤其是信息技术的迅猛发展,使全球化趋势得到进一步强化。全球价值网络是在全球配置资源的企业价值网络。当跨国公司在全球布局、组织其价值网络时,由于价值网络资源与能力要素配置的全球化,跨国公司主导的企业价值网络就成为全球价值网络。因此,全球价值网络是价值网络在全球化趋势下的进一步发展,是以全球市场需求为驱动,以全球顾客价值为战略出发点,价值网络主导者通过全球产业链整合,为网络中的供应商、生产合作伙伴、销售商、客户等所有成员实现价值增值而形成的,它是由所有参与者共同协作、用数字化方式连接而生成的网状价值创造体系。

总而言之,集群模式构建的理念创新——革新"地理集中"的理念长期以来,不管是政府,还是企业,其指导企业集群模式构建的理论都一致性地只强调"地理上集中"。的确,企业"地理上集中"能很明显地产生聚集效应和品牌效应,这在互联网技术出现之前,甚至在互联网技术不够成熟之前,企业"地理上集中"集群模式是政府和企业的最优选择。但是,随着互联网的发展、成熟以及"顾客经济"的出现,企业的经营环境产生了巨大的"突变",这时,再一致性地只强调"地理上集中"的集群模式无疑会使企业"山穷水尽",只有革新"地理集中"的理念,才会使企业"柳暗花明"。为此,我们必须依据衡阳市装备制造企业集群模式的现状,并结合企业新的经营环境和当前盛行的企业价值网理论及虚拟企业理论,不断创新企业集群模式。集群模式构建的组织形式创新——价值网主导的网状集群模式。价值网主导的网状集群模式是指以价值网模型为主导而进行集群的模式,作为集群的决策者,必须认识到竞争已不再是单个企业之间的竞争,也不再是单一线性价值链之间的竞争,而是企业与其相关者所营造的价值网之间的竞争。该模式一方面可以通过直接以衡阳的一些装备制造核心企业为中心构筑价值网来集群企业,如衡阳特变、中纺衡阳纺织机械厂等,就可以直接按价值网模式进行集群。另一方面,价值网主导的网状集群也可通过导入虚拟企业结构,以虚拟企业的形式构筑价值网后再进行集群。这里所指的虚拟企业是指由两个以上企业在市场机遇的驱动下而结成的一种动态联盟,它能通过 EDI、Internet 等信息网络,应用现代信息技术和通信手段进行不同组织间的合作,以低成本的组织结构优势将不同企业或组织的人力、管理、技术等优势资源进行迅速有效的集成,实现物流、工作流、资金流、信息流和能量流在所需时段内的最佳组合与利用。很显然,虚拟企业能克服空间和时间的局限性,通过保持企业的集中和离散之间的稳定平衡,使企业能在更大的时空范围内进行"集群"。作为衡阳一些有条件的装备制造企业,须革新"地理集中"这一传统的理念,主动适应"网络经济"和"顾客经济",沿虚拟企业的"路径",走一条又好又快的"企业集群"之路。

第四章 丝绸之路经济带产价值网络结构及效应

第二节 供应链理论

一、供应链模式的产生与发展

随着物质产品的极大丰富,以及消费者需求水平的提高,企业间的竞争越来越激烈。越来越多的企业发现,曾经一度引以为豪的"大而全""小而全"的组织结构和战略布局,使得自己越来越像恐龙。小小的脑袋(管理资源)控制着庞大的身躯(研发、生产、销售等职能部门),迟缓的行动无法迅速响应市场的波动和客户需求的不断变化。"纵向一体化(垅币 calIntergrated)"管理模式的种种弊端,随着外部竞争环境的改变逐步暴露出来。从20世纪80年代后期开始,国际上越来越多的企业放弃了这种经营模式,随之而来的是"横向一体化"(Horizontal Intergratod)思想的兴起。即利用企业外部资源快速响应市场需求,本企业只抓最核心的东西:产品方向和市场。至于产品的生产,则只关注关键零部件的制造,而将其他部分甚至全部都委托其他企业加工。这样做的目的是利用其他企业的优势资源,促使产品尽快上马,避免自己投资带来的基建周期长、资金风险大、管理成本增加等不利因素,赢得产品在低成本、高质量、早面市等方面的竞争优势。"横向一体化"形成了一条从供应商到制造商再到分销商的贯穿所有企业的"链",由于相邻节点企业表现出一种需求与供应的关系,当所有相邻企业依次连接起来时,便形成了供应链。这条链上的节点企业必须达到同步、协调运行,才有可能使链上的所有企业都能受益。于是便产生了供应链管理这一新的经营与运作模式。与前面提到的敏捷制造一样,供应链管理也是把企业资源的范畴从过去的单个企业扩大到整个社会,使企业间为了共同的利益而结成战略同盟。因为这个联盟要"解决"的是具体的客户需要,而客户需要又是在不断发展变化中,因此在客户和这个联盟之间就建立了一种长期联系的依存关系。随着客户需求的不断变化和不断提高,这种依存关系必须更加紧密,配合运作得更加高效,因而对如何维持并发展这种联盟提出了更高的要求。这也正是供应链管理理论和实践不断发展完善的根本动力。供应链管理已得到越来越多人的重视和认同,并已成为当今国际上最有影响的一种企业运作模式。这种生产管理模式的变化如图:

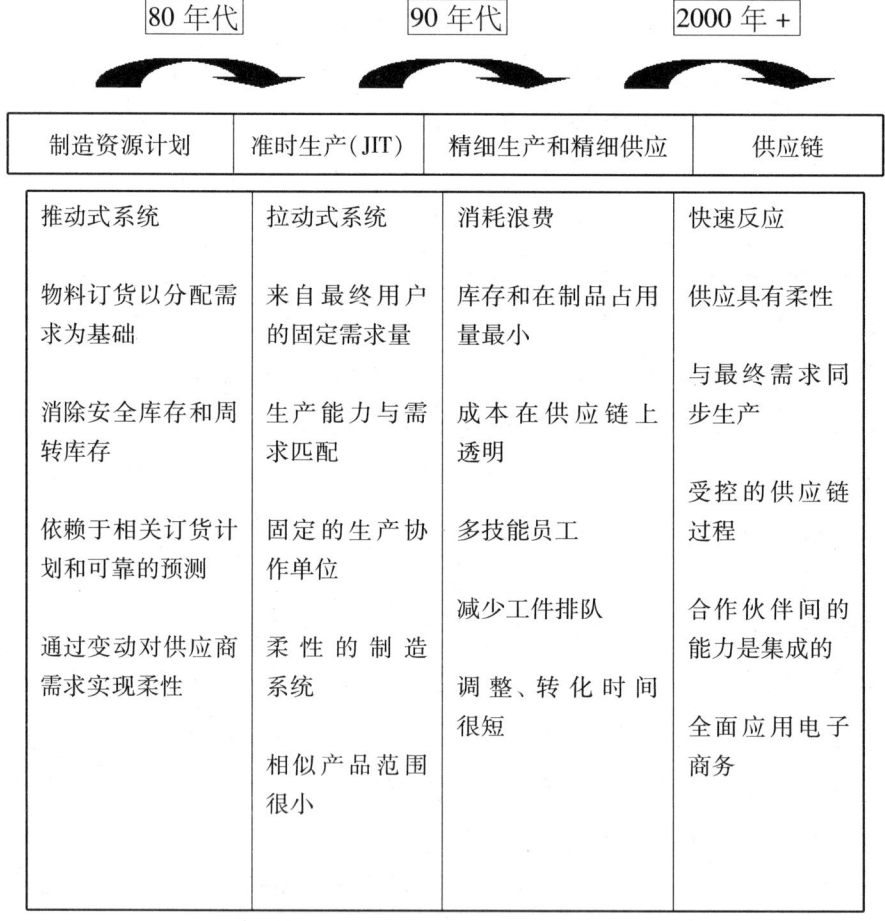

图4.5 供应链的发展演变过程

二、供应链的概念、结构模型及其特征

供应链管理虽然是目前非常热门的话题,但究竟什么是供应链呢?

第四章　丝绸之路经济带产价值网络结构及效应

它有什么用？下面将从宏观的角度,简要介绍供应链的概念、结构及其特征。

(一)供应链的概念

供应链目前尚未形成统一的定义,许多学者从不同的角度出发,给出了不同的定义。最早的观点认为,"供应链是指从企业外部采购的原材料和零部件,通过生产转换和销售等活动,再传递到零售商和用户的一个过程"。显然,这种观点局限于企业内部的操作层面上,只注重企业自身资源的利用。后来的学者注意到了供应链企业间的联系,注意了企业的外部环境,认为供应链是一个"通过链中不同企业的制造、组装、分销、零售等过程将原材料转换为产品,再到最终用户的转换过程"。这是更大范围、更为系统的概念。它考虑了供应链中所有成员操作的一致性,注意了系统的完整性,但对核心企业的认识不充分,没有突出核心企业利益的需要。在供应链理论创新引导企业管理改革的同时,管理改革实践也反过来促进了供应链理论的发展。现在,供应链概念更加注意围绕核心企业的网链关系,例如,核心企业与供应商、供应商的供应商乃至与一切前向的关系,与用户、用户的用户乃至与一切后向的关系。因此,我们不妨这样理解供应链,"它是围绕核心企业,通过对信息流、物流、资金流的控制,从采购原料开始,制成中间产品及最终产品,最后由销售网络把产品送到用户手中的,将供应商、制造商、分销商、零售商直到最终用户连成一体的功能网链结构模式。它是一个范围更广的企业结构模式,它包含所有加盟的节点企业,从原材料的供应开始,经过链中不同企业的制造加工、组装、分销等过程直到最终用户。它不仅是一条连接供应商到用户的物料链、信息链、资金链,而且是一条增值链,物料在供应链上因加工、包装、运输等过程而增加其价值,给相关企业都带来收益。

(二)供应链的结构

根据以上供应链的定义,其结构可以简单地归纳为下图。

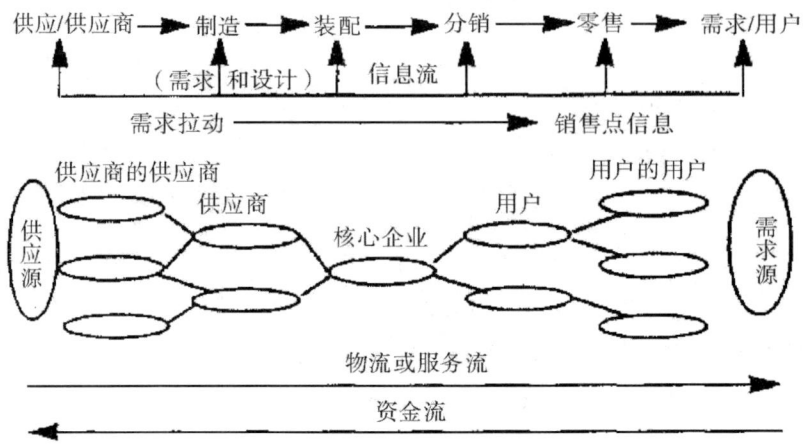

图 4.6 供应链的基本模型

由此可见,一个完整的供应链具备以下几个基本特征。

网链结构:供应链不是单纯的链状结构,而是复杂的,由许多相对独立的链条相互串联形成的网状结构,并且包含了企业提供最终客户所需要的产品和服务的一系列行为过程,"由于供应链节点企业的组成跨度不同,使供应链是由多种多类型企业所构成"。

动态性:供应链的产生是因为企业为了适应市场变化的需要,供应链的各节点企业需要不断更新,这就使供应链具备明显的动态性。

面向用户性:产品与服务在供应链中通常是由供应商向客户输出,而各种需求信息通常是从客户流向供应商,"在供应链中,客户与供应商的概念具有相对性,一个企业的客户可以是另一个企业的供应商,所以供应链系统是由供应商和客户二者组成"。供应链的形成、产生、重构,都是基于市场中的客户需求而发生,并且供应链中资金流、信息流、服务流的原动力也是来源于客户需求。

交互性:在现实生活中,节点企业可以是这个供应链的成员,同时又可以是另外一个供应链的成员,众多的供应链形成了交叉结构,这就对供应链管理水平提出了很高的要求。

(三)供应链的分类

供应链一般可以分为以下几种类型:

(1)有效性供应链和反应性供应链。根据供应链的物理功能和市场中介功能,可以将供应链划分为有效性供应链和反应性供应链。有效性供应链主要体现供应链的物理功能,它以最低的成本将原材料转化为半成品或成品后在供应链中进行传输。反应性供应链主要体现出供应链的市场中介功能,它把产品分配到满足用户需求的市场,对未知的需求做出预判和快速反应。

(2)稳定供应链和动态供应链。根据供应链的稳定性划分,可将供应链划分为稳定供应链和动态供应链。基于单一市场需求而组成的供应链的稳定性相对较强,而基于多元化、复杂的需求而组成的供应链动态性较高,在供应链的实际应用中,应根据不同的市场需求,相对应地改变供应链的组成。

(3)推式供应链与拉式供应链。推式供应链也被称之为产品导向或库存导向,它是以企业自身产品为导向的供应链。企业采取市场预测的方式,获得生产某种产品的优先级顺序,再制定和设置一定的产品生产数量与货存标准,然后将产品批发至零售商,再由零售商向客户推销,这种供应链的构建以制造商本身市场的预测为依据,只有成功地将产品卖出去,企业才能获利。当生产出的某种产品得不到市场认可时,就会层层退货,导致企业负担加重,这种供应链的运营模式所产生的风险很大。

拉式供应链又被称之为客户导向或订单导向,它是以企业获得订单为前提,"这种供应链在企业接收到客户订单后被激活,并由此引发一系列的供应链运作,它的重点是吸引更多的客户,以客户需求为导向进行生产、采购、组织货源、业务外包等"。拉式供应链的特点是利用IT技术搜集市场信息,通过分析搜集到的市场信息来明确产品的定位,"首先通过EDI系统、网站获得订单,然后利用信息技术所提供的管理手段完成客户订单,接着进行电子化采购和自动化持续补货,最后将产品送至客户手中,通过电子化方式获取客户的反馈信息"。

三、供应链管理理论

对供应链这一复杂系统,要想取得良好的绩效,必须找到有效的协调管理方法,供应链管理思想就是在这种环境下提出的。对于供应链管理,有许多不同的定义和称呼,如有效用户反应(ECR)、快速反应(QR)、虚拟物流(VL)或连续补充(CR),等等。这些称呼因考虑的层次、角度不同而不同,但都通过计划和控制实现企业内部和外部之间的合作,实质上它们一定程度上都集成了供应链和增值链两方面的内容。

1. 供应链管理的概念

互联网的发展进一步推动了制造业网络化和全球化的过程。虚拟制造、动态联盟等生产模式的出现,使得对与之相应的新管理模式的需求更加迫切。传统企业组织中的采购(物资供应)、加工计划(制造)、销售等活动,看似整体,其实不然,缺乏系统性和综合性的企业运作模式,已越来越不适应新制造模式发展的需要,原来那种"大而全""小而全"的企业闭门造车的管理体制,更是无法适应网络化竞争的社会发展需要。所以,"供应链"的概念和传统的销售链是完全不同的,它超越了企业界限,从建立合作制造或战略伙伴关系的全新角度出发,从产品的"源"开始,直至产品在消费市场上的"聚",从整体和全局的角度考虑产品的竞争力,使供应链从一种运作性的竞争工具上升为管理性的方法体系,这就是供应链管理提出的实际背景。供应链管理是一种集成的管理思想和方法,它履行供应链中从供应商到最终用户的物流的计划和控制等职能。例如,有人认为:"供应链管理是通过前馈的信息流和反馈的物料流及信息流,将供应商、制造商、分销商、零售商,直到最终用户连成一个整体的管理模式。"Philin 则认为供应链管理不是供应商管理的别称,而是一种新的管理策略,它把不同企业集成起来以增加整个供应链的效率,注重企业之间的合作。最初人们把供应链管理的重点放在管理库存上,作为平衡有限的生产能力和适应用户需求变化的缓冲手段,它通过各种协调方法,寻求把产品迅速、可靠地送到用户手中所需要的费用和生产、库存管理费用之间的平衡点,从而确定最佳的库存投资额。因此其主要的工作任务是管理库存和运输。现在的供应链管理则把供应链上的各个企业作为一个不可分割的整体,使供应链上各企业分担的采购、生产、分销和销售的职能,成为一个协调发展的有机体。

我们可以将供应链管理理解为一种业务策略,它通过对从供应商到客户的产品和服务流及相关信息流的最优化,来提升股东和客户的价值。供应链管理包括建立并履行对产品和服务的市场需求的过程。它是一系列的业务流程,包括了一群贸易伙伴,共同为满足最终客户的共同目标而努力。所以,一个供应链流程可延伸至从供应商的供应商到客户的客户。从其作用上讲,供应链管理包括事务处理系统(如企业资源规划—E 即、仓库管理系统—WMS、运输管理系统—TMS),规划、优化系统(如供应链规划),同时包括供应链分析方法(如数据仓库)。

2. 供应链管理涉及的内容

供应链管理主要涉及四个主要方面:供应(Supply)、生产计划(Schedule Plan)、物流(logisitics)、需求(Demand)。由下图可见,供应链管理是以同步化、集成化生产计划为指导,以各种技术为支持,尤其以互联网为依托,围绕供应、生产作业、物流(主要是制造过程)、满足需求来实现的。供应链管理主要包括计划、合作、控制从供应商到用户的物料(零件和制成品等)和信息。供应链管理的目标在于提高用户服务水平和降低总的交易成本,并且寻求两个目标之间的平衡(这两个目标往往有冲突)。在以下四个领域的基础上,我们将供应链管理细分为职能领域和辅助领域。职能领域主要包括产品工程、产品技术保证、采购、生产控制、库存控制、仓储管理、分销管理。而辅助领域主要包括客户服务、制造、设计工程、会计核算、人力资源、市场营销。

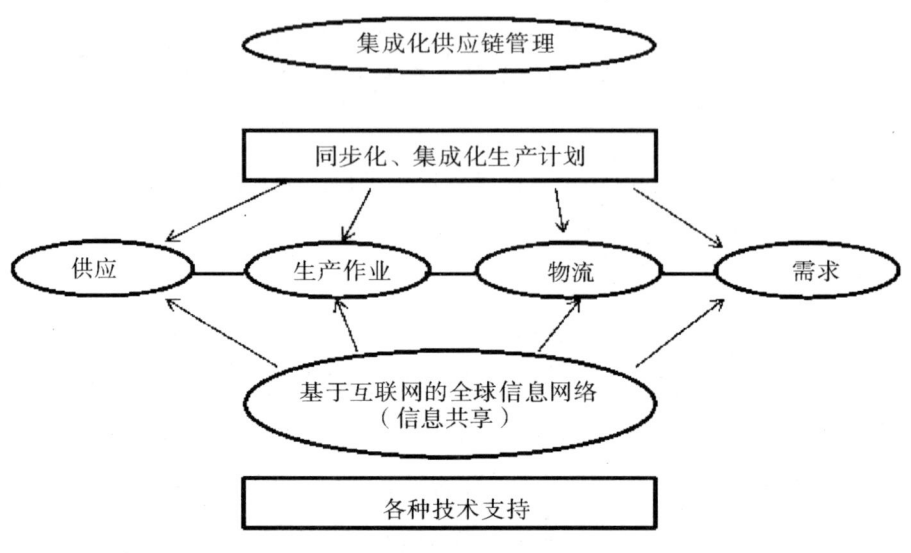

图 4.7　供应链管理涉及的领域

由此可见,供应链管理关心的并不仅仅是物料实体在供应链中的流动,除了企业内部与企业之间的运输问题和实体分销以外,供应链管理还包括以下主要内容:战略性供应链和用户合作伙伴关系管理、供应链产品需求预测和计划供应链的设计(全球节点企业、资源、设备等的评价、选择和定位)、企业内部与企业之间物料供应与需求管理、基于供应链管理的产品设计与制造管理、生产集成化计划、跟踪和控制基于供应链的用户服务和物流(运输、库存、包装等)管理、企业间资金流管理(汇率、成本等问题)、基于互联网的供应链交互信息管理等供应链管理注重总的物流成本(从原材料到最终产成品的费用)与客户服务水平之间的关系,为此要把供应链各个职能部门有机地结合起来,以实现最大限度地发挥出供应链整体的力量,达到供应链企业群体获益的目的。

3. 供应链管理与传统管理模式的比较

供应链管理是新的管理哲理,在许多方面表现出不同于传统的思想特点。从另一角度看,这一新的管理哲理与传统管理模式之间也必然存在着冲突。因此,应用供应链管理首先要认清传统管理模式在当前环境下的问题。由于外部大环境的变化,传统管理模式现在已不能很好地适应供应链管理的要求。

主要表现在以下几方面。

(1)企业生产与经营系统的设计没有考虑供应链的影响。现行的企业系统在设计时只考虑生产过程本身,而没有考虑本企业生产系统以外的因素对企业竞争力的影响。供、产、销系统没有形成"链"。供、产、销是企业的基本活动,但在传统的运作模式下基本上是各自为政,相互脱节。

(2)存在着部门主义障碍。激励机制以部门目标为主,孤立地评价部门业绩,造成企业内部各部门片面追求本部门利益,物流、信息流经常被扭曲、变形。信息系统落后。我国大多数企业仍采用手工处理方式,企业内部信息系统不健全、数据处理技术落后,企业与企业之间的信息传递工具落后,没有充分利用 EDI、Internet 等先进技术,致使信息处理不准确、不及时,不同地域的数据库没有集成起来。

(3)库存管理系统满足不了供应链管理的要求。传统企业中库存管理是静态的、单级的,库存控制决策没有与供应商联系起来,无法利用供应链上的资源。没有建立有效的市场响应、用户服务、供应链管理方面的评价标准与激励机制。

(4)与供应商和经销商都缺乏合作的战略伙伴关系,且往往从短期效益出发,挑起供应商之间的价格竞争,失去了供应商的信任与合作基础。市场形势好时对供应商态度傲慢,市场形势不好时又企图将损失转嫁给经销商,因此得不到经销商的信任与合作。

(5)系统协调性差。企业和各供应商没有协调一致的计划,每个部门各搞一套,只顾安排自己的活动,影响整体的最优。

(6)没有建立对不确定性变化的跟踪与管理系统。以上这些问题的存在,使企业很难一下子从传统的纵向发展管理模式转到供应链管理模式上来。

现代企业的业务越来越趋向于国际化,优秀的企业都把主要精力放在企业的关键业务上,并与世界上优秀的企业建立战略伙伴关系,将非关键业务转由这些企业完成。现在行业的领头企业在越来越清楚地认识到保持长远领先地位的优势和重要性的同时,也意识到竞争优势的关键在于战略伙伴关系的建立。而供应链管理所强调的快速反应市场需求、战略管理、高柔性、低风险、成本—效益目标等优势,吸引了许多学者和企业界人士研究和实践它,国际上一些著名的企业,如 HP、IBM、DELL 等公司在供应链管理的实践中取得了巨大的成就,使人更加坚信供应链管理是进入 21 世纪后企业适应全球竞争的一种有效手段。

随着人们对供应链管理理论认识的不断加深以及供应链管理理论的纵深发展,21 世纪的竞争将不再是企业与企业之间的竞争,而是供应链与供应链之间的竞争。那些在加工制造方面占有优势的企业,将成为大型装配主导型企业追逐的对象,谁能拥有这些具有独特优势的供应商,谁就能赢得竞争优势。显然,这种优势不是哪一个企业所具有的,而是整个供应链的综合能力。

四、供应链理论

(一)供应链管理研究现状

供应链管理是指为了使整个供应链系统的成本达到最小,而把供应商、制造商、配送中心和渠道商等有效地组织起来,进行产品的制造、分销、销售以及服务等的管理方法。供应链管理强调通过集成、协调、组织以及控制等手段使得供应链的整体运作实现最优化。供应链管理的研究内容非常广泛。Simon 等对供应链管理领域的大量文献进行了系统的回顾,提出了供应链管理分类与分析的框架,并评价了供应链管理研究中的各种方法。Chen 等对 400 余篇供应链管理相关文章进行综述,给出了目前供应链研究的理论框架。杨星慧通过对 200 余篇供应链文献的全面分析和总结,给出了供应链管理的系统分类框架。此外,指出其中研究运输

第四章 丝绸之路经济带产价值网络结构及效应

管理和库存管理的文献占到了较大的比例,并且以制造业和零售业居多。Hokey 等从研究内容上将供应链管理分为供应链设计、运输与库存、市场营销与渠道重构、逆向物流与绿色供应链、战略联盟与业务外包等12个方面。Guanasekaren 等从供应链管理研究方法的角度出发,将其分为四种类型:概念和定性研究、案例型研究、概述以及文献综述、定量研究,并指出了各种分类研究的特点和常见的方法。

近年来,关于供应链管理的研究出现了一些新的研究方向,引起了学者和供应链管理专家的普遍关注。例如,由于扰动事件的频繁发生,扰动管理(Disruption Management)越来越受到国内外学者的关注。Yu Gang 教授在扰动管理的理论与应用研究上取得了杰出的成就,对扰动管理思想的形成和发展做出了显著的贡献。供应链系统所处的内外部环境充满了不确定的因素(扰动事件),因此产生了供应链扰动管理。国内外学者一般认为供应链扰动管理的核心思想是通过调动一切可以利用的资源,在保证供应链效用的同时尽量降低扰动事件对供应链的影响。供应链扰动管理是目前供应链管理中的一个热点研究问题。

另外,随着人们对环境的可持续发展和能源的有效利用等问题的关注,产生了可持续供应链管理(Sustainable Supply Chain Management)的概念。可持续的观点强调从宏观的角度,供应链管理应该实现环境、社会以及经济的平衡,关于可持续供应链管理的研究是当前供应链管理的另一个热点研究问题。由于企业内外部风险对供应链企业的经营成败产生了越来越大的影响,当今的企业管理者不仅要关注企业利润的最大化,更要注重企业获得预期利润时所可能面临的各种风险。基于这样的大背景,产生了供应链风险管理(Supply Chain Risk Management)这样一个新的研究领域。供应链风险管理强调运用风险管理的工具和方法,应对供应链中的相关活动引起的各种风险和不确定性。再如,市场和竞争的全球化使得企业纷纷重新审视自己的运作策略,大规模定制已成为绝大多数企业的主要目标。企业为了使得自身的供应链更具柔性和敏捷性,随而产生了订单生产供应链管理(Build-to-Order Supply Chain Management)。订单生产供应链管理的主要目标是利用外包和信息技术来满足不同的客户,目前也是供应链管理中的一个重要研究问题。

(二)供应链理论概述

在经济领域,供应链管理(SCM:Supply Chain Management)属于一种新概念。笔者经研究发现,在传统的财务管理模式中,企业往往采用单一一体化的经营、管理模式,即企业自身拥有采购、设计、生产与销售环节的财务支配权与所有权,这种"小而全""大而全"的财务管理模式,使得企业的资源与精力较为分散,且无法充分发挥其核心作用,造成企业丧失综合竞争力,并增加了企业制造产品的成本。这就表明,外贸制造业企业须及时引进供应链管理模式。相关学者将此种管理模式定义为:整个供应链涵盖零售商、分销商、制造商与供应商,且四者之间的成功合作有助于提高供应链管理模式的运作效率,同时,外贸制造业企业供应链包括资金流、信息流与物流,同时,外贸制造业企业供应链财务管理涉及采购环节管理、库存环节管理、物流环节管理、销售环节管理与生产环节管理。

第三节 丝绸之路经济带价值网络结构

一、丝绸之路经济带:一个以创新理念打造的新型区域合作模式

把"丝绸之路"与更具现代意义的"经济带"联系在一起,体现了一种新型的合作观。所谓"经济带",是在地域分工基础上形成的不同层次和各具特色的带状经济合作区域,它的形成需要依托一定的交通运输干线、地理或自然区域等并以其为发展轴,以轴上几个相对发达的城市或经济区为核心,发挥经济集聚和辐射功能,联结带动周围不同水平经济区的共同发展,由此形成点状密集、面状辐射、线状延伸的产业、物流联动的带状经济区域或经济走廊。

其特点包括:一是客观性,即作为地域分工的表现形式是客观存在的,资源禀赋、发展水平、地理条件等都是先天的,或者说是历史形成的;二是区域性,即在地缘上连成一片,占据一定的空间,具有相对合理的带状条形地域组成范围;三是多元性和多层次性,区域内不同经济单元可以是处于发展的不同等级和层次,但相互之间必须具备有机的联系;四是开放性,即经济带不是封闭的,而是对外开放的,可以通过物质流、信息流、劳动力流动与其他地区建立密切的经济联系;五是相对稳定与发展变化共存,即一方面经济带内不同经济体保持长期稳定的合作关系,另一方面随着产业结构或对外经济关系的变化也要进行调整,区域的外延并不是固定的。

二、丝绸之路经济带价值网络结构

在经济全球化以及价值网络分工与合作的发展环境下,各地区产业集群的价值网络构建以及网络结构升级等网络化发展能力已成为提升产业集群发展水平的重要因素。网络地位较低的节点企业要突破低端锁定实现结构升级,须以价值水平提升为基础,进而选择正确的升级方向并寻找合适的升级路径。

(一)以知识创新与核心能力提升为基础的产业集群升级

现代生产要素向知识化提升,价值链条向知识端升级,价值网络演变为以知识分工和价值整合为内涵的知识发展体系,网络结构关系表现为知识结构,网络价值水平体现为知识价值,网络治理方式以知识治理为主,集群的知识结构特征、层级特征和水平特征决定了企业在价值网络中的作用、地位和权力。在这种"网络知识化"与"知识网络化"的互动发展背景下,企业的核心能力提升与价值创造水平提升均须以知识创新为突破口,集群的网络结构升级与价值网络拓展均须以核心能力提升为基础。集群的知识创新水平越高,企业的核心能力越强,集群的网络结构升级能力和价值网络拓展能力就越强;企业的知识创新越接近于价值网络的知识核心,集群的知识创新越贴近于价值网络中的高位知识层级,集群的网络结构升级能力和价值网络拓展能力就越强。集群若无法实现知识创新与核心能力提升,就无法取得或保持核心竞争优势,网络结构升级和价值网络拓展也就失去了支撑。

(二)构建自主型价值网络实现网络结构升级

融入或构建价值网络是产业集群发展的重要途径,但只有构建企业主导型的价值网络才可使企业实现价值最大化。如果企业仅被动地融入其他价值网络,只能在非主导的价值网络中获得企业本体利益和局部网络利益,在企业构建的自主型价值网络中,企业不但可以摆脱"网络俘获"与"低端锁定",还可取得更高的网络地位并获取较大的网络垄断租金。所以,有能力的企业应尽量依托企业核心竞争力来构建企业外部价值网络,培养网络化发展能力并获取网络发展红利。具有绝对竞争优势的企业可构建企业主导型价值网络,具有相对竞争优势的企业也可以构建自主型价值网络,其中处于价值链条低端和价值网络底层的企业可以通过核心竞争力提升并寻找网络重构机会来构建包括融入型价值网络、主导型价值网络与合作型价值网络组成的自主型价值网络。通过核心竞争力提升与网络重构来构建企业自主价值网络、摆脱被动分工造成的低端锁定是企业实现网络结构升级的最佳路径(刘明宇、芮明杰,2012)。

(三)网络结构视角下的产业集群分析

产业集群是指某一特定产业的相关企业及其支撑机构在一定低于范围内大量聚集而形成的较为稳定且具有持续竞争优势的集合体。产业集群的构成主体包括企业、政府、大学、科研机构和其他机构,这些成员具有独立性,但彼此间又紧密联系,形成了以独立个体为节点,以彼此间复杂多样的经济连接为纽带的分工协作网络系统。产业集群内企业重要优势之一就是能基于地理上的积聚促进知识的传播,从而提高区域创新能力。而传统的集群内部的结构一定程度上对知识的流动有阻碍作用,采用创新后的网络结构可以共同创新知识与分享知识,适应外部环境的快速变

化。接下来,从如下几方面来分析产业集群中的网络形成及网络结构:

1. 内部组织结构

对于产业集群来说,组织结构的网络化显得尤为重要,众多企业的联合需要在观念上达成统一。传统的科层式结构在信息、计划和控制体制等方面难以适应新的环境,需要从原来的专业化分工思想转变为流程思想,以流程为基础的组织单元重新设计,意味着产业集群内部所有企业的活动,只要属于为顾客创造价值的,就被组织在一起,形成相互联系的组织网络。

2. 企业协同方面

产业集群内部各企业之间要达成协同。众多企业为了利益聚集在一起,实现网络化将会对一些规模较小、实力较弱的企业形成很大的风险,因此在推行过程中会遇到阻碍。但产业集群的发展需要企业协同努力,如果没有其他企业的网络化支持,那么某一个企业的努力将会事倍功半,甚至出现更大的危机,因此,产业集群内部的所有企业必须同时进行网络化改选才是提高其整体竞争力的重要途径。

3. 集群形成机理

从产业集群概念和网络组织内涵的论述中,可以发现二者有很多共同之处。网络组织的兴起和产业集群的勃勃生机似乎存在某种必然联系,从组织角度对产业集群进行分析,通过比较我们可以得出结论:产业集群是一种网络组织,当然,这里的网络组织不是指单个企业的组织结构,而是有更广泛内涵的网络组织。集群这种制度安排介于市场与传统企业组织之间,是一种超组织模式。

集群作为一个整体经济组织来说,集群内跨组织边界进行资源整合,创造集群整体的竞争优势,从而在对外竞争中处于有利地位是集群的组织目标。单个企业的目标是在竞争中取得优势,而企业是集群的核心主体,集群的目标正是来源于企业的目标而高于单个企业的目标,"集群目标靠单个企业无法完成,要靠集群内成员的共同努力来完成"。集群内企业提供集群核心资源和关键技术,在集群内政府和其他组织的帮助下,创造出集群的整体优势,以充满生气和不断变化的集体行为适应外界环境,而集群所具有的整体优势可作为一种公共资源提供给集群成员。

网络组织的特点是在不同层次、不同职能的节点之间具有无障碍的信息沟通能力,"集群内广泛积累了市场、技术和竞争的信息,集群成员优先获取这些信息"。由于集群成员在地理位置上的亲密性、个人关系和社会联结能培育信任,促进信息无障碍传递,"信息作为一种对于竞争十分重要的资源,由集群成员提供"。一个集群成员提供信息的同时,享有集群内其他成员提供的信息。

可见,正是由于产业集群将网络优势发挥到极致的特性,决定了其在科技迅速发展、竞争日益激烈的今天,集群仍能保持其生命力,更为人们所关注。因此,产业集群本身就是一个极具活力、值得我们深入研究探讨的网络系统。

三、产业集群价值网络结构

根据学者们对价值链与价值网络的阐释,借助运筹学中链与网的概念,本文认为企业集群价值网络与一般网络的相同点是,它也是由点、弧构成,在点上有流入流出(或称输入输出),在弧上有流量。不同之处是,企业集群价值网络中的点不是相同的,有的代表企业,有的代表中介,有的代表研究机构,弧上的流不止一种,或者是商品,或者是知识、信息等,每个点上流入流出的过程就是点中进行价值创造或价值增值的过程,每个点上流入流出的量一般不同,通过一个点后,物质、知识或信息会变化。产业集群价值网络具有如下经济优势:

1. 产业集群内企业生产能力提升

在企业集群价值网络中,企业掌握知识的状况决定着它进行资源配置的效果,知识的共享程度对资源融合方式和效果具有决定性的影响。所以,知识转移是影响企业集群价值网络交易剩余大小的一个关键过程

(Wilson,1995)。在企业集群价值网络组织中,生产厂家、供应商、重要的客户以及相关企业和支持企业交织在一起,由于信息传播机制更加通畅,各主体之间的信息倾向于对称分布,在企业集群价值网络组织内部,某一企业的生产技术、市场信息、管理方式、经营经验等知识,很大一部分通过企业之间频繁、快速、紧密的交易和协作外溢出去,使其在集群价值网络组织内快速传播,成为整个企业集群价值网络组织内的公共知识,这里称之为"组织知识"。这种组织知识只有企业集群价值网络组织内的企业才可以获得,而一旦离开这个频繁、快速、紧密交易与协作的网络组织就会迅速丧失。

2. 形成较一体化和市场企业生产环节的规模经济

由于技术和协作组织水平决定的每一种操作具有不同的平均成本形态,因而有不同的规模经济区间,或者说具有不同的最适生产规模,而产品的平均成本实际上就是生产这一产品的各种操作的平均成本的叠加。由于在企业集群价值网络组织中,生产能力提升、交易费用得到节约,每个企业都是基于自身的最适生产规模进行生产。较一体化和市场交易性企业相比,企业集群价值网络中的企业生产的产品更具有价格竞争优势。

3. 改换或改变的灵活性增加

企业集群价值网络组织中的企业之间实行独立实体签约,企业的命运由外部供应者以及外部顾客的竞争能力来决定。企业内部任何技术上的变化、产品设计、战略上的失败都不会改变外部供应者提供低成本、高质量、合适的产品与服务,也不会使外部顾客或销售渠道失去其应有的市场地位。而一体化企业意味着企业或者至少相关部门的命运由其内部供应者以及内部顾客的竞争能力决定,技术上的变化、产品设计、战略上的失败或者管理问题等都会使内部供应者提供高成本、低质量或者不合适的产品和服务,使内部顾客或者销售渠道失去其应有的市场地位。

4. 较低的退出壁垒

处于企业集群价值网络组织中的企业,由于可以随时退出现有的价值链而融入新的价值链,而且在价值网络组织中,更多的企业融入不同的价值链,从一条价值链中退出并不会影响其他价值链的正常运作,所以在价值网络组织中的企业从某一价值链退出、进入新的价值链的总体退出壁垒并没有提高。而对于一体化企业,由于资产的专用性进一步增强、战略性内部关系的建立或者对某一企业的感情联络的整合,企业的总体退出壁垒提高了。

5. 资本投资灵活

在企业集群价值网络组织中,由于企业是与独立实体之间进行交易,每一个经营环节由不同的独立实体承担,企业完全可以向其他地方分配资本。同时,价值网络组织能够保证企业根据市场需求的变化,灵活、快捷地做出相应的反应,从而有效适应市场的快速变化,使得企业资源和劳动得到充分利用,实现资本的灵活投资。而一体化企业由于每一个经营环节是相互依赖的,企业可能被迫在边际部分投资以维护整体,而不能向其他地方分配资本。同时,一体化切断了来自供应商或顾客的技术流动,由一体化企业自己承担发展自己技术实力的任务,切断了获取外部信息资源的途径,从而延迟或错过了资本投资的最佳时机,丧失了资本投资的灵活通道。

通过前面的分析可以看出,处于企业集群价值网络组织中的企业较一体化和市场交易性企业具有更多的优势,也具有更好的竞争力,因此,处于企业集群中的企业有基于价值联结建立价值网络的动机和愿望。

四、丝绸之路经济带价值网络结构

现代"丝绸之路"虽然与传统的陆路贸易通道有一致的地方,但其被注入了更多的新内涵。首先是手段上更加先进,历史上是最原始的运输方式,20世纪有了火车和汽车,今天又增加了航空、管道、电缆等;其次是线路上更加灵活,覆盖面更广,古代的"丝绸之路"主要有南、北两条主要线路,现在则是四通八达,呈现一种网络状分布;再次是内容上更加丰富,习近平主席在演讲中提出了政策、道路、贸易、货币、民心等"五通",涵盖了交通、经贸、金融、政治、人文等多个领域,推进地区贸易、投资的便利化,各国政策上的开放与互惠,都成为丝绸之路经济带建设的应有之义。

现代"丝绸之路"上的多边合作,既包括交通、能源、金融等重点领域的合作,也有农业、中小企业以及市场中介服务方面的合作,还包括科技、环保、旅游、卫生、教育、救灾等领域的交流,可以吸纳区域外的国家、国际组织和国际金融机构的广泛参与。

本书中所涉及的8个地区的经济发展水平差距较为明显,建设"经济带",是各地区容易接受的合作方式,非常灵活,"经济带"是一种"创新的合作模式",指的是跳出了传统的区域经济模式,不是通过建立排他性的关税同盟或者超国家的管理机构来实现合作,而是在各地区认同同一理念和规则的前提下,以平等、互利、共赢的方式扩大经济交流,减少不利因素的干扰,共同应对全国乃至国际市场的变化。各地区都可以从合作中受益,以基础设施建设为优先方向,加强融资合作,创造更多就业机会,真正造福于各地区人民。

第四节 丝绸之路经济带价值网络效应

一、网络效应

信息产品存在着互联的内在需要,因为人们生产和使用它们的目的就是更好地收集和交流信息。这种需求的满足程度与网络的规模密切相关。如果网络中只有少数用户,他们不仅要承担高昂的运营成本,而且只能与数量有限的人交流信息和使用经验。随着用户数量的增加,这种不利于规模经济的情况将不断得到改善,所有用户都可能从网络规模的扩大中获得更大的价值。此时,网络的价值呈几何级数增长。这种情况,即某种产品对一名用户的价值取决于使用该产品的其他用户的数量,在经济学中称为网络外部性(network externality),或称网络效应。网络效应是说,一个网络的价值,与网络中的节点数成正比。典型例子是电话,只有装电话的人多了,电话网络的价值才能充分体现。另外,网络越大,网络的维护成本也就越大。以每个人的社交圈子为例,固然,扩展个人的社交网络,可以带来更多的潜在机会,但同时,维护这个网络也要花费更多的精力。网络效应可分为直接网络效应和间接网络效应两种。

直接网络效应是指同一市场内消费者之间的相互依赖性,即使用同一产品的消费者可以直接增加其他消费者的效用,如电话、传真以及互联网等。

间接网络效应主要产生于基础产品和辅助产品之间技术上的互补性,这种互补性导致了产品需求上的相互依赖性,即用户使用一种产品的价值取决于该产品互补的产品的数量和质量,一种产品的互补性产品越多,那么该产品的市场需求也就越大。

网络效应的存在,尤其是未被市场机制化了的直接网络效应的存在,催生了外部性,即消费者对于网络性产品的消费行为会对其他消费者带来"正外部性"。而当这种正外部性的行为未得到补偿或鼓励时,造成网络产品的消费者数量低于实际消费者数量,这就导致了市场失灵。

二、产业集群间网络形态

佛朗克(Frank McDonald,2001)则把集群内网络分为价值网络和社会经济网络。他认为有三种因素对于集群的发展是至关重要的,即地理因素(地区市场的规模以及运输和其他定位成本)、历史事件、制度框架(可分为正式的和非正式的,前者包括政治法律制度,如宪法、法律、解决争端的机构,后者包括社会准则和管理社会活动的进程)。

佛朗克认为网络是减少信息创造和传播成本的机制。网络可被定义为一套高信任的关系,它们直接或者不直接地把一个社会团体中的每一个人联结起来,这些网络包括集群内的所有公司和他们与别的公司之间的联系,有两种网络可被识别:价值网络和社会经济网络。而价值网络又可分为三种:(1)水平网络。在终端公司彼此之间和终端公司与阶段公司之间的亲密关系。为了通过提供共同的技术、商业、财政和其他服务而互相支持。(2)垂直网络。终端公司与其他公司或者阶段公司与其他公司之间通过后向和前向垂直结合联结起来的供应链。(3)其他网络。为了支持产品需要而在公司和公共机构之间的联系。比如和大学、研发机构及政府之间的关系。艾尔巴提尼(Sergio Albertini,1999)则认为由共享知识的基本方式可以将网络分为三种基本方式:(1)市场网络,在这种网络中组织享有编码化的知识(数据、信息和其他),它的劳动力分工是广泛的,但程度并不深也不强。(2)社区网络,这种网络中组织享有相同的经历和同样的环境知识,劳力分工不广泛,但程度深并且强。(3)语义(Semantic)网络,在这里组织共享一套共同的语言。他认为网络化的分工需要在公司之间与公司内部进行一次新的劳力分工,从而形成四种要素:专业人员(specialist)是网络的基本要素,它是专业化于某一特定活动领域的行为主体,在特定环境下能够实施并复制特定的专项技能。系统家(systemist)也是行为主体,它能在特定环境中实施技能活动但不能够复制。联结者(Connector)是一个关系组织,专业化于交流和物流联结中,它为在专家和系统家中的互动提供了网络的信息结构。最后,中间组织者(metaorganizers)则是执行重要任务的服务机构。鲁格曼(Alan M. Rugman,1996)则认为存在着以旗舰企业为中心,联结着供应商、顾客、竞争者和非商业设施的价值网络,而不同的网络形式内组织的整合等级与管理成本也是不尽相同的。

三、丝绸之路经济带价值网络效应

1. 企业价值网络的概念

价值网的概念最早由 Adrian Slywotzky 提出(《发现利润区》,1998),

他在书中写道,由于顾客的需求增加、计算机网络的冲击和市场的高度竞争,企业应将传统的供应链转变价值网。因此,价值网是一种以顾客为核心的价值创造体系,它结合了策略思考和进步的供应链管理,取代传统的供应链模式,以满足顾客所要求的便利、速度、可行与订制服务。最后他定义价值网为"一种新的业务模式,它将顾客日益提高的苛刻要求和灵活以及有效率、低成本的制造相连接,采用数字信息快速配送产品,取代了高昂的分销层,将合作的供应商连接在一起,以便交付定制的解决方案,将运营设计提升到战略水平,以适应不断发生的变化"。

经过不断地发展和研究,周煊在《跨国公司企业价值网络与竞争优势》中结合跨国公司特点,重新定义了企业价值网络。他认为"跨国公司企业价值网络是以母公司为核心,以客户让渡价值为战略考虑的出发点,运用并购战略联盟等多种手段构筑的价值创造和价值管理体系"。企业价值网络的主要竞争优势在于凭借彼此之间的伙伴关系,向客户提供所需要的价值组合。其中包括网络核心提供的核心价值和网络伙伴提供的附加价值。之所以称为企业价值网络,是因为在当前全球竞争环境下,客户的需求苛刻而多变,赢得客户比击败竞争对手更重要,网络构造与管理的着眼点是客户让渡价值。能够更好、更快地为客户创造价值的公司才能获得持续的优良业绩。

以上对企业价值网络的定义,是一种概念化的描述,缺乏对企业价值网络更具体、更明确的表达。根据对思科的研究,本文认为可以将企业价值网络定义为,是以某一个或几个企业为核心,在明确战略价值定位的基础上,通过战略联盟、技术合作、外包、并购等方式,将符合战略价值定位的具有相关核心优势的企业联系在一起,突破原有组织边界,借助信息网络技术和物流体系,实现协同运行、信息共享和能量交换,从而为实现最终客户价值而构筑的价值创造和价值管理体系。

2. 企业价值网络的特点

企业价值网络在网络构成的价值节点、价值节点之间的联系、网络的演化、网络边界、网络结构等方面都体现出复杂性的特点。

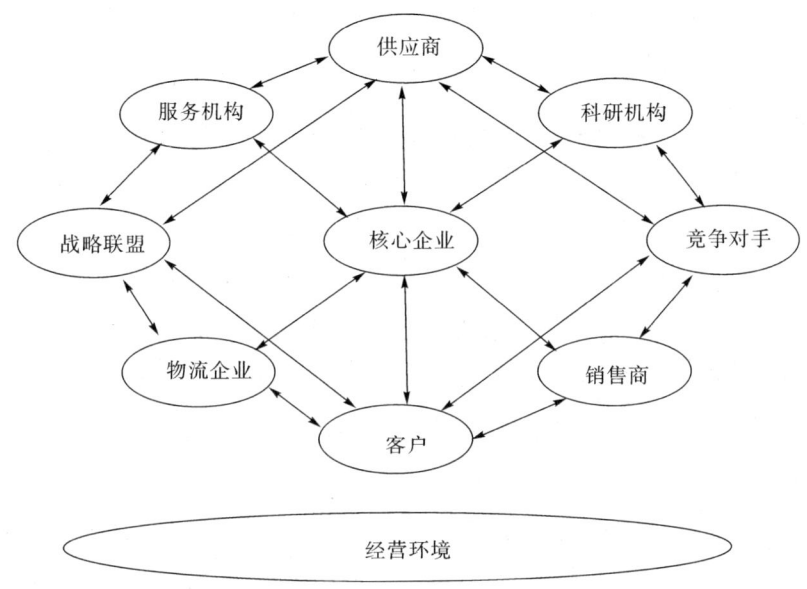

图 4.8　企业价值网络的一般结构

（1）企业价值网络是以具有某种核心价值或异质资源的企业或组织为节点的,所以其复杂性之一就体现在价值节点的多样性上。节点的多样性指的是网络成员资源的异质性及其数量和地位的不同。每一个企业都有不同的价值优势或异质资源,而各类异质资源的数量和地位在网络中也是不尽相同的。每个企业能否进入企业价值网络在于其核心价值是否符合整个网络的需求,在于其是否具有竞争优势。而网络需求的多样性也就造成了网络成员的多样性。如图所示,在网络中纵向有供应商、核心企业和客户,横向有战略联盟或合作伙伴以及竞争对手等。其他辅助支持的网络成员则有科研机构、服务机构、物流企业和销售商、分销商等。当然在整个经营环境中,可能还有其他的单位或组织为整个价值网络服务。各类成员的数量和地位显然是不同的,而核心企业对网络的稳定和演化发展起着至关重要的作用。

（2）由于各个企业具有不同的核心价值，所以其复杂性之二就是彼此之间存在着多样化的相互作用和相互关系。如上图，这种相互关系可能是供应链关系，可能是合作或竞争关系，也可能是服务关系。而且各种关系的数量是不同的，分布也不均匀，这是各类成员的数量和地位不同而造成的。与核心企业相关的关系就密集，而与其他企业相关的关系就稀疏。

（3）企业价值网络各价值节点都是活性节点，是自组织自适应的，各节点之间通过多样化的关系分散地、非线性地相互影响和相互作用，进而使整个网络产生整体的行为及现象，涌现整体价值。所以其复杂性之三在于网络演化动力学的复杂性，即复杂的相互作用，使得企业价值网络存在涌现特性。需要强调的是，网络演化过程中的相互作用和相互影响是非线性的、不可逆的。

（4）企业价值网络已经超出了单一组织的边界，不存在统一的管理约束或规则，所以其复杂性之四在于组织边界的不确定性。但是有效运作的价值网络往往存在一个网络核心来影响和控制整个网络朝着实现最终客户价值的方向发展。网络核心一般会通过并购、剥离、竞争、合作等方式控制网络的发展，通过控制性契约或非控制性契约来避免组织边界不确定带来的问题。

（5）企业价值网络具有复杂的网络结构，存在结构和功能上的多层性和自相似性。这是其复杂性之五。网络核心和有限的关键接触点保持联系，形成第一层级的网络结构，而每一个关键接触点又有其自身的一层网络结构，如此下去，形成多层级的网络结构。自相似性既可以是指企业价值网络的不同层次结构，也可以指系统形态、功能和信息三方面。

（6）企业价值网络是一个开放系统，系统内部及系统与外部环境之间随时都有物质、能量和信息的交换，使得网络不断地向更好地适应环境的方向动态发展，而交换方式、交换种类、交换数量及交换时间是多样化的,带有不确定性。这是其复杂性之六。而网络核心为了保证最大效率和最大化地实现整个网络的价值,保持价值网络的竞争力,会通过一定的标准或潜在的影响力控制或影响其他网络成员,并形成对网络外部成员的吸引力,从而通过吸纳、剥离实现网络组织的动态发展。所以本文认为,企业价值网络是一个复杂系统,不是一个简单的网络组织结构,更不能从其简单的概念框架下去理解其本质,需要从复杂性的角度重新审视其特点。所以,本文提出企业复杂价值网络的概念,它不是一种重新定义,而是一种从复杂性角度探讨企业价值网络特性的重新思考。

从以上的理论分析我们可以得出这样的结论:企业复杂价值网络是一类开放的价值创造和价值管理复杂系统,具有多样性的网络成员和网络成员关系,以先进的信息网络技术和物流体系为基础,在网络核心的协调和影响下,表现出自组织自适应的特性,在动态演化过程中,通过网络成员的非线性相互作用不断实现客户让渡价值。

第五章 丝绸之路经济带产业集群价值网络演化博弈基本分析

产业集群是指在同一个或相关领域内相互联系的众多企业和机构在某一相对狭小的地理范围内集聚而形成的一种经济群落，它以企业为主，其主体包括了企业、大学、科研机构、地方政府和中介服务机构。每一个产业集群都会在某一个特定的时点上表现出一定的规模。波特认为，"产业集群的规模，可以从单一城市、一个国家、整个洲，甚至到一些领国联系成的网络"，他进一步描述道："产业集群见诸许多类型的产业中，规模可大可小，甚至可以出现在餐厅、汽车经销商、古董店等地方性产业。它们所在的经济地也可大可小，可能在乡下、市区，也可能跨几个地理层级，例如国家、洲、大都市地区以及城市。"丝绸之路经济带，是中国与西亚各国之间形成的一个经济合作区域，大致在古丝绸之路范围之上。包括西北陕西、甘肃、青海、宁夏、新疆等五省区，西南重庆、四川、云南、广西等四省市区。丝绸之路经济带产业集群是指由跨越新疆、青海、南宁、陕西等9个省份中所有产业组成的产业集群，如图5.1所示：

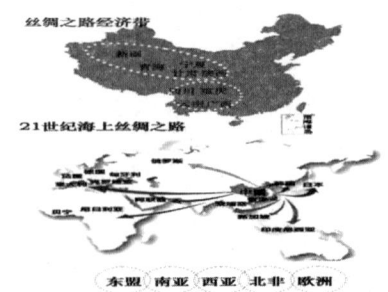

图5.1 一带一路战略格局（图片来源：www.ce.cn）

第五章　丝绸之路经济带产业集群价值网络演化博弈基本分析

迈克尔·E.波特在《竞争优势》中最早提出了价值链(Value Chain)的概念,每一个产业内越来越精细的社会分工,使得每一种产品的生产都需要经过很多个环节来加工,每一个环节就是一个创造价值的节点,该环节承担一项分工任务,完成一项具体产品的制造或服务的提供。每一个价值节点的厂商都需要从上游厂商那里采购所需要的生产要素,同时又成为下游厂商的供应商,直到最终产品送达最终顾客消费。所有这些价值创造节点就构成一个完整的产业价值链(Industrial Value Chain)。产业集群在所属产业中的重要性主要体现在两方面,一是产业集群在所属产业价值链中的位置,二是产业集群在产业集群价值链中的价值。

具体体现为,一方面,产业集群对产业价值链的价值越大,产业集群的重要性也就越大,反之亦然。但并不是说产业集群对产业价值链创造的价值量越大,产业价值链的发展就越好。按照波特的"驱动产业竞争的力量"模型,产业集群在产业价值链中的重要性也决定了其在产业内的竞争力,主要表现在其作为供应商的价格谈判能力和作为销售商的定价能力。当产业集群对于产业价值链来说极其重要时,产业集群将拥有强大的价格谈判能力和定价能力,因而可能导致上下游环节的利润转移到产业集群中,从而削弱了上下游环节的发展能力,并最终对整个产业的发展造成严重损害。另一方面,产业集群在产业价值链中的重要性,也决定了其在推动产业价值升级中的作用。如果产业集群处于产业价值链的创新关键环节(一般也是价值创造最多的环节),那么产业集群对于推动产业价值链升级就显得至关重要。如果产业集群处于产业价值链的关键创新环节之外,即使该产业集群具有很大的规模和知名度,实际上对于产业价值链的影响力也是极其有限的。这类产业集群对产业价值链的贡献不在于推动"升级",而在于通过规模经济创造"成本优势",降低整个产业的生产成本。如果竞争产业出现重大的技术进步,导致该产业价值链竞争力下降,处于非关键创新环节的产业集群的巨大规模反而会成为整个产业价值链的"累赘",加速该产业价值链的崩溃。

产业集群主要由大量企业组成,产业集群的价值由企业价值组成。企业价值指企业的长期获利,即企业未来所有可获利润按照一定贴现率的折现值。随着竞争日趋激烈与信息技术的快速发展,人们对企业价值创造和实现机理的认识不断深化,从理论上,典型地体现在基于竞争思维的价值链观念逐步转向基于竞合思维的价值网络观念;在实践中则为大量形态的网络组织的不断生成和发展,这也反映出企业日趋重视通过构建价值网络来实现获益。本书所提出的丝绸之路经济带产业集群价值网络是对丝绸之路经济带产业集群中各种新兴运作模式的提炼与深化,它具备网络经济、规模经济、风险对抗、黏滞效应和速度效应五种基本竞争效应,构筑此价值网络希望明确丝绸之路经济带产业集群内各组织成员的价值定位,制定网络战略;根据网络战略吸收网络成员,建立通畅的信息沟通模式和有效的协调机制;合理分配网络利益,增强网络组织成员间的相互信任,及时调整网络成员地位。

演化博弈理论是从系统论出发,将博弈主体行为的调整过程看作一个动态系统,以有限理性为基础,突破完全理性假设的局限,强调动态均衡,它是一种长期动态的合作博弈。演化博弈理论就是将演化与博弈相结合,关注有限理性的群体在长期博弈过程中其策略及状态的变化趋势,从而寻找到群体演化的稳定均衡。Taylor & Jonker 等学者较早对其理论及其经济学中的应用展开了分析,目前已成为社会经济和管理领域用于解决企业间合作、对经济形势的预测和社会现象的诠释的重要分析工具和理论支撑。由此,我们要解决丝绸之路经济带产业集群价值网络的演化与重构问题,必须从该价值网络内各成员间的合作演化路径分析出发,可以利用合作博弈理论。

第五章 丝绸之路经济带产业集群价值网络演化博弈基本分析

第一节 基本模型

根据波特对产业集群构成要素的分类和界定方法,可以将产业集群的构成要素进一步标准化,从而得到产业集群的六大构成要素:一是核心企业;二是上游关联企业;三是下游关联企业;四是互补品生产企业;五是服务机构(提供专业化技能、技术、信息、资金或基础设施等的机构);六是政府及其他制定规范的机构,如图5.2所示:

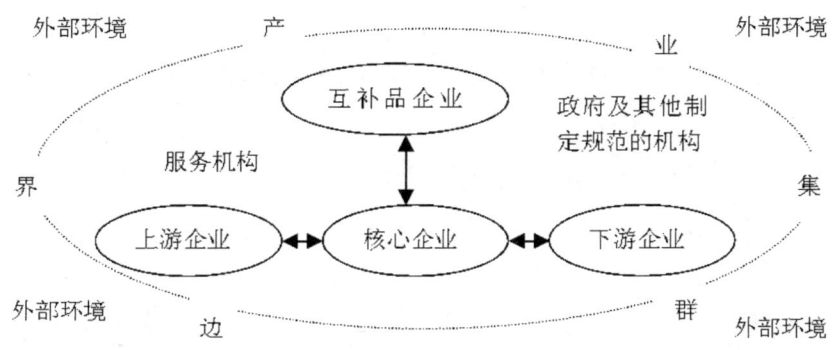

图5.2 产业集群的构成要素

在产业集群的不同生命周期阶段,产业集群的构成要素可能存在一定的差异。例如,在产业集群萌芽阶段,可能只有核心企业,而其他构成要素还没有发育成型。随着产业集群的发育,上下游企业、互补品企业、服务机构、政府等构成要素将逐步加入。相对应的是,如果政府需要规划产业集群,则至少需要覆盖上述六项基本构成要素,否则未来的产业集群发展将受到较大局限。由这些基本要素之间的关系结成的核心圈层、中间圈层和外围圈层,共同构成了完整的产业集群要素关系结构图—圈层结构图。其中各要素间的关系可说明如下。

丝绸之路经济带产业集群价值网络的演化与重构

一、核心企业(焦点企业)与上下游企业的关系

核心企业是产业集群中最重要的企业,它决定了产业集群的产业性质。不同产业集群的核心企业类型结构并不一样,可能是一家大型企业或几家生产同类型产品的大企业,也可能是一群生产同类产品的中小企业。不同的核心企业类型结构,对应着不同的产业集群种类,比如,意大利式产业集群、卫星式产业集群和轮轴式产业集群。按照波特的价值链理论,核心企业的竞争力在很大程度上取决于嵌于其中的整个价值系统。外部竞争压力会推动核心企业沿着上下游扩展自己的价值链,同时上下游企业也会在外部竞争压力下自动寻找适合自己发展的关联企业。通过企业的自组织行为选择,最终会形成一个在特定地理位置上相对集中的价值系统。在此价值系统中,核心企业采购上游企业生产的产品,并将自己生产的产品销售给下游企业。故产业集群内核心企业与上下游企业之间是一种"三位一体"关系,即产品配套关系(分工)、价值链关联关系(合作)和利益共生关系(共生)的统一。这种关系使得上下游企业成为核心企业外围的核心圈层。

二、核心企业、核心圈层与互补品企业、服务机构的关系

产业集群的核心企业、核心圈层企业与其互补品生产企业之间是一种相互加强,能够产生"溢出"的利益共生关系,产业集群内互补品生产企业的繁荣状况,也严重影响产业集群核心企业和核心圈层的发展,并最终影响产业集群的发展。核心企业和核心圈层的发展,离不开资金、技术、人才和专门设施等的支撑。因此,随着产业集群核心企业和核心圈层企业数量不断增多、规模不断扩大,它们对上述要素的需求量也会不断增加。当需求达到一定程度时,相关的专门化服务机构的大量产生就具有了经济性。而这些专业化服务机构的产生和发展,又能极大地提升产业

第五章 丝绸之路经济带产业集群价值网络演化博弈基本分析

集群核心企业核心圈层的竞争优势和发展能力。因此,产业集群内的专业化服务机构(例如,提供专业化技能培训、技术服务、信息服务、资金服务或基础设施建设服务的机构等)与产业集群核心企业、核心圈层之间,是供需关系和互相强化关系的统一。服务机构为核心企业和核心圈层提供各项专业服务,核心企业和核心圈层为服务机构提供赖以生存的需求;服务机构强化核心企业价值链的竞争力,核心企业价值链的竞争力又强化服务机构的专业化程度,由此,互补品生产企业和服务机构共同构成了产业集群的中间圈层。

三、政府及其他制定规范的机构在产业集群内的价值

产业集群内的核心企业、上下游企业、互补品提供企业和服务机构作为独立的市场主体,相互之间既存在合作关系,也存在竞争关系,特别是同类企业间更多的是竞争关系。为了维护整个产业集群内部的竞争与合作关系,保证产业集群的健康发展,必然需要政府及其他制定规范的机构通过制定各种具有约束力的规范,来调整上述市场主体的行为。但是,如果政府及其他制定规范的机构的活动超越了一定的范围,又有可能阻碍产业集群的发展。另外,政府对产业集群发展的规划,也是促进产业集群发展的重要力量。因此,政府及其他制定规范的机构与产业集群其他要素之间存在三种关系。一种是规范与被规范关系,这是基础关系。二是推动与被推动关系,这是附加关系,并不必然发生。三是规划与被规划关系,这是附加关系,也并不必然发生。政府与其他制定规范的机构与产业集群其他要素之间的三重关系,使得政府及其他制定规范的机构构成了产业集群的外围圈层。

企业在价值链上的分工与合作已经成为企业发展战略的主要决定因素(Poter,1985),但是,在知识经济时代,企业仅仅将注意力放在自身的战略价值活动上是不够的,还必须关注整个行业价值系统的整体效率。

丝绸之路经济带产业集群价值网络的演化与重构

与以往过于强调竞争的价值链观念不同,随着企业间合作行为的日益普遍化,(Brandenburger & Nalebuff,1996;Gulati et al.,2000;Kothandaraman & Wilson,2001)提出了著名的价值网理论,该价值网络理论认为,价值网观念超出了价值链的线性思维,主要表现为,一方面,从价值链观念中过于强调竞争,转向提倡竞争与合作双重性的竞合思维,因为价值网重心不再只针对企业利益,而是转向整个价值网络整体,从价值分配转向价值创造,价值分配是输赢的较量,最终结果是零增值。而竞争仅仅揭示了企业间的价值分配关系,而合作则更强调价值创造;另一方面,在企业、顾客和竞争者之外增加了互补者,互补者指那些为消费者提供补充品和服务的企业,或者从供应商处购买补充资源的企业。从价值网络理论看来,在价值分配过程中企业不仅要与顾客、供应商、互补者之间展开竞争以获得价值;而在价值创造过程中,还要与顾客、供应商及互补者合作以实现双赢并创造出更高的价值。

网络形式的价值分工可以弥补企业知识能力的有限性问题(杨瑞龙、冯健,2004;卢福财等,2005),价值网络是企业间的合作而连接起来的价值体系,是由若干条价值链相互交错连成的价值网络,本质是在专业化分工的生产服务模式下"通过一定的价值传递机制",在相应的治理框架下"处于价值链上不同阶段和相对固化的彼此具有某种专用资产的企业及相关利益体组合在一起"共同为顾客创造价值,它是利益相关者之间相互影响而形成的价值生成、分配、转移和使用的关系及其结构(胡大立,2006)。从某种程度上来说,丝绸之路经济带产业集群就是一种特殊的价值网络,它是指由丝绸之路经济带上跨越"新疆、陕西、宁夏、甘肃、青海、内蒙古、四川、重庆"地区组成的产业集群,其内部企业之间会形成正式的合同和非正式的信息交流、利益合作,彼此之间可以形成互惠互利、稳定的长期关系,最终形成协同发展、相互依赖的集群网络,该网络价值内主要包括集群企业、科研院所、政府机构、中介服务机构等组织。

第五章　丝绸之路经济带产业集群价值网络演化博弈基本分析

产业结构转型与合作是以互联互通推动丝绸之路经济带建设的重要部分,丝绸之路经济带产业集群的创新,需要在其集群内部的企业、高校、科研机构、政府机构和中介机构间实现创新资源的有效流动与配置。而在此过程中集群内部创新主体需要经历一个反复长期的博弈演化过程,其中企业是丝绸之路经济带产业集群内各种创新资源的主要拥有者和创新利益的主要享有者,而集群内的高校和科研机构拥有人才、信息和科研成果等大量异质性创新资源。科研院所与集群创新企业间的互动可以有效提高企业创新能力,并从根本上提高集群整体创新能力。丝绸之路经济带产业集群在我国尚处于起步阶段,需要政府发挥政策引导与协调监督作用,营造有利于协同创新的宽松环境。中介服务机构可以为集群创新提供信息、管理和投资等方面的专业服务、提高科技创新效率。丝绸之路经济带产业集群内企业、高校、科研机构、政府机构和中介机构在创新过程中互相联系、互相影响,共同推进集群创新的发展。丝绸之路经济带产业集群网络主要由企业、大学、科研机构、政府和中介机构组成,结合价值网的特点,可以描述出丝绸之路经济带产业集群价值网络创新主体间的关系图,如图5.3所示。

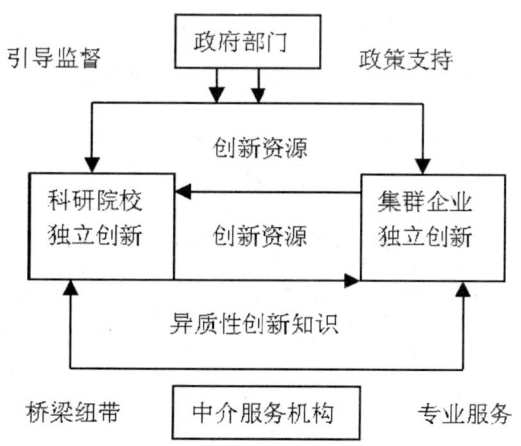

图5.3　丝绸之路经济带产业集群创新主体间的关系

第二节 博弈展开路径分析

演化博弈论从有限理性出发,以参与人为研究对象,基于演化稳定策略的基本概念,强调博弈的动态过程,而在多重均衡中究竟能达到哪种均衡则依赖于演化的初始条件及演化路径。在具体的创新博弈过程中,每个集群成员根据自身在群体中的相对适应性来选择和调整各自的策略。接下来,我们将基于演化博弈方法,来试图研究丝绸之路经济带产业集群价值网络企业间的协同创新策略选择问题。为了简化分析过程,我们选择研究企业群体和科研院所群体关于创新策略选择的演化博弈,以期发现丝绸之路经济带价值网络中企业群体和科研院所群体的协同演化路径。

一、相关假设

(1)在丝绸之路经济带价值网络中只存在企业(简称为E)和科研院所(简称为S)进行创新博弈,暂时不考虑集群内政府部门和中介服务机构的作用;(2)由于协同创新会产生诸多利益,企业较科研院校会更加积极尝试协同创新,但在企业与科研院校的创新博弈中双方的策略选择都有两种,分别是协同创新与独立创新;(3)企业(简称为E)和科研院所(简称为S)创新博弈影响因素如表5.1所示。

表5.1 创新博弈影响因素

i_e, i_s	分别表示集群中企业E、科研院所S采取独立创新策略时的预期收益
a_e, a_s	分别表示集群中企业E、科研院所S所具有的创新资源
c_e, c_s	分别表示集群中企业E、科研院所S的协同创新收益系数,即其所具有的协同创新能力
v_e, v_s	分别表示集群中企业E、科研院所S的风险系数,即参与协同创新活动时的风险

第五章 丝绸之路经济带产业集群价值网络演化博弈基本分析

二、支付矩阵

根据以上分析,可得丝绸之路经济带价值网络中企业与科研院所创新博弈的支付矩阵如表6.2所示:

表6.2 企业与科研院所创新博弈的支付矩阵

科研院所 \ 企业	独立创新	协同创新
协同创新	$i_e + a_s c_e - a_e \nu_e, i_s + a_e c_s - a_s \nu_s$	$i_e - a_e \nu_e, i_s$
独立创新	$i_e, i_s - a_s \nu_s$	i_e, i_s

假设在丝绸之路经济带产业集群价值网络中选择协同创新策略企业的比例为 m,选择独立创新策略企业的比例为 $1-m$;其次,假设在集群科研院所中,选择协同创新策略的比例为 n,选择独立创新的科研院所的比例就为 $1-n$。计算可得,企业选择协同创新策略的收益为:

$$\mu_{e1} = n(i_e + a_s c_e - a_t \nu_t) + (1-n)(i_e - a_e \nu_e) \tag{6.1}$$

企业选择独立创新策略的收益为:

$$\mu_{e2} = n i_e + (1-n) i_e \tag{6.2}$$

企业创新的平均收益为:

$$\bar{\mu}_e = m \mu_{e1} + (1-m) \mu_{e2} \tag{6.3}$$

同理,易得科研院所创新的平均收益为:

$$\bar{\mu}_s = n \mu_{s1} + (1-n) \mu_{s2} \tag{6.4}$$

故集群企业与科研院所的演化过程,可由如下复制动态方程组来描述:

$$\begin{cases} dm/dt = m(1-m)(n a_s c_e - a_e \nu_e) \\ dn/dt = n(1-n)(m a_e c_s - a_s \nu_s) \end{cases} \tag{6.5}$$

由(5.5)分析可得,该演化博弈模型的均衡点有四个,分别为: $(0,0)$、$(0,1)$、$(1,0)$、(m^*,n^*),其中 $m^*=a_s v_s/a_e c_s$,$n^*=a_e v_e/a_s c_e$。

第三节　产业集群价值网络演化

一、局部稳定性分析

在丝绸之路经济带产业集群价值网络中,企业与科研院所协同创新的演化稳定性可通过雅克比矩阵的局部稳定性分析得到,复制动态方程组(5.5)的雅克比矩阵的行列式,即依次如(5.6)、(5.7)所示:

$$|J|=\begin{vmatrix}(1-2m)(na_s c_e-a_e v_e) & ma_s c_e(1-m)\\ na_e c_s(1-n) & (1-2n)(ma_e c_s-a_s v_s)\end{vmatrix} \quad (5.6)$$

$$tr(J)=(1-2m)(na_s c_e-a_e v_e)+(1-2n)(ma_e c_s-a_s v_s) \quad (5.7)$$

根据雅克比矩阵的局部稳定分析法对所有平衡点进行稳定性分析,可分为两种情况进行说明:(1)当集群内企业和科研院所中至少有一方的协同创新预期收益小于其协同创新风险成本时,即在 $a_s c_e<a_e v_e$、$a_e c_s<a_s v_s$、$a_s c_e<a_e v_e$、$a_e c_s>a_s v_s$、$a_s c_e>a_e v_e$、$a_e c_s<a_s v_s$ 这三种情况下,雅克比矩阵的稳定性如表5.3所示。通过上述条件的复制动态关系坐标图(图5.3、图5.4、图5.5)的演化动态轨迹可知,从任何初始状态出发,系统都将收敛于 $O(0,0)$,这说明了在集群内企业与科研院所至少一方协同创新成本大于其收益的情况下,独立创新才是双方选择的演化稳定策略(ESS);(2)当集群内企业和科研院所采取协同创新策略时,预期收益大于其协同创新风险成本时,即 $a_s c_e>a_e v_e$,$a_e c_s>a_s v_s$,雅克比矩阵的稳定性如表5.4所示。

第五章 丝绸之路经济带产业集群价值网络演化博弈基本分析

表 5.3 三种情况下的局部稳定点分析结果

均衡点	$a_sc_e<a_ev_e,a_ec_s<a_sv_s$			$a_sc_e<a_ev_e,a_ec_s>a_sv_s$			$a_sc_e>a_ev_e,a_ec_s<a_sv_s$		
	$\|J\|$	$tR(J)$	稳定性	$\|J\|$	$tR(J)$	稳定性	$\|J\|$	$tR(J)$	稳定性
(0,0)	+	−	ESS	+	−	ESS	+	−	ESS
(1,0)	−	不确定	鞍点	+	+	不稳定	−	不确定	不稳定
(0,1)	−	不确定	鞍点	−	不确定	鞍点	+	+	鞍点
(1,1)	+	+	不稳定	−	不确定	鞍点	−	不确定	鞍点

表 5.4 当 $a_sc_e>a_ev_e,a_ec_s>a_sv_s$ 时的局部稳定点分析结果

均衡点	$\|J\|$	$tr(J)$	稳定性
(0,0)	+	−	ESS
(1,0)	+	+	不稳定
(0,1)	+	+	不稳定
(1,1)	+	−	ESS
(m^*,n^*)	−	0	鞍点

二、演化路径分析

两个群体类型比例变化复制的动态关系如图 5.7 表示。从中可以对集群中企业和科研院所创新博弈的动态过程进行分析,由两个不稳定的均衡点 A、C 与鞍点 D 连成的折线为系统收敛于不同状态的临界线,初始状态在折线右上方时,系统将收敛于 $B(1,1)$,也即企业和科研院所都将采取协同创新策略;初始状态在斜线左下方时,系统将收敛于 $O(0,0)$,即企业和科研院所都将采取独立创新策略。由于我国"一带一路"产业集群正处于萌芽阶段,集群内企业和科研院所的创新博弈演化需要经历一个长期过程,在此过程中,系统将保持协同创新与独立创新共存的局面。

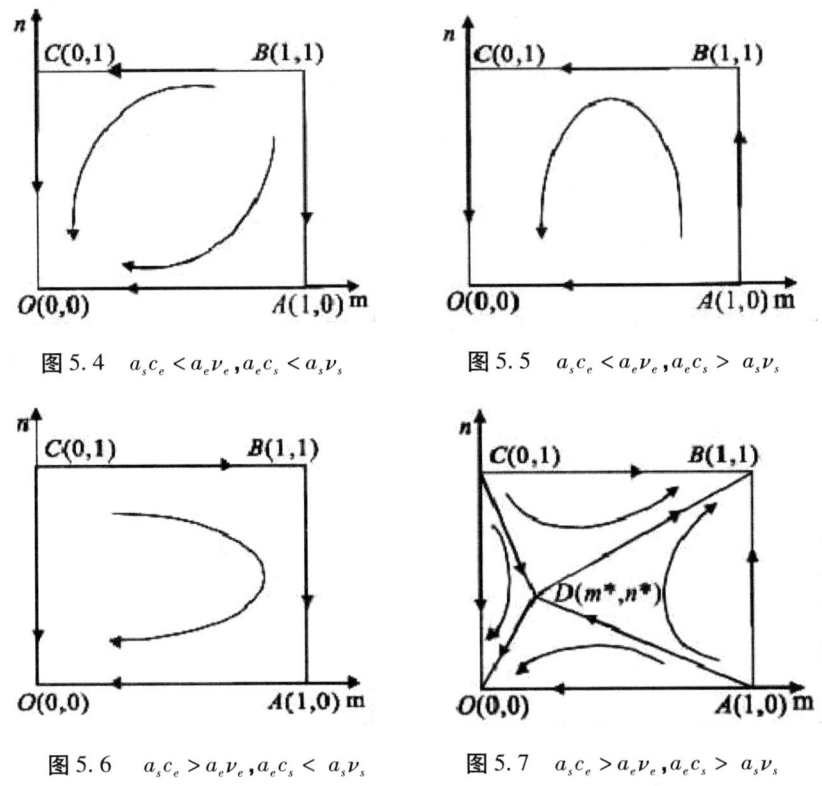

图 5.4 $a_s c_e < a_e v_e, a_e c_s < a_s v_s$

图 5.5 $a_s c_e < a_e v_e, a_e c_s > a_s v_s$

图 5.6 $a_s c_e > a_e v_e, a_e c_s < a_s v_s$

图 5.7 $a_s c_e > a_e v_e, a_e c_s > a_s v_s$

由于创新是能够让企业获得竞争优势的动力源泉,故我们以丝绸之路经济带产业集群价值网络中的企业与科研院所创新演化博弈分析为例,通过分析在相关参数变化影响下,企业与科研院所创新博弈的演化过程,提出相应的协同创新策略。由图 5.7 计算可得,四边形 $ADCB$ 的面积为(代表了集群企业和科研院所选择协同创新策略的概率),其中 $m^* = a_s v_s / a_e c_s$,$n^* = a_e v_e / a_s c_e$:

$$s_{ABCD} = 1 - \frac{1}{2}\left(\frac{a_s v_s}{a_e c_s} + \frac{a_s v_s}{a_s c_s}\right) \tag{5.8}$$

(1)集群主体协同创新预期收益系数。在其他参数不变的情况下,当 c_e, c_s 提高,即集群中企业和科研院所创新活动产生的预期收益变大

第五章 丝绸之路经济带产业集群价值网络演化博弈基本分析

时,结合(式5.8),并观察动态演化图可知,$ADCB$部分的面积将变大,即系统收敛于均衡点B的概率也会随之增大,企业和科研院所选择协同创新策略会越来越多;反之,则有越来越多的集群主体选择独立创新策略。因此,在一项创新活动开始之前,对协同创新利益的预期会促使集群中企业和科研院所对是否选择协同创新做出选择;当协同创新取得初步进展后,在创新收益的驱使下,集群成员会继续选择协同创新,并由此形成良性循环。在战略性新兴产业集群中,集群内企业与科研院所可以达成产业技术创新战略联盟,通过建立共同创新目标,协同开展创新,进而实现预期协同创新收益。

(2)集群主体的协同创新风险系数。在其他参数不变的情况下,$a_e v_e, a_s v_s$越小,则集群创新主体协同创新所付出的初始成本就越小,结合(式5.8),从动态演化图上看,折线上方$ADCB$部分的面积将越大,演化系统收敛于B点的概率也就越大,博弈主体就越倾向于选择协同创新策略;反之,博弈主体就越趋向于选择独立创新策略。战略性新兴产业集群创新过程中的风险性在很大程度上要求集群成员加强合作创新,而在实际合作过程中,企业和科研院所在合作动机、资源占有、合作过程、知识转移和利益分配等方面会产生分歧,并由此产生协同创新风险,因此需要相应的机制作为保障,企业和科研院所应建立相互依赖和相互理解的有效沟通机制,加强双方的信任关系,形成适当的信任机制。在明确各方职责和权利的基础上,建立行之有效的运行机制,不断积聚技术、人才和信息等资源,并进行有效整合。建立利益分配与风险共担机制,使合作双方在共享创新收益的同时,共同承担创新过程中的风险。

(3)集群主体的创新资源水平。集群主体的创新资源水平直接影响其对创新策略的选择,在图d中,令$l=a_e/a_s$,四边形$ADCB$的面积为:

$$s = 1 - \frac{1}{2}\left(\frac{v_e}{c_e}l + \frac{v_s}{c_s}\frac{1}{l}\right) \tag{5.9}$$

$$s = 1 - \frac{1}{2}\left(\frac{\nu_e}{c_e}l + \frac{\nu_s}{c_s}\frac{1}{l^2}\right) < 0 \tag{5.10}$$

由上可知,四边形 ADCB 的面积为 $l = a_e / a_s$ 的减函数,即集群企业和科研院所之间创新资源和能力差距越小,四边形 ADCB 的面积越大,系统收敛于 B 的概率就越大,就会有越多的企业和科研院所采取协同创新策略;反之,四边形 ADCB 的面积越小,集群中企业和科研院所就越倾向于采取独立创新策略。这说明:在企业和科研院所的协同创新中,创新资源和创新能力不宜有较大差距,否则协同效应就会大大降低。战略性新兴产业集群中企业或科研院所在选择创新合作伙伴时,应考虑双方的知识位势因素,最好选择创新资源与能力互补的合作伙伴;而在企业与科研院所具体的创新合作过程中,更要注重双方创新资源的充分共享和创新能力的互补,从而使协同创新贯穿于整个创新活动中。

第六章 丝绸之路经济带产业集群价值网络演化分析

第一节 产业集群动态演化规律

在中国经历了30多年的经济高速增长后,丝绸之路经济带地区取得了长足的发展。丝绸之路经济带地区未来能否摆脱长期以来的东西部发展不均衡态势,取得跨越式的发展,是未来丝绸之路经济带地区面临的关键问题之一。影响经济跨越式增长的因素很多,但是,能否实现产业的持续升级是其中至关重要的一点(林毅夫,2012)。从中国东部沿海地区的成功经验来看,产业长足发展主要是基于产业集群形式(Wang M et al.,2009),丝绸之路经济带地区的农业、工业生产也遵循集群的模式(Zhang Hu,2014)。因而探讨丝绸之路经济带地区的产业长足发展,有必要从产业集群演化视角进行研究。

一、产业集群演化的提出

日本学者 Otsuka 和 Sonobe(2011)详细总结了亚洲和非洲19个产业集群的发展过程,归纳出产业集群的演化规律。他们将发展中国家产业集群的发展归纳为两阶段,首先是数量扩张阶段,这一阶段以斯密式增长为主;其次是质量提升阶段,这一阶段主要以熊彼特式增长为主。从数量扩张阶段到质量提升阶段的转变,就是产业集群的升级。从数量扩张阶段演进到质量提升阶段的原因主要有两点,一是随着国民收入的提高,对高质量产品的需求日益扩大;二是低质量产品竞争加剧,企业为寻求高额利润而选择进行产品升级。Otsuka 和 Sonobe(2011)的产业集群演化模型是本书的基础,但是该模型仅仅将产业集群的演化界定为从低质量向高质量的演进,实际上,质量升级只是产业升级的一种途径。产业升级可以定义为企业通过一系列的创新活动增加附加值的过程(Giuliani et al.,2005),企业为达到这一目的可以有不同的途径,如提高产品质量、生产新产品、采用新技术,或者调整其在价值链上的位置等。Humphrey 和 Schmitz(2000)总结了四种产业升级路径:(1)流程升级(Process Upgrading),企业通过重组生产流程或者引入新的生产技术,从而提高投入产出效率;(2)产品升级(Product Upgrading),企业通过生产更高质量和更复杂的产品从而提高利润;(3)功能升级(Functional Upgrading),企业从价值链的低附加值部分移动到高附加值部分,如从生产为主转向研发设计、品牌创新和市场开拓为主;(4)跨行业升级(Intersectoral Upgrading),企业从原行业转向相关的新行业。

实际上,Otsuka 和 Sonobe(2011)的产业集群演化模型与上述产业升级路径之间存在内在联系。在数量扩张阶段,企业的发展主要通过流程升级,因为此阶段集群内的企业主要进行的是数量竞争,而通过改造生产流程可以更有效地提高生产效率;在质量提升阶段,企业的升级主要体现为产品升级,即企业通过生产高质量或高复杂度的产品提升利润。当产业集群进一步演化,尤其是随着区域经济的发展,其要素禀赋随之发生变化,劳动力、土地、原材料等相对价格会上升,原有的产业集群生产方式可能会丧失比较优势,即使有高质量的产品也不能维持原来的比较优势。这其实正是中国东部沿海地区部分成熟产业集群当前面临的问题。而反过来,若劳动力、土地、原材料等相对价格上涨,原有的产业集群生产方式可能会增加比较优势,即使有低质量的产品也能够维持较高的比较优势。

第六章 丝绸之路经济带产业集群价值网络演化分析

这其实就是当阶段实施"一带一路"政策后,西部沿线国家可能面临的发展机遇。在区域间比较优势发生转变后,产业集群可能被迫升级到新阶段,在此阶段,企业通过提升研发水平、创建品牌、采用电子商务开拓市场等方式进行升级,即从价值链的低端向高端演进,也就是产业向微笑曲线两端演进,逐渐重视设计研发与市场开拓,这一个过程正是 Humphrey 和 Schmitz(2000)所提出的功能升级。

二、产业集群演化发展

从对中国产业集群长期持续观察的基础上,结合 Otsuka 和 Sonobe(2011)的产业集群演化模型及 Humphrey 和 Schmitz(2000)产业升级路径理论,我们参考阮建青等(2014)提出的产业集群演化三阶段模型,即产业集群一般会经历数量扩张期、质量提升期和研发与品牌创新期三个阶段,从数量扩张期演进到质量提升期的主要原因是内生质量危机,从质量提升期演进到研发与品牌创新期的主要原因是区域比较优势的变化,如图6.1。阮建青等(2014)指出现实中,产业集群的演化会表现出各自的行业特性与区域特性,甚至一些偶然的历史因素也会影响产业集群的演化轨迹。但是,当我们从现实中总结普遍性规律时,可以忽略细节因素,把现实进行简化,从中得出具有理论意义和现实指导意义的模型。我们将产业集群的演化总结为如下一般规律:产业集群的演化一般会经历数量扩张期、质量提升期、研发与品牌创新期三个时期。这三个时期分别对应了产业升级路径中的流程升级、产品升级与功能升级。当然,这并不是说现实中每一个产业集群都必须严格遵守这一演进程序,有些产业集群可能质量提升期与品牌创新期的区别并不是很明显,有些产业集群从数量扩张期演进到质量提升期并没有特别明显的内生质量危机。但是,这些例外并不影响我们模型的解释力。

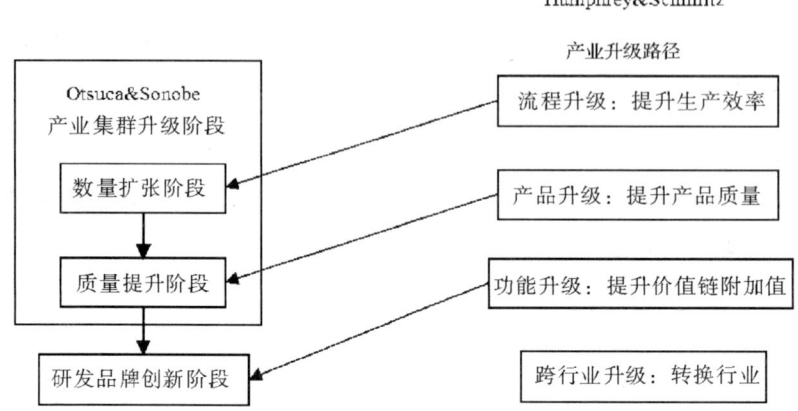

图 6.1　产业集群升级阶段

我们以集群的企业数量与总产值作为衡量集群发展的指标,图6.2描述了本文构建的产业集群演化模型。图6.2中,横轴表示集群演化时间,纵轴表示集群企业数量与集群总产值。在数量扩张期,产业集群内企业数量快速增长,主要原因是产业集群的低门槛效应。当企业数量增长到高峰期时,企业间的竞争很可能会引发质量危机,下文将详细介绍这一内生质量危机的过程。如果产业集群不能渡过质量危机,集群将趋向消亡,企业数量会日益减少;但是如果集群能够渡过质量危机,则企业数量虽然相对于高峰时有所下降,但不会大幅减少,并且在长期内有一个缓慢增长的过程。到了质量提升期末期,因为比较优势的变化,集群需要将利润空间从传统的制造环节转移到微笑曲线两端,即需要进行技术研发与品牌创新。如企业无法进行有效的创新,那么集群在新的形势下,依然会趋向消亡;如果集群能够进行有效的研发与品牌创新,则集群企业数量将会维持在比较稳定的水平上。集群总产值的变化在数量扩张期与质量提升期与集群企业数量的变化类似,但是在研发与品牌创新期,虽然企业数量维持在一个比较稳定的水平上,但是因为产业升级到了微笑曲线两端,因而,单个企业的总产出会迅速增加,从而集群总产值也会较快增长。

第六章 丝绸之路经济带产业集群价值网络演化分析

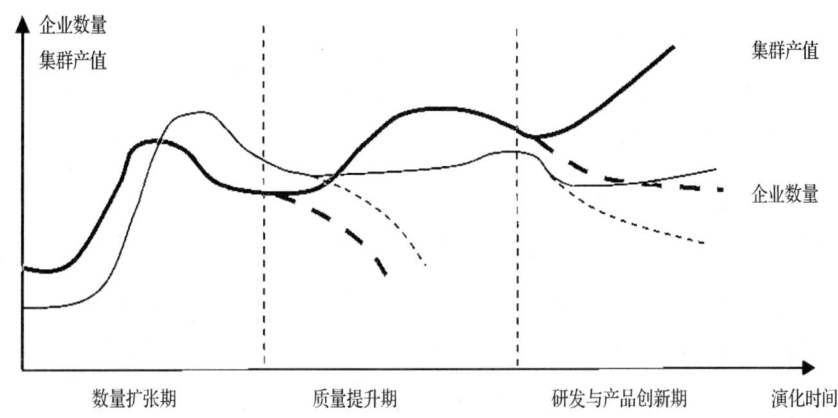

图 6.2 产业集群动态演化模型

上述模型的关键是如何解释从一个时期演进到另一个时期的内在机制。我们认为,内生的质量危机与外在比较优势的变化是导致上述演化规律的关键。

(一)数量扩张演进到质量提升期:内生质量危机

在产业集群早期,生产低质量的产品是一种非常普遍的现象,Otsuka和Sonobe(2011)总结了东亚、南亚、非洲19个产业集群演化案例,从中发现了这一普遍性的规律,集群早期,生产低质量的商品是一种理性的选择,这时的竞争是"竞次竞争"(Race to the Bottom)。根据信息经济学的理论,这样的竞争会成为Akerlo(1970)所说的柠檬市场,也即最终会发生质量危机。当然现实世界是非常复杂的,很多时候我们可能无法观察到明显的质量危机现象,因为危机可能在较早的时候就被处理掉了。

为简化分析,我们假定产业集群是一个完全竞争市场,企业是价格的接受者;而且企业是同质的,即企业有着相同的成本曲线。进一步假定,产业集群有两个效应:一个是马歇尔效应,另一个是低门槛效应;马歇尔效应体现为集聚降低了单个企业的成本曲线,低门槛效应表现为集聚降低了新企业的进入门槛,即企业总数量会不断增长,从而使得供给曲线外移。

运用典型企业的边际成本曲线、平均成本曲线和产业集群的供给需求曲线来分析企业行为和市场均衡变化,如图 6.3 所示。集群形成之初,假设集群内有 N_1 家企业,N_1 是一个较小的值。此时,市场的需求曲线是 D_0,行业的供给曲线是 S_0,集群的均衡点为 E_0。

随着集群内分工的深化和配套行业的集聚,集群的优势逐渐显现,马歇尔效应发挥作用。在马歇尔效应的作用下,单个企业的生产成本开始下降,边际成本曲线由 MC_0 移动到 MC_1,平均成本曲线由 AC_0 移动到 AC_1。典型企业生产成本的变化导致整个行业供给曲线的变化,市场供给曲线下移到 S_1,均衡点变为 E_1。与此同时,产业集群降低了企业的进入门槛,在低门槛效应的作用下,更多的企业进入该集群,企业数量由 N_1 增加到 N_2。企业数量增多导致供给的增加,供给曲线右移至 S_2,均衡点变为 E_2。相对于 E_1 来说,此时市场的均衡数量增加,均衡价格下降。低门槛效应并不影响企业的生产技术,因此企业的边际成本曲线和平均成本曲线没有发生变化。根据经济学理论,企业在边际成本等于价格的地方做决策,在均衡价格 P_2 下,企业将生产 q_1 数量的产品。此时,由于企业的平均成本高于价格,企业将会面临亏损,亏损额如图阴影区域所示。

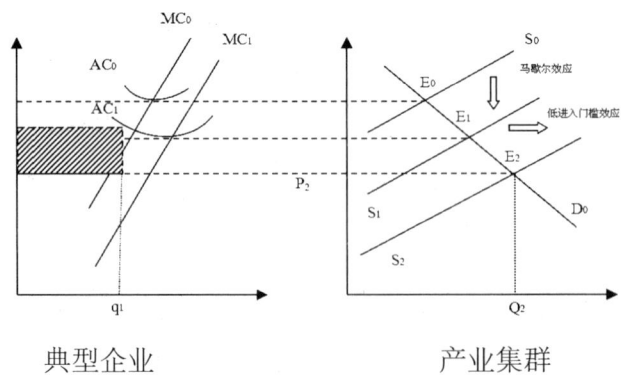

图 6.3 内生质量危机 1:低进入门槛效应导致典型企业亏损

第六章 丝绸之路经济带产业集群价值网络演化分析

当企业面临亏损时,长期而言企业可以退出行业以减少亏损。但是,在产业集群内,企业在长期经营过程中积累了重要的物质资本与社会资本,而这些资本具有很强的集群专用性,致使退出集群的机会成本很高。因此,企业会选择继续在集群内生存下去。在完全竞争市场中,企业是价格的接受者,因而企业只能通过降低成本来减少亏损。一般来说,降低成本有两种方法,一是提高生产技术,二是通过利用低成本原材料或在工序上偷工减料,以牺牲产品质量来降低成本。提高生产技术需要大量的投资,同时集群内的信息外溢使新技术很容易被模仿,投资收益的不确定性较大,因而,一般企业会选择第二种方法。第二种方法实施后,企业的边际成本曲线和平均成本曲线均会下降,如图6.4所示。经过市场的长期调整,企业的边际成本曲线和平均成本曲线变为 MC_2 和 AC_2,此时市场价格等于平均成本,企业重新获得正常利润。

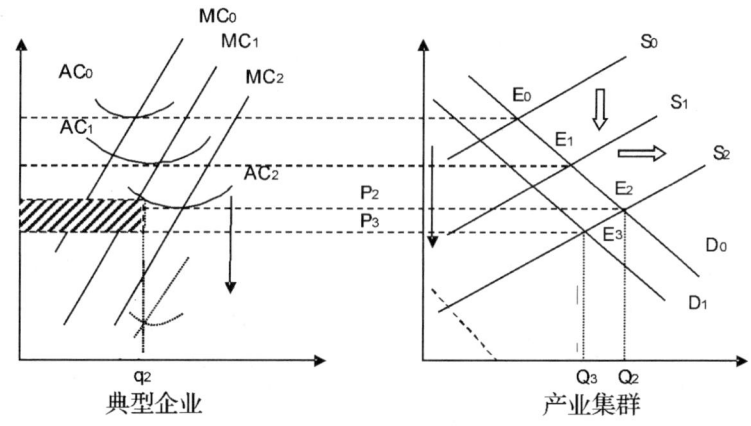

图 6.4 内生质量危机2:产业集群变成柠檬市场

产品质量的变化会引起需求的变化。短期内,由于产品的购买和消费并不同步,消费者不会察觉到产品质量的下降,需求曲线不变。但一段时间后,消费者逐渐意识到产品质量已经下降,因而会修正其消费行为,对产品的支付意愿随之下降。这使得需求曲线下移,由 D_0 移动到 D_1,市场均衡点随之移动到 E_3,均衡产量下降为 Q_3,均衡价格下降为 P_3。此时,企业再次进入亏损状态,亏损额为图 6.4 阴影部分所示。

同样地,为减少亏损,企业会进一步降低产品质量。而消费者则会继续降低支付意愿,需求曲线随之继续下移。为应对亏损,企业再次降低质量,如此恶性循环,如黑色虚线所示。最终,整个市场变成充斥着劣等品的"柠檬市场",市场规模不断萎缩。理论上,最终产业集群会走向消亡。

当集群陷入低价低质竞争时,单个企业很难改变"柠檬市场"的命运。此时,如果地方政府能够提供合适的公共产品,从三方面帮助产业集群实现质量升级则集群将演化到质量提升阶段。首先,地方政府需要阻止低质量产品的生产,这可以通过建立质量监督与检查制度等方法实现;其次,地方政府需要提供在企业提升质量的同时不大幅增加生产成本的公共产品,如利用公共平台提供具有外部性的新技术、建设完善物流体系等;再次,地方政府需要通过对外宣传提升消费者的支付意愿,如通过集群品牌宣传、举办博览会等方式进行。图 6.5 显示了上述公共产品的作用机制。

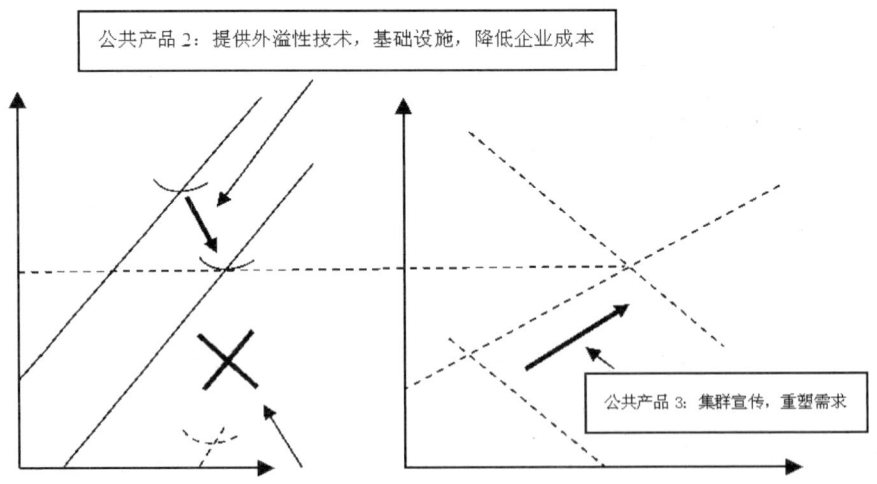

图 6.5 内生质量危机 3:地方政府提供公共产品促进质量升级

第六章　丝绸之路经济带产业集群价值网络演化分析

（二）质量提升期演进到研发与品牌创新期：比较优势的变化

集群的优势之一就是可以降低投资门槛,使更多人成为企业家,进一步带动大量的非农就业。随着产业集群的发展,就业的形势也会发生变化。实际上,20世纪在全球发生的产业转移正是各个国家与地区间比较优势的变化所导致的。在过去的30多年中,中国东部沿海地区的劳动密集型产业集群获得了巨大的成功,吸引了千千万万的农村富余劳动力。但是,最近几年,东部沿海地区劳动密集型产业集群的比较优势正在逐渐削弱。关键原因在于劳动力价格的快速上升以及其他区域的竞争。诸多研究表明,中国劳动力市场已经进入刘易斯转折期,劳动力短缺将成为一种普遍现象（Wang & Mei,2009；Zhang et al.,2011）。东部沿海地区最近几年中面临着越来越严重的招工难问题,工人的工资水平也开始快速增长,而东部沿海地区传统的劳动密集型产业集群以制造为主,利润比较微薄,随着劳动力价格的上涨,企业的利润空间被不断挤压（曲钥等,2013）。

与此同时,中国的中西部地区以及经济发展水平低于中国的发展中国家因为土地价格与劳动力价格相对较低,开始具备进入原先东部沿海地区所从事的劳动密集型产业的优势。这种宏观形势的变化,使得东部沿海地区的劳动密集型产业集群面临新的发展危机。如果当地的产业不能进行有效地升级,那么企业将会逐渐在市场竞争中失去优势,企业或者倒闭或者转移到其他地区。如果产业的转移没有导致新产业的填补,那么整个地区将会陷入发展困境。此外,新技术的出现,尤其是电子商务的盛行,正在强有力地冲击着传统的市场经营模式。产业集群如果不能及时适应电子商务的潮流,也将在新的形势下失去竞争优势。

这些外在比较优势的变化可能迫使产业集群从质量提升期演进到研发与品牌创新期。也即如果产业集群内的企业能够在原有产业基础上,逐渐将利润重心从制造环节移动到微笑曲线的两端,即通过技术水平的提高与品牌价值的创造,以及电子商务模式的使用提升利润空间,那么产业集群将在新的形式下获得发展。如果无法实现这种转变,产业集群将走向衰落。

因而,有必要将 Otsuka 和 Sonobe(2011)的产业集群演化模型与 Humphrey 和 Schmitz(2000)的产业升级路径理论相结合,构建一个更加具有解释力的产业集群动态演化模型,分析丝绸之路经济带各省份产业集群动态演化规律,这正是本书在后面的分析中所要具体体现的。

第二节 产业集群及其价值网络形态

一、产业集群价值网络的概念

(一)产业集群的网络形态

从网络理论的视角来看,所有的产业集群都可以看作网络,而且是一种集聚形态的企业网络。其差别在于不同的产业集群网络的结构、规模、密度等特征有所不同而已(李金华,2007)。网络结构方面,Messner(2000)等曾概括了集群网络结构的三个特征:行为主体间的水平联结、跨组织关系和行为主体的互动。夏兰和周钟山(2006)从基于网络结构的视角,分析了集群的演化和创新,将集群看成一个复杂的网络组织,根据不同的功能把整个系统分成分工网络、交易网络和社会网络三个相互耦合的子系统,在此基础上,动态分析了集群网络组织。李金华(2007)从复杂网络理论的新视角重新审视了产业集群结构,认为集群网络的结构谱系由无标度网络、SED 网络和三种类型网络区段构成:垂直分离的产业集群具有形成无标度型产业集群网络的优势;水平一体化产业集群具有形成随机型产业集群网络的优势;在垂直分离与水平一体化共存的产业集群中,少量大中型企业利用垂直一体化的关系,与大量的其他小企业进行合作生产,同时一些中小企业之间也存在水平关系上的相互合作,如果该类产业集群中企业的专业化程度非常高,那就具有形成无标度型产

第六章　丝绸之路经济带产业集群价值网络演化分析

业集群网络的优势,否则具有 SED 型产业集群网络的优势。

产业集群的网络规模是不同的,包含的企业数不同,大小企业占有的比例也不同。美国区域经济学家胡佛在 1948 年出版的《经济活动的区位》中就指出,产业集聚存在一个最佳的规模,如果集聚企业太少、集聚规模太小,则达不到集聚能产生的最佳效果;如果集聚企业太多,则可能由于某些原因使集聚区的整体效应反而下降。胡佛主要基于自然资源、交通运输、集中经济三方面来阐述集聚规模。波特认为集群的边界是由产业和各机构间最重要的联系和互补性而决定的"溢出"强度及其对生产率和创新的重要程度来决定的。叶建亮(2001)从集群组织内部知识溢出的外部性规模经济大小和竞争成本来分析集群应当存在一个最佳规模。赵瑞霞和刘友金等(2005)运用行为生态学中社群大小的相关理论来分析产业集群规模,建立了集群规模的关联指数模型,并通过对影响集群规模因素的分析,指出产业集群规模不应该太大或太小,存在一个适合度。李煜华和胡运权(2007)从集群规模与集群效应的关联性角度,提出在集群规模和集群效应之间存在着极限约束,即集群所包含的成员企业个数的极限约束。在没有达到极限约束之前,增加集群成员企业个数可以不断增强企业的集聚效应,但如果超出了这个极限的约束数,产业集群的集聚有效性将大幅度地递减。对于网络密度,蔡宁等(2001)通过社会网络分析方法考察集群组织间关系网络的密集性质及其功能机制发现:(1)受到连接多样性、连接偏好和集群生命周期的影响,集群网络关系密集性呈不均匀分布,使得集群网络呈现出密集和稀疏相结合的结构特征;(2)集群组织间关系密集性具有资源配置优势,但同时使网络隐藏着潜在的风险,而稀疏网络有资源获取优势和鲁棒性作用;(3)网络关系密集性和稀疏性的不断重构共同推动了集群的发展演化。

(二)产业集群的价值活动

在任何组织或市场中,主体之间的联系必须有相应的事物作为纽带,借此来交换或交易。在产业集群中,同样存在这样的纽带,即价值活动

(李垣等,2001)。供应链也是价值链的一种表现形式(郑霖等,2002),即供应链也是一种价值活动。集群价值链的结构分类当前主要有两种:一是 Humphrey 和 Schmitz 根据集群企业合作交易方式划分的关系型集群价值链,另一是黎继子和蔡根女(2004)根据核心企业所处的价值链环节来认定的核心企业型集群价值链。随着竞争压力的增加,产业集群内不同企业间的价值链关系已经演变成价值网络的关系,企业内部的行为主体间关系及业务联系也已构成内在的价值网络关系。在价值创造方面,芮明杰(2000)在《论产业链整合》一书中从交易费用理论出发,对比了三种集群的分工协作和价值创造方式,如下表6.1:

表6.1 不同类型集群的分工协作和机制创造方式比较

价值创造方式	分工类型	网络协作内容	知识共享的主要内容
基于规模经济	产品分工	生产协作	整体性知识
基于柔性专业化	技能分工	市场协作	配置性知识
基于模块化生产	知识分工	创新协作	联系规则及其演化

(三)产业集群价值网络的概念

虽然产业集群研究历史悠久,各种理论成熟,但是目前这些产业集群理论的研究建立在集群效应已经初步显现的产业集群基础之上,缺乏对"非集聚"产业集群、产业集群价值网络和集聚化产业集群之间的关系梳理;缺乏对"非集聚"产业集群到集聚化产业集群的集群效应显现阶段的研究。而价值网络的建立则是由"非集聚"产业集群向集聚化产业集群转换的可行途径,也是必经之路,因为集聚化产业集群是在不同产业之间构建起市场交易关系网络和合作关系网络以及两种关系网络的发挥,而合作关系网络可以随着交易关系网络的深化而得到发展,因而价值网络就是产业集群集聚化发展的根本途径。价值网络是通过不同产业间的主

第六章 丝绸之路经济带产业集群价值网络演化分析

要企业的价值联结而形成的,价值网络的重要性一方面体现在其特有的特征和优势,另一方面更体现在产业集群中价值网络特殊的优越性,而且集群中的成员企业基于价值网络集聚化更能使得产业之间的价值联结紧密化、秩序化和效率化。基于第二章和第四章中关于产业集群和价值网络的介绍和上述分析,本节提出产业集群价值网络的概念。

产业集群价值网络则是指由集群内不同价值链相互之间通过纵向、横向联结所形成的错综复杂的网络体系。产业集群价值网络继承了产业集群价值链的要素结构特征,形成了一种新的特殊赋权有向图。产业集群价值网络与一般网络的相同点是,它也是由点、弧构成,在点上有流入流出(或称输入输出),在弧上有流量。不同之处是,产业集群价值网络中的点不是相同的,有的代表企业,有的代表中介,有的代表研究机构,弧上的流不止一种,或者是商品,或者是知识、信息等,每个点上流入流出的过程就是点中进行价值创造或价值增值的过程,每个点上流入流出的量一般不同,通过一个点后,物质、知识或信息会变化。产业集群价值网络集聚化是指产业集群中的成员企业相互之间价值联结紧密化、秩序化、效率化。

二、产业集群价值网络的特征

Granovetter(1973)在其发表的著名论文《弱联结的力量》(*The Strength of Weak Ties*)中认为,人与人之间、组织与组织之间的交流接触所形成的纽带联系在强度上是有差别的,他将联结分成强联结和弱联结两类,它们有不同的结构和特点。

(一)基于强联结的产业集群价值网络

强联结的定义是产业集群成员产业间联结的时间、紧密程度都较强。产业集群价值网络中强联结纽带包括交易和协作,一般可以用组织间相互作用的频率和对交易和协作的资源投入水平来测量联结强度。产业集群价值网络形成的标志之一是产业集群成员中企业间的市场关系网络的建立,协同效应的产生,而协同效应是通过网络成员间的重复交易和协作不断改进和提高的。强联结产业集群价值网络组织具有两大特征:一是强联结有利于高质量信息和隐性知识的传递和转移。在强联结的产业集群价值网络中,所处不同产业的企业学习伙伴的组织规程、生产技术和管理经验,相互间依赖性强,对伙伴的隐性知识理解深入,易于穿过组织边界。因此在强联结网络之中,产业集群成员企业间相互学习更加深入,更能够适应环境变化。二是强联结可以减少危机和风险。Granovetter(1985)曾指出,处于不安全位置的人或组织极有可能借助发展强联结而取得对方的保护,以降低自身面临的风险。Krackhardt 和 Stern(1998)也证明得出,强联结有助于帮助组织应对环境的变化和各种不确定的冲击。强联结之所以能帮助所处不同产业的企业克服不确定性带来的风险和危机,其原因在于彼此间经常性的交流和交易,使得彼此之间生成信任感和传递影响力(罗家德,2003),在信任的基础上,所处不同产业的企业就容易得到伙伴的精神和物质支持。

在强联结产业集群价值网络组织中,集群成员的微观主体企业通过频繁的分工、协作和日常交易,容易形成某种强有力的联结关系。错综交错的强联结就形成了一个"网络"。网络中所处不同产业的企业通过彼此的频繁交往,增强了集群成员企业之间信任与互惠意识,这一方面增进了彼此的了解,稳定了交易预期;另一方面,强联结网络所构造的"熟悉企业团体",使得信息能为网络成员共享,任何一方的行为信息都可能在网络成员间被传播、扩散,使其受到网络成员的共同监督,强联结网络成员间更愿意将一些较为机密、更富有价值的信息在网络组织内传播、共享,提高网络组织整体的信息承载量与共享程度,从而保证集群成员企业间

第六章 丝绸之路经济带产业集群价值网络演化分析

合作的持续进行。

(二)基于弱联结的产业集群价值网络

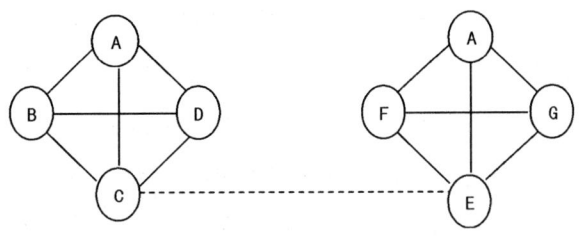

图6.6 桥联结关系示意图(Bridge Ties)

与强联结相对应的就是弱联结,弱联结在产业集群价值网络组织中有两种表现:一种是一般意义上的弱联结,这种弱联结表现为产业集群成员企业之间的交流较少或刚处于交流起步阶段,比如,所处不同产业的企业之间交易和合作的初步建立,以及外来企业与当地研究机构的初步合作等,这种弱联结更多的是随着交易和合作的深入必然成为强联结,实际上这种弱联结也是产业集群价值网络组织的起步阶段;另一种是桥联结,桥联结是指在不同产业集群价值网络组织之间建立起联结的唯一通道。桥联结是联结不同"产业集群价值网络"的桥梁,正是通过桥联结,产业集群价值网络形成一张更大的网络,一种超网络模式。如图6.6所示(实线代表强联结,虚线代表弱联结),"企业A、B、C、D"形成一个产业集群价值网络组织,"企业E、F、G、H"形成另一个产业集群价值网络,通过"企业D、E"之间的桥联结,把两个产业集群价值网络组织联系在一起,对每个产业集群价值网络组织内的个体来说,获得信息的途径迅速增大,信息量迅速增加。

通过企业D与企业E的桥联结,使与企业E没有联系的企业A、B、C的信息,通过企业D也能使企业E得到。所以桥联结能表现出强力量,就在于表面没有密切关系的网络组织之间,也可以互相获得新的信息,新的观念等。由于桥联结的联系双方平时互动和交往频率较低,彼此所在的网络结构较为松散,因此往往充当不同网络体之间的唯一联系,即"桥梁"作用,从而给不同行业所处企业带来较强联结,更为新颖的信息和资源。通过创造更多、更短距离的局部性桥联结,可以带来更多网络组织外的新的信息和资源,使处于强联结产业集群价值网络组织中的企业更能接收到其他产业的外部信息,而不至于处于自身网络信息封闭的状态。

一般意义上的弱联结产业集群价值网络特征表现在它是产业集群成员企业之间合作的起点,是强联结的起始阶段,也是产业集群价值网络组织构建的起点,更是产业集群价值网络组织构建的基础。弱联结的另一种重要优势就是桥联结带来的优势。在 Granovetter(1973)看来,弱联结之所以具有"强力量",主要原因也就在于"虽然弱联结并不必然就是桥联结,但很重要的一点是,所有的桥联结都是弱联结",桥联结的重要意义就在于创造了局部桥梁。按照 Rogers(1995)的观点,所处不同行业的企业的交流网络可以分为同质性与异质性两类。所谓同质性是指"交流中的个体在信仰、受教育程度、社会地位、喜好等方面的相似性",许多产业集群价值网络组织具有同质性,同时个体属性的相似性也容易使它们获得情感上的共鸣与满足。但 Rogers 认为,异质性的交流网络虽然相对较少,但它可能使交流者获益更多。这是因为同质性网络虽然可以加快扩散过程,但它限制着同一网络内个体间创新的传播,可能成为系统内部创新信息源泉的障碍,而异质性网络往往将不同"圈子"的人整合在一起,这种网络更容易携带具有创新意义的新信息,而且它在知识扩散方面较同质性网络更具优势。

如果根据 Granovetter(1973)对"弱联结强力量"的解释,同质性、异质性网络其实就相当于强、弱联结网络。强联结虽然可以提高产业集群价值网络组织整体的信息共享程度,但是如果只是局限于同一网络内部的彼此联结,结果可能会因为大量冗余联系的存在,给成员提供重复信息,

第六章 丝绸之路经济带产业集群价值网络演化分析

形成企业资源的浪费。这时候,新信息往往是通过偶然的桥联结而不是经常的强联结获得,因为弱联结常常将企业与各种社会团体相连,所以增加了与新信息和创新机会相遇的可能性。Burt(1992)的研究表明,一些稀疏网络反而会比一些密集性网络为成员提供更多、更有效的信息。

产业集群价值网络组织中的桥联结是所处不同行业的企业与其他企业、机构之间的唯一性联结,拥有桥联结的企业是其所在网络中其他成员获取相关信息的中介,具有控制本产业集群价值网络组织信息流向的能力。由于弱联结往往可以将不同网络中的个体联系起来,如将所处不同行业的企业与各种社会团体相连,增加了与新信息和创新机会获取的可能性。因此,那些与其他产业集群价值网络组织具有桥联结的企业能获得更多的信息与创新机会,成为本产业集群价值网络组织内的信息集聚地与创新源。所以,弱联结中的桥联结往往是本产业集群价值网络组织不断获得新信息,保持信息常新的有效保证。

(三)产业集群价值网络中的结构洞

受熊彼特的创新理论和 Granovetter(1973)的弱联结力量理论等思想的启发,Burt(1992)从纯结构视角提出了结构洞理论。其基本思想是,结构洞是指网络中关系稠密地带之间的网络位置,它为活动于产业集群内部的企业提供了获取新信息和资源的机会,相对于其他关系地带的企业更具竞争优势。如图 6.7 所示,此时企业 A 处于两个未联结点的中间位置,因而对系统中的所有资源都拥有直接的享用机会,企业 B 和企业 C 只有通过企业 A 才能享用这些资源,因而企业 A 拥有了相对的特殊优势,齐梅尔称这个位置为 tertiusgaudens,即坐收渔翁之利者,Burt 称之为结构洞。Burt 认为,在复杂的网络中,占据中心位置的结点拥有更多的网络资源,且本身没有成本。

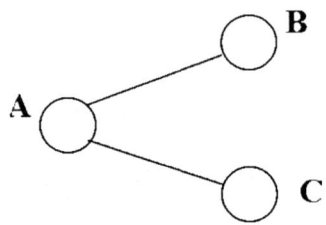

图6.7　结构洞(Structure Holes)

跨越结构洞的网络成员至少可获得两方面的优势:信息优势与控制优势(郭毅等,2002)。信息优势是指占据结构洞位置的企业能够获取来自多方面的非重复性信息,并成为信息的集散中心,如占据了竞争者与政府部门的结构洞位置可以为企业获取来自政府部门的竞争性资源和有价值信息提供的更为有利的机会。控制优势是指将原来没有联系的双方联结在一起的企业,在网络中占据了关键路径,可以决定各种资源的流动方向,从而形成对资源的配置与收益权。所以,从结构洞理论看来,行为者的特性以及与其他行为者之间的关系都不重要,重要的是如何通过网络位置获得资源。

所以,企业成长的资源获取是与企业所处的网络结构演变相联系的,企业或企业家的网络关系开拓能力则是重要因素。通过前面对产业集群价值网络组织特征分析可以看出,对企业来说,每个企业都应该积极参与产业价值网络组织,广泛与各组织建立强弱联结关系,以充分利用外部信息和技术优势来壮大自身实力,同时还应建立与其他网络组织的桥联结关系,争取成为自身价值网络的新技术源、信息集结地。当然所处不同行业的企业更应当关注自身所处的网络位置,争取获得最大的结构洞利益。在社会学网络理论框架内,产业集群价值网络集聚化是指产业集群价值网络的强联结。

第六章 丝绸之路经济带产业集群价值网络演化分析

三、产业集群价值网络的经济优势

(一)基于空间邻近的生产费用节约

企业基于空间邻近的合作给生产成本带来的优势主要体现在以下几方面:首先,由于地域邻近,生产同类或相关产品的企业可以联合采购其生产所需的各种重要投入要素,如原材料、劳动力、技术等,使企业或机构具有很强的讨价还价能力,从而降低成本;其次,由于需求和客户的邻近,实现本地采购,节约了交易的差旅费用,以及搜寻市场、交易信息的时间和费用;再次,由于企业空间邻近,生产所需原材料能够方便而及时地获得,本企业的产品又能很快生产,从运输及库存费用等方面降低了产品的生产成本。

为了分析空间邻近对生产运费的节约,这里假设运费只和距离及重量有关,对于空间离散的企业生产费用可表示如下:

$$K = \sum_{i=1}^{n} W_i \cdot r_i = \sum_{i=1}^{n} W_i \sqrt{(x-x_i)^2 + (y-y_i)^2} \qquad (6.1)$$

其中,(x,y)表示企业自身的坐标,(x_i, y_i)表示与之联系的第 i 个企业坐标,W_i 表示与第 i 个企业交易的物品重量。为了简化分析,这里把企业自身的坐标标为原点,则总运输费用可表示为:

$$K = \sum_{i=1}^{n} W_i \cdot r_i = \sum_{i=1}^{n} W_i \sqrt{x_i^2 + y_i^2} \qquad (6.2)$$

可以看出,企业之间距离越远,物品越重,运输费用越高,而且与企业交易的其他企业越多,企业越分散,情况变得越坏。在企业无法改变物品重量和交易对象数量的情形下,为了节约运输费用,企业只能选择距离邻近。因此,出于对生产费用的节约,企业更愿意与空间邻近的企业建立生产合作,形成价值网络组织。同时,由于空间邻近,同行业的企业利用空间上的接近性,通过合资、合作或联盟等方式进行共同生产、销售等价值活动,如分包、共同举办展销会、共同进行广告宣传等以降低营销费用;共同大批量购买原材料,既降低了原材料单价,也节约了单位运输成本;集中化使用基础设施,如煤气、自来水管道、街道等共享,使整个基础设施为单个企业廉价使用成为可能,从而降低一般经常性开支成本。

(二)基于空间邻近的交易费用节约

盛洪(1995)认为,在实际中,人是存在于具体的时空中的,而交换是在时空中的某一点上实现的,为了交换,他们需要移动一定距离或等待一定的时间,在移动中承担产品的重量,还花费一定时间了解和检验对方的产品,并对价格问题进行谈判,这些活动都要支付人的体力和智力(更抽象地说,是时间),构成了交易费用最基本的内容,一般来说,交易活动的空间范围越大,或者说,交易双方的距离越远,交易费用的数额越高。根据他的观点,交易费用主要是时间,且与距离成正比。

为了分析空间邻近对交易时间的节约,我们这里假定有企业 A、B、C 位于同一线段上,其中 C 为市场区,B 为线段 AC 的中点,有 AC = 2BC,同时假定 A 点处的卖主与 B 点处的卖主的交通方式一样,他们的偏好也类同,还假定商品价值只能到市场区出售才能实现,如果不能出售,则商品的价值无法变现。假设 A 点处的卖主到市场区 C 讨价还价后回到住地需要一天时间,则因 AC 的空间距离,确切地说是时间距离,正好是 BC 空间距离的两倍,则 B 点处的卖主一天内能来回两次市场区,如果每一次的讨价还价完成交易的概率为 50%,则 B 点处卖主平均一天可进行一次交易,A 点处的卖主要用两天才能完成一次交易。换句话说,对同样的一次交易,A 点处的卖主必须花费两倍于 B 点处卖主的时间,如果交通手段都相同,都利用汽车,则 B 点处卖主一天来回两次市场区的交通成本与 A 点处卖主来回一次市场区的交通成本是相同的,因为汽油的消耗与汽车的磨损都与路程成正比。可以肯定的是,在相同的交通成本下,对相同的交易次数而言,B 点处的卖主比 A 点处卖主节省时间,显然,C 点处的卖主更节省时间。这种时间成本的超额支出,是因为空间距离的存在,对 A 点处卖主来说最好的方法是迁入市场区 C 进行生产,而在市场区 C 点处的卖主最好的办法就是直接在市场 C 内完成交易。总之,只要存在空间距离,就存在时间成本,为了节约时间成本,企业理应基于空间邻近进行交易。

（三）信息搜寻成本降低

L.E.戴维斯和 D.G.诺斯(1995)曾对空间距离与不确定性之间的问题进行过研究,他们认为潜在的买者(或者在时间和空间上)离交易场所越远,不确定性往往越大。这里仍按 A 点处卖主与 B 点处卖主的情况进行讨论。假设每个卖主每次到市场区后滞留时间相等,则相同滞留时间内这两位卖主所接触的人数是相同的(假设搜寻成本与所接触的人的数目成比例)。由于基于同样的交通成本,一天内 B 点处的卖主去市场区 C 的频率为 A 处卖主的两倍,因此,B 点处卖主所掌握的信息量是 A 点处卖主所掌握信息的两倍。反过来说,对相同的信息量,离市场区越远,付出的搜寻成本越多。假设在市场区的卖主对获取信息量 m 须支付 M 的成本,则离市场区距离为 x 的卖主对获取相同信息量所须支付的成本为 $M \cdot (x+1)$,当 $x=0$ 时,表示市场区企业获取信息量 m 所须支付的费用为 M,可以看出,距离越远,其支付的信息搜寻成本按距离的倍数增加,"市场的地域范围越广,则搜寻成本越高"。

从以上的分析中可以看出,信息的搜寻是有成本的,信息量越多,投入也越多。但是接近市场区时,所投入的成本的信息生产率高,无效投入少,距离越远,为克服空间障碍所支付的成本越大,有效投入越少,显然,所投入的成本的信息生产率越低。可见,空间邻近性降低了企业信息搜寻成本,企业更愿意基于空间邻近建立市场交易关系联结。

(四)价格发现质量提高

掌握完全的信息是非常困难的,增加搜寻信息投入的过程,只是不断逼近完全信息的过程。尽管企业投入大量的成本来搜寻完全信息,然而能做到的只是真实程度的提高,不可能完全消除信息的不完整性。同时,"一定程度的价格离散持续存在主要源自知识的老化、供求条件,从而要价的分布是不断变化的"(G. J. 施蒂格勒,1996)。因此,在价格不断变化、难以获得完全信息的情况下,达到知识的完美无疵是很不经济的。而面对面的、直接的搜寻所获得的信息的质量是比较高的,"居于质量等级首位的是面对面的会见"(艾伦·W. 埃温斯著,1992),这样,企业之间的空间邻近性增强了交易过程中信息的质量,方便了信息交流和价格发现,即当买主搜寻价格时,空间邻近的卖主告诉买主的价格是比较真实的,是按其意愿出售的价格,尽管仍有讨价还价的余地,但这种价格一般比外部市场的卖主价格要低一些,这也是因为空间距离的邻近使面对面的讨价还价更加便捷。

(五)基于空间邻近的创新效率提升

Nelson 和 Winter(1982)等较早就指出,由于创新过程的长期复杂性和外部环境的不确定性,企业创新的能力不仅仅限制在单个企业的内部,创新过程不再是简单地按照原来的线性模式发生,企业生产经营过程中的每一个环节都可能成为创新的节点,创新的来源也扩展到企业的供应商、客商等。线性创新模式逐渐被非线性(网络化)创新模式替代。由此形成的创新网络理论认为,知识外溢是创新网络节点进行空间集聚的重要原因,因为创新过程涉及大量的隐含经验类知识,创新主体在空间上与相关知识源的邻近和频繁互动有助于这种知识的转移和扩散(Lundvall,1992)。叶建亮(2001)指出,组织知识的溢出是企业空间距离的函数,只有在空间上集聚在一起的企业才能获得这种组织知识,而一旦离开这个

第六章 丝绸之路经济带产业集群价值网络演化分析

群体该知识就会迅速丧失。特别是缄默性知识、黏滞性信息及技术诀窍和技能的传递,面对面的沟通与交流仍然具有信息技术所无法替代的优势,因为"通过走廊与街道传递知识远比跨越大陆和海洋传递来得容易"(Feldman MP,1992)。隐含经验类知识在一定空间范围内的转移和扩散,可以有效降低邻近企业所面临的由于技术和市场不确定性给企业创新活动带来的风险,帮助单个企业克服在从事复杂技术系统创新时的能力局限,从而使邻近企业赢得正和博弈所带来的收益增长。

由此可以看出,在企业创新过程中,由于涉及大量隐性知识的输入,大量创新主体的空间邻近,加强了知识的交流,促进了技术的创新、扩散,容易产生明显的学习经济效应。正如马歇尔所认为的,企业在特定空间的聚集有利于新主意、新知识和新技能在空间邻近的企业之间传播和应用,因为信息在当地流动比远距离流动更容易。而且空间的邻近性、面对面的交流和人员的流动又加速了知识的转移,新的知识和技能很快会被邻近同行掌握。

因此,当使用同一技术的企业在空间上邻近时,企业间的集体干中学、用中学以及试验中学等行动十分方便。通过交流与互动,企业中的技术工人可以便利地探讨、解决他们遇到的共同技术问题,获得对技术设备改进的新设想。由于空间邻近,对于邻近企业的技术需要比外部同行更能深刻理解,而且沟通的便利性也使企业间互动大大加强,对于邻近的整个企业群体技术创新能力的提升有显著的促进作用,从而也间接地促进了技术创新扩散的发生。同时,空间上邻近的企业间关联性有利于企业之间进行合作创新、要素互动、技术扩散;各种人力资源之间的流动性有利于正式和非正式沟通方式的形成和隐性知识的传播。所以,空间邻近提升了企业之间合作创新效率。

美国管理学家维顿(1992)说过:"在当代的经济环境中,一个企业要想生存就必须比竞争者更快地发展、生产和运送产品和服务。"正是由于空间邻近给企业带来运输费用的节约、生产费用的节省,企业之间交易时间的节约、信息搜寻成本降低和信息传递质量高带来的价格发现降低,以及由于空间邻近带来的创新效率提升等优势,产业集群内的成员企业更愿意与空间邻近的企业进行价值联结构建价值网络。

第三节 产业集群价值网络的形成

随着产业集群价值联结群内化活动的出现,由资产专用性投资引发的价值联结进一步深化,集群的集聚效应开始显现,产业集群成员企业在追逐成本节约和利润增长等经济利益的同时,群内的价值联结将与自发性产业集群生成过程一样,逐步进行市场化的自组织演进,出现自组织生成的形式。

一、产业集群价值联结的对象选择过程

在产业集群中,由于有大量相关企业分布其中,集群成员企业间应存在各种潜在的价值联结关系,即可能存在着上下游关系与相互依存、相互作用关系。在此,根据它们在产业集群中的作用和位置不同可以分为生产者企业、消费者企业、供应者企业和辅助者企业。也即,各类企业可能是由初级材料加工厂、深加工厂或转化厂、制造厂、各种供应商、废物加工厂、次级材料加工厂等组合而成;或者,也可能是由燃料加工厂或甚至废物再循环厂组合而成。虽然目前产业集群内成员企业之间没有联系,但是,企业之间存在着上述的潜在价值联结,正是这种潜在的价值联结和企业的群内化联结的倾向,为建立价值网络提供了对象选择的可能。为了分析这种潜在的价值联结,下面对集群内的潜在关系进行分析。

(一)需求集的确定

对于产业集群内的每一个成员企业,都需要原材料或者中间产品,这

第六章 丝绸之路经济带产业集群价值网络演化分析

些原材料和中间产品虽然现在更多的是从产业集群外的企业获得,然而,有的是可以从集群内的其他成员企业处获得的,只是现在这些企业还没有从产业集群内的其他成员企业处购买,而是从产业集群外的企业处购买;也有的企业可能需要某些服务,比如批发商、零售商等;还有一些是企业对同行者协作的需求。这里把产业集群内每个成员企业的所有需求都归结出来,产业集群内所有这些企业的需求就构成一个集合,这个集合就称为需求集,记为 D,实际上 $D = \sum_{i=1}^{n}\sum_{j=1}^{m}d_{i,j}$,其中,n 是产业集群内的企业数量,$m_i$ 是第 i 个成员企业的需求总数,$d_{i,j}$ 代表第 i 个成员企业的第 j 项需求。

(二)供给集的确定

产业集群内的每一个成员企业生产的产品,有的是作为最终产品进行消费,有的是作为其他成员企业的中间产品,有的既作为消费品进行消费,又作为中间产品销售给其他的成员企业;还有的企业提供的可能不是产品,而是一些服务,比如会计事务所、物流公司;也有的是企业的一种协作意愿等。这里把能够为其他成员企业提供的产品或服务的集合称为供给集,记为 S,事实上,$S = \sum_{i=1}^{n}\sum_{j=1}^{m}s_{i,j}$,其中 k_i 是第 i 个成员企业所能提供的供给总数,$s_{i,j}$ 代表第 i 个企业提供的第 j 项产品或服务。

(三)潜在对象选择

前面分析了产业集群内的需求集和供给集,现在来分析需求集和供给集之间的潜在对应关系。假设对 D 中的某一个需求 $d_{i,j}$,能够在 S 中找到一个与之对应的供给 $s_{i,j}$,也就是说,在需求集中的某个需求能够在供给集中找到一个相应的供给,可称这个供给就是这个需求的潜在供给,这个供应商就称为需求企业的潜在供应商,比如,对 d_{21} 能够找到一个 s_{15} 与之对应,也就是说企业 2 的第一项需求,可以从企业 1 的第 5 项供给中获得,则企业 1 就是企业 2 的潜在供应商。于是,通过这样的对应关系,就可以找出产业集群内的所有潜在供应商,一般来说,对一个需求,可能会不止一个供应商,同样,对于一个供给,可能不止一个需求。如图 6.8 所示,虚线代表潜在对应关系,这里画出的只是供给集与需求集之间的部分对应关系。

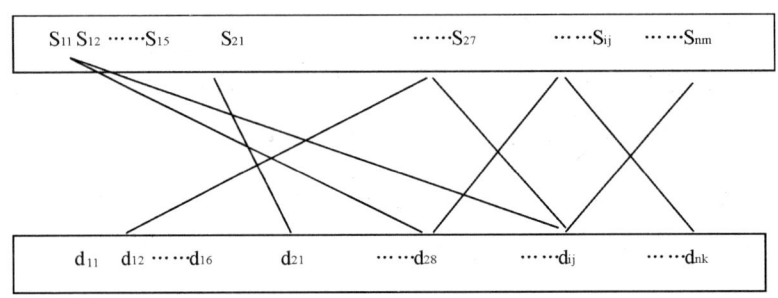

图 6.8 供给集与需求集之间的对应关系

二、产业集群价值联结的对象选择原则

产业集群内价值网络形成的本源来自企业之间的价值联结,价值联结是指一企业与其他企业在物质流、资金流、工作流、信息流上进行交互联结,使联结各方资源得以高效益优化配置,实现共同的价值增益。因此,基于价值联结的合作伙伴状态对合作价值的实现至关重要,一般而言,基于价值联结的合作伙伴选择一般遵循以下原则:

(一)信誉保障

合作伙伴的信誉既是其能力与资源水平,特别是知识资源水平的标志,又是其采取合作行为的基础。有良好合作业绩的合作伙伴,会重视合作,避免机会主义行为,因为机会主义行为不仅会葬送现有的合作关系,还会危及将来的合作网络。越有信誉的合作伙伴越会重视信誉,它会将因机会主义行为导致的信誉损失视为成本。因此,在与它们的合作中往往较少有道德风险,而且,沟通、协调方面的成本也将大大减少,与这样的企业合作,其关系风险和绩效风险往往都较低。

在产业集群中,为便于价值联结的信誉保障,企业在集群内传播自己的企业信誉,树立自身的良好口碑,使自己的良好信誉根植于集群内其他成员企业之中。为了构建自身的良好信誉,集群成员企业将在集群内宣传自己的合作守则,优秀的合作业绩,诚实守信的光辉历史等,便于其他成员企业从自己的合作价值观和过去的历史中发现自己良好声誉的闪光点;另外,产业集群内通过招商引资迁移而来的重点企业都是有过历史记录的优秀企业,都是集群政府高度重视的企业,其母公司所具有的良好信誉,都为其合作提供了信誉优势。

(二)文化接近

在产业集群内成员企业间的价值联结过程中,沟通与协作成本是建立合作联结的主要成本。文化的相近,特别是文化气质的相近,即开放度、包容度,对技术创新与组织学习的重视程度等的相近性,容易形成彼此间的吸引,强化彼此之间的共同认知,如合作各方具备相同的鼓励创新的文化,他们之间将更容易对合作和交易中可能出现的问题有相同或相似的预知,并能够有效促成对问题认识的相关知识的交流,使知识的输出与输入通道都能够保持畅通。

在产业集群中,成员企业将积极在集群内宣传自己的企业文化,便于那些有合作需求的企业寻求具有共同文化的协作伙伴。特别是那些核心企业、优势企业更加积极主动宣传自己的企业文化,因为,这样的企业要改变自身的文化很困难,只能寻求那些能够适应自己文化的企业建立协作关系,而对于那些中小企业来说,其适应新文化的能力相对要强一些。对于产业集群内的沿海企业、外资企业,由于新进入一个陌生环境,需要了解新环境中的文化,以适应新环境中的文化要求,因此,产业集群内企业对自身文化的宣传也是拉近文化差异的有效手段,企业可以根据"求同存异"的方针以达到最大限度的文化相近。

(三)兼容性

兼容性是合作能够存在的重要基础。兼容性主要反映伙伴间在战略目标、经营管理、经营方式、合作指导思想等方面的和谐一致,形成合作伙伴间的协同和默契。合作伙伴选择的兼容性,比较关键的一点是看双方能否将彼此的知识转化为各自扩展核心能力的机会与空间,即合作能否有助于双方获取对方的知识或者与对方合作共同创造新的知识,并能做到互相促进、共同发展。兼容并不意味着没有任何摩擦,但需要合作双方有合作的基础并且相互尊重,以有利于解决分歧。兼容性有利于企业差异的融合,使交易更为公开和便利,有助于企业利用合作伙伴间的互补性所带来的学习潜力。

产业集群成员企业之间的兼容性很难度量出来,但可以通过一些直观的宣传资料来间接获取,这些资料包括企业对协作关系的认识是否一致,对价值标准的认识是否一致。例如,在合作关系的认识方面,有的公司将协作视为权宜之计,而有的公司则将协作视为长期经营优势的来源。将协作视为权宜之计的公司即使很有合作的诚意,但在思维惯性的引导下,仍有可能具有较强的机会主义动机,如果与这样的伙伴协作,将协作视为长期经营优势来源的公司就会蒙受意外的损失。而在价值标准的认识方面,如果一个企业认为低成本的廉价商品是经营优势的来源,而另一个企业认为高品质的商品是经营优势的来源,在这里暂不讨论他们的看法谁更正确,但很容易看出在这样两种截然不同的价值观念的指导下,两个企业在行为上很难取得一致。因此,在产业集群中的成员企业会宣传自己对协作关系的认识和对价值标准的认识,为了能使协作关系发展长远,更应做到诚实宣传,详细宣传。

(四)能力匹配

在价值联结中,除交易关系外,另一方面则在于通过合作进行学习以取得合作伙伴在技术开发、产品生产、市场营销等领域的知识和技能,从而提高自身的市场竞争力。合作者必须有能力与对方合作,合作才会有价值,不具备一定的能力是不能被接纳为合作成员的。

不同的企业具有不同的能力,合作提供了一个独特的向伙伴学习的机会。首先要树立明确的合作目标,并据此来寻找或接受能帮助企业弥补知识缺口、实现合作的合作伙伴。另外,大部分企业都会要求他们的合

第六章　丝绸之路经济带产业集群价值网络演化分析

作伙伴具有互补性的资源和能力,即一方具有另一方所不具备的资源和能力,以帮助克服自身的弱点。对合作来说,主要动机是获取对方的知识和能力,主要考虑学习新的知识来增强自己的核心能力,对伙伴的选择将着眼于知识的可获得性。如果一个伙伴没有自己所需要的知识和能力,那么合作既难以形成也不会持久。从技术能力的角度看,企业合作者之间的互补性关键体现在相互之间各有其能力优势,而且合作能弥补双方企业现有能力的不足。

由于在产业集群中,每个企业都是政府招商引资而来的企业,都受到政府的高度重视,每个企业都有自己的优势,为了实现价值联结,每个企业都将积极宣传自己的核心竞争力,特别是那些辅助企业、配套性质的企业,其核心能力的强弱是与其他成员企业建立价值联结的关键。因此,为了建立价值联结,产业集群中的辅助企业,特别是那些配套性质的企业更将大力宣传自己的核心竞争力。对于产业集群内的核心企业来说,更多的是需求其他企业为之配套,而不是自己为其他企业提供服务,因此,它们更多的是需求其他企业具备自己所要的匹配能力,需要其他企业核心能力信息,有效、快速获取其他企业核心能力的宣传是它们之间建立价值联结的关键。

三、产业集群价值网络的形成路径

(一)单边弱联结阶段

在产业集群内的企业基本上还处在"孤岛"状态下,由于基于群内专用性资产投资引发的价值联结群内化行为,个别企业为了寻求利益的增长,出于地理邻近优势的考虑,依据价值联结对象选择原则从产业集群内寻求价值联结对象,这种价值联结主要是基于产业集群内需求集与供给集之间的对应关系,而这种对应关系更多是针对价值链上下游关系。在该阶段,企业之间的价值联结尚处于起步阶段,上下游企业之间维持着若即若离的弱联结关系,是有限联系。此时的企业还处在探索和考察阶段,相互交往不是很频繁,于是,弱联结关系开始建立,如图6.9所示(虚线代表弱联结)。

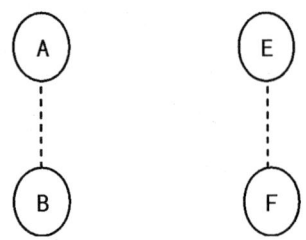

图6.9 单边弱联结关系建立

(二)双边弱联结阶段

在该阶段,产业集群内的企业根据自身的需求与产业集群内的潜在供应商建立供需关系的同时,自己又成为其他企业的供应商,然后,价值链上游企业又与自己的供应商建立联系,价值链下游企业又成为别的企业的供应商,如此延伸,随着价值联结的不断深化,价值链不断延伸,如图6.10所示。

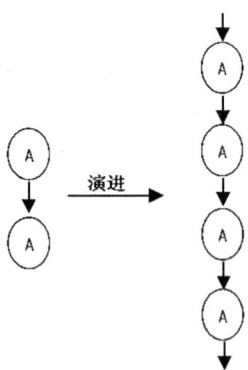

图6.10 单边弱联结向双向弱联结演进

(三)单边强联结阶段

随着交易的发展,下游企业对上游供应商的依赖越来越强,因而,与供应商之间的关系越来越紧密,同时,个别有能力优势的企业为了追求与供应商的"共同利益",开始对上游实力较弱的供应商改进技术和管理,提高其竞争力,以此推动供应商的持续创新。在该阶段,由于上下游关系相互依赖性增强,关系趋于稳定,弱联结关系发展到单边强联结阶段。不过,在该阶段,弱联结依然占主导,如图 6.11 所示(实线代表强联结)。

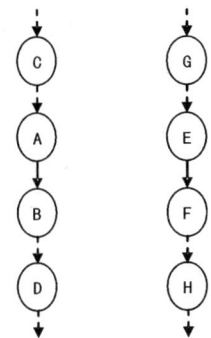

图 6.11 单边强联结阶段

(四)双边强联结阶段

在该阶段,由于联结关系的进一步发展,交易合作关系得到巩固,联结关系逐步发展为一种强联结,强联结又进一步促进了企业之间的信任,并推动着联结关系的不断发展。随着上下游联结关系的不断开展,联结关系渐为稳定,双边强联结关系得以实现,如图 6.12 所示。

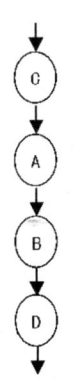

图 6.12 双边强联结阶段

(五)价值链交叉联结阶段

当企业接受多个企业为之提供服务,成为其供应商时,单边关系、双边关系就变成了价值链交叉关系;同样,当一个企业为众多企业提供服务时,其成为多个企业的供应商,关系也发展成为多边关系,随着单边关系、双边关系的发展,价值链交叉关系也在逐步发展中,当企业之间的联系越来越紧密时,价值链交叉关系得以实现。如图6.13所示,企业 A 成为企业 B1、B2、B3 的供应商,为它们提供服务,企业 F 则要求供应商企业 E1、E2、E3 为其提供服务,这样,价值链交叉关系就形成了。

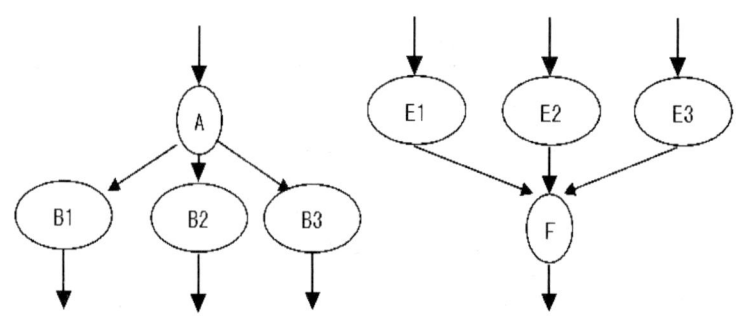

图 6.13　多边强联结阶段

(六)网络形成阶段

随着弱联结让位于强联结,强联结增强了企业之间的信任,进而推动了价值网络的形成,此时,弱联结不断加强,新的弱联结又不断形成,网络逐步进化到强联结阶段。最后,在同一个网络之中的企业彼此都处于强联结阶段,价值网络于是形成。当然,价值网络的形成并不是这样简单,其形成方式多种多样。当网络形成后,此时仍有新的企业希望融入价值网络,构成新的弱联结,如图6.14所示。

第六章 丝绸之路经济带产业集群价值网络演化分析

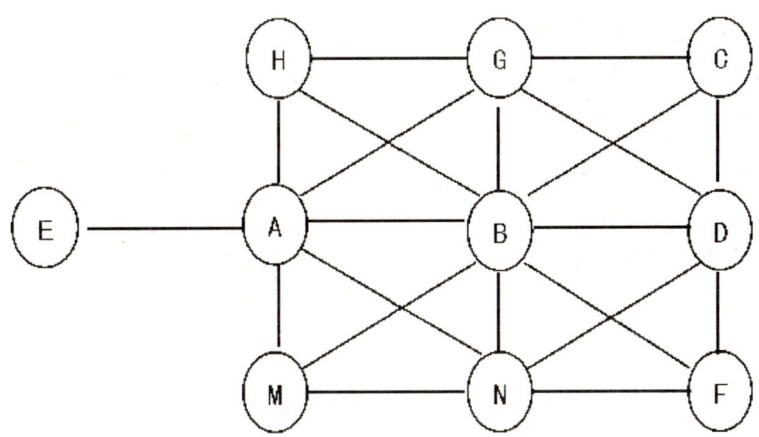

图6.14 产业集群价值网络形成阶段

四、产业集群价值网络的形成方式

(一)基于集群成员产业价值链共享的价值网络生成

迈克尔·波特在《竞争优势》中指出:由于传统价值链环节中市场渠道、销售队伍、生产设备和技术成果等共同因素的存在,可使企业之间的相关业务单元能对传统价值链上的活动进行共享,从而通过这种共享可以有效降低业务活动的成本或增强其差异化竞争优势。由于企业价值链的各环节所要求的生产要素各不相同,例如,产品开发环节要求受过高等教育、具有专业技术和首创精神的科技人员,宽松自由的组织环境以及鼓励创新、提倡独立思考的企业文化,产品的装配环节则需要大批普通工人和严格的劳动纪律、全面的质量管理和成本控制等,任何企业都只能在企业价值链的某些环节上拥有优势,而不可能拥有全部的优势。在某些价值增值环节上,一个企业拥有优势,在其余的环节上,其他企业可能拥有优势。为达到"双赢"的协同效应,彼此在各自的关键成功因素——企业价值链的优势环节上展开合作,可以求得整体收益的最大化,这是企业基于企业价值链建立合作的原动力。

丝绸之路经济带产业集群价值网络的演化与重构

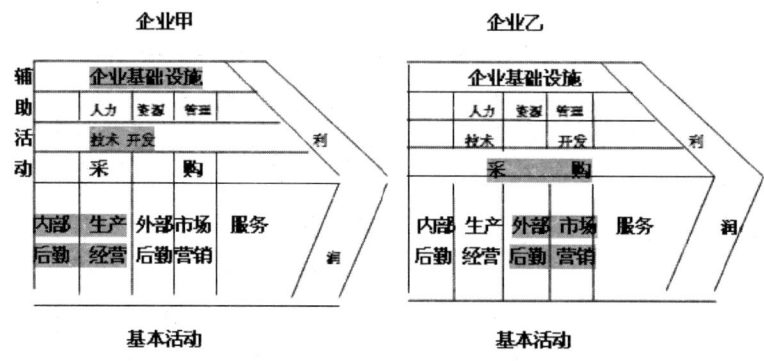

图 6.15 不同企业的具有不同企业价值链优势环节

在产业集群中,随着集群成员企业之间价值联结的深入,企业为充分发挥自身的优势,追求效益最大化,相互之间实现能力优势互补协作,把企业价值链的个别弱势环节外包给其他强势企业,实现企业价值链的共享。这种以企业价值链环节共享形式协作外在表现为价值链的横向整合。

由企业价值链概念可知,企业价值链是由以独特方式联结在一起的五种基本活动和四种辅助活动所构成,其中基本活动是涉及产品的物质创造及其销售、转移给买方和售后服务的各种活动,辅助活动是辅助基本活动并通过提供外购投入、技术开发、人力资源管理以及企业基础设施等四种活动以相互支持。对每一个企业来说,其优势或者是企业价值链上基本活动的一个或几个环节,或者是辅助活动上的一个或几个环节,或者基本活动和辅助活动都有。对于不同的企业,其优势环节不同,如图6.15所示,企业甲与企业乙具有不同的优势环节,阴影代表企业价值链上的优势环节。

从图6.15可以看出,企业甲在内部后勤、生产经营、技术开发、企业基础设施上具有优势,企业乙在外部后勤、市场营销、采购环节具有优势。随着产业集群价值网络化进程的加快,企业为更有效地利用资源,优化各个环节,以增强企业竞争力,需要合作中的横向同类企业之间基于企业价值链做出互补性贡献。由于不同企业在各自的企业价值链上拥有不同的核心专长,企业之间通过能力优势互补协作可以使产品或服务的价值创造过程在一系列企业价值链环节中完成,以使价值创造在整个价值链环节上创造更大的价值。企业之间通过能力优势互补,不仅可以有效降低成本,实现各个环节的规模经济,还可以产生新的竞争优势,达到能力优势提升和能力优势创新目的。

企业之间基于企业价值链优势互补环节协作过程如图 7.16 所示,协作后的企业价值链不是完整意义上的企业价值链,其部分内容已经不在自己的企业价值链中。

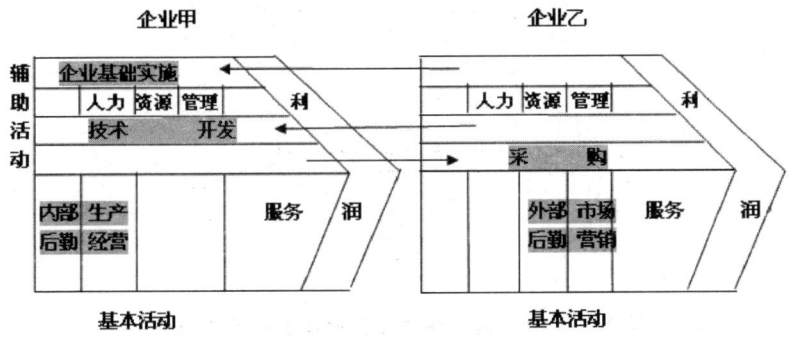

图 6.16　企业价值链协作

从图 6.16 可以看出,企业甲的基本活动和辅助活动分别与企业乙的基本活动和辅助活动发生交互作用,企业甲为企业乙提供企业基础设施、技术开发、内部后勤、生产经营等环节的活动,而企业乙则为企业甲提供外部后勤、市场营销、采购等环节的活动。经过企业价值链互补协作,一个完整的企业价值链可能会在两个或多个企业中实现,而每一个企业同时又处于产业集群中的某条价值链中,这样,就为不同价值链之间建立横向联结奠定了基础,价值链的横向整合得以实现。当处于价值链上的各节点企业都基于企业价值链实施能力优势互补协作时,不同价值链上各节点企业之间的协作关系得以实现,不同价值链之间价值联结得以建立,基于价值链横向整合的价值网络组织得以建立,如图 6.17 所示。企业

A1、B1、C1基于企业价值链实施能力优势互补,构建起不同价值链之间的价值联结,同时A1又与其他价值链下游企业B2实施能力优势互补,相应地,B1、C1也基于企业价值链进行能力优势互补协作。这样,不同企业之间基于企业价值链进行能力优势互补协作,价值网络在协作中将得到生成。

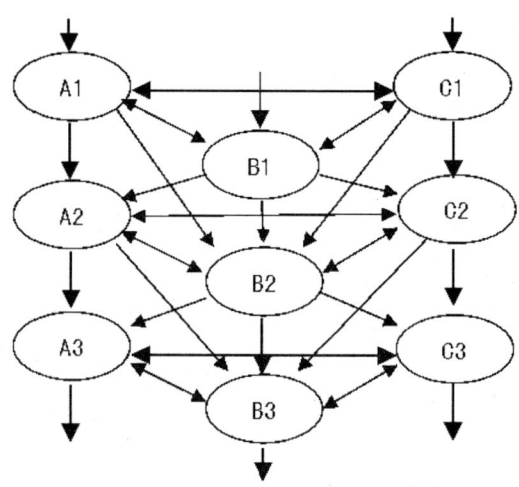

图6.17　企业能力优势互补协作形成价值网络

(二)基于集群成员企业价值联结互动的价值网络扩展

由于企业的需求是多种多样的,企业通常不会只存在一个供应商,针对不同的需求有不同的供应商为其服务。当企业接受多个企业为之提供服务,成为其供应商时,单边关系、双边关系就变成了多边关系;同样,当一个企业为众多企业提供服务时,其成为多个企业的供应商,关系也发展成为多边关系,随着单边关系、双边关系的发展,多边关系也在逐步发展中,当企业之间的联系越来越紧密时,多边强联结关系得以实现。如图6.18所示(虚线代表未来发展趋势),企业A成为企业B1、B2、B3共同的供应商,为它们提供服务,企业F则要求供应商企业E1、E2、E3为其提供服务。同时,企业B1、B2、B3又处在自己的价值链中,企业E1、E2、E3也在自己的价值链中,这样,通过企业互动过程中不同需求的拉动,使得不

第六章 丝绸之路经济带产业集群价值网络演化分析

同价值链之间建立起交叉联结,随着企业互动不断发展,交叉联结关系越来越复杂,价值网络在企业价值联结过程中不断发展,虚线所表示的发展趋势变为现实,多边强联结关系形成,价值网络便逐渐扩张。

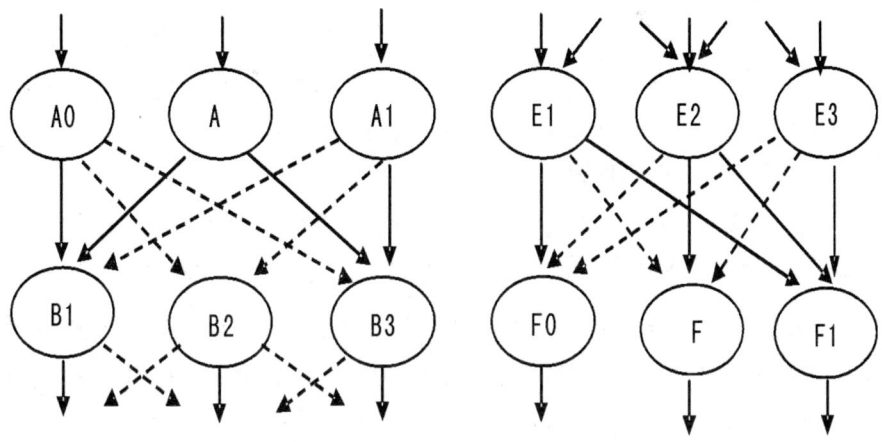

图6.18 企业互动发展价值网络扩张

1. 价值联结互动促进

产业集群价值网络的扩展过程中,企业之间价值联结的互动起到了极为重要的促进作用。第一,价值联结协同促进。这是指现有的价值联结关系协助新的价值联结关系的诞生。这种协助作用表现在协作经验的传播和应用。例如,当两企业协作开发新产品并取得成功时,这种协作的经验会被企业吸收并运用到新的协作关系中,或者,由于企业的发展需要,把这种协作经验运用到与新企业的协作关系的构建中。第二,价值联结拉动促进。这是指已经构建起价值联结的各方介绍尚未构成价值联结的双方建立价值联结关系。例如,在多边强联结组织中,制造商具有多个供应商,此时,制造商为了建立一个密切合作的供应网络,要求各供应商之间建立协作关系联结,于是,制造商主动介绍各供应商之间相互认识,即便供应商之间还没有协作的动机倾向。这样,通过价值联结的拉动促进,即便原本毫无协作的双方也建立起价值联结。第三,价值联结成长促进。这是指当企业处于各种生产交易关系中时,企业的需求、供给增加,迫切希望新的企业加入现有的价值联结体系,以满足企业发展需要。例如,当两企业之间建立协作关系后,由于生产能力提升或市场需求的扩大等因素需要新的企业加入其价值联结体系,且他们成功的合作历史,也使新企业愿意加入他们已经构建的价值联结,这样,通过价值联结协同效应、价值联结拉动效应、价值联结成长效应促进,企业之间的价值联结变得更加稠密,价值联结范围在不断成长中发展壮大。

2. 价值联结重构促进

当产业集群成员企业之间基于上下游关系建立强联结后,企业之间的生产分工基本形成,这包括企业之间的产品分工、工艺分工、零部件分工、辅助生产分工等方面。随着企业优势互补协作关系的深入,各种分工不断分散到产业集群各成员企业中,生产分工不断向专业化分工阶段发展。专业化分工实质上是原有生产分工阶段企业价值链活动的分解,每个企业集中于自己有优势的企业价值链增值环节,一个完整的企业价值链过程演变成不同企业价值链活动的优化整合,即价值联结的重构,而价值联结重构将促进网络化组织的拓展。

(三)基于集群成员企业结构洞削减的价值网络规模化

由结构洞优势可知,处于结构洞位置的企业具有信息优势、控制优势。随着产业集群成员企业间双边强联结关系的建立,结构洞对企业之间交易的控制影响逐渐显著,各成员为摆脱结构洞控制的欲望逐渐提升,期望通过建立弱联结以推动多边强联结关系的建立。结构洞推进多边强联结形成如图6.19所示。起初,企业B拥有结构洞地位,对企业A、C形成控制优势。为摆脱企业B的控制优势,企业A、C采取直接建立弱联结,或者借助企业D建立弱联结关系,构建信息和资源交流通道,从而在一定程度上削弱了企业B的控制优势。当这种弱联结经过巩固和加强,条件成熟时就发展成为强联结,这样,通过结构洞消失的推动作用,双边强联结就发展成了多边强联结。

第六章 丝绸之路经济带产业集群价值网络演化分析

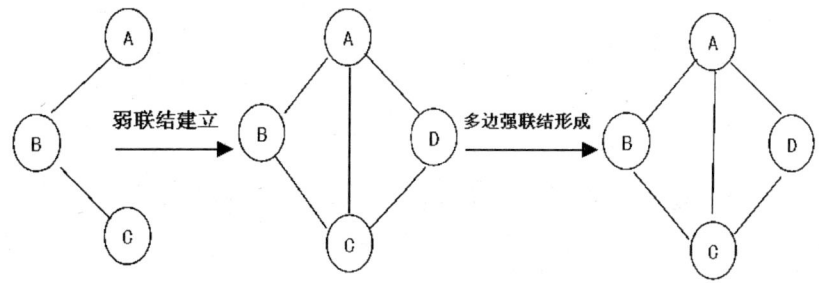

图6.19 结构洞消失推动形成价值网络规模化

随着弱联结让位于强联结,双边强联结让位于多边强联结,同时,伴随着强联结对企业之间的交流增强,对企业之间的相互信任增进,进而推动着网络化机制的发展,网络化多边强联结进化至规模化阶段。此时,企业之间交易关系密切而稳定,交易的不确定性减少;企业不断地与第三方、第四方甚至更多企业建立交易伙伴关系;结构洞不断消失,企业之间的联系更加宽泛和紧密,推动产业集群价值网络规模化发展。

第七章　丝绸之路经济带高端技术制造业产业集群价值网络演化

从丝绸之路经济带层面分析沿线国家所拥有的优势产业及发展状况对制定经济带产业集聚的空间布局战略具有重要的现实意义。从地理地形来看,中亚五国既有处于亚欧通商要道的汇合点,也有以高山著称和被沙漠覆盖的内陆国家,几乎涵盖了平原、高原、沙漠、绿洲、盆地等所有地形地貌,总面积400.8万平方千米,总人口6000万,矿产资源丰富,但制造业发展较为落后,尤其是高端技术产业。从资源与能源分布来看,中亚五国和中国西部地区大都以石油、天然气、有色金属等为主,而有所不同的是,中亚五国的资源密度远远高于中国西部地区,但西部地区以陕西、四川和重庆为首的经济带地区高端技术制造业发展远高于中亚五国,如图7.1,可以看出陕西、四川和重庆中高端技术制造业的占比最凸显,进一步凸显"以资本、技术换能源"的战略思想。

基于此,本章将着重介绍丝绸之路经济带高端制造业产业集群主要涉及省份(陕西、四川和重庆)高端制造业产业集群的动态演化及由集群构成产业价值网络后,价值网络的演化趋势等。

第七章 丝绸之路经济带高端技术制造业产业集群价值网络演化

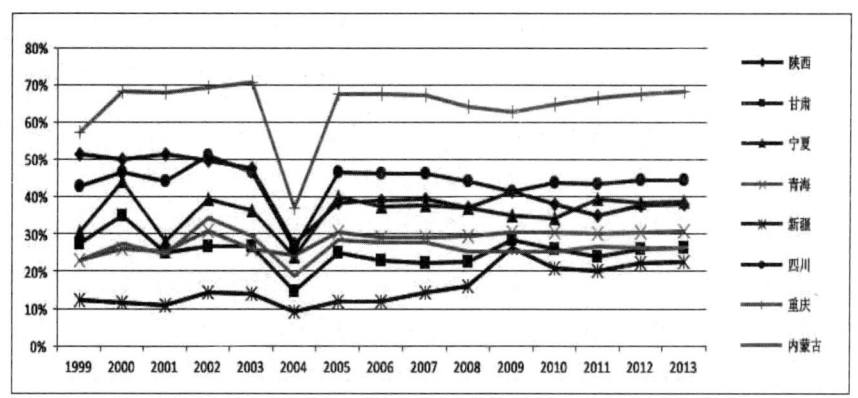

图 7.1 各省份高端技术制造业占比趋势图

第一节 丝绸之路经济带高端技术制造业产业集群动态演化规律

一、丝绸之路经济带产业比较优势空间差异与产业集群空间布局

(一)丝绸之路经济带产业比较优势差异

丝绸之路经济带主要包括哈萨克斯坦的阿拉木图省、塔吉克斯坦北部地区、土库曼斯坦西南部、乌兹别克斯坦东南部地区、吉尔吉斯斯坦中部地区、中国西部九省区市和东部五省。途经区域大部分都是一国的政治、经济、文化中心或者能源资源汇集地和交通交汇点,具有丰富的资源和区位优势(表7.1)。哈萨克斯坦的阿拉木图,依靠区位优势形成了以金融业、商业、轻工业、机械制造、交通运输业等为主的产业体系;塔吉克斯坦北部地区处于三国的交汇处,机械加工制造、交通运输、食品加工等产业得到较好发展;以阿什哈巴德为中心的土库曼斯坦西南部形成了以电力、食品加工、轻工业、机械制造和金属加工、交通运输、文化系;以塔什干为中心的乌兹别克斯坦东南部,利用资源优势大力发展电力、航空、机械制造、金属加工、建材、轻工等产业;位于欧亚大陆腹地的吉尔吉斯斯坦中部地区利用地理优势发展交通运输业、食品加工和纺织业;中国的新

疆、甘肃、青海、宁夏、陕西、四川及重庆,利用丰富的自然资源,形成了以石油化工、采矿业、有色金属加工、装备制造业等为主导的优势产业,还有各省区市根据各自优势条件形成的特色农畜产品及加工产业和特色旅游业,而中国东部地区主要以金融、交通运输等产业为主,为西部地区提供资金和技术支撑。从优势产业的相似性来看,中亚五国与丝绸之路经济带中国段西部省区市都主要集中在石油天然气、采矿、资源开发、机械加工制造、有色金属等重化工业(表8.1),但比较优势产业却略有差异,尤其表现在丝绸之路经济带所主要涉及的省份。

表7.1 丝绸之路经济带途经区域发展优势及优势产业

地区	发展优势	优势产业
阿拉木图省	哈萨克斯坦的政治、经济、文化中心	金融业、商业、轻工业、机械制造、交通运输等
塔吉克斯坦北部地区	三国交汇区	机械加工及制造、交通运输、食品加工等
土库曼斯坦西南部	阿什哈巴德为中心	电力、食品加工、轻工、机械制造、金属加工、交通运输、文化产业等
乌兹别克斯坦东南部	政治、经济、文化中心	电力、航空、机械制造、金属加工、建材等
吉尔吉斯斯坦中部地区	欧亚大陆的腹地	交通运输、食品加工、纺织业等
中国丝绸之路经济带九省区	资源、技术等优势	石油化工、原材料加工、军工、冶金、机械等
中国东部五省区	区位优势	交通运输、金融等第三产业

资料来源:根据中国地区发展报告(2012—2013)和中亚国家发展报告(2013)整理。

第七章 丝绸之路经济带高端技术制造业产业集群价值网络演化

中亚五国与中国西部九省区在产业发展比较优势上的差别将为经济带合作提供平台,而中国东部相对发达的轻工业和第三产业对生产要素、工业制成品的大量需求,不仅为中亚及中国西部地区提供了广阔的商品供给和需求市场,也为亚太经济圈对接经济带奠定了经济基础。因此,丝绸之路经济带沿途区域与国家以各自比较优势产业为出发点,加强产业政策沟通,求同存异、互惠互利、优势互补、协同合作,进一步实现丝绸之路经济带产业的共同发展。

（二）丝绸之路经济带产业集群空间布局

产业集群是指在特定区域中,具有竞争与合作关系,且在地理上集中,有交互关联性上下游企业等组成的群体,代表着介于市场和等级制之间的一种新的空间经济组织形式。由于产业集群以不同的空间为支撑,而丝绸之路经济带空间的异质性,自然环境的差异、资源分布的差异以及比较优势产业发展的差异,决定了不同产业集群的空间分布需要从全局出发,实现区域产业集群的合理分布,最终实现国家整体利益最大化。

阿拉木图是哈萨克斯坦最大的商业中心,是中亚的金融中心和交通枢纽;吉尔吉斯斯坦首都比什凯克是全国的政治、经济、教育、文化中心,也是连接中国与欧洲的交通中心,因此比什凯克适合作为物流产业集群基地;乌兹别克斯坦首都塔什干是中亚最大的交通枢纽之一和该国最大的工业城市,四通八达的交通网络和发达的工业使其成为丝绸之路经济带上重要的节点城市,塔什干同样适合作为物流产业集群基地;沙漠绿洲之城——杜尚别是塔吉克斯坦的首都,主要以纺织、食品加工和机械制造为主要产业,是人口少、城市环境优美的现代化城市,因此杜尚别适合作为旅游业、低端技术制造产业集群基地;土库曼斯坦首都阿什哈巴德也是中亚的重要交通要道,电力、机械制造和食品加工等轻工业较为发达,因此阿什哈巴德适合作为物流产业、低端技术制造业产业集群基地。

从中亚进入中国的第一个城市为新疆首府乌鲁木齐,乌鲁木齐不仅是新疆的商品集散地也是中亚地区重要的贸易集散地,是丝绸之路经济带的西桥头堡,新疆不仅以石油等自然资源著称,同时纺织业、新能源产业发展较为突出,因此,新疆可以作为低端技术制造业产业集聚和能源产业集聚基地。中国内陆省甘肃同样依靠自身的区位优势和产业优势成为经济带不可或缺的重要节点,国家级新区兰州新区正成为甘肃乃至西部经济增长的新引擎。陕西以大力发展高新技术产业和航空航天工业为依托,适合发展高端技术制造业产业集聚。四川和重庆作为连接中国东部地区与西部地区的一个桥梁,形成资源、市场、要素互补的合作通道和东西呼应的丝绸之路经济带产业梯度格局。四川、重庆的高校分布密度较大,世界500强中有大部分企业在四川、重庆具有分支机构,甚至是科研机构,因此四川、重庆适合发展高端技术制造业产业集聚。

基于丝绸之路经济带产业集群空间布局的分析得出陕西省、四川省和重庆市适应发展高端技术制造业产业集群,因此本章主要分析陕西省、四川省以及重庆市的高端技术制造业产业集群的演化。

二、陕西省高端技术制造业产业集群演化

(一)陕西省高端技术制造业产业集群演化阶段分析

改革开放以来,陕西关中地区高端技术制造业发展提升很快,不断向高端化迈进,基础坚实,条件具备,趋势明显。如图7.2所示,改革开放30多年来,陕西省GDP保持了年均9%以上的增长速度,其中陕西高端技术制造业对GDP增长率的贡献起了重要作用。2013年,陕西高端技术制造业规模以上企业完成工业总产值5342.85亿元,增长13%,占陕西规模以上工业总产值的12.42%;完成销售总值5605.67亿元,增长12%。以设备制造业企业为例,其中发展最好的陕西关中地区规模以上设备制造企业达到749户,占陕西规上装备制造业企业总数的80%以上,完成增加值占陕西的90%以上。高端技术制造业的产业集群演化同样经过三个

第七章　丝绸之路经济带高端技术制造业产业集群价值网络演化

阶段。

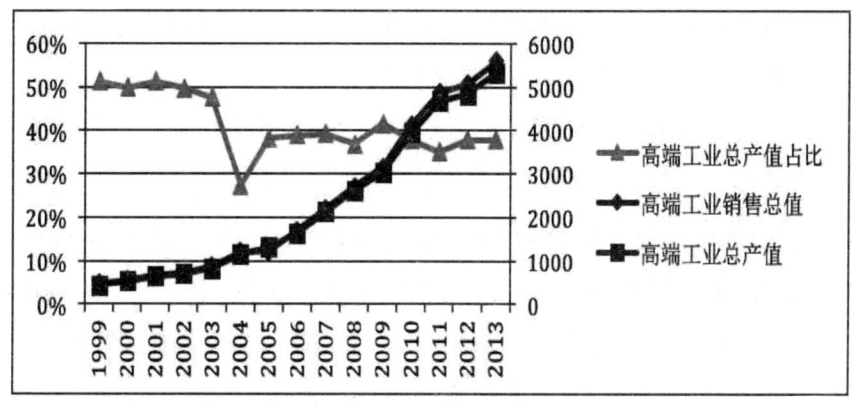

图 7.2　陕西省高端制造业产业发展演化

数量扩张阶段。经政府主导、企业推动、招强引进,陕西省高端技术制造业聚集发展快速,涌现出了一批龙头企业带动型、技术扩张型和市场聚合型的产业集群,诸如航空、汽车、输配电产业集群等国内外知名产业。同时陕西省高端技术制造业产业园区优势明显,建成了一批具有引领作用的装备制造特色产业园区。在陕西9个国家级示范基地中,陕西省关中高端技术制造类就占有4个;省级工业化示范基地中装备类占到总数的1/3。目前陕西省西安高端技术制造业迅速崛起,正在加快向"两区两基地"集聚发展,形成了以高新区、经开区、航空基地、航天基地为依托的汽车、航空、航天、电力电子四大产业高端技术制造业集聚区,经济实力不断增强,影响力不断提升。

质量提升阶段。随着高端技术制造业产业集聚的不断发展,企业与企业之间的竞争从原先的价格竞争上升为技术含量的竞争。骨干龙头企业发展优势越发显著增强。陕西省的汽车、航空航天、输配电、机床工具等产业优势明显,增势良好,发展壮大了一批具有核心竞争力的大企业大集团:陕汽控股集团产销超过400亿元,成为陕西关中最大的装备制造集团,全国著名;比亚迪、法士特、西电、西飞集团等4户企业产销超过百亿元,业内占据重要地位;54户企业产值超过10亿元以上。陕汽集团入围中国企业500强,西电、宝石机、陕鼓等集团跻身中国机械工业100强。陕汽、比亚迪、法士特集团2012年进入中国汽车工业30强,并正在加快向"国内一流、国际知名"的水平迈进。

研发及品牌创新阶段。这一阶段高端技术制造业产业集群内企业的自主研发能力明显提升。陕西高端技术制造业产业集群内拥有一批在全国立得住、叫得响、影响大的优势企业、重要技术和名牌产品,并不断向高端化迈进。据不完全统计,陕西关中地区具有国际领先或先进水平的装备制造产品达到31个。航空航天等军工综合实力居于全国领先地位;中煤科工西研院煤炭地质勘查技术、矿井水害防治技术国内一流;井下定向测量钻探装备具有国际先进水平;西煤机全机载、薄煤层采煤机填补国内空白;陕鼓8万等级大型空分装置配套压缩机组研制成功并示范应用;西电集团"高压特高压、输配电设备"成套化、智能化发展国际领先;宝石机12000米特深石油钻机世界第一;海洋自升式钻井平台国内首创;宝石钢管大口径输送管保持国际先进水平;秦川集团大型精密磨齿机产业化加快推进;永电金风科技具备年产1000台兆瓦级直驱永磁风力发电机能力,成为国内风力发电机重要生产基地;西重院自主研发的世界最大吨位1.95万吨自由锻造油压机成功投入使用,开启了新纪元;关中新能源汽车、增材制造(3D打印)研发应用与产业化实施也走在全国前列,影响力正在逐步扩大。

同时,近几年陕西省高端技术制造企业积极探索转型发展,创新经营模式,在打造品牌、延伸服务、拓展市场、提质增效等方面进展迅速、收效显著,典型示范作用和影响力不断扩大。涌现出陕鼓、陕汽、秦川机床、西重院、中煤科工西研院等一批大型成套高端技术制造企业,结合自身技术和产品特点,积极拓展各具特色的生产性服务业,以"技术服务+装备制造+工程总包"方式,加快由单一制造型向生产服务型转变,推行生产制造与技术服务融合发展,抢占先机,拓展市场,扩大销售,促进了企业生产

第七章 丝绸之路经济带高端技术制造业产业集群价值网络演化

和效益的双提高,成为陕西省高端技术制造业转型发展的典型代表。

(二)陕西省高端技术制造业产业集群演化遇到的难点

陕西省高端技术制造业产业集聚虽取得长足发展、令人瞩目,但要打造国家级高端技术制造业产业集聚基地,还存在以下问题:

1. 整体竞争力亟待增强

总体高端技术制造业产业集群规模偏小、整体竞争力不强,是打造国家级高端技术制造业产业集群基地首要解决的问题。目前陕西高端技术制造业完成的增加值仅占全国高端技术制造业增加值的1.79%,占陕西GDP的5.8%,占陕西工业增加值的12.42%,占陕西八大支柱产业增加值的13.25%,仅为第一支柱产业能源化工业的22.08%,连1/4都不到,比重较低。高端技术制造业第一的西安,占全市工业总产值的50.73%,宝鸡第二,占到42.5%,最低的是渭南,仅占5.41%,平均约占30%,相比东部先进省市平均占45%以上,差距甚远。因此,装备制造业总体规模亟须扩大,方能适应国内外竞争日益激烈的市场环境。

2. 产业层次亟待提高

关中地区虽有一些高端技术制造业产业集群,但与国内发达的广东、江苏、上海、山东等省市相比,明显偏少,且产业集中度不高,"小、散、低"现象尤为普遍,企业结构欠佳。与国外发达国家装备制造业相比,更是差距甚大。美、日、德等国高端技术制造业增加值通常占GDP的40%以上,东部先进省市一般在25%以上,而陕西只有12%左右。虽然关中高端技术制造能力较强,基础配套能力国内占有一定优势,但普通机械加工等传统装备制造业比重较高,高端技术制造业比重偏低,影响了整体高端技术制造业的综合经济效益和竞争力。

3. 陕西省内产业链配套能力亟待提升

高端技术制造业的强弱关键在于产业链条的延伸和配套。目前,陕西关中地区产业链配套率大体徘徊在30%,且存在"三少"现象,即高技术含量的特色产品少、成套及大型设备少、大企业大集团偏少,因而极大地影响了产业链延伸、规模集聚效应和竞争力提升。所以,提升配套率、延长产业链、扩大集聚效应,才能有效形成产业核心竞争力。

4. 自主创新能力亟待加强

自主创新投入力度不够大,高端技术制造业企业研发经费占销售收入比重平均不到2%,新产品产值率不到15%,远低于高端技术制造业强国50%以上的水平。高端技术制造业新产品产值率远低于江苏、山东、四川、杭州等省市,差距较大。陕西省大中型企业科研创新能力欠强,产学研用结合层次不够高,成果不够突出,作用未能充分发挥,拥有自主知识产权的原创性技术较少,科技成果省内转化率偏低,科技和人才强省的比较优势未能充分体现,亟待进一步加强。

5. 高端化发展亟待加速

陕西省高端技术制造业发展面临三重压力:其一,国内外竞争压力增大。受国际金融危机影响,发达国家纷纷谋划实施以高端技术制造业为核心的产业结构深度调整,国际制造业巨头凭借高端技术和跨国经营战略谋求掌控国际市场,使得国内企业市场竞争压力不断增大。其二,高端化竞争更趋激烈。国外发达国家抢先布局,利用掌握核心技术占据主动,加快发展,抢占制高点;国内各地纷纷重视高端化发展,加大科技投入,强化科技研发,地位更加突出,力求高端制造取得新突破,竞争压力越来越激烈。其三,高端人才争夺趋紧。企业竞争关键是人才竞争。陕西省高端技术制造业虽有一定人才优势,但人才结构不合理,高端人才相对缺失,且一方面流失严重,另一方面引进难度增大,总体上不适应产业发展需要,人才争夺压力呈强化趋势。

(三)陕西省高端技术制造业产业集群演化的推手

打造陕西省高端技术制造业产业集群,应当遵循"有所为、有所不为"的原则,抓住关键重点,实施强力突破,以求重大进展。

第七章　丝绸之路经济带高端技术制造业产业集群价值网络演化

1. 着力做大做强三大优势领域

汽车及关键零部件。以陕汽、比亚迪、法士特集团为龙头,以强力打造支柱产业为动力,进一步实施"百万辆汽车工程",做大做强重卡、轿车,大力发展中轻卡、专用车、特种车、微型车、大客车,有效扩大发动机、汽车变速器、汽车电子产品等关键零部件生产规模,使之形成配套强、系列全、节能好、服务优的特色,不断促进汽车服务业加快发展,打造全国重要的汽车及零部件产业基地。

能源装备。以西电、宝石机、宝钢管、永电金风等企业为龙头,生产大型重型高端技术能源装备,重点发展特超高压输变电设备,各种性能的开关控制设备、变压器、避雷器、电力电容器,以及高中低压输配电系列化设备;加快发展12000米特深型交流变频电驱动钻机;大力发展大口径石油焊管、预精焊管、连续油管等产品,以构建国内一流的能源装备研发制造基地。

机床工具。以秦川集团等企业为依托,以"多轴联动、精密、高速、数控、复合、环保"为方向,以"磨、车、镗、铣"为特色,以精密专用机床集成化、通用机床规模化、功能部件及复杂刀具高端化为重点,加快提高高档数控机床与基础制造装备研发能力和产业化水平,推动技术创新和产品创新,打造全国重要的机床工具研发制造基地。

2. 全力发展壮大四大高端领域

航空产业。依托西飞、西航、陕飞集团等龙头企业,突破核心关键技术,重点研制开发大中型运输机、新型涡桨支线飞机、通用飞机及航空发动机、机载系统、关键部件、专用设备等产品。推动维修业务、大型飞机零部件生产服务外包等配套产业发展。

航天装备。依托航天四院、六院、五院西安分院、西安微电子所、精密机电所等龙头企业,以航天运载动力和空间有效载荷为发展重点,以航天技术应用和卫星应用设备为突破,大力发展新一代运载火箭,单级入轨飞行器及新型混合循环动力系统技术,卫星有效载荷及测控跟踪系统设备、数据传输系统等软硬件设备,全面提升航天产品技术水平和竞争力,有效推进军民融合式发展,开发民用和军民两用产品,使陕西成为国内最强的航天动力和卫星地面应用产品研制基地。

涉海工程设备。依托宝石机、宝钢管、西测公司等龙头企业,围绕发展海洋工程关键设备,重点研发生产新型海洋自升式钻井平台,超深井、多功能、大功率陆地和海洋石油钻采设备、移动平台、水下采油设备、水下放喷器、快速成像测井系统、油井测井仪器、钻机一体化控制系统等新型石油钻井装备及其配套设备,力争成为国内强大的涉海工程设备研发制造基地。

高速列车城轨设备。依托中铁宝桥、日立永济电气、中铁电气化宝鸡器材公司、宝鸡南车新时代等龙头企业,重点研发生产高速重载铁路罐车、电气化接触网作业车系列、高速轨道检测探伤车、集装箱专用起重机、梁式架桥机、高速铁路道岔、牵引变流器、列车网络控制系统、高速铁路列车车头体、钢铝复合接触轨供电系统、架空刚性悬挂汇流排系统等高端产品,力争成为全国重要的高速列车城轨研发制造基地。

3. 大力培育发展三大新兴领域

3D打印(增材制造)。陕西3D打印技术具有很强优势,处于国内领先地位。以西安高新区和渭南高新区两个3D打印产业园为基地,以西安交大、西工大、西北有色院等单位为依托,以西安交大、恒通集团为带动,充分发挥《省3D打印产业技术创新联盟》作用,坚持创新驱动、产业引领和人才支撑等产业发展战略,统筹人才、技术、材料、设备等资源,建立研究、服务、应用平台,加快推进3D打印产业化,打造完整的创新链、产业链、服务链,把科技优势转化为产业优势,提升智能制造和高端技术制造水平,以建设高端技术制造业产业集群基地,推动强省发展、引领陕西经济升级。

第七章　丝绸之路经济带高端技术制造业产业集群价值网络演化

智能制造设备。以相关大企业为依托,面向传统产业改造提升和国家战略性新兴产业发展需要,重点突破关键智能技术、核心智能测控装置与部件,开发智能基础制造和重大智能制造成套装备,如无人值守大型自动化采煤机、工业机器人等产品,实现各种制造过程自动化、智能化、精益化、绿色化,带动装备制造业整体技术水平提升,使高端技术制造水平与日俱增。

新能源汽车与专用汽车。以陕汽、比亚迪、法士特等集团为依托,大力推动磷酸钾等动力电池、大功率车用永磁电机及其控制系统等关键零部件研制开发,加快混合动力汽车、纯电动乘用车、CNG/LNG大马力重卡、油气混合动力重卡、纯电动码头牵引车、新能源道路清扫专用车及各种专用车、混合动力及纯电动客车等产品的研发生产、加速产业化步伐,尽快形成大批量生产能力,力争陕西新能源汽车研制生产走在全国前面,起到引领示范作用。

三、重庆高端技术制造业产业集群演化

重庆作为全国六大老工业基地之一,是我国重要的贸易口岸和交通通信枢纽,是长江上游和西南地区最大的经济中心城市,同时也是科技、文化、教育事业的中心。其工业化进程已逾百年,历经抗战陪都时期、"三线建设"以及改革开放30多年发展,重庆已成为西南地区最大的综合性工业基地,形成了配套齐全、综合性较强的工业体系。高端技术制造业方面形成了以精细化工为代表的长寿区化学工业集群,以及合成材料、电子仪表等高端技术制造业也已形成一定规模的产业集群。如图7.3所示,改革开放30多年来,重庆GDP保持了年均9%以上的增长速度,其中高端技术制造业对GDP增长率的贡献起了重要引领作用。2013年,重庆高端技术制造业规模以上企业总产值8057.01亿元,增长11.22%,占规上

工业比重 68.13%；完成工业销售总值 7866.52 亿元，增长 11.19%。

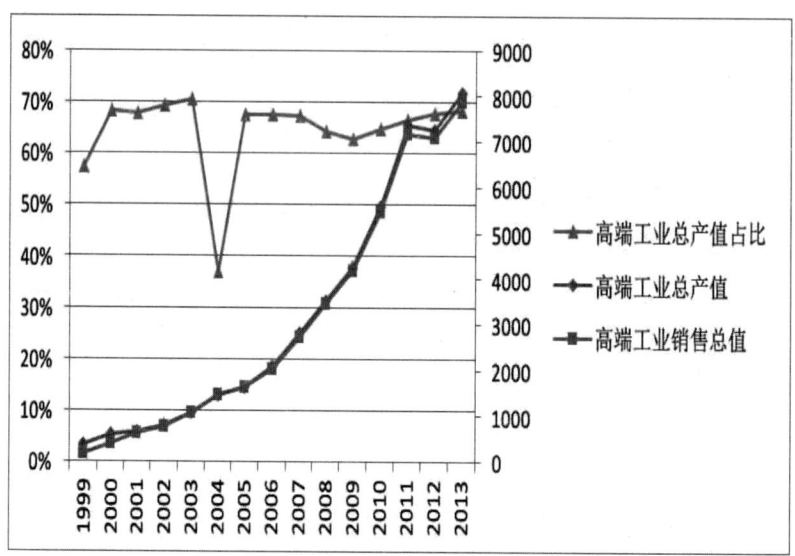

图 7.3　重庆高端制造业产业发展演化

可以看出，重庆的高端制造业产业发展在整个重庆的工业比重中占据了重要地位，并且已初步形成了以化学医药业、机械及仪表业为主的高端技术制造业产业集群，具体如表 8.2 所示。

表 7.2　重庆高端技术产业集群发展现状情况表

产业集群类别	产业集群级别	分布区域	产业集群区具体名称
高端制造业产业集群	国家级	渝北、南岸、九龙坡、长寿、万州、大足	两江新区、重庆经开区、重庆高新区、长寿园区、万州经开区、双桥经开区、万盛经开区
	市级	大渡口区、九龙坡区、江北区、南岸区、长寿区、永川区、南川区、大足区、璧山县	西永微电园、长寿化工园区、九龙工业园区、空港工业园区、茶园工业园区、永川工业园区、同兴工业园区、大足工业园区

第七章 丝绸之路经济带高端技术制造业产业集群价值网络演化

(一)重庆高端技术制造业产业集群演化阶段分析

数量扩张阶段。重庆市自1998年直辖以来,通过提供土地和优惠政策吸引了大量的企业,从而形成企业的空间集聚。1998—2009年,重庆高端技术制造业增长速度变得越来越快,此时为高端技术制造业的形成时期,根据郭亮(2012)做出的重庆高端技术制造业逻辑斯蒂曲线得出,重庆市内的高端技术制造业职工人数和总产值、增加值的增长速度均高于全国水平。截至2012年,重庆市逐步形成以电子信息、生物医药、新材料和光机电一体化为主导的高新技术制造产业,同时在新能源与高效节能、环境保护、航空航天制造业方面也有一定发展。2012年,电子信息产品产值158.50亿元,较2011增长10.31%;生物医药和医疗器械产品产值142.92亿元,较2011增长9.6%;新材料产品产值为388.1亿元,较2011增长10.56%;光机电一体化产品产值940.39亿元,较2011增长8.4%;新能源与高效节能产品产值230.98亿元,较2011增长11.64%;航空航天方面产品产值10.52亿元,较2011增长10.92%。高新技术制造业产品在工业产值中所占比重逐年增加,如表7.3所示。由此可见,1998—2009年这一阶段,重庆市高端技术制造业属于数量的快速扩张期。

表7.3 重庆市高端技术制造业产品产值概况(2002—2012) 单位:万元

指标 年份	电子信息	生物医药和医疗器械	新材料	光机电一体化	新能源与高效节能	航空航天
2002	139837	240999	448096	1939141	95495	12618
2003	223099	283978	588203	2893503	111097	5115
2004	405238	330753	763800	3968478	318461	8836
2005	551000	526000	1083800	4090000	524000	33800
2006	656227	662283	1412190	4640095	723868	47482
2007	821394	801152	2024710	5914766	1009272	58577
2008	1042291	981596	2523379	7033584	1479457	66944

续表

指标 年份	电子信息	生物医药和医疗器械	新材料	光机电一体化	新能源与高效节能	航空航天
2009	1138845	1037662	2927028	6822192	1685428	69522
2010	1288815	1176564	3139589	7945079	1827865	84489
2011	1436942	1302900	3510298	8674493	2068860	94850
2012	1585070	1429235	3881006	9403906	2309856	105212

数据来源：重庆市统计年鉴

质量提升阶段。随着产业集聚规模不断扩大，市场竞争加剧，越来越多企业选择通过提升内在质量来提升市场占有率，形成了产业集聚质量提升阶段。一大批拥有自主知识产权的行业知名企业脱颖而出，大批高科院校及科研机构都设立有研发及产业基地。截止到2011年年底，重庆市级以上科研部门认定的高科技术企业累计1533家，高新技术企业工业总产值占全部工业总产值的30%以上。郭亮(2012)做出的逻辑斯蒂模型得出重庆市高新技术制造产业的产品种类数据，得出生物医药、新能源与高效节能、航空航天产业、新材料、光机电这些产业增速都很快，逐渐迈入产业集群快速发展期。这一时期，各企业各产品的质量成为主要的竞争点。郭亮(2012)指出除了电子信息、光机电产业的逻辑斯蒂曲线拟合度高外，其余的拟合度随时间变动有较大起伏，反映出各个不同的高端技术制造业产业集群发展过程中的不平衡性，其原因应该是受产业集群环境的影响。

技术提升和品牌创造阶段。重庆市正大力引进大型制造业企业，其中，以整机带动配套、引进带动自主开发为主要路径，形成电子制造业产业链，并以此实现企业产业的集群发展。惠普、宏基、富士康、广达、英业达、华硕等电子制造业龙头企业项目成为重庆市发展的战略性产业。同

第七章 丝绸之路经济带高端技术制造业产业集群价值网络演化

时,充分发挥重庆汽车产业的优势,大力支持重庆科研院校和重点企业,加快汽车电子自主创新的步伐,形成具有知识产权的品牌产品,并积极引进国际汽车电子知名企业聚集重庆发展汽车电子产品,提高汽车电子产品本地化配套能力,从而把汽车电子做大做强。全力扶持重庆市重点医疗电子企业加快超声聚焦刀、智能胶囊消化道内窥镜系统、LED 手术无影灯、血液净化系统等具有自主知识产权的产品实现产业化,通过树立品牌、抢占领域高地、不断提升国际知名度和市场占有率,从而把重庆打造成国家级医疗电子产业基地。

技术及品牌提升阶段。重庆市通过实施"国家科技攻关计划""863 计划""火炬计划""技术创新计划"等技术创新工程和双加工程、双高一优工程、国债技改贴息等重大技改工程不断提高产业技术研发水平。1999 年以来,重庆列入国家两批"双高一优"计划的项目共 37 项,总投资 50.32 亿元,其中银行贷款 34.44 亿元。其中第二批共 25 项,总投资 34.12 亿元(制造业 19.94 亿元)。企业技术研究与开发机构建设步伐加快。2009 年年底,重庆共建立市级以上技术中心 205 家,其中国家级技术中心有 17 家。这些技术中心的有效运行成为重庆市企业技术创新和产品开发的核心力量。

(二)重庆市高端技术制造业产业集群发展水平评价

作为有悠久历史的老工业基地,重庆高端技术制造业的发展具有坚实的基础。例如,机械制造、医药等方面,尤其是相对于"一带一路"沿线国家及部分的西部省市,重庆的高端技术制造业发展具有比较明显的优势。本文以规模以上高端技术制造业为研究对象,根据中国和重庆统计年鉴对行业的分类数据进行整理分析,将区位熵的大小进行排名,得到了 2005—2012 年重庆市区位商平均值前十位的产业,具体见表 7.4。

表 7.4 重庆产业集群的区位熵排名

年份	交通运输设备制造业	医药制造业	有色金属冶炼及压延加工业	仪器仪表及文化、办公用品机械	非金属矿采选业子设备制造
2005	5.409	1.704	1.671	1.514	1.043
2006	5.492	1.532	1.704	1.431	0.862
2007	5.413	1.501	1.640	1.298	0.790
2008	5.132	1.612	1.487	1.153	1.122
2009	4.507	1.425	1.252	1.136	2.081
2010	4.541	1.411	1.234	0.996	1.881
2011	4.325	1.363	1.128	0.892	2.114
2012	4.108	1.315	1.022	0.788	2.347

从表7.4可以得出：2005—2012年，在重庆的所有规模以上高端技术制造业中，区位熵平均值大于1的产业分别是交通运输设备制造业，医药制造业，有色金属冶炼压延加工业，仪器仪表、文化办公用机械制造业。

以上四个规模以上高端技术制造业在重庆工业中的比重要高于该产业在全国的比重，集聚程度较高，是现阶段重庆的优势产业。其中最高的是交通运输设备制造业，同全国其他省市在该行业的区位熵相比，重庆市交通运输设备制造业仅次于吉林省，排名第二，这说明重庆市该行业在全国具有非常明显的优势地位。2009年重庆市交通运输设备制造业占地区工业总产值的比重达34.30%，远远高于同期全国水平7.61%。其中，汽车、摩托车行业在重庆市是最具有竞争力的支柱产业。重庆的汽车产业具有了从微型车、轿车、商用车、重型卡车到客车、改装车的多品种发展格局，形成了比较健全的车型体系，汽车产销规模在全国名列前茅，已具

第七章　丝绸之路经济带高端技术制造业产业集群价值网络演化

备了较强的品牌优势;摩托车产业不但产量在我国居首,也是摩托车产业出口基地。同时重庆有可通行3000吨船的长江港口重庆港,具备优良的船舶产业生产条件。重庆的地形导致了重庆市内的交通拥堵问题,为了解决这一影响民生和制约经济发展的难题,重庆在大力发展轨道交通,多条轻轨和地铁线在建或者已经试运行。与之相对应的交通运输设备制造业产业集群有汽车产业集群(经开区、九龙坡区等)、摩托车产业集群(九龙坡区、渝北区等)、内燃机产业集群(九龙坡区、经开区等)、船舶产业集群(江北区、涪陵区)、轨道交通设备产业集群(渝北区)。

同样有较高 LQ 值的医药制造业,有色金属冶炼及压延加工业,仪器仪表及文化、办公用机械制造业也都形成了相应的产业集群。与之对应的产业集群有仪器仪表产业集群(经开区、北碚区)、现代中药产业集群(涪陵区)、IS 工业产业集群(九龙坡区、南川区)、数字医疗器械产业集群(高新区)。

(三)重庆市高端技术产业集群发展趋势分析

根据 LQ 值的原理,LQ 值不能识别新兴的产业集群,新兴的产业集群可通过 LQ 值的变化趋势加以判断。根据计算的重庆市 2005—2012 年规模以上高端技术制造业 LQ 值的平均年增长率,其中增长较快的十个行业中有高端技术制造业两个,分别为化学纤维制造业(0.221)、通信设备制造业(0.163)。负增长最快的十个行业中有高端技术制造业三个,分别为交通运输设备制造业(-0.0432),化学原料及化学制品制造业(-0.0429),仪器仪表及文化、办公用机械制造业(-0.0684)。通过比较发现,在重庆经济发展中长期占据支配地位的产业如交通运输设备制造、金属冶炼、机械设备制造在整个经济中的比重开始下滑。而一些对工业发展形成必要支撑的原料资本品,如化学纤维制造以及重庆市政府大力扶植的信息产业,都在近几年里发展迅猛,或者稳步增长,或者从无到有,形成新的产业集群,在重庆经济发展中起到了越来越重要的作用。

由此,纵观 2005—2012 年,重庆规模以上高端技术制造业中不同产业的发展各异,一些传统的优势产业调整了发展方式和集群模式;而一些新兴产业借势发展形成了产业集群,甚至规划成为重庆新的支柱产业。与之相对应的产业集群有输变电设备产业集群(主城区)、环保成套设备产业集群(主城区)、风力发电装备产业集群(渝北区)、玻纤产业集群(大渡口区)、集成电路产业集群(沙坪坝区)、数字医疗器械产业集群(高新区)、信息家电产业集群(高新区、江北区)。

(四)重庆市高端技术产业集群发展水平总结

1. 重庆全市高端技术产业集群现象明显,发展态势良好。交通运输设备制造业、医药制造业、仪器仪表及文化、办公用机械制造业等是重庆市具有比较优势的产业集群行业。这些产业的积聚一方面促进了相关产业链的积聚,形成了规模经济,另一方面降低了交易费用,有利于经济的发展。

2. 一些传统优势产业集群发展缓慢。多个传统优势产业集群如交通设备制造业在全市经济总量中的占比日趋减少。这意味着虽然交通设备制造业等产业虽然早就形成了颇具规模的产业集群,但是并没有给其带来明显的竞争优势和集群效应。这一方面是由于这些产业本来在重庆经济中的比重就较大,所谓盛极而衰,随着其他新兴产业的兴起,其在整个经济中的份额自然会减少;另一方面是由于重庆承接东部产业转移和新的产业发展思路和策略。

3. 依托政策扶持形成的产业集群相继出现并快速发展。在重庆市传统优势工业增长乏力、"一带一路"持续推进的背景下,政策制定者开始改变政策导向,寻找高端技术制造业的发展作为经济增长点,并大力扶持其形成新的产业集群。重庆制定政策明确重庆市将打造新一代信息产业为重要支柱产业,做大做强高端装备制造、新能源汽车、节能环保三大优势产业,培育新材料、新能源、生物三大产业,最终形成"2 + 10"产业链集群。沙坪坝区的集成电路产业集群——西永工业园,其所在的区域本

第七章　丝绸之路经济带高端技术制造业产业集群价值网络演化

来只是一片荒地,现在各种高科技企业入驻,大学城毗邻而居,已经有了城镇气息。武隆仙女山原本只是一个交通不便、贫穷落后的小乡村,依靠旅游业的蓬勃发展,仙女山仙女镇现在已经是重庆市最美丽宜居的城镇之一。

四、四川省高端技术制造业产业集群演化

四川省是西部人口最多、经济总量最大的地区,在西部大开放中具有重要战略地位。"一带一路"政策实施以来,四川省加快推动高端技术产业布局,依托科研机构、重点大学聚集的科研、教育资源优势,大力发展高端技术产业,实现产业结构调整升级。如图7.4所示,改革开放30多年来,四川GDP保持了年均9%以上的增长速度,其中高端技术制造业对GDP增长率的贡献起了重要引领作用。2013年,四川高端技术制造业规上企业完成总产值13702.11亿元,增长11.37%,占规上工业比重44.6%;完成工业销售总值13311.63亿元,增长11.31%。

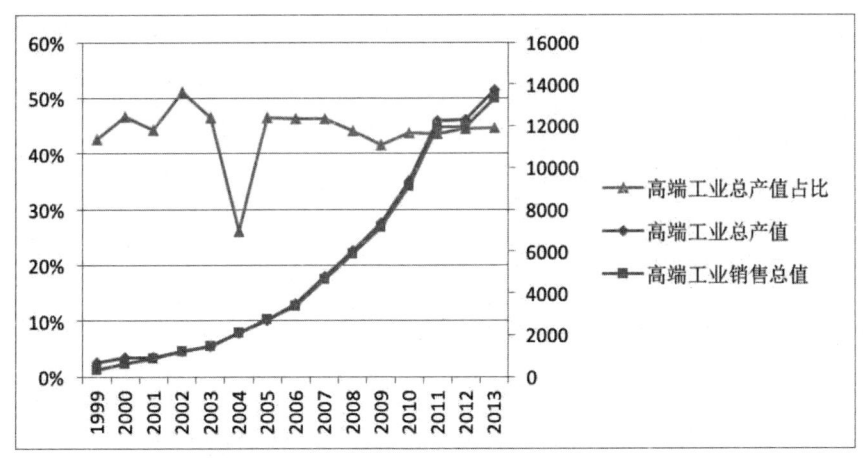

图7.4　四川高端制造业产业发展演化

(一)四川高端技术制造业产业集群演化阶段分析

四川省的高端技术制造业产业集群大致可以分为两类:区域内传统

优势产业和新兴产业发展形成的产业集群。如德阳地区的装备制造业等传统优势产业已实现产业相关生产要素的集聚，颇具产业集群规模；新兴产业如成都—绵阳的电子信息产业集群凸显等。具体来看，四川的高端技术制造业产业集群同样也可划分为三个阶段。

数量增长阶段。经政府主导、企业推动、招强引进，四川省高端技术制造业聚集发展快速，涌现出了一批龙头企业带动型、技术扩张型和市场聚合型的产业集群。如德阳先后建成了中国第二重型机械集团公司、东方电机股份有限公司和东方汽轮机厂等一批关系国家安全和国民经济命脉的国有大型骨干企业。目前，全市规模以上企业中装备企业达120家，依托骨干龙头企业，专业化分工协作，整合产业资源，建立了四大机械加工园区，以二重、东电和东汽三大厂为核心的重装基地发展得如火如荼。

质量提升阶段。随着高端技术制造业产业集聚的不断发展，企业与企业之间的竞争从原先的价格竞争上升为技术含量的竞争。骨干龙头企业发展优势越发显著增强。四川省依托一批科研开发实力较强的科研开发机构和一支庞大的科技队伍，电子信息产业集群内衍提升迅速。成都、绵阳利用已存的电子信息产业基础，实施信息化带动工业化的产业发展战略，以大型高新技术企业为核心骨干，构建产业龙头，延伸产业链条，建立上下游配套企业，形成了在全国极具竞争力的产业集群。在"十二五"期间，四川省信息产业厅提出了要巩固"一点两线"，即以成都为支撑点，成都、绵阳、广元为一线，成都、乐山、宜宾为一线的现有布局，突出地区特色和产业的合理分工，使得发展数字视听、集成电路、软件产业、网络及通信产品等五大电子信息产业集群的发展在全国名列前茅。

研发及品牌创新阶段。这一阶段高端技术制造业产业集群内企业的自主研发能力明显提升。四川省高端技术制造业产业集群内拥有一批在全国立得住、叫得响、影响大的优势企业、重要技术和名牌产品，并不断向高端化迈进。为进一步培育四川新一代信息技术、新能源、新材料、生物等六大战略性新兴产业，四川省发改委、省财政厅2014年6月17日转发

第七章　丝绸之路经济带高端技术制造业产业集群价值网络演化

国家发改委、财政部《关于组织实施战略性新兴产业区域集聚发展试点的通知》。四川将以重点城市为载体,以地方战略性新兴产业发展规划提出的重点核心产业为基础,在新一代信息技术、生物、高端装备制造、新材料等4大产业领域15个重点方向下,选定1—2个具有区域特色、突出优势特色和发展潜力的子领域作为聚集方向,开展聚集试点工作。据悉,四川将建立加快发展战略性新兴产业的新模式和新机制,在发挥市场配置资源决定性作用的基础上,充分放大财政资金的杠杆效应,引导社会资金特别是金融资金的流入,促进中央资源和地方资源、政府资源和社会资源综合集成,在全省范围内建立一批布局合理、结构优化、特色鲜明、产业链完善、产学研用有机结合的战略性新兴产业聚集发展基地,培育一批拥有核心关键技术、创新能力强、具有国际竞争力的龙头企业。

(二)四川省高端技术制造业产业集聚的基础

1. 产业基础较好

四川是新中国成立后中国西部工业化战略和国防"三线"建设时期的重点布局区。在中央政府高度集中的资源计划配置方式的指导下,"一五"和"三线"建设期间,国家在四川地区大力发展钢铁、煤炭、石油、化工等能源原材料工业的同时,兴建了一批技术装备比较先进的国防、电子、机械企业,为四川制造业发展奠定了基础。改革开放以来,经过经济结构调整、技术改造,四川省在能源、有色金属、稀有金属和稀土金属、化工、交通运输机械、烟草加工、航空航天等领域形成了一定优势,出现了一些具有较强竞争力的企业和名牌产品,有的地区已经成为在全国具有重要影响的制造业基地。

2. 科技实力雄厚

四川拥有雄厚的科技开发实力、先进的技术装备和大批高级科研人才,科技实力十分雄厚。经过几十年的建设,四川省已建成一些具有相当科技实力、科技创新能力较强的城市,依托这些城市的科技开发能力,形成了具有一定规模和实力的高新技术产业带和产业园区。如以成都、绵阳两个国家级高新技术产业开发区为主体的"成—绵—德"高新技术产业开发带,在微电子、航空、核技术等高新技术产业发展具有明显优势。除了"三线"时期建立的科研机构外,改革开放以来,四川省建立了一批国家工程技术研究中心、国家重点实验室和国家级省级企业技术中心。目前,成都市已建有国家重点实验室 7 个,国家工程技术研究中心、国家专业实验室、国防科技重点实验室、国家"863 计划"重点实验室等 50 余个。同时,四川省拥有四川大学、西南交通大学、电子科技大学、西南财经大学等国内著名高等院校,为四川省培育了大量的高科技人才。

3. 产业体系完整

目前,在四川建立了一大批以钢铁、机械、化工、电子、航空航天、建材、能源为主体的装备精良、人才荟萃的工业基地和科研基地。以川南(宜宾、泸州、自贡)为中心的化工、机械工业基地,以成都、绵阳为中心的电子工业基地,以德阳为中心的装备制造业工业基地,以成都、泸州、宜宾为中心的食品饮料工业基地。四川省已经形成了以电子信息、机械冶金、食品饮料、医药化工等为支柱,各产业综合发展,门类齐全的工业体系。

(三)四川省高端技术制造业产业集聚的推手

1. 发挥政府对产业集群发展的推动作用

首先,改善区域政策环境。根据当前四川产业发展现状,完善区域发展的政策环境的重点是实施税收优惠政策和积极的人才政策。优惠政策本身就是投资环境的重要组成部分,是吸引投资、鼓励投资最直接、最便捷、最有效的手段。地方应该在税收方面给予更多的优惠,或适当减免,或进行补贴,以促进本地企业快速发展,吸引更多的外来企业;在实施优惠政策的同时,也应该统筹安排,尽量向成长过程中的中小民营企业倾斜,加大对中小民营企业的扶持力度。其次,实行积极的人才政策,吸引国内外的技术人才到区域内集聚,从根本上解决四川企业缺乏高级人才的问题。政府应该专门制定特殊的人才政策,提高人才待遇、创造良好的环境,把吸引、留住人才作为产业发展的首要要务。同时也要大力发展专

第七章 丝绸之路经济带高端技术制造业产业集群价值网络演化

业技术职业院校培训和专业认证人才如软件测评等高技术人才的培训,形成一批专业培训基地,源源不断地向企业输送高素质的专业技术人员,增强企业的竞争力。

2. 完善风险投融资机制

高端技术制造业往往投资大,回报周期长,因此对投融资的需求较高。完善风险投融资机制,能够促进企业进行技术创新、科技成果商品化和高新技术产业化,是实现资源合理配置,推动产业结构升级的关键环节。政府可以根据实际情况逐步建立和完善风险投资机制。首先,发挥政府对风险投融资的引导作用。政府部门在财政、税收、融资、信贷等方面对创新项目给予支持,以调动和引导社会风险投资者的积极性。其次,鼓励金融、证券、保险等机构创办风险投资公司,政府给予采取风险补偿和信用担保等优惠政策,扶持其发展。再次,提倡民间和企业积极参与高新技术投资,从法律、制度上赋予民间投资者相应的决策权、管理权和监督权,增加被投资企业的透明度。最后,构建市场主体公平竞争、公平交易的法律环境和投资环境,以富有地方特色的体制市场,吸引东中部和海外的投资。

3. 合理规划产业布局

丝绸之路经济带政策提出后,西部各省纷纷推出产业政策,进而导致很多地区在发展模式和产业选择上互相模仿,产业结构同质化现象十分严重,投资资源争夺现在时有发生,公共资源浪费严重。以汽车产业为例,因汽车产业的产业链长,对地方经济的带动作用明显,几乎每个西部省份都把汽车产业当作重点产业来扶植,造成重复低水平建设,规模小、效益差。成功的产业集群应该是不仅以当地的特殊资源条件和区位因素为基础,而且地方特有的社会传统和产业基础等条件也是该产业集群的资源体系中的重要因素。因此,四川各级政府部门应从自身所处的区位、发展基础、资源条件等方面的实际出发,立足地方经济的特色来合理规划产业布局,确定主导产业的规划和发展。同时加强企业间的前向和后向联系,鼓励企业采取多种形式,按照产业链的不同环节进行专业化分工协作,围绕主导产业链培育和完善地方产业配套体系,促进产业集群的形成和发展,提高整个产业的竞争力。由此促进企业在集群内落地生根,推动区域经济走向融合发展。

第二节 丝绸之路经济带高端技术制造业产业集群价值网络的形成及演化

一、丝绸之路经济带高端技术制造业产业集群价值网络的形成

（一）丝绸之路经济带高端技术制造业产业集群价值联结的对象选择过程

正如本书中第六章所指出的,随着产业集群价值联结群内化活动的出现,由资产专用性投资引发的价值联结进一步深化,集群的集聚效应开始显现,集群成员企业在追逐成本节约和利润增长等经济利益的同时,群内的价值联结将与自发性企业集群生成过程一样,逐步进行市场化的自组织演进,出现自组织生成的形式。

在丝绸之路高端技术制造业产业集群中,由于有大量相关企业分布其中,集群成员企业间应存在各种潜在的价值联结关系。即可能存在着上下游关系与相互依存、相互作用关系。在此,这些高端技术制造业在产业集群中因作用和位置不同可以分为供给者、需求者、供应者企业和辅助者企业。也即,高端技术制造业可能是由研发机构企业、将科研成果转化为商品的深加工厂或转化厂、制造厂、各种供应商、为此提供中介服务的政府和金融机构等组合而成。这些产业集群内的企业之间存在着上述的潜在价值联结,正是这种潜在的价值联结和企业的群内化联结的倾向,为建立产业集群价值网络提供了可能。

首先,确定丝绸之路高端技术制造业产业集群中的需求集。对于高端技术制造业产业集群来说,需求集不仅包括将研发转化为成果的原材料或中间产品,也包括研发期间所需的材料试验设备或材料等。这些需

第七章　丝绸之路经济带高端技术制造业产业集群价值网络演化

要的原材料中有的可以从集群内的其他成员企业处获得的,只是现在这些企业还没有从企业集群内的其他成员企业处购买,而是从企业集群外的企业处购买。这里把企业集群内每个成员企业的所有需求都归结出来,企业集群内所有这些企业的需求就构成一个需求集合。

其次,确定丝绸之路高端技术制造业产业集群中的供给集。对于高端技术制造业产业集群来说,产业集群内的每一个成员企业生产的产品,有的是作为最终产品进行消费,有的是作为其他成员企业的中间产品,有的既作为消费品进行消费,又作为中间产品销售给其他的成员企业。这些高端技术制造业产业集群内所有成员企业提供的产品集合则构成了一个供给集合。

最后,确定丝绸之路高端技术制造业产业集群中潜在对象选择。前面分析了高端技术制造业产业集群内的需求集和供给集,则会存在需求集中某个需求和供给集中某个供给相对应。一般来说,对一个需求,可能不止一个供应商,同样,对于一个供给,可能不止一个需求,如对科研产品生产的供给者来说,对应的需求商不仅有交通设备制造商,同时可能有仪器仪表制造商。当然,在这样的对应关系中,可能有孤立点存在,没有响应的需求商与供给商对应的情况。

(二)丝绸之路经济带高端技术制造业产业集群价值联结的形成路径

正如第七章提出的,产业集群价值联结的形成路径包括几个阶段:单边弱联结阶段、双边弱联结阶段、单边强联结阶段、双边强联结阶段、价值链交叉联结阶段、网络形成阶段。这里重点介绍高端技术制造业产业集群价值网络形成。高端制造业产业集群中包含有多个供应商、需求商之间的价值联结,如当高端技术制造业中的科研产品制造厂接受多个企业为之提供服务,成为其供应商时,便形成了价值链交叉关系;同样,当一个企业为众多企业提供服务时,其成为多个企业的供应商,关系也发展成为价值链交叉关系。随着弱联结让位于强联结,强联结增强了企业之间的信任,进而推动了价值网络的形成,此时,弱联结不断加强,新的弱联结又不断形成,网络逐步进化到强联结阶段。最后,在同一个网络之中的企业彼此都处于强联结阶段,高端技术制造业产业集群价值网络于是形成。

二、丝绸之路经济带高端技术制造业产业集群价值网络的演化

从制造业集群价值网络的定义来看,其本质在于各行为主体之间的关系链接,随着内外部环境的变化,各行为主体的关系链接将被改变。价值网络的结构在本质上来说是对各行为主体间关系的刻画,当各行为主体之间的关系链接被改变时,其结构也将随之出现变化。在制造业集群价值网络中,由于其行为主体在内外部环境的刺激下将改变彼此之间的关系链接,因此,其价值网络的结构也将随之进行演化和发展。

(一)初始阶段

在该阶段,最早进入集群的是集群的龙头企业。在丝绸之路经济带,该类企业主要是国家三线建设期间或者工业基地由政府扶持、就地发展起来的一批大型国有企业,如以德阳为中心的装备制造业工业基地,西飞、西航、陕飞集团等龙头企业,依托航天四院、六院、五院西安分院、西安微电子所、精密机电所等龙头企业。这些工业基地凭借自己的工业资源基础,培育了一大批优秀的核心企业,产业开始在某个和某几个地域聚集,为高端技术制造业集群的形成奠定了基础。在该阶段,企业之间的关系连接较为稀疏,创新网络的结构较为松散,网络的连通性较差;且该时期,企业的创新模式以模仿创新较为常见。

(二)裂变阶段

在该阶段,集群内的聚集单元(集群内的大型龙头企业)开始出现裂变和复制,产生更多的分厂、分车间和部门;另一方面,集群聚集单元的规模迅速膨胀,经营实力开始提升,企业的知名度迅速提升,其吸聚能力增强,一大批中小配套企业、中介机构、服务组织开始涌入,装备制造业集群形成。在丝绸之路经济带,发展比较典型的高端制造业如重庆汽车产业

第七章 丝绸之路经济带高端技术制造业产业集群价值网络演化

集群(经开区、九龙坡区等)、重庆摩托车产业集群(九龙坡区、渝北区等)、重庆内燃机产业集群(九龙坡区、经开区等)都是在该时期形成的。在该阶段,企业迅速开启国际市场,为了进一步提升创新能力,一些大型龙头企业开始与国外大公司合作,通过引进消化吸收的模式进行产品和技术的创新。由于中小配套企业的加入,大企业为了保证配套的合理、高效,不断与中小企业进行合作、交流,一方面提升中小企业的配套质量,另一方面转移技术创新带来的风险。此时,信息平台、中介组织的介入也为集群的成长提供了保证。价值网络各主体间的联系加强,网络的密度和聚集系数增大,为集群内知识、信息的传递提供桥梁。除此之外,网络主体之间通过交流与合作,建立起了彼此间的信任关系,为确保网络的稳定性奠定了基础。

(三)集聚阶段

由于内、外部环境的刺激,特别是国际大环境的变化,高端技术制造行业受到极大挑战。温室效应加剧、全球变暖,新能源成为装备制造企业新的战略选择。对于丝绸之路经济带高端技术制造企业来讲,技术、资源的限制,使其在继续保持汽车、摩托车、燃机、航天航空等领域的竞争优势的基础上,必须不断进行技术的积累和创新,以期向新能源领域发展及相关配套设施的建立和完善。到此,产业集群内同时出现了多条产业链,集群主体之间由原来的单链合作变为多部门跨链间的合作,网络价值链形成,集群处于高度成熟期,创新网络结构达到空前的平衡状态。在该阶段,企业进入的速度放缓,集群创新网络各主体间的关系达到均衡状态,网络的密度、聚集系数、中心度和结构洞特征均处于最佳状态,网络的知识、信息和资源得到全流通。另外,该阶段大型龙头企业在与国际大公司合作的基础上,已基本掌握了国际领先的技术,创新模式由原来的引进消化吸收再创新变为以引进消化吸收为主、自主创新为辅的创新模式,不断提升集群整体的自主创新能力。如以陕汽、比亚迪、法士特等集团为依托的汽车产业集群的发展。此时,各主体之间正式和非正式的关系成为其主要的社会资本,网络的创新功能很强。从丝绸之路经济带高端技术制造业集群的发展现状来看,处于该阶段的集群主要以几个典型装备制造业集群为主,其他的大部分集群都还处于成长阶段。

(四) 重组阶段

该阶段整个产业处于没落期,行业的利润开始下滑。在该阶段集群创新网络可能出现两种状态:被淘汰出局,整个集群处于衰退;某些能反映产业演进方向和技术发展趋势的新集群单元取代原有的集群单元,实现适时更替。在高端技术制造业集群价值网络中,由于其大型龙头企业基本都是国有大型装备制造企业,在一定程度上主宰着整个国家的经济命脉,当产业处于衰退期时,政府将通过行政的手段引导和刺激新的业务的诞生,一些新兴的集群单元将取代原有的集群单元,成为新集群创新网络的核心成员。创新网络原有的结构被打破,一些原有的集群主体退出集群,新的企业入群,成员之间的关系链接将经历"断裂—重连—断裂"的往复循环,建立起新的创新网络结构。该阶段创新网络的结构较为松散,对外界环境的变化极为敏感。但是也不排除那些确实没有竞争力的集群单元被市场淘汰,创新网络失去创新功能,集群走向衰退。

三、丝绸之路经济带高端技术制造业产业集群价值网络演化的影响因素

丝绸之路经济带高端技术制造业产业集群价值网络这种中间组织在演化过程中,也会受到一些因素的影响,这些因素影响着产业集群朝非网络化,即市场化、一体化方向倾斜,影响着价值网络的稳定形成,使得网络组织处于动荡的环境中,网络组织的效率受到影响。为了使价值网络组织效率与稳定并重发展,就需要在价值网络集聚化过程中进行调节,而这种调节,一是需要调整价值网络组织的边界,维护各主体的利益目标和改善价值网络组织的功效;二是需要维护与增进现有的价值网络组织,以此

第七章 丝绸之路经济带高端技术制造业产业集群价值网络演化

来规范网络组织内各成员之间的交易。当然,这样的调节形式是多样的,而且相互之间也不是孤立的,应是互为补充的。

(一)丝绸之路经济带高端技术制造业产业集群价值网络演化的调节机制

1. 环境不确定性

不确定性意味着存在大量可能的偶然因素,且要预先了解和明确针对所有这些可能性的应对措施,费用是非常高的。不确定性可能来源于供应商、顾客、竞争者、代理人和金融市场的变化等方面,在新经济和全球化的浪潮中,不确定性使企业集群成员企业的投资和决策面临更多风险,企业集群成员企业也面临着持续的动态选择。当交易不确定性高的时候,企业集群成员企业会选择一体化的科层制,当交易不确定性低的时候,企业集群成员企业会选择市场化的交易机制。而当交易的不确定性,即环境的不确定性处于二者之间时,产业集群成员企业会选择产业集群价值网络化。

在丝绸之路经济带高端技术制造业产业集群价值网络中,我们以樊纲等(2011)在《中国市场化指数2011》测算出的各地区的市场化指数来度量环境的不确定性,然后运用高端技术制造业中各行业增加值占总增加值的比重来计算各行业的市场化指数。

2. 资产专用性

资产专用性是指一项资产不可调配用于其他用途的程度,或不能由他人使用而不损失生产价值的程度。威廉姆森认为资产专用性可以分为以下五类:地点的专用性、有形资产用途的专用性、人力资本的专用性、奉献性、品牌的资产专用性。资产专用性的存在,产生了所谓的"可占用准租"。准租被定义为一种资产的价值与其次优用途的价值之间的差额,可占用准租则是当一项资产为某一人所有并租给他人,这项资产的准租值就会超过其残值,即超过另一承租人次优的使用价值。可占用准租产生于非市场交易或对竞争性资产加以限制的地方。

但是针对地点的专用型、有形资产用途的专用型、风险性及品牌资产的专用型并不好测度,因此在本节中我们选用丝绸之路经济带高端技术制造业中各行业的研发人员数量来代理资产专用性这一指标,这是由于研发人员具有一定的技能,这类研发人员获得的技能在本行业中很容易流转,但是一旦跨越行业,研发人员所具有的专业技能对其他行业的边际作用会骤然下降,因此,以各行业的研发人员作为资产专用性的代理变量。

3. 任务复杂性

任务复杂性是指完成一项产品或服务需要不同的专业化投入的种类的多样性。任务复杂性与企业集群成员企业能力的多样性和组织柔性是相对的,通常与时效性、技术的复杂性和人力资产的专用性有关。任务复杂性对交易的影响体现在两方面,一是任务复杂性增加了契约的不完全性,契约的不完全性要求建立相应的交易机制模式;二是任务的复杂性导致了生产组织的复杂性。当面临复杂性任务时,产业集群成员企业通过市场组织资源而与多个企业集群成员企业达成合约和履行合约的成本及时间代价是高昂的,因此市场不是有效的治理机制,层级制显然更有优势。即是说,任务复杂性越高,就越可能依靠一体化经营以完成任务。

在丝绸之路经济带高端技术制造业产业集群价值网络中,我们以高端技术制造业各产业新产品的产出作为任务复杂性的度量。诚然,产业中任务复杂性包含有很多内容,但受限于客观条件,我们以数据的可获取性作为限制,以新产品产出作为行业复杂性的度量。这是由于新产品产出可以反映行业中企业能否通过有效的组织资源和与集群内企业的交易最终得以研发出新产品,基于此,新产品产出可以反映行业任务的复杂性。

因此,环境的不确定性、资产专用性以及任务复杂性是影响产业集群价值网络集聚的关键因素。本文则通过对陕西、四川、重庆中的高端技术产业数据进行验证,来进一步判断丝绸之路经济带高端技术制造业产业集群价值网络的变化情况及未来的演化。

第七章 丝绸之路经济带高端技术制造业产业集群价值网络演化

(二)丝绸之路经济带高端技术制造业产业集群价值网络演化调节机制的实证检验

1. 丝绸之路经济带高端技术制造业分行业产业集聚度测度

现有的文献资料显示,大多数学者都对区域内的产业集聚度进行全国范围内的测度,并把不同区域间的产业集聚状况进行横向比较。比如,罗勇(2005)研究了中国各个地区制造业集聚程度变动趋势;张卉(2007)研究了中国制造业的产业分布和产业集聚;赵娟(2006)比较分析了广东和浙江制造业产业集聚状况及其影响因素;李志辉(2007)研究了长江三角洲内各个区域的产业集聚状况;吴楠(2007)分析了环渤海地区各个区域内的产业集聚状况。为了全面分析丝绸之路经济带高端技术制造业分行业产业集聚状况,需要对高端技术制造业分行业产业集聚度进行量化分析。

笔者根据所收集到的数据,以丝绸之路经济带中高端技术产业集群所涉及的主要省份和地区(陕西省、四川省和重庆)为研究对象,采用工业产值区位熵测度高端技术产业集聚度,分别选用2002年到2009年陕西省、四川省和重庆以及全国按行业分全部国有及规模以上非国有高端技术制造业6个行业(电子及通信设备、仪器仪表、机械及装备、电气机械及器材、化学及医药、交通运输设备)的工业总产值测度的工业总产值区位熵,数据来源于《中国工业经济统计年鉴》,各产业工业总产值区位熵用LQ_{it}表示。具体数值如表7.5所示。

表7.5 历年来陕西、四川及重庆高端技术制造业分行业工业总产值区位熵

LQ_{it}	2002	2003	2004	2005	2006	2007	2008	2009	变化趋势
C1	0.4256	0.2547	0.4291	1.0065	1.2103	1.1254	1.2774	1.5305	上升
C2	0.5188	0.5109	0.4843	0.4969	0.4336	0.4645	0.5058	0.5528	上升
C3	1.1801	1.051	0.9788	0.9305	0.8578	0.8055	0.7373	0.8495	下降
C4	0.9415	0.8394	0.9255	1.0196	1.0009	1.1332	1.1144	1.0681	上升
C5	0.3256	0.3009	1.8789	1.6405	1.7005	1.8142	1.7497	1.7731	上升
C6	1.1961	1.0065	0.8959	0.8945	0.9719	1.1254	1.3272	1.2491	上升

数据来源:《中国工业经济统计年鉴》(2003—2011)

通过表 7.5 用行业工业总产值区位熵测算的各产业集聚度数值来看,可以看出:陕西、四川及重庆高端技术制造业分行业从 2002 年到 2009 年区位熵均超过 1 的行业有 4 个,分别是电子及通信设备(C1)、电气机械及器材(C4)、化学及医药(C5)、交通运输设备(C6),其中化学和医药制造业的行业集聚度是最高的,2009 年达到了 1.7731,有 2 个行业的区位熵没有达到 1,分别为仪器仪表(C2)和机械及装备(C3),说明这两个行业产业集聚度不高。同时发现电子及通信设备、仪器仪表、电气机械及器材、化学及医药与交通运输设备的区位熵趋势是不断上升的。

2. 丝绸之路经济带高端技术制造业分行业产业集聚的影响因素实证分析

(1) 模型设定

一般有关产业集聚的模型选用双对数模型,其基本形式是:

$$ln(LQ_{it}) = \alpha_1 + \alpha_2 ln(EN_{it}) + \alpha_3 ln(RD_{it}) + \alpha_4 ln(INV_{it}) + \beta Z_{it} + \varepsilon_{it} \tag{7.1}$$

其中,i 表示制造业行业,t 表示时间,LQ_{it} 表示聚集度指标,EN_{it} 表示环境不确定性指标,RD_{it} 表示资产专用性,INV_{it} 表示任务复杂性,Z 表示其余控制变量劳动生产率(Lev)、行业中外资比重(FDI)、资本密集度(Kshare)、出口所占比重(Export)等。

通过建立 6 个行业的工业总产值区位熵和其影响因素(环境不确定性、资产专用性、任务复杂性)的面板数据模型,来刻画影响丝绸之路经济带高端技术制造业分行业产业集聚的因素,进一步判断丝绸之路经济带高端技术制造业分行业产业集聚的演化趋势。

(2) 实证结果

前文已经分析说明了丝绸之路经济带高端技术制造业产业集聚主要受环境不确定性、资产专用性、任务复杂性的影响,那么制造业产业集聚是否与环境不确定性、资产专用性、任务复杂性相关呢?若相关程度较高,就说明环境不确定性、资产专用性、任务复杂性在某种程度上促进了高端技术制造业产业集聚,从而促进了经济增长;反之亦然。对于本节的

第七章 丝绸之路经济带高端技术制造业产业集群价值网络演化

估计来说,面板数据模型的计量结果中,如果解释变量参数大于1,则说明制造业产业集聚对环境不确定性、资产专用性、任务复杂性比较敏感,反之,小于1则不敏感,不能构成产业集聚的动力。具体实证结果如表8.7所示。陕西、四川及重庆高端技术制造业6个行业环境不确定性每增加一个百分点,高端技术制造业产业区位熵增加约1.031个百分点,资产专用性每增加一个百分点,高端技术制造业产业区位熵增加约1.043个百分点,任务复杂性每增加一个百分点,高端技术制造业产业区位熵增加约3.001个百分点,表现出的复杂性的聚集弹性非常明显。

表7.7 历年来陕西、四川及重庆高端技术制造业产业聚集度影响因素分析

	(1)	(2)	(3)	(4)
EN_{it}	1.023*** (2.95)	1.032*** (3.60)	1.021*** (3.96)	1.031*** (3.98)
RD_{it}	1.054*** (3.04)	1.024*** (2.84)	1.049*** (3.95)	1.043*** (5.36)
INV_{it}	3.073*** (2.81)	3.091*** (3.64)	3.063*** (2.99)	3.001*** (2.95)
Lev		1.029*** (4.12)	1.024*** (9.66)	1.037*** (5.63)
Kshare		0.003 (1.21)	0.007*** (12.33)	0.006 (1.15)
Export		0.001* (2.41)	0.002*** (23.80)	0.001*** (4.32)
FDI		0.007*** (3.58)	0.002 (0.94)	0.004 (1.34)
constant		−0.011*** (−9.19)	−0.002*** (−13.28)	0.008 (0.86)
Year	否	否	是	是
Region	否	否	否	是
adj. R^2	0.226	0.347	0.513	0.802
F值	28.19	13.92	3.30	94.31

第八章 丝绸之路经济带中端技术制造业产业集群价值网络演化

第一节 丝绸之路经济带中端技术制造业产业集群动态演化规律

丝绸之路沿线国家幅员辽阔,资源丰富,但人口较少,除了高端技术产业发展相对落后之外,中端技术制造业发展相对中国丝绸之路经济带某些地区也同样不占优势。因此,如图8.1,本章根据中端技术制造业占工业总产值的比重选取中国丝绸之路经济带中端制造业产业集群主要涉及省份(甘肃、宁夏、新疆、四川)中的中端制造业产业集群的动态演化及由集群构成产业价值网络后,价值网络的演化趋势等。

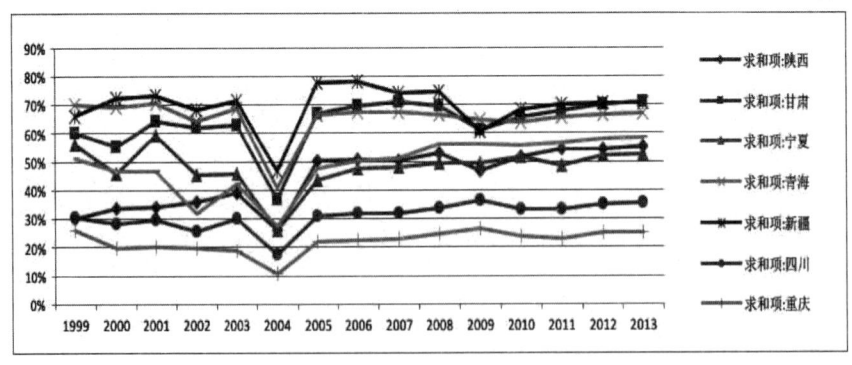

图 8.1 各省份中端技术制造业占比趋势图

第八章　丝绸之路经济带中端技术制造业产业集群价值网络演化

一、新疆中端技术制造业产业集群演化

改革开放以来,新疆制造业生产规模不断扩大,技术水平不断提高,实力不断增强。据统计,2009年,新疆按行业分规模以上工业企业共有2017家,工业总产值达到390.54亿元,资产合计633.54亿元,固定资产原价508.93亿元,年底平均就业人数548245人,其中,制造业企业单位数为491家,其工业总产值、资产合计、固定资产原价以及年底就业人数分别占比35.30%、52.71%、65.80%和43.44%。可见,新疆的制造业在整个地区经济发展中的地位举足轻重,作用不容忽视。新疆制造业在政策指引和市场调节的双重作用力下,行业发展迅猛,涌现出了一大批制造业集聚区,如国家级乌鲁木齐高新技术开发区和经济技术开发区以及省级奎屯经济技术开发区等,2013年,新疆中端技术制造业规模以上企业完成总产值4828.94亿元,增长9.45%,占全省规模以上工业总产值比重达到70.69%;完成工业销售总值4765.75亿元,增长9.41%,如图8.2。

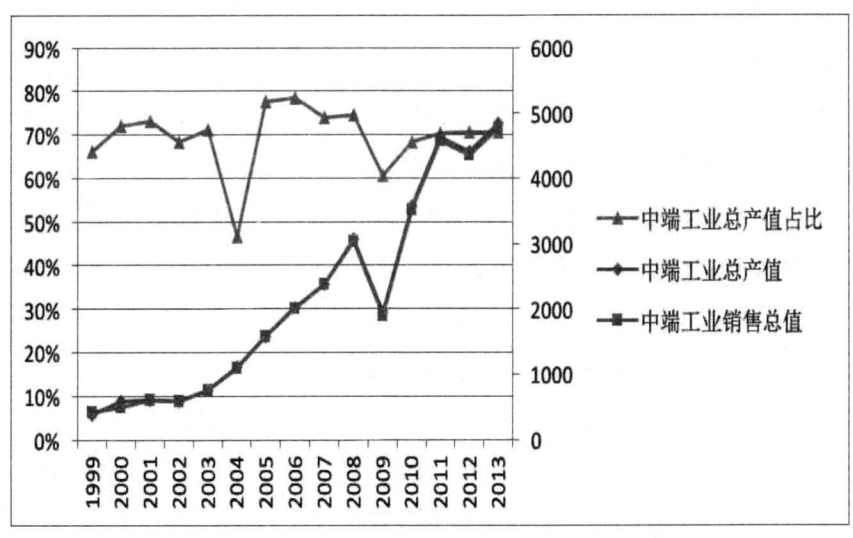

图8.2　新疆中端制造业产业发展演化

(一)新疆中端技术制造业产业集群演化分析

数量扩张阶段。早期新疆中端技术制造业资源产业集群化程度低,整体实力弱,市场发育慢,发展不平衡。但早期的数量扩展发展较快,中端技术制造业产业集群主要有:石油、天然气、石油化工产业集群、煤炭、煤电、煤化工产业集群、新能源产业集群、有色产业集群。

质量提升阶段。随着中端技术制造业产业集聚的不断发展,企业与企业之间的竞争从原先的价格竞争上升为技术含量的竞争。骨干龙头企业发展优势越发显著增强。新疆的石油、天然气、石油化工产业,煤炭、煤电、煤化工产业,有色产业,新能源产业等,主要特点是以一家或几家大型国有企业处于主导地位,在大型企业内部实行纵向一体化而形成的产业集群,石化产业如中石油、中石化、中海油;有色产业如有色集团,新能源产业如金风科技、新能源股份有限公司等;同时,还有一批中小企业围绕这些大企业而发展。

研发及品牌创新阶段。这一阶段中端技术制造业产业集群内企业的自主研发能力明显提升。新疆经济开发区、工业园区,如乌鲁木齐的米东新区,主要由政府倡导,在招商引资的过程中,选择了一批潜力大、前景好的高新技术企业和一批实力雄厚、市场声誉良好的企业入驻,同时园区内配置了一定规模的配套企业,从而提升了中端技术制造业产业集群的发展。同时,以昌吉、阜康地区为主,围绕乌鲁木齐中心大城市,创建了优势特色产业加工制造基地,引进众多中小型企业,形成样板卫星城市,改善和提升了区域竞争力,形成了由卫星簇构成的产业集群星系。

(二)新疆中端技术制造业产业集群演化的制约因素

从整体上来看,目前新疆中端技术制造业尚未形成具有区域核心竞争力的产业集群,即专业化水平及发展速度均低于全国平均水平。其中,丰富的自然资源、有利的自然条件、廉价的劳动力以及优惠的政策等因素是新疆中端技术制造业发展的优势,这也是目前新疆石油加工炼焦及核燃料加工业、黑色金属冶炼及压延加工业发展良好的根本原因。而技术

第八章 丝绸之路经济带中端技术制造业产业集群价值网络演化

落后、缺乏创新、资金投入不足等因素则是抑制新疆中端技术制造业产业发展的主要原因。对此,提出如下政策建议:

1. 充分利用新疆煤炭资源、石油天然气资源丰富的优势,重点发展石油加工炼焦及核燃料加工业、黑色金属冶炼及化学原料及化学制品制造业。深化产业和产品结构,提高技术含量,提升产品附加值;完善产业的相关配套设施,延长产业链,提高资源利用效率,竭力避免资源的高消耗、高浪费和高污染,走集约化发展的可持续发展道路。

2. 加大资金投入,力推高新科技产业发展。应加大资金投入力度,加快引进专业技术人才,利用新疆高校和研究所众多的优势,建立科研创新激励机制,带动新疆科技产业的发展。

二、甘肃省中端技术制造业产业集群演化

2014年,甘肃省GDP达6835.27亿元。经过新中国成立以来的开发建设,甘肃已形成了以石油化工、有色冶金、机械电子等为主的工业体系,成为中国重要的能源、原材料工业基地。

如图8.3所示,甘肃省中端技术制造业对GDP增长率的贡献起了绝对重要作用。2013年,甘肃中端技术制造业规模以上企业完成总产值4310.44亿元,增长10%,占全省规模以上工业总产值比重达到70.78%;完成工业销售总值4180.54亿元,增长10%。

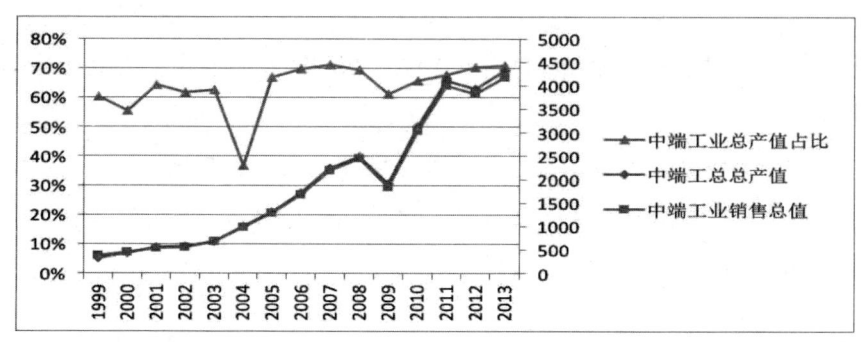

图8.3 甘肃省中端制造业产业发展演化

(一)甘肃省中端技术制造业产业集群演化阶段分析

甘肃省作为西北地区的老工业基地,甘肃省中端技术制造业产业集群的演化阶段大致为以下三个阶段:

数量扩张阶段。20世纪50年代初至80年代初期。"一五"时期,国家决定集中力量优先发展以能源、原材料、机械工业等基础工业为主的重工业。随着大规模工业建设的展开,国家依据生产力布局理论和甘肃及西北地区的资源禀赋,陆续在甘肃省建设了一批在当时技术先进的大中型制造业企业和重化工企业,从而使甘肃省形成了重工业优先发展的产业格局。在这一阶段,国家在甘肃省的三次大规模的工业化建设和资金投入,极大地提高了甘肃省中端技术制造业产业集群水平。该阶段是甘肃省制造业的辉煌时期,尤其是石油化工、有色金属冶炼、机械制造等行业发展迅速,企业不断增加,生产规模不断扩大,重化工业和制造业在全国享有盛誉。

质量提升阶段。改革开放至20世纪90年代中期。随着国家优先发展沿海经济区域非均衡战略的实施,对西部地区特别是甘肃省的投入大幅下降,导致甘肃省中端技术制造业产业集群增长速度放缓,逐渐落后于东、中部较为发达的工业省份。

提升技术和品牌阶段。20世纪90年代中期至今。在国家实施区域统筹协调发展战略以及支持西部发展的优惠政策支持下,特别是西部大开发战略实施以来,甘肃省中端技术制造业产业集群得到了长足发展。然而,与东部发达省份相比,甘肃省中端技术制造业产业集群发展仍明显滞后。

(二)甘肃省中端技术制造业产业集群演化的制约因素

从甘肃省制造业发展的现状以及产业集聚的水平来看,尚存在如下几方面的问题。

1. 空间布局结构不合理

由于甘肃省中端技术制造业体系主要是根据国家宏观战略的实施建

第八章 丝绸之路经济带中端技术制造业产业集群价值网络演化

立起来的,而不是根据自身的产业基础,因此中端技术制造业空间布局较为分散。就其空间布局的现状来看,主要分布在天水、兰州与白银以及金昌和嘉峪关等空间距离较远的少数几个城市,且被周边经济落后的广大农村分割、包围,在地理空间上无法形成有效的空间集聚。同时,各中端技术制造业集聚区内的企业产业关联度较低,也未形成相关的配套产业体系。中端技术制造业空间分布结构的不合理致使经济空间发展水平反差强烈,起伏较大,最终导致各类要素资源逐渐远离中端技术制造业体系,使得中端技术制造业资源配置和开发的集聚效益及规模效益受到严重制约。

2. 技术水平落后,产业竞争力弱

由于甘肃省制造业企业多是20世纪五六十年代建设起来的,工艺设备陈旧,生产组织管理模式落后,加之企业负担沉重,导致整个制造业不仅自主创新能力和技术水平长期处于落后状态,而且单位产出能耗和其他资源的消耗明显高于全国平均水平,投入产出比却低于全国平均水平。同时,由于现有的制造业多以初级产品加工为主,忽视了相关配套产业的培育与发展,致使产业链条短,产品附加值低,产业竞争力较弱。

3. 资本和技术匮乏

一般而言,中端技术制造业的发展虽不需要如高端技术制造业那样有强大的资本和技术支持,但由于其多关于能源产业,前期投入成本巨大,关乎国家安全,外资难以进入,所以也同样需要较多的资本和技术支撑。而甘肃省不仅未能获得外部资本与技术的有力支持,同时由于中端技术制造业大多为金属冶炼、石油化工、金属制品制造等基础性行业,资源依赖性强,且在空间上难以形成集聚,这在一定程度上抑制了制造业的集聚发展。

三、宁夏中端技术制造业产业集群演化

宁夏是全国五个省级建制的少数民族自治区之一,自古以来就是内

接中原、西通西域、北连大漠,各民族南来北往频繁的地区。在中国国土开发整治的地域划分上,宁夏位于中部重点开发区的西缘或西部待开发区的东缘,是以山西为中心的能源重化工基地和黄河上游水能矿产开发区的组成部分,北部和中部系"三北"防护林建设工程的重点地段,南部属于黄土高原综合治理区和"三西"地区的范围。特殊的地理位置、民族成分和自然资源禀赋,都使宁夏成为我国西部经济社会发展过程中的一个重要组成部分。经过新中国成立以来的开发建设,宁夏已形成了一批特色产业集群。2013年,宁夏中端技术制造业规模以上企业完成总产值1332.64亿元,增长10.93%,占全省规模以上工业总产值比重达到70.78%;完成工业销售总值1283.65亿元,增长10.86%,如图8.4。

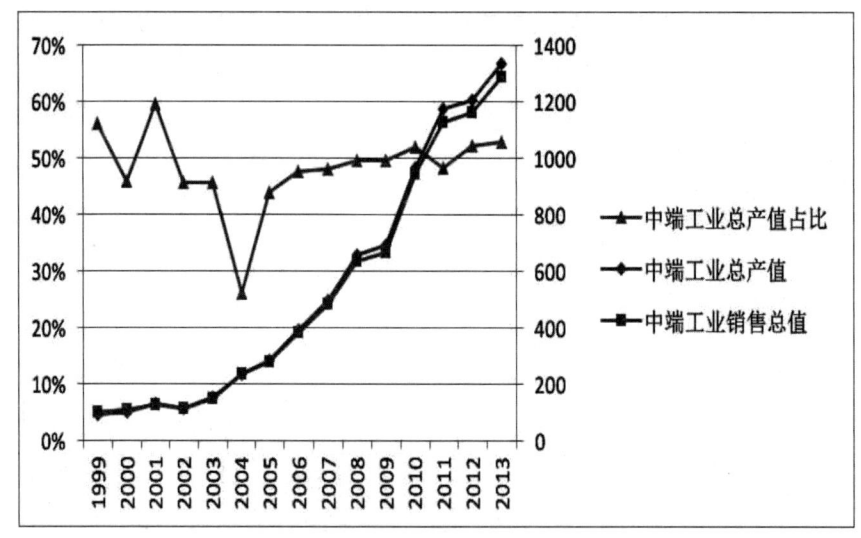

图8.4　宁夏中端制造业产业发展演化

(一)宁夏中端技术制造业产业集群演化分析

1. 定性分析

宁夏目前的中端技术制造业产业集群还处于形成期,因此关于宁夏中端技术制造业产业集群演化分析便停留在第一阶段。宁夏产业集群处于形成期的原因主要有以下几点:(1)产业集群的发展需要相关配套产

第八章 丝绸之路经济带中端技术制造业产业集群价值网络演化

业的并行发展,形成专业化分工,才能有力地促进其快速发展。宁夏特色产业集群内企业生产技术普遍落后,在某些产业环节上为大企业提供专业化供应配套的中小企业也少。(2)大学、科研院所与企业之间尚未建立长期、稳定和紧密的合作关系,科技成果转化率不高,产业化程度低。(3)宁夏还未形成成熟的创业投资体系,创业资本来源渠道单一,主要来源于政府、极少数的机构投资者和外资,并且创业资本规模小。(4)区内中介服务机构大部分由政府设立,仍然是执行政府行政职能的一部分,还未成为严格意义上的市场经济体制的服务机构,彼此独立行事,不能相互分工协作,服务功能、服务意识和水平都非常欠缺。(5)缺乏本地企业家群体,关键人才在区内的流动过少,无法迅速扩散知识,大部分企业尤其是中小企业缺乏注重对员工的培训。由以上定性分析可以看出,由于外部环境不能为企业提供充分的支持与服务,宁夏产业内企业没有真正形成专业化经济和发达的社会劳动分工,所以宁夏中端技术制造业产业集群仍然处于集群的形成阶段。

表8.1 2012年宁夏中端技术制造业行业的区位熵

行业	煤炭开采和洗选业	黑色金属采矿选业	非金属矿物制品业	黑色金属冶炼延压及加工业	有色金属冶炼	金属制成品	电力、热力的生产和供应业	镁冶炼业	火力发电业
区位熵	4.92	0.44	1.04	1.95	3.06	0.78	2.96	42.96	3.82

数据来源:根据宁夏统计年鉴(2013)数据资料计算。

2. 定量分析

宁夏中端技术制造业产业集群处于发展初级阶段。根据区位熵的计算原理,我们对宁夏的矿产资源工业的区位熵进行了计算,如表8.1。从专业化指数区位熵来看,宁夏煤炭开采和洗选业、有色金属冶炼及压延加工业在全国占有比较优势,从竞争力指数相对资金利税率和相对总资产贡献率来看,宁夏仅在电力、热力的生产和供应业上在全国具有一定竞争优势。宁夏在镁冶炼业和火力发电业上既具有明显的比较优势,又具有一定的竞争优势。根据以上定量分析,我们初步得出宁夏已经形成了一定规模的中端技术制造业产业集群。由于其相对资金利税率、相对总资产贡献率和相对全要素产出率较低,因此还处于中端技术制造业产业集群初级阶段。

(二)宁夏中端技术制造业产业集群演化的制约因素

1. 宁夏中端技术制造业产业集群整体竞争力不强

宁夏中端技术制造业产业集群发展以能源、原材料型重化工产业为主,资源依赖性强、经营粗放、加工度低等问题突出,具有"高投入、高消耗、高污染、低水平、低效率"的特征。产品以初级产品和中间产品为主,最终产品比重小,附加值和竞争力较低,抵御市场冲击的能力较弱。资源管理不规范,小煤矿乱开滥采现象存在,且矿区勘探工作滞后,影响矿区的大规模开发,资源浪费严重。化工行业化肥、橡胶、原油加工主导型产品及高耗能产品所占比重过大,超过全行业总产值的80%,高新技术及精细化工产品所占比重较小,在全行业所占比重不到15%。产业链短,附加值低,知名品牌少,产品结构呈现出"三多三少",即中低档次产品、大路产品、一般产品多,而高附加值产品、创新产品、名牌产品少。宁夏除银川经济技术开发区、宁夏宁东化工产业园区、宁夏石嘴山工业园区、宁夏灵武羊绒产业园区等产业聚集度、技术水平较高外,其他工业园区的主导产业所占比重均不高,入园企业大都是以劳动密集型和中低层次技术为主的传统加工型企业,项目整体规模、水平、档次不高,产品的技术含量和附加值普遍偏低,不同程度地存在雷同。

2. 生态环境压力沉重

宁夏现有中端技术制造业产业集群主要以污染严重的传统产业为主,环境污染比较严重。宁夏经济增长主要依赖中端技术制造业的现实

第八章　丝绸之路经济带中端技术制造业产业集群价值网络演化

没有改观,低能耗、低排放的第三产业发展不够。在工业结构方面,轻、重工业比例失调,重工业比重偏高。2008年全区固体废弃物产生量1143.22万吨,其中粉煤灰和脱硫石膏的产生量分别为514.95万吨和49.8万吨,分别比2007年增长8.29%和211.44%。固体废物综合利用量716.65万吨,综合利用率61.62%,与2007年基本持平。固体废物排放量4.99万吨,比2007年增长4.62%。以石嘴山为例,由于长期对煤炭等矿产资源的开采,资源逐渐枯竭,一部分大型煤矿关闭停产,生态环境恶化,采煤形成的沉陷区达33.8平方公里,加之电力等企业排放的煤研石、粉煤灰得不到有效治理,严重污染了环境。此外,资源开发利用程度低。在矿产资源开发中,由于中小型矿较多,人员素质、开发技术上比较落后,生产作业粗放,回采率不高。2008年年底,宁夏有各类矿山企业686个,其中大型企业11个、中型企业34个、小型企业641个,小型企业回采率平均不足70%,资源浪费比较严重。

3. 区域自主创新弱

科研基础薄弱,自主创新能力不足。没有科技支撑的产业,是没有长久竞争力的,也是低效的。宁夏尽管在一些局部领域形成了技术优势,但总体而言,全区少数产业初步实现了一个产业、一套科研机构、一支科技推广队伍外,其余产业均存在着生产与科研脱节的问题,集中表现在新产品、新品种科研开发能力不足和科技推广不到位,带来产品质量难以提高、竞争力弱的突出问题。区域自主创新能力弱,企业发展的自主创新意识不强,人才缺乏,专业技术人员数量少,自主创新的优秀团队和领军人物明显不足,"重生产、轻研发""重引进、轻消化吸收"现象比较普遍。创新投入不足和人才缺乏,创新的公共服务平台建设滞后,产学研没有形成稳定的合作关系,制约着企业和区域创新能力的提升。自治区大部分冶金工业企业科技开发力量薄弱、开发水平不高,对企业发展的推动力不强,特别是中小型企业,起步低,只能生产初级资源型产品,品种单一,无力开展研发工作,技术升级和产品换代缓慢,在延长产业链、产品深加工、技术升级、新产品开发等方面亟待加强。科研基础薄弱、新产品开发速度缓慢,发展后劲不足。目前,机械工业企业国产八九十年代设备占设备总数的41.23%,数控机床占设备总数的2%左右,设备新度系数不到50%,行业整体装备水平较之国内外同行业有较大差距。

四、四川省中端技术制造业产业集群演化

四川省是西部人口最多的省份,在西部大开放中具有重要战略地位,适合大力发展中端技术制造业。"一带一路"政策实施以来,四川省加快推动产业结构调整,淘汰落后产能,推动中端技术制造业成为产业结构调整的支撑。如图8.5所示,四川GDP保持了年均9%以上的增长速度,其中中端技术制造业对GDP增长率的贡献起了重要作用。2013年,四川中端技术制造业规上企业完成总产值10832.88亿元,增长11.79%,占规上工业比重35.29%;完成工业销售总值10610.05亿元,增长11.76%。

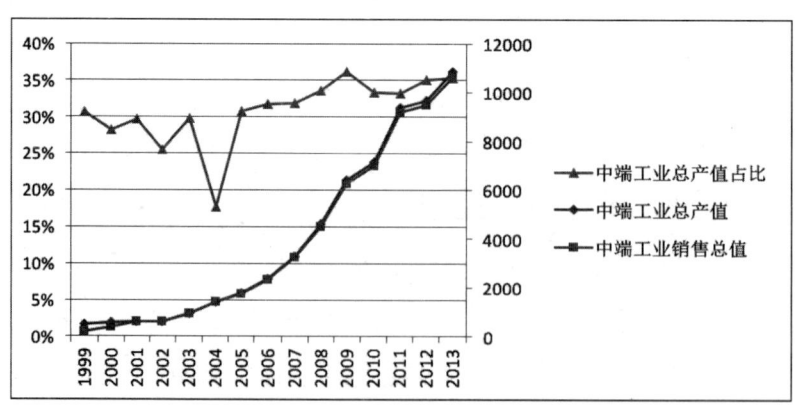

图8.5 四川中端制造业产业发展演化

第八章 丝绸之路经济带中端技术制造业产业集群价值网络演化

(一)四川省中端技术制造业产业集群演化阶段分析

四川省的中端技术制造业产业集群同样大致可分为两类：区域内传统优势产业和新兴产业发展形成的产业集群。如攀枝花地区的钢铁工业等传统优势产业已实现产业相关生产要素的集聚，颇具产业集群规模；新兴产业如泸州、自贡地区的化工产业集群凸显等。具体来看，四川的中端技术制造业产业集群同样也可划分为三个阶段：

数量增长阶段。经政府主导、企业推动、招强引进，四川省中端技术制造业聚集发展快速，涌现出了一批龙头企业带动型、技术扩张型和市场聚合型的产业集群。如攀枝花市已成为我国最大的铁路用钢生产基地、最大的钒制品生产基地、最大的钛原料和钛白粉生产基地、我国西部最大的钢铁生产基地，已经形成以攀钢为核心、中小企业全面介入的发展格局。以攀钢为龙头，已形成了攀钢与地方钢铁工业合理分工的钢铁工业产业集群。泸州具有强大而先进的化工生产母体和载体，是目前我国18个大化工基地之一、14个精细化工基地之一、国家重要的天然气化工生产基地、亚洲最大的氮肥生产基地。自贡市拥有丰富的盐业资源，具有盐卤资源及深加工配套优势和天然气利用配套优势。由于化工产业有很高的关联度，企业相对集中在一起，加强了科技信心的交流，区内已形成了以泸天化工、鸿鹤化工公司为龙头的化工产业链，产生了集聚效应，并且凭借泸州的长江第一港、四川第二大航空港的交通优势，大批的化工企业、资本、人才、技术向这个优势平台迅速集聚。

质量提升阶段。随着中端技术制造业产业集聚的不断发展，企业与企业之间的竞争从原先的价格竞争上升为技术含量的竞争。骨干龙头企业发展优势越发显著增强。四川省依托一批科研开发实力较强的科研开发机构和一支庞大的科技队伍，化工产业产业集群内衍提升迅速。泸州、自贡利用已存的产业基础，实施科技化、工业化的产业发展战略，以大型企业为核心骨干,构建产业龙头,延伸产业链条,建立上下游配套企业,形成了在全国极具竞争力的化工产业集群。2013年,自贡各类工业园区(集中区)累计新增承载能力16.5平方公里。

研发及品牌创新阶段。这一阶段中端技术制造业产业集群内企业的自主研发能力明显提升。四川省中端技术制造业产业集群内拥有一批在全国立得住、叫得响、影响大的优势企业、重要技术和名牌产品,并不断向中端化迈进。为进一步培育四川新一代信息技术、新能源、新材料、生物等六大战略性新兴产业,按照工业集中、集约、集群发展原则建设工业园区,让企业退城入园,增加产业承载能力,促进产业集群形成。围绕这一内容,泸州、自贡建立了产业园区入驻工业项目联合审查制度,着力增强园区生产、纳税和就业能力,强化服务配套和政策支持,完善园区统计指标体系。

(二)四川省中端技术制造业产业集群演化的制约因素

1. 市场化程度低

四川省中端技术制造业产业集群很多地区及产业园区、开发区内,都存在缺乏较好的配套生产企业、产业关联度低等现象。在一定程度可以说,这种现象是在政府的投资决策中,出现了"政绩导向型""地方局部利益导向型"的经济产物。对于地方产业的发展,应该坚持以市场为导向,避免"拉郎配",引导关联企业和配套项目相对聚集,促进主导、配套产业协调发展。但在各地区的产业发展规划或高新技术开发区的发展规划中,大都把电子信息、生物工程等作为各个地区高新技术产业的发展方向,导致各地重复建设、资源浪费,各区之间产业结构雷同、缺乏产业特色,限制了区域整体竞争能力的发展。种种现象都表明,川渝地区产业的组织、管理和运作还未能彻底摆脱计划经济体制遗留下来的病疾,政府主导型特征十分明显,市场化程度较低。

2. 基础设施有待加强

四川省山地众多,完善的基础设施为中端制造业产业集群的持续发

第八章　丝绸之路经济带中端技术制造业产业集群价值网络演化

展提供了必要的条件。基础设施建设滞后是四川地区经济协作发展的主要制约因素之一,区内基础设施在总体落后的背景下呈现明显的不平衡状态。成都平原地区基础设施建设相对完善,而其他地区的基础设施建设严重不足。从目前四川与重庆两个相邻的地区来看,重庆及川内相邻的县(市)之间、相邻的乡(镇)之间公路建设欠账大、任务重,且大多难于纳入国家总体规划,短期内无力全面建设。同时,已建成的高速公路因行政区划不同导致收费偏高,增大了往来成本,且维修也不同步,路况不能得到根本保障。这样既不利于双边经济交往,也对投资者跨区域的投资积极性和经济合作带来一定的影响。

3. 产业布局分散

由于其特定的历史原因,四川存在的产业布局分散、布点盲目、重复建设等问题,而且"三线"建设时期形成的布局分散的局面并未因众多的工业区、开发区的建立得到改观。布局的分散会使知识、技术以及信息的传播和扩散缓慢,造成企业之间的协作困难、供求市场失调等,缺乏集聚规模效益。在某种程度上,这显示川渝地区制造业存在小而全、资源重复分散、缺乏群体与规模优势、协作能力差等问题。不仅使产业布局分散、结构雷同,而且致使资源浪费和环境污染,可持续发展能力弱。因此,川渝地区只有通过加速产业整合,形成发展合力,才能提高整体竞争力。但是,在较长一段时期内这一问题无法完全解决,并成为制约该地区中端制造业产业集群发展的重要因素。

第二节　丝绸之路经济带中端技术制造业产业集群价值网络的形成及演化

一、丝绸之路经济带中端技术制造业产业集群价值网络的形成

在丝绸之路中端技术制造业产业集群中,由于有大量相关企业分布,

集群成员企业间应存在各种潜在的价值联结关系,即可能存在着上下游关系与相互依存、相互作用关系。在此,这些中端技术制造业在产业集群中因作用和位置不同可以分为供给者、需求者、供应者企业和辅助者企业。也即,中端技术制造业可能是非金属矿物质原材料加工厂、冶炼厂,以及所需各种中间要素的供给商、为此提供中介服务的政府和金融机构等组合而成。因此,中端技术制造业产业集群内的企业之间存在着上述的潜在价值联结,构成了中端技术制造业产业集群价值网络。

首先,确定丝绸之路中端技术制造业产业集群中的需求集。对于中端技术制造业产业集群来说,需求集不仅包括将原材料(如石油、有色金属、非金属矿物制品)提炼出来所需要的原材料,也包括在提炼期间所需的大型设备以及材料等。这些需要的原材料以及设备既可以向集群内成员购买,也可以向集群外成员购买。将丝绸之路中端技术制造业产业集群内每个成员企业的所有需求都归结出来,构成一个需求集合。

其次,确定丝绸之路中端技术制造业产业集群中的供给集。对于中端技术制造业产业集群来说,中端技术制造业产业集群内的每一个成员企业提炼出产品,有的是作为最终产品进行消费,有的是作为其他成员企业的中间产品,有的既作为消费品进行消费,又作为中间产品销售给其他的成员企业。这些中端技术制造业产业集群内所有成员企业提供的产品集合则构成了一个供给集合。

最后,确定丝绸之路中端技术制造业产业集群中潜在对象选择。前面分析了中端技术制造业产业集群内的需求集和供给集,则会存在需求集中某个需求和供给集中某个供给相对应。一般来说,对一个需求,可能不止一个供应商,同样,对于一个供给,可能不止一个需求,如对大型设备生产的供给者来说,对应的需求商不仅有石油冶炼制造商,同时可能有非金属矿物质品制造商。当然,在这样的对应关系中,可能有孤立点存在,没有相应的需求商与供给商对应的情况。

第八章　丝绸之路经济带中端技术制造业产业集群价值网络演化

二、丝绸之路经济带中端技术制造业产业集群价值网络的演化

(一)初始阶段

产业集群的初始阶段,大多数集群内企业无力承担新建网络所需的搜索、构建及管理供给,以满足价值网络不断创新的需求。所以,丝绸之路经济带中端技术制造业产业集群的初始阶段多建立在距离资源较近、地理临近的基础上,这二者也是中端制造业产业集群价值网络构建的基础和驱动因子,如新疆的石油、天然气、石油化工产业集群和有色产业集群价值网络,宁夏的煤炭开采和洗选业产业集群价值网络等。这段时期,中端制造业产业集群价值网络的具体特征为,价值网络规模小,网络极其脆弱,其需求主要为产业集群内部知识的创造与扩散,有限的价值网络合作关系需要合同、契约等予以固化。

(二)裂变阶段

当中端制造业产业集群发展到一定阶段,集群内的龙头企业便会出现一些员工从原来的企业离职办理新企业的过程和结果,而由于这种衍生过程具有路径依赖的特点,进一步推进了产业集群价值网络的演变。如陕北的煤炭开采和洗选业产业集聚,就得益于大量衍生企业的涌现。这种衍生成了推动产业集群价值网络的主要动力,是技术本地化扩散的重要渠道,是产业集群内部企业数量规模扩张的重要途径。衍生企业部分地继承母公司的知识、能力和发展路径,保证了区域产业活力和知识、信息的流通,促进了创新及知识在本地的扩散。此时,在集群内传播的产业特定知识和技能以及浓厚的地方文化色彩,往往通过地缘、亲缘等人际关系所形成的社会网络在相邻地区的创业者和行为主体之间进行传播,集群外的行为主体无法以相同的效率与集群内进行知识共享,最终使得中端技术制造业产业集群价值网络体现出以社会关系为主的网络特征。

(三)集聚阶段

当衍生企业数量趋稳时,从其他行业和领域吸引过来的行为主体数

量逐渐增加。新进入的行为主体会为本地注入新的活力，有助于中端技术制造业产业集群价值网络的进一步推进。换而言之，随着区位机会窗口不断被打开，集聚机制会显得更为重要。通过对丝绸之路经济带中端技术制造业产业集群价值网络案例研究发现，行为主体的集聚和结网，可以产生和诱发知识的外溢，如新疆经济开发区、工业园区，如乌鲁木齐的米东新区，就是由于引入了高新技术企业和一批实力雄厚、市场声誉良好的企业入驻。这样打破了原属于地理集聚所产生的价值网络联系对本地中端技术制造业产业集群的单独作用，突破地理限制，同时也降低了本地制度网络、社会结构和知识积累对产业集群内创新的风险，有利于进一步推动中端技术制造业产业集群价值网络的发展。

（四）重组阶段

随着中端技术制造业产业集群价值网络的演进，集群内部行为主体之间将逐渐形成相对稳定的价值网络圈。经济地理学界的众多研究表明，集群内的行为主体具有不同层次的创新能力，层级越强、价值链层级越分化，其知识的地理尺度就越大。一般具有较为扎实和雄厚技术基础的企业，能够快速消化和吸收网络外部知识，并通过非正式的技术学习活动把其获取的创新资源向网络内其他行为主体扩散，从而促进整个产业集群内网络的创新水平。此时，产业集群不仅能够利用本地知识，并且能够在更大范围内搜索新的知识和技术解决方案，由相似的经验、共同的语言、共同的知识技术基础所形成的认知临近性使产业集聚合作中的沟通更加流畅，行为主体能够高效低成本地从合作伙伴那里获取并吸收资源和溢出知识。同时，基于认知邻近而形成的长期合作关系，可以激发行为主体之间的信任，促进复杂或敏感性知识的交换与交流，推动中端技术制造业产业集群价值网络进一步发展。

第八章 丝绸之路经济带中端技术制造业产业集群价值网络演化

三、丝绸之路经济带中端技术制造业产业集群价值网络演化的影响因素

丝绸之路经济带中端技术制造业产业集群价值网络在演化过程中，势必会受到多种因素的影响，同第八章的分析类似，环境的不确定性、资产专用型和任务的复杂性等这些因素影响着产业集群朝非网络化，即市场化、一体化方向倾斜，影响着价值网络的演化。我们进一步实证分析。

(一) 数据选择

在丝绸之路经济带中端技术制造业产业集群价值网络中，我们仍以樊纲等(2011)在《中国市场化指数2011》测算出的各地区的市场化指数来度量环境的不确定性，然后运用中端技术制造业中各行业增加值占总增加值的比重来计算各行业的市场化指数。同样选用丝绸之路经济带中端技术制造业中各行业的研发人员数量来代替资产专用性这一指标。以中端技术制造业各产业新产品的产出作为任务复杂性的度量。本文则通过对四川、甘肃、宁夏、新疆的中端技术产业数据进行验证，来进一步判断丝绸之路经济带中端技术制造业产业集群价值网络的变化情况及未来的演化。

(二) 丝绸之路经济带中端技术制造业分行业产业集聚度测度

笔者根据所收集到的数据，以丝绸之路经济带中端技术产业集群所涉及的主要省份(四川、甘肃、宁夏、新疆)为研究对象，采用工业产值区位熵测度中端技术产业集聚度：分别选用2002年到2009年四川、甘肃、宁夏、新疆以及全国按行业分全部国有及规模以上非国有中端技术制造业5个行业(石油加工、炼焦及核燃料加工业，非金属矿物制造业，黑色金属冶炼及延压加工业，有色金属矿采选业，金属制品业)的工业总产值测度的工业总产值区位熵，数据来源于《中国工业经济统计年鉴》，各产业工业总产值区位熵用LQ_{it}表示。具体数值如表8.2所示。

表8.2　历年来四川、甘肃、宁夏、新疆中端技术制造业分行业工业总产值区位熵

LQ_{it}	2002	2003	2004	2005	2006	2007	2008	2009	变化趋势
C7	0.7891	0.7791	1.2132	1.0011	1.2419	1.3019	1.2952	1.4109	上升
C8	0.9121	1.0976	1.472	1.0422	1.2485	1.2912	1.1082	1.1983	上升
C9	1.0311	1.0526	0.9562	1.1532	1.2942	1.2719	1.1647	1.2005	上升
C10	0.8965	1.0221	1.2314	1.2156	1.0004	1.1652	1.1376	1.2011	上升
C11	0.5215	0.4009	0.6253	0.6354	0.5352	0.6326	0.4326	0.4627	下降

数据来源:《中国工业经济统计年鉴》(2003—2011)

通过表8.2用行业工业总产值区位熵测算的各产业集聚度数值,可以看出:四川、甘肃、宁夏、新疆中端技术制造业分行业从2002年到2009年区位熵均超过1的行业有4个,分别是石油加工、炼焦及核燃料加工业(C7)、非金属矿物制造业(C8)、黑色金属冶炼及延压加工业(C9)、有色金属矿采选业交通运输设备(C10),其中石油加工、炼焦及核燃料加工业行业集聚度是最高的,2009年达到了1.4109,这与西部地区自身的特色资源有关,新疆、四川及陕西的石油产业发展较快,例如,新疆的石油化工网络、陕北的石油产业等。有1个行业的区位熵没有达到1,为金属制品业(C11),说明这个行业产业集聚度不高。同时发现石油加工、炼焦及核燃料加工业、非金属矿物制造业、黑色金属冶炼及延压加工业、有色金属矿采选业交通运输设备的区位熵趋势是不断上升的。

(三)丝绸之路经济带中端技术制造业分行业产业集聚的影响因素实证分析

1. 模型设定

一般有关产业集聚的模型选用双对数模型,其基本形式是:

$$ln(LQ_{it}) = \alpha_1 + \alpha_2 ln(EN_{it}) + \alpha_3 ln(RD_{it}) + \alpha_4 ln(INV_{it}) + \beta Z_{it} + \varepsilon_{it}$$

(8.1)

第八章 丝绸之路经济带中端技术制造业产业集群价值网络演化

其中，i 表示中端技术制造业行业，t 表示时间，LQ_{it} 表示中端技术制造业聚集度指标，EN_{it} 表示环境不确定性指标，RD_{it} 表示资产专用性，INV_{it} 表示任务复杂性，Z 表示其余控制变量劳动生产率（Lev）、行业中外资比重（FDI）、资本密集度（Kshare）、出口所占比重（Export）等。对于本节的估计来说，面板数据模型的计量结果中，如果解释变量参数大于 1，则说明制造业产业集聚对环境不确定性、资产专用性、任务复杂性比较敏感，反之小于 1 则不敏感，不能构成产业集聚的动力。

通过建立 5 个行业的工业总产值区位熵和其影响因素（环境不确定性、资产专用性、任务复杂性）的面板数据模型，来刻画影响丝绸之路经济带中端技术制造业分行业产业集聚的因素，进一步判断丝绸之路经济带中端技术制造业分行业产业集聚的演化趋势。

2. 实证结果

具体实证结果如表 8.3 所示。四川、甘肃、宁夏、新疆中端技术制造业 5 个行业环境不确定性每增加一个百分点，中端技术制造业产业区位熵增加约 2.761 个百分点，资产专用性每增加一个百分点，中端技术制造业产业区位熵增加约 1.024 个百分点，任务复杂性每增加一个百分点，中端技术制造业产业区位熵增加约 1.005 个百分点，表现出的环境不确定性的聚集弹性非常明显。

表 8.3 历年来四川、甘肃、宁夏、新疆中端技术制造业产业聚集度影响因素分析

	（1）	（2）	（3）	（4）
EN_{it}	2.341＊＊＊ （2.87）	2.211＊＊＊ （4.86）	2.4211＊＊＊ （4.19）	2.761＊＊＊ （3.91）
RD_{it}	1.821＊＊＊ （4.04）	1.893＊＊＊ （5.02）	1.042＊＊＊ （2.95）	1.024＊＊＊ （2.86）

续表

	(1)	(2)	(3)	(4)
INVit	0.914***	1.042***	1.236***	1.005***
	(2.92)	(4.82)	(4.99)	(3.91)
Lev		1.001***	1.003***	1.013***
		(11.52)	(17.94)	(15.88)
Kshare		0.044**	0.050**	0.089***
		(2.21)	(2.51)	(2.61)
Export		-0.003	-0.001	-0.001***
		(-0.81)	(-1.63)	(-3.24)
FDI		-0.007	0.006***	0.005***
		(-1.22)	(2.67)	(2.84)
constant		0.001***	0.003***	-0.013
		(11.52)	(17.94)	(-0.88)
Year	否	否	是	是
Region	否	否	否	是
adj. R^2	0.293	0.516	0.633	0.754

第九章 丝绸之路经济带低端技术制造业产业集群价值网络演化

正如第七章、第八章中的分析,本章根据低端技术制造业占工业总产值的比重选取中国丝绸之路经济带低端制造业产业集群主要涉及省份:四川、内蒙古、宁夏、新疆,如图9.1。2013年,四川省低端制造业工业总产值占整个四川工业总产值的20.07%,内蒙古低端制造业工业总产值占比为15.34%,宁夏低端制造业工业总产值占比为8.77%,新疆低端制造业工业总产值占比为6.67%。分析这四个省份中的低端制造业产业集群的动态演化及由集群构成产业价值网络后,价值网络的演化趋势等。

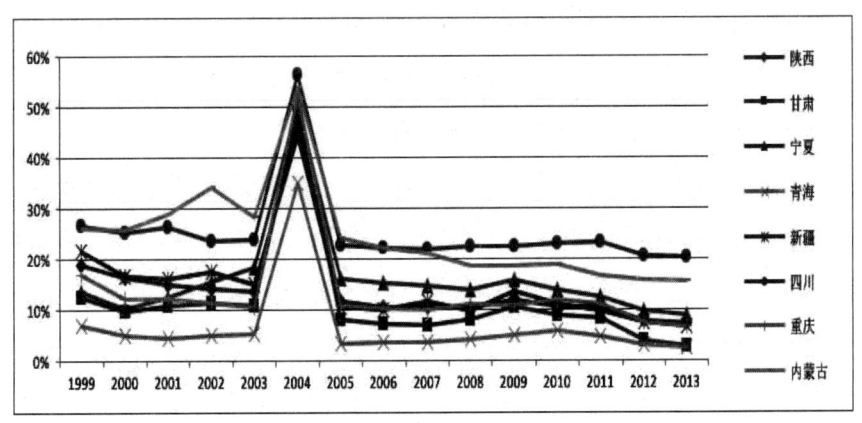

图9.1 各省份低端技术制造业占比趋势图

第一节 丝绸之路经济带低端技术制造业产业集群动态演化规律

一、四川低端技术制造业产业集群演化

四川的农副产品加工业、饮料制造业位居全国前列,蔬菜加工业、白酒业产业集群发展态势良好。2013年,四川低端技术制造业规模以上企业完成总产值6160.92亿元,增长10.42%,占全省规模以上工业总产值比重达到20.07%;完成工业销售总值5990.98亿元,增长10.33%。

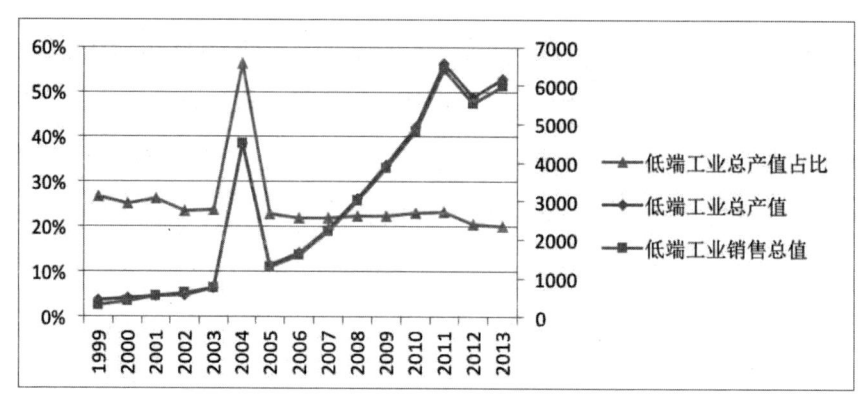

图9.2 四川低端制造业产业发展演化

(一)四川低端技术制造业产业集群演化分析

数量扩张阶段。四川低端技术制造业产业集聚中发展较好的就是农副产品加工业和饮料制造业等主要以农副产品加工为主的产业。良好的自然环境、优质的蔬菜原料、传统泡制发酵与现代生产工艺的有机结合,使四川泡菜和白酒行业发展态势良好。眉山是"四川泡菜"的重要发源地、主产区和核心区。眉山泡菜产业是眉山市农业经济发展的支柱产业,该市的东坡区为闻名全国的"中国泡菜之乡"。近年来,眉山市把泡菜产

第九章 丝绸之路经济带低端技术制造业产业集群价值网络演化

业作为发展现代农业和带动农民致富增收的支柱产业来抓,依托蔬菜基地、泡菜加工企业,已经建成国内最大的泡菜生产基地,成为泡菜品牌最集中的地区。从20世纪70年代开始,眉山泡菜已历经40余年的发展。实力强劲的泡菜产业集群,使四川泡菜具备了门类齐全、品种众多、质量上乘的显著特色。四川以龙头企业为引擎,大力打造绿色、无公害的泡菜原料基地。关于白酒产业集群,大量的考古发现以及历史资料记载都证明,从3500年前开始到现在,以绵竹、广汉为中心,包括宜宾、泸州、成都、遂宁等在内的带状区域,拥有源远流长的酿酒历史,并由此形成底蕴深厚且独特的川酒文化。数千年的酿酒历史,产生了许多能工巧匠和酿酒大师,精湛的工艺和技术已达到炉火纯青的地步。如2006年年底,由中国酿酒工业协会举办的"中国酿酒大师"颁证典礼在北京举行。此次"中国酿酒大师"评定活动筹备近一年时间,从众多酿酒工业者中评选出32名行业带头人和专家学者。其中就有9人来自四川,成为"中国酿酒大师"人数最多的省份。

质量提升阶段。最近几年,在地方政府的大力支持下,眉山泡菜实现了三次较大的飞跃发展,从早期的小作坊式生产逐步形成了目前蔬菜基地规模化、龙头企业集群化、蔬菜产品品牌化的发展格局。并通过建立蔬菜标准化生产基地,做强龙头企业,抓规模化发展,创立品牌,使泡菜产业得到进一步的快速发展,一跃成为全国主要泡菜基地之一。到2011年年底,四川省的眉山泡菜原料基地达到34.3万亩,蔬菜加工企业68家,全年蔬菜加工量101.8万吨,总产值达61.2亿元,占据四川泡菜产业"半壁河山",带动15余万种菜农户增收近5亿元。泡菜产品远销美国、加拿大、韩国等40多个国家和地区。关于白酒产业集群的发展,自1987年成都首次举办全国糖酒会以来,至2008年已成功举办了19届全国春季糖酒会,2009年的第20届也于成都举办,当之无愧地成为举办糖酒会次数最多的城市。尤其在80年代至90年代,全国糖酒会几乎办成了成都特权会,一个为川酒服务的批发市场。通过全国糖酒会这个交易平台,川酒源源不断地输向全国,因此在鲁酒"标王事件"之前,川酒企业几乎不做任何广告。同时全国糖酒会的多次承办还在川内催生了多种酒水类专业刊物,这些刊物以立足服务本地为导向把川酒的形象推向全国。

技术和品牌提升阶段。现代产业的发展,离不开高附加值品牌的打造,地方政府和企业都非常重视眉山泡菜区域品牌的创建。2006年,眉山市东坡区荣获"中国泡菜之乡"称号,2009年"东坡泡菜"获得国家地理标志保护产品。目前,眉山市泡菜产业共拥有5个中国驰名商标、10个有机食品认证、74个绿色食品认证,眉山市被整体认证为无公害农产品基地市。全市亿元以上产值企业8家,已拥有"吉香居""乐宝""味聚特""惠通"和"川南"5个中国驰名商标,70余个国家绿色食品,12个有机产品,四川省著名商标7个、四川品牌6个,全国农副产品加工示范企业2家,获得中国进出口资格的企业7家,国家、省、市级农业产业化重点龙头企业42家,其中,国家2家,省级5家。关于白酒产业集群,四川省白酒业的规模在全国各省市中都是首屈一指的。以2007年为例,四川省拥有大大小小白酒制造企业1万多个,其中规模以上白酒企业184个,居各省份之首,占全国规模以上白酒企业总数的16.41%。就2007年白酒市场份额来说,仅五粮液集团、泸州老窖集团、剑南春集团、沱牌集团这4家川酒企业就占到整个白酒市场份额的28.94%。

(二)四川低端技术制造业产业集群演化的制约因素

1. 产业集聚度仍旧较低,区域内竞争过于激烈

如前所述,四川省的泡菜企业和白酒企业品牌众多,几乎全面覆盖了所有产品市场。这一方面有利于四川省全面介入日趋多元化的农副产品消费市场,但另一方面在某种程度上也意味着更混乱的市场拓建、更激烈

第九章　丝绸之路经济带低端技术制造业产业集群价值网络演化

的生存竞争。无论在哪个细分市场上,除了与外省的泡菜企业和白酒企业及品牌的竞争,四川省内部的泡菜企业及白酒企业和品牌之间也存在着激烈的竞争。如在白酒高端市场上,存在着五粮液、国窖 1573、水井坊、舍得酒、红花郎等的竞争;低端市场上,存在着剑南春、五粮春、泸州老窖特曲、郎酒等的竞争;中低端市场上,存在全兴大曲、沱牌曲酒、文君酒、丰谷酒、小角楼等的竞争。

2. 物流状况较差,辐射全国市场的力度仍然不够

物流业是融合运输、仓储、货运代理和信息等行业的复合型服务产业,涉及领域广,对促进生产、拉动消费的作用大。作为地处西部的省份之一,近年四川省的物流业发展迅速,物流水平有了很大提高。但是,相对于四川泡菜和川酒在国内的龙头地位,四川目前的物流水平尤其是广大农村地区的物流水平远不能满足辐射全国市场的需要,这也大大阻碍了川酒业区际竞争力的提升与市场份额的扩大。目前四川仍不具备完善的物流通道、物流公共服务平台等基础设施,也缺乏一批服务水平高、竞争力强的大型现代物流企业。总之,由于四川省远未构建完善的物流网络体系,远未实现物流服务的社会化和专业化,这必然会在很大程度上制约今后四川农副产品加工和饮料制造业进一步遍及全国、走向世界的目标实现。

二、内蒙古低端技术制造业产业集群演化

近年来,内蒙古经济飞速发展,创造了一个又一个的经济神话,国民生产总值增长较快,人们生活水平得到了极大的提高,内蒙古是资源大省,尤其是羊绒以及乳液。正如"深圳模式"和"温州模式"一样,内蒙古也存在以羊绒、乳液等为原材料的低端技术制造业产业集群和专业市场。2013 年,内蒙古低端技术制造业规模以上企业完成总产值 2903.19 亿元,

增长10.11%,占全省规模以上工业总产值比重达到15.34%;完成工业销售总值2817.46亿元,增长10.03%。

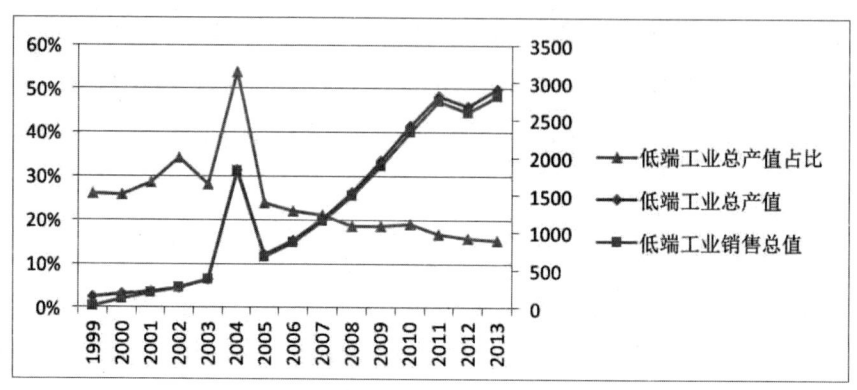

图9.3 内蒙古低端制造业产业发展演化

(一)内蒙古低端技术制造业产业集群演化分析

数量扩张阶段。内蒙古低端技术制造业产业集聚中发展较好的就是食品制造业、农副产品加工业、饮料制造业等主要以农副产品加工为主的产业。农畜产品加工产业的发展有一定的地域性,内蒙古的地形特点、气候条件、地理位置等自然环境因素,使得内蒙古具备了发展农畜产品加工产业的资源条件。目前已经初步形成了牛奶、羊绒、小麦、玉米、马铃薯等多个重点产业集群和集聚区。从全国范围看,内蒙古具有发展农牧业的生产条件,在原材料的供应上具有一定的优势。内蒙古的羊毛、牛奶等的产量在全国居第一位,羊绒产量,在世界排名中名列第一,这些发展内蒙古农畜产品加工业产业的资源条件,为发展内蒙古农畜产品加工产业集群奠定了基础。

质量提升阶段。随着产业集聚竞争加剧,企业越来越看重质量和品牌。伊利、蒙牛、鄂尔多斯等国际知名品牌就是在这一时期发展的。品牌效应能够带动行业内的其他企业共同发展。随着人们对绿色农畜产品的质量安全关注度不断提升,内蒙古的农畜产品有着更加美好的前景和广

第九章　丝绸之路经济带低端技术制造业产业集群价值网络演化

阔的市场。据统计,目前内蒙古生产加工的牛奶85%销往全国各地,马铃薯鲜薯的60%销往华北地区,马铃薯原种的90%销往华南地区,京津地区的优质小麦加工产品和优质牛羊肉产品的54%来自内蒙古。

技术和品牌提升阶段。"十二五"时期,内蒙古仍然把低端制造业产品加工产业作为重中之重,给予大力支持。引进国外先进的生产线、先进的技术,借鉴国外先进的管理经验,使得乳类、羊绒类等行业内龙头企业的市场竞争力有了大幅度的提升或者保持其原有的市场竞争优势。同时,将工作重点放到肉类、粮油、马铃薯等绿色农畜产品加工产业,增加产品的精加工和深加工,在充分发挥龙头企业的优势的同时,培育出更多具有竞争力的新企业。预计到2016年,农畜产品加工业实现销售收入5000亿元,增加值1500亿元,均比2010年翻一番,年均递增15%以上,农畜产品加工率达到65%左右。打造2家年销售收入超400亿元的大企业集团和5家年销售收入超100亿元的龙头企业,形成一大批在内蒙古乃至全国有较大影响力和市场占有率的农畜产品加工企业和驰名品牌。重点扶持伊利、蒙牛等龙头企业,促进乳产品产业结构的调整,加大科研投入,提升自主创新能力,增加新产品的品种和产品的科技含量,乳产品的结构也在由初级加工向精深加工转变和调整,提高了产品的附加值,加快了经济发展方式的转变,形成了具有一定优势的内蒙古农畜产品加工产业集群。

(二)内蒙古低端技术制造业产业集群演化的制约因素

1. 内蒙古低端技术制造业产业集群发展不成熟

近年来,内蒙古农畜产品加工业维持了较快的发展,全面来看,发展滞后,依旧处在依靠增加资源(人财物)投入、扩大生产场地、生产规模、增加产品产量的初级增长阶段,发展中一些突出的问题有待解决。从全局角度看,内蒙古农畜产品加工产业集群,没有达到产业化节约化的发展阶段,规模经济优势不明显,产业集群的外溢性没有体现出来。企业实力弱,对于培育区域品牌的意识认识度不够,区域品牌竞争力不强,对于区域经济的发展没有起到很好的促进作用。乳、绒产业集群基本有了稳定的原材料供应和原料生产基地,已经具备了一定的规模,而且拥有了伊利、蒙牛、鄂尔多斯等世界知名品牌。但是其他产业集群或者新兴产业集群发展缓慢、起步晚,集群内企业绝大多数都是零散、分散经营的乡镇企业或者中小企业,企业不成规模,发展速度慢,缺少资金,难以引进先进的技术设备和能够操作先进设备的高新技术人才。企业与农牧户的关系基本是单纯的买卖,没有形成利益相结合的共同体,生产原料不能持续供应,加工能力处于初级简单粗糙水准,未形成一定的产业链,没掌握先进的生产技术,难以保证产品质量,产品同质化严重,不具备强有力的市场竞争力,典型企业规模不大,产业集中度低,从原料采购到产品销售环节上,无序竞争现象普遍,严重影响区域集群的集聚和区域品牌的培育。

2. 原料基地建设落后

内蒙古农畜产品虽总量较大,一些重要的农畜产品总量在全国各省市中排名位居前列,但是距离实现规模化、集约化、标准化经营目标差距甚远,原料供给等在区域之间不匹配不协调,不能很好地实现优势区域发展优势品牌的目的,原料在数量供给、安全、物种丰富性等方面满足不了大企业的需求。内蒙古农畜产品加工业中,多数企业是中小企业、区域乡镇企业和家庭式生产形式,产业集聚程度低,没有形成规模化的生产运营,同国际先进企业相比,不具备竞争优势。主要表现在内蒙古农畜产品加工多数是农牧户自主经营,不能集中生产,从而生产出来的产品难以保证质量;从事农牧业生产的一线农牧民,整体文化素质偏低,学习掌握新技术、应用新设备的能力较弱,难以达到大企业要求的目标或者相差甚远。原料基地的建设滞后和原料供应不稳,和龙头企业的发展不匹配,没

第九章 丝绸之路经济带低端技术制造业产业集群价值网络演化

有形成利益相关的共同统一体,使得企业原材料供给和质量方面都难以得到有效的保障。在种植业上,农户希望产量能够大幅度提高或者保证产量的稳产,在种植过程中不可避免地大量使用化肥、农药等,过多有害于人体健康的化学物质残留在作物上。由于牧民多处于零散养殖状态,无法控制牧民对兽药、激素和饲料的使用量,致使农畜产品质量难以达到国际和行业专业标准,出口受到限制。

3. 产业化发展进程缓慢

内蒙古农畜产品加工产业突出的特点是,在不同的地区之间发展是不均衡的。从集群内企业的规模看,乳、肉、绒毛(皮革)、粮食等重点扶持的产业的生产初具产业集群的规模,但是集聚程度不够,整体企业规模不大,专业化程度低,致使产业化进程缓慢。像其他起步晚、优势不突出的行业的发展缓慢问题更加突出,产业规模很小,在同类产品下属的细化作物之间分布不平衡。产业化进程慢还突出表现在,产业发展的进程与地区的发达程度、工业化进程有着密切的关系,由于内蒙古工业化发展在区域发展之间呈现出不均衡的特点,由此而导致内蒙古农畜产品加工在不同的区域之间发展越加不平衡。工业化进程快的盟市,农牧业的进程借其优势发展较快,工业化进程慢的盟市,农牧业发展进程则相对来说更加缓慢。

4. 投融资渠道不畅,缺乏自主创新

农畜产品加工企业资金短缺问题严重,特别是中小型加工企业融资难、贷款难、担保难的问题依然突出。受资金短缺的影响,农畜产品生产加工过程中,自主研发能力差,技术落后、设备陈旧等现象普遍。如今发达国家农畜产品加工生产一定程度上已经脱离了传统工业的基础阶段,开始将工业化进程取得的成果应用到农畜产品加工业上面来,将高新技术生物工程技术、远红外技术等广泛应用在产品的精深加工中,拥有先进的生产工艺,严格规范的科学化管理,高质优良的产品。相比之下,内蒙古的农畜产品生产加工的现状不容乐观,只有少数龙头企业在技术创新上有一定的实力和资本进行投资,进行生产技术的更新,使得更新和改良后的生产设备接近世界上发达国家。绝大多数乡镇企业规模小,基本处于传统工业的生产阶段,技术落后生产设备陈旧,很大一部分处于国外20世纪末的水平。

三、宁夏低端技术制造业产业集群演化

按照自然条件和经济社会发展水平,宁夏主要分为北部引黄灌区、中部干旱带和南部山区三大区域。北部引黄灌区地势平坦,是全国四大自流灌区之一,素有"塞上江南"的美誉,是与成都平原、关中平原、河西走廊和伊犁河谷齐名的五大"西部粮仓"之一。中部干旱带土地广袤,草原辽阔,日照充足,昼夜温差较大,农产品污染少,是发展特色旱作节水农业适宜区。南部山区气候温和凉爽,雨热同步,水草丰美,物种多样,环境洁净,是发展生态农业的较佳区域。丰富的农业资源、矿产能源资源和独特的人文资源为宁夏特色产业集群的发展提供了良好的自然资源基础,因此宁夏的低端产品加工制造业产业集群发展较好。2013年,宁夏低端技术制造业规模以上企业完成总产值221.91亿元,增长1.13%,占全省规模以上工业总产值比重达到8.78%;完成工业销售总值198.62亿元,增长0.91%。

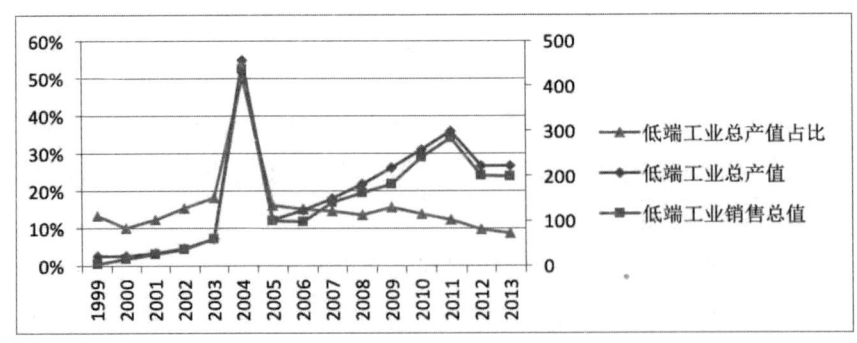

图9.4 宁夏低端制造业产业发展演化

第九章 丝绸之路经济带低端技术制造业产业集群价值网络演化

（一）宁夏低端技术制造业产业集群演化分析

1. 定性分析

数量扩张阶段。宁夏低端技术制造业产业集聚的直接诱因就是该地区特色农业资源富足。宁夏是中国"枸杞之乡""滩羊之乡""甘草之乡""长枣之乡""硒砂瓜之乡""马铃薯之乡"，"中宁枸杞甲天下"享誉海内外，"宁夏滩羊""中卫山羊""灵武长枣"备受消费者青睐，"香山硒砂瓜"行销全国大中城市，贺兰山东麓酿酒葡萄品质优良。其中，灵武长枣被国家质检总局批准为"地理标志保护产品"，并通过了中国绿色食品发展中心绿色食品 A 级认证，因其品质优良被誉为"活维生素丸"，已成为全国特色品牌产品。此外，宁夏还是枸杞、甘草、麻黄、葫芦巴、苦豆子等高品质药材的主要集散地，全国最大的马铃薯淀粉加工基地和全国最大的绒毛皮集散市场。宁夏水资源灌溉条件便利。黄河流经宁夏 12 个县市 397公里，年径流量 325 亿立方米，国家调配可利用水资源 40 亿立方米，有效灌溉面积 610 万亩。借黄河灌溉之利，宁夏引黄灌溉建成了配套的自流灌溉系统。区内盛产小麦、水稻、玉米、豆类、甜菜、瓜果蔬菜等，是全国四大灌区和全国 12 个商品粮基地之一，素有"天下黄河富宁夏"和"塞上江南"之美誉。因此早期的宁夏低端技术制造业产业集聚中主要以农产品加工等原材料加工产业集聚。

质量提升阶段。伴随着国民经济的迅速发展，尤其是改革开放以来经济的持续快速增长，为宁夏人民生活水平的迅速提高创造了物质条件，人们的衣、食、住、行等方面都得到较大改善，城乡居民消费水平显著提高，生活环境和生活质量逐步改善。以往的简单产业集聚已无法满足人们的需求，人们对产品质量提出了更高要求，同时产业集聚的竞争加剧也导致企业更加看重质量。政府通过优先发展和加强基础产业、基础设施建设，大力推进工业化、农业产业化和城市化等一系列战略举措，促进了产业结构的全面改善,逐步形成了比较合理的国民经济结构体系。

技术和品牌提升阶段。宁夏低端技术制造业产业集群初步形成对外开放向深层次、多领域拓展,地区经济和对外开放协调统一、相互促进的良好局面。目前,宁夏已逐步形成了以羊毛、羊绒、无毛绒为主的毛纺织产品,以枸杞、大米、清真牛羊肉为主的深加工、精加工的农副产品出口商品体系。宁夏已与124个国家(地区)建立了贸易往来关系,非洲、欧洲和北美洲成为宁夏对外贸易的主要地。加强与国家大企业的合作,加强兄弟省市区的经济技术合作与交流,加强闽宁对口帮扶。通过引进外资,有效缓解了宁夏建设资金困难,促进了通信、能源、水利等基础设施的改善,引进了一批先进和适用的设备、技术及生产工艺,推动了宁夏相关产业的技术进步。

2. 定量分析

根据表9.1分析,从专业化指数(区位熵)来看,宁夏食品制造业、造纸及纸制品业、纺织业在全国占有比较优势。由此可以看出,宁夏目前优势农产品加工业在全国处于比较劣势,宁夏农产品资源优势没有完全发挥出来。宁夏特色产业集群发展以特色资源和特色产品为基础和前提。与东部地区丰富的优势产业门类相比,宁夏相对优势产业部门多集中于这些农副食品加工业等资源加工的产业,所形成的产业集群表现出很明显的资源特色。譬如,宁夏清真牛羊肉、乳制品行销全国各地,"宁夏滩羊"是宁夏特有种质资源。宁夏也是西北地区重要的水产品基地,特色养殖发展很快。宁夏是我国枸杞之乡,有"中宁枸杞甲天下"之说。此外,葡萄酒、马铃薯淀粉和优质大米等特色产品在西北乃至全国都享有良好的声誉。所有这些,都为发展特色农产品产业集群提供了有力的资源保证。

第九章 丝绸之路经济带低端技术制造业产业集群价值网络演化

表9.1　2012年宁夏低端技术制造业行业的区位熵

行业	农副食品加工业	食品制造业	饮料制造业	烟草制品业	纺织业	皮革、毛皮及其制品业	家具制造业	造纸及纸制品业	木材及加工制品业
区位熵（LQ）	0.87	1.40	1.03	0.21	1.35	0.37	0.06	1.43	0.02

数据来源：《宁夏统计年鉴》（2013）

（二）宁夏低端技术制造业产业集群演化的制约因素

1. 企业规模小，集聚度不高，专业化协作水平低

一是低端技术制造业产业集群企业规模小，缺乏进一步深加工的实力。譬如，清真牛羊肉产业由于规模养殖少，分散养殖成本高，加之加工能力过剩，致使现有的龙头加工企业原料严重不足，无法承接国内外批量订单，双向影响加工和养殖效益。二是低端技术制造业产业配套体系不健全，专业化协作水平低。譬如，宁夏羊绒产业集群虽已初具雏形，但各企业都较重视动员企业内部资源，群内企业间并未形成真正的专业化分工和基于共同地域文化背景之上的相互认同与协同关系，也没有形成上下游产业的互补效应，更缺乏既竞争又合作的创新动力。这种分散独立的"小而全"式发展模式使群内企业之间缺乏分工合作，难以获得专业化分工效率，阻碍了企业间的信息交流与相互学习，也使产学研合作无法成为创新的主流，使整个集群发展缺乏发展后劲。

2. 生态环境压力沉重

宁夏低端技术制造业产业集群主要依赖于自然资源和农产品，而生态环境的威胁带给宁夏低端技术制造业产业集群巨大压力。宁夏土地总面积6.64万平方公里，大部分地区气候干燥，自然灾害频繁，生态环境脆弱，是我国生态环境问题最突出的地区之一。据中国科学院可持续发展研究小组《中国可持续发展报告》的评定，宁夏的生态环境脆弱度达到了

1.2364,高居中国省级行政区第一位。影响生态环境的主要问题是水土流失、土地沙化、草原退化、耕地盐渍化和灾害频繁等。宁夏水土流失、土地沙漠化面积占国土面积比例分别高达75.10%和23.94%。近年来,人口增长、经济发展给宁夏土地、水资源、空气等的承载能力带来巨大的挑战。一方面,从自然环境因素来看,宁夏水资源贫乏,森林覆盖率低,南部黄土高原区水土流失严重,中部和西部存在风蚀沙化现象,北部地区土壤次生盐碱化严重,这些问题的存在致使自然生态环境极其脆弱,目前全区土地沙化面积1.26万平方公里,占全区总面积的24.3%;水土流失面积3.69万平方公里,占全区总面积的71.2%。另一方面,宁夏农业生产耗水量大,农业污染不断加重,加之生活污水等的排放,给环境带来了更加沉重的压力。尽管近年来以沙坡头治沙工程为范例的宁夏治沙工程效果显著,但沙化总量依然很大,草原退化率、盐渍化问题也十分突出。

3. 政府服务职能作用发挥不足

政府在宁夏特色产业集群的形成中扮演着重要的角色,但作用发挥不够。在宁夏产业集群发展的过程中,政府通过积极引导、大力扶持、先后出台各种鼓励政策和优惠政策为产业集群的发展创造良好的环境,但产业集群在发展中依然存在很多问题,其中,政府作用发挥不够是重要原因之一。优势特色产业集群是在市场机制作用下,生产要素按照要素回报率在产业间和地区间充分流动,而引致相关企业在一定区域内集聚而成的。它的形成要求有一个完善的市场体制和市场机制作用充分发挥。市场化程度越高,越有利于优势特色产业集群的发展。对于地处西部的宁夏来说,市场化进程相对东部发达地区滞后,在计划经济体制下形成的以纵向管理为主的条块分割的管理体制还没有完全改变,金字塔式的企业组织结构使其各自为政,自成体系,从而人为地割裂了企业之间、地区之间经济的本来内在联系与合作,分布在同一区域内的相关企业在经济技术上难以协调发展,增加了企业布局与区域经济发展的矛盾。

四、新疆低端技术制造业产业集群演化

新疆具有明显低端技术制造业产业集群优势,新疆地广人稀,物产资源丰富,产业链呈现明显的开采、初加工在新疆,生产、消费在疆外的典型特征,新疆优势产业集群主要集中在产业链的上游,中下游极少且切入难,因此新疆的低端技术制造业产业集群发展较好,形成了一批农副产品加工业产业集群。2013 年,新疆低端技术制造业规模以上企业完成总产值 455.48 亿元,增长 1.93%,占全省规模以上工业总产值比重达到 6.6%;完成工业销售总值 425.10 亿元,增长 1.86%。

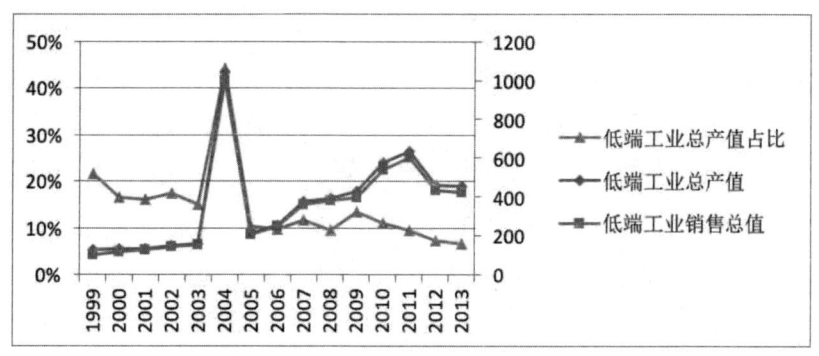

图 9.5 新疆低端制造业产业发展演化

(一)新疆低端技术制造业产业集群演化阶段分析

1. 定性分析

数量扩张阶段。新疆低端技术制造业产业集聚的直接诱因就是该地区特色农业资源富足。以新疆的发达地区南疆为例,南疆五地州粮食作物产量除 2011 年出现下滑现象外,其他年份均是直线上升态势,但是 2011 年的粮食作物产量较 2007 年来说还是增长了 40.7%。2007 到 2011 年南疆五地州苹果、梨、葡萄、桃、杏、红麦、石榴、核桃等特色林果业产品产量呈波状变化,但是每一种产品 2011 年的产量与 2007 年相比都有所增加。南疆五地州特色农作物番煎的产量除了 2011 年略微下降外,其他年份均是直线上升的态势,辣椒产量五年来呈直线上升态势。南疆

五地州棉花播种面积呈波状变化态势,但是 2011 年年底较 2007 年棉花播种面积还是明显增加了。南疆五地州畜肉产量呈直线上升态势,尤其是 2009 年以后增幅迅速加大。南疆五地州造林面积呈倒 V 状变化,但是 2011 年的造林面积较 2007 年来讲还是明显增加了。南疆五地州木材采伐量直线下降,这一方面得益于人们的环保意识加强,另一方面得益于技术进步带来的资源利用率的提高。因此早期的新疆低端技术制造业产业集聚中主要以农产品加工、纺织业等原材料加工产业集聚。同时往往存在以中小企业居多,专业化强,地方企业之间竞争激烈等特点。

质量提升阶段。随着西部大开发战略的实施,中央从 2001 年开始,每年发行 500 亿元的西部发债券,专项用于西部大开发建设。新疆是我国西部开放的门户,在与中西亚国家的交流与合作方面起着重要的桥梁作用,在国家的维稳戍边方面也起着重要作用。因此,国家各部委制定了相应的扶持措施,形成了国家扶持和多方面、多层次投入的合力,进入 21 世纪以来,政府实施了一系列反哺农业的惠农政策,逐步取消了农业税,实行"三补贴",大幅增加农业投资,大大提高了农民从事农业的积极性。《2011—2015 农产品加工业发展规划》为农产品加工业的集聚提供了引导作用和政策支持。新疆维吾尔自治区政府十分重视农业结构的调整,结合本地实际情况,出台了一系列鼓励和发展现代农业、加速调整农业结构的相关政策,例如制定了《2012 年农产品产地初加工补助项目实施指导意见》,在《指导意见》里确定南疆巴音郭楞蒙古自治州博湖县、阿克苏地区阿克苏市、阿克苏地区温宿县、喀什地区麦盖提县、和田地区皮山县 5 个优势、特色农产品主产县(市)为 2012 年农产品产地初加工补助项目建设试点县。

技术和品牌提升阶段。新疆全方位地加大了与国内外地区的交流程度,加强了与国内外发达地区的技术合作,形成了多层次的对外开放良好局面。我国加入 WTO 后,新疆又有了引进国外先进技术、资金和管理经验的便利条件,而且我国东部发达地区部分产业在向西部实行梯度转移

第九章 丝绸之路经济带低端技术制造业产业集群价值网络演化

的过程中也给新疆带去了许多先进的设备、技术、人才和管理经验。2011年年底,全国共接受技术转让39项,技术咨询532项,技术服务597项,而新疆接受技术转让22项,技术咨询488项,技术服务569项,分别占新疆所接受技术项目的56.4%、91.7%、95.3%。新疆经济技术合同交易额达到43778.69万元;研究与试验发展经费支出达266545万元,较2007年增加了32.63%;外国和中国港澳台地区在新疆直接投资的农产品加工企业有26个,签订的合同69个,签订合同数比2007年多了12个。

2. 定量分析

新疆低端技术制造业产业集群处于发展初级阶段。根据区位熵的计算原理,我们对新疆的低端技术制造业的区位熵进行了计算,如表9.2。从专业化指数区位熵来看,新疆的低端技术制造业(包括农副食品加工业,食品制造业,饮料制造业,纺织业,皮革、毛皮及其制品业,木材加工业及家具制造业)在全国均占有比较优势,同时皮革、毛皮及其制品业和木材加工业出现了产业专业化程度上升的趋势,其余低端技术制造业产业集群均处于下降趋势,进一步说明新疆的低端技术制造业产业集群仍有待发展。

表9.2 新疆低端技术制造业区位熵指数

产业	2005年	2007年	2009年	2011年	变化趋势
农副食品加工业	1.254	1.124	1.117	1.147	下降
食品制造业	1.173	1.059	1.077	1.142	下降
饮料制造业	2.172	2.061	2.093	2.164	下降
纺织业	2.204	2.068	2.079	2.109	下降
皮革、毛皮及其制品业	1.382	2.104	2.133	2.248	上升
木材加工业	2.206	2.102	2.142	2.464	上升
家具制造业	1.213	1.158	1.061	1.074	下降
造纸及纸制品业	1.137	0.891	0.821	0.862	下降

数据来源:2006—2012年《新疆统计年鉴》及各地州统计年鉴数据

(二)新疆低端技术制造业产业集群演化的制约因素

1. 集聚程度低

根据集聚度来判断的话,新疆主要农产品加工业、食品制造业、皮革、毛皮及其制品业以及家具制造业的整体区位熵稍大于1,在全国初步形成了集聚的局面。这些低端技术制造业大部分是依托资源禀赋建立的,中小型企业居多,主要进行产品的粗加工,企业生产线短,操作简单,分工少,专业化程度低,无法提供大量的就业岗位,致使企业劳动力容纳能力不足;设备陈旧,生产效率低,资源浪费严重;企业之间的联系少,没有形成协同创新合力,致使产品品种趋同,技术含量低,市场开拓能力不足,产品销售额不高。

2. 产业布局不合理

新疆现有的专业主要农产品加工业集聚区不多,大部分园区隶属于综合工业园区,园区的产业类别五花八门,主导产业不明确,关联性配套产业不完善甚至没有。园区功能分区不完善,各功能区的职能不清晰,有些产业园区的设置并没有就近原料产地,造成了运输成本的增加,园区项目较传统,产业结构趋同现象严重,各地区主要农产品加工业园区之间没有形成良性的优势互补局面。许多不在产业园区的小型的主要农产品加工企业分散布局在各市县的郊区,不利于各区主要农产品加工业产业链的完善和品牌效应的打造。

3. 企业创新能力不足

低端制造业产业聚集的提升同样要依靠企业的创新能力,以南疆的主要农产品加工业为例,集聚经济效应提高的关键在于产业竞争力的提升,而产业竞争力提升的关键取决于创新能力的高低。因此,产业创新能力的高低关乎集聚的经济效应大小。目前南疆五地州主要农产品加工企

第九章 丝绸之路经济带低端技术制造业产业集群价值网络演化

业设立的门槛低,许多企业主的受教育程度低,领导能力不强,经营管理方式落后,创新能力有限。企业内部专业人才匮乏,企业融资困难,绝大部分企业没有独立的技术研发中心,技术研发和转换的速度慢。南疆五地州科研院所较少,且主要农产品加工企业与仅有的几个科研院所之间的合作项目少,各主体条块分割现象严重,相互学习的机会少,阻碍企业技术支撑机构创新能力的快速提高。服务体系不健全,当地市场上充斥着许多的中介机构,但是信息化和专业化程度低,影响企业获取信息的全面性和时效性,导致知识学习效率降低。政府激励机制不健全,没有制定详细的农产品加工技术创新奖励措施,影响了主导产业和相关产业的创新积极性。

第二节 丝绸之路经济带低端技术制造业产业集群价值网络的形成及演化

一、丝绸之路经济带低端技术制造业产业集群价值网络的形成

类似于前两章的分析,在丝绸之路低端技术制造业产业集群中,首先要确定丝绸之路低端技术制造业产业集群中的需求集,再确定丝绸之路低端技术制造业产业集群中的供给集,最后,确定丝绸之路低端技术制造业产业集群中潜在对象选择。低端技术制造业产业集群内的企业之间存在的各种潜在价值联结,构成了低端技术制造业产业集群价值网络。

关于农产品加工业,这类集群价值网络上的主导产业是农产品加工业,通过对农产品进行加工,大大提高农产品的附加值,增加商品率,提高农民的收入水平。根据不同集群的农产品加工技术水平的差异,集群价值链的核心环节也是不同的。当集群的农产品加工才处于起步阶段,技术水平相对比较低时,核心环节是加工环节,企业在技术水平的提高上下

功夫,尽可能地提高农产品的转化率;当集群的农产品加工阶段已发展得比较完善,技术水平也相对比较高时,核心环节是价值增值高的营销环节,为获取更高的利润,企业往往把重心放在如何对市场的把握上。此外,加工环节和农产品供应环节之间利益关系的协调在整个集群价值链上也非常关键,供应环节是提供给加工环节初级农产品的主要来源。

关于低端技术制造业产业集群的科技园区价值网络的构成,根据园区规模的大小,存在着一条或多条产品价值链,是一条或多条农业产业价值链形成的产业集群价值网络。集群价值网络包括从低端产品生产到市场的消费者多个独立且相互关联的增值环节,每个环节的活动由多个企业来完成,各环节彼此之间进行着市场交易。园区的政府、中介以及大学、科研院所对主价值链起着辅助的作用。在链中起着主导作用的是位于核心区的加工、贮藏龙头企业,能够带动整条链的正常运转,进而带动园区周边区域的经济发展。

关于饮料制造业产业集群价值网络,这类集群的价值链构成和前一种的构成非常相似,也是从物料的供应、农副产品的生产、加工、市场销售直到最终消费的整个产业价值链条各环节的价值创造、价值分配和协调等一系列价值活动。根据不同集群的发展状况和规模,集群价值链的核心既可能是大的畜牧、养殖企业,也可能是对初级产品进行加工、贮藏的企业。后一种核心企业能够提高原产品的附加值,是实现产品价值增值能力较其他环节强的环节,其生产、经营状况直接影响着前面一些环节的生产和发展,总之对整个集群乃至价值链的运营状况起着关键的作用。同样,在这类集群中,政府、中介、金融和科研院所所起的辅助作用同样不能忽视。

第九章　丝绸之路经济带低端技术制造业产业集群价值网络演化

二、丝绸之路经济带低端技术制造业产业集群价值网络的演化

(一)初始阶段

产业集群的初始阶段,低端制造业产业集群价值网络的主要构成是企业+农户。低端技术制造业产业集群的形成离不开特定区域的农业资源以及自然资源优势,而大量的企业是把这些潜在的优势转变为现实的产品的主体。为了追求这种特定的农业资源优势以及自然资源优势,那些围绕着低端技术制造业产品加工生产基地进行集中的相关联的大量企业是实现和延伸这些初级农产品价值的核心,其中一些大的龙头企业在纵向价值链的各环节之间起着重要的纽带作用。

(二)裂变阶段

低端制造业产业集群价值网络的构成跨越农、工、贸三个产业,分为上游、中游、下游三个大的环节。当低端制造业产业集群发展到一定阶段时,集群内的龙头企业便会出现一些员工从原来的企业离职办理新企业的过程和结果,进一步推进了产业集群价值网络的演变,典型的案例如饮料加工品牌蒙牛就是从伊利衍生出来的,蒙牛的总裁在成立蒙牛之前是伊利的副总裁。这种产业集聚的发展证实得益于衍生企业的涌现。衍生企业部分地继承母公司的知识、能力和发展路径,保证了区域产业活力和知识、信息的流通,促进了创新及知识在本地的扩散。此时,在集群内传播的产业特定知识和技能以及浓厚的地方文化色彩,往往通过地缘、亲缘等人际关系所形成的社会网络在相邻地区的创业者和行为主体之间进行传播,集群外的行为主体无法以相同的效率与集群内进行知识共享。最终使得低端技术制造业产业集群价值网络体现出以社会关系为主的网络特征。

(三)集聚阶段

当衍生企业数量趋稳时,从其他行业和领域吸引过来的行为主体数

量逐渐增加。由于价值链网络跨越了农、工、贸三个产业,而每个产业都有本产业的特点,所以每一个产业产业价值链上的各环节之间都有可能进入新的行为主体,进而为低端制造业产业集群价值网络注入新活力。通过对丝绸之路经济带低端技术制造业产业集群价值网络案例研究发现,行为主体的集聚和结网,可以产生和诱发知识的外溢。如宁夏的以羊毛、羊绒、无毛绒为主的毛纺织产品,以深加工、精加工的农副产品出口商品体系,就是由于引入了一批实力雄厚、市场声誉良好的企业入驻。这样打破了原属于地理集聚所产生的价值网络联系对本地低端技术制造业产业集群的单独作用,突破地理限制,同时也降低了本地制度网络、社会结构和知识积累对产业集群内创新的风险,有利于进一步推动低端技术制造业产业集群价值网络的发展。

（四）重组阶段

随着低端技术制造业产业集群价值网络的演进,集群内部行为主体之间将逐渐形成相对稳定的价值网络圈。如低端技术制造业中的农产品加工制造业产业集群价值网络,上游环节即产前部门,它是为中游的农业生产提供种子、化肥、饲料、农业机械等投入要素的部门。中游环节即产中部门,也就是农业生产领域,在整条价值链上处于基础的地位,下游环节所需的原材料和初级农产品都来自农业生产的提供,所以不管是农产品的数量还是质量发生变化都会影响到下面环节的生产和流通。下游环节即产后部门,如农产品的加工、储存、销售、运输等部门,属于价值链中的核心环节,它对农业生产部门提供的初级农产品和原材料进行加工和再制造、提高农产品的附加值,使农户获得更高的收益,另外还对农业生产提供技术上的指导等。这时外来的农产品加工业企业或者外来的农产品原料供应企业的加入就会打破这种稳定的价值网络圈,而这种新企业的加入不仅能为已有的产业集群带来新知识,也能够达到在更大范围内搜索新的知识和技术解决方案的目的,进而激发行为主体之间的互动,促进复杂或敏感性知识的交换与交流,推动低端技术制造业产业集群价值

第九章 丝绸之路经济带低端技术制造业产业集群价值网络演化

网络进一步发展。

三、丝绸之路经济带低端技术制造业产业集群价值网络演化的影响因素

丝绸之路经济带低端技术制造业产业集群价值网络在演化过程中，势必会受到多种因素的影响，同前两章的分析类似，环境的不确定性、资产专用型和任务的复杂性等这些因素影响着产业集群朝非网络化，即市场化、一体化方向倾斜，影响着价值网络的演化。我们进一步实证分析。

（一）数据选择

在丝绸之路经济带低端技术制造业产业集群价值网络中，我们仍以樊纲等(2011)在《中国市场化指数 2011》测算出的各地区的市场化指数来度量环境的不确定性，然后运用低端技术制造业中各行业增加值占总增加值的比重来计算各行业的市场化指数。同样选用丝绸之路经济带低端技术制造业中各行业的研发人员数量来代替资产专用性这一指标。以低端技术制造业各产业新产品的产出作为任务复杂性的度量。本文则通过对四川、内蒙古、宁夏、新疆中的低端技术产业数据进行验证，来进一步判断丝绸之路经济带低端技术制造业产业集群价值网络的变化情况及未来的演化。

（二）丝绸之路经济带低端技术制造业分行业产业集聚度测度

笔者根据所收集到的数据，以丝绸之路经济带低端技术产业集群所涉及的主要省份(四川、内蒙古、宁夏、新疆)为研究对象，采用工业产值区位熵测度低端技术产业集聚度：分别选用 2002 年到 2009 年四川、内蒙古、宁夏、新疆以及全国按行业分全部国有及规模以上非国有低端技术制造业 5 个行业(农产品加工业，食品及烟草业，纺织服装及皮革业等，木材及造纸、印刷业及出版业，家具及其他制造业)的工业总产值测度的工业总产值区位熵，数据来源于《中国工业经济统计年鉴》，各产业工业总产值区位熵用 LQ_{it} 表示。具体数值如表 9.3 所示。

表9.3 历年来四川、内蒙古、宁夏、新疆低端技术制造业分行业工业总产值区位熵

LQ_{it}	2002	2003	2004	2005	2006	2007	2008	2009	变化趋势
C12	1.0416	1.0284	1.6014	1.3215	1.6393	1.7185	1.7097	1.8624	上升
C13	1.2040	1.4488	1.9430	1.3757	1.6480	1.7044	1.4628	1.5818	上升
C14	1.3611	1.3894	1.2622	1.5222	1.7083	1.6789	1.5374	1.5847	上升
C15	0.6884	0.5292	0.8254	0.8387	0.7065	0.8350	0.5710	0.6108	上升
C16	1.1834	1.3492	1.6254	1.6046	1.3205	1.5381	1.5016	1.5855	下降

数据来源:《中国工业经济统计年鉴》(2003—2010)

通过表10.3用行业工业总产值区位熵测算的各产业集聚度数值,可以看出:四川、内蒙古、宁夏、新疆低端技术制造业分行业从2002年到2009年区位熵均超过1的行业有4个,分别是农副产品加工业(C12)、食品及烟草(C13)、纺织服装及皮革等(C14)、家具及其他制造业(C16),其中农产品加工业行业集聚度是最高的,2009年达到了1.8624,这与西部地区自身的特色资源有关,四川、内蒙古、宁夏以及新疆的农副产品加工产业发展较快,例如,四川泡菜产业,内蒙古的奶制品产业,宁夏的枸杞、肉类加工产业和新疆的食品加工业等。有1个行业的区位熵没有达到1,为木材及造纸(C15),说明这个行业产业集聚度不高。同时农副产品加工业、食品及烟草业、纺织服装及皮革业等、家具及其他制造业区位熵趋势是不断上升的。

(三)丝绸之路经济带低端技术制造业分行业产业集聚的影响因素实证分析

1. 模型设定

同前两章的分析类似,一般有关产业集聚的模型选用双对数模型,其

第九章 丝绸之路经济带低端技术制造业产业集群价值网络演化

基本形式是：

$$In(LQ_{it}) = \alpha_1 + \alpha_2 In(EN_{it}) + \alpha_3 In(RD_{it}) + \alpha_4 In(INV_{it}) + \beta Z_{it} + \varepsilon_{it}$$
(9.1)

其中，i 表示低端技术制造业行业，t 表示时间，LQ_{it} 表示低端技术制造业聚集度指标，EN_{it} 表示环境不确定性指标，RD_{it} 表示资产专用性，INV_{it} 表示任务复杂性，Z 表示其余控制变量劳动生产率（Lev）、行业中外资比重（FDI）、资本密集度（Kshare）、出口所占比重（Export）等。对于本节的估计来说，面板数据模型的计量结果中，如果解释变量参数大于 1，则说明制造业产业集聚对环境不确定性、资产专用性、任务复杂性比较敏感，反之，小于 1 则不敏感，不能构成产业集聚的动力。

通过建立 5 个行业的工业总产值区位熵和其影响因素（环境不确定性、资产专用性、任务复杂性）的面板数据模型，来刻画影响丝绸之路经济带低端技术制造业分行业产业集聚的因素，进一步判断丝绸之路经济带低端技术制造业分行业产业集聚的演化趋势。

2. 实证结果

具体实证结果如表 9.4 所示。四川、内蒙古、宁夏、新疆低端技术制造业 5 个行业环境不确定性每增加一个百分点，低端技术制造业产业区位熵增加约 3.212 个百分点，资产专用性对低端技术制造业产业区位熵的促进作用并不显著。就其缘由，低端技术制造业中的资产专用性的属性并不强，由于低端制造业所需要的资产规模较小，流动性较大，因此导致了资产专用性对低端技术制造业产业区位熵的促进作用并不显著，任务复杂性每增加 1 个百分点，低端技术制造业产业区位熵增加约 1.231 个百分点，表现出的环境不确定性的聚集弹性非常明显。

表 9.4　历年来四川、内蒙古、宁夏、新疆低端技术制造业产业聚集度影响因素分析

	(1)	(2)	(3)	(4)
EN_{it}	3.212＊＊＊ (17.27)	3.214＊＊＊ (17.39)	3.221＊＊＊ (16.60)	3.212＊＊＊ (17.27)
RD_{it}	1.098 (0.41)	1.012 (0.48)	1.057 (0.22)	1.098 (0.41)
INV_{it}	1.721＊＊＊ (2.92)	1.824＊＊＊ (4.82)	1.592＊＊＊ (4.99)	1.231＊＊＊ (3.91)
Lev		1.044＊＊ (2.21)	1.033 (1.65)	1.153＊＊＊ (5.35)
Kshare		1.075 (0.75)	1.048 (0.48)	1.218 (1.48)
Export		4.003 (0.61)	3.905 (1.00)	3.052＊＊＊ (6.50)
FDI		－1.004 (－0.61)	－1.036＊＊ (－2.51)	－1.082＊＊＊ (－4.30)
constant		－0.037＊ (－1.88)	－0.041＊＊ (－2.11)	－0.044 (－1.59)
Year	否	否	是	是
Region	否	否	否	是
adj. R^2	0.114	0.096	0.542	0.488

第十章　丝绸之路经济带科技、文化及教育产业价值网络演化

在中国的经济发展中,东部地区有着无可比拟的区位优势,比较而言,西部要发展有竞争力的经济仍然离不开自身的资源条件,正所谓靠山吃山,靠水吃水,资源禀赋的特色基础是发展西部集群经济的最基本依据。西部产业集群的一大特点就是资源的开发与加工并举,在任何时候,西部地区产业发展的原材料就是境内各省、市的特色资源。然而,资源的有限性决定了其合理开发利用的方式在西部的开发建设中应当吸取历史的教训,经济发展的同时兼顾西部生态环境的保护。生态环境建设对资源开发存在严格的要求,但其本质上是为了争取资源的可持续开发和利用,这不仅有利于资源生成机制的修复,有利于稳定资源禀赋的特色基础,从这一角度来看,西部产业集群的发展模式对集群经济的持续将产生重大影响。我们可以生物群落来比拟企业群,生物群落是生物及其环境组成的功能整体,而在产业组织中,企业和维持企业发展组成的系统,也相应地有物质流、信息流、产品链、产业多样性格局、资源循环、企业组织的专业化分工与合作、企业个体的自繁殖和自我调控的过程等,能够维系生物群落内部生物与环境共生发展的方式将是自然选择的最佳方式。与此相类比,也需要有一种模式或方式使集群内部各主体、各产业平衡发展,资源循环利用,形成功能整合体,从而带动西部经济的发展。

丝绸之路经济带经济水平稳步发展、产业结构不断完善、民族文化独

特、物质资源丰富,但经济区刚刚步入城镇化加速发展阶段,处于工业化初期阶段的前期,城市化水平严重滞后于工业化水平,小康社会实现程度与全国相比仍存在巨大差距,且低于西部地区平均水平,市场化程度偏低。具备丰富的生态资源、历史文化资源、民俗文化资源以及宗教文化资源等并具有良好的发展态势。

第一节 丝绸之路经济带科教文产业集群动态演化规律

文化产业被称为21世纪的朝阳产业,已成为美、日、法等发达国家国民经济的支柱产业,也是一个国家综合国力的重要体现。中国政府也越来越重视文化产业的发展,已将发展文化产业作为一项重要国策。文化产业作为第三产业的重要组成部分,大力发展文化产业,有力促进产业结构转型,促进服务业发展,缓解经济增长中能源、环境压力,使得经济增长具有可持续性。随着区域分工和区域协作更加突出,文化产业的发展也成了衡量区域经济增长的一项重要的指标,也成了区域之间竞争发展的利器。

文化产业(Culture Industry)最初由霍克海默和阿多诺在合著的《启蒙辩证法》书中提出而产生。20世纪90年代以来,经济全球化浪潮日趋涌现,以民族文化为单元的多元文化在世界范围内加快了融合与互动的进程,"文化产业"一词由此登上了社会和经济的舞台。在新时期的经济和社会发展中,文化产业越来越成为一个国家和地区发展"软实力"的重要体现,往往成为新的经济增长点,甚至在有的国家和地区成为支柱产业。2002年中共"十六大",首次提出"积极发展文化事业和文化产业","适应社会主义市场经济发展的要求,推进文化体制改革"。2012年党的"十八大"报告提出:要推动文化产业快速发展,到2020年全面建成小康社会,文化产业成为国民经济支柱性产业。要发展新型文化业态,提高文化产业规模化、集约化、专业化水平。

第十章　丝绸之路经济带科技、文化及教育产业价值网络演化

"产业"作为经济学概念,其内涵与外延都有其复杂性,一般来说产业是指由利益相互联系的、具有不同分工的、由各个相关行业所组成的业态总称,产业是随着社会生产力的发展而导致的社会分工的产物。文化产业是一个较新的概念,在各类书籍和文章中,对文化产业的概念都有过很多的描述,目前比较公认的是联合科国教文组织对"文化产业"的定义:文化产业就是按照工业标准生产、再生产、存储以及分配文化产品和服务的一系列活动,即从文化产品的工业标准化生产、流通、分配、消费的角度进行界定。从产业归类上来看,文化产业属于社会服务业的范围。

不同的定义和概念描述,导致文化产业所包含的内容也是各有差异。美国没有文化产业的提法,他们一般只说版权产业,主要是从文化产品具有知识产权的角度进行界定的。日本政府则认为,与文化相关联的所有产业都属于文化产业。国家统计局颁布的《文化及相关产业分类(2012)》标准,文化及相关产业被分为10个大类:(1)新闻出版发行服务;(2)广播电视电影服务;(3)文化艺术服务;(4)文化信息传输服务;(5)文化创意和设计服务;(6)文化休闲娱乐服务;(7)工艺美术品的生产;(8)文化产品生产的辅助生产;(9)文化用品的生产;(10)文化专用设备的生产。从上述针对文化产业的定义和包含内容来看,文化产业是文化经济属性的集中体现,是根据文化市场中存在的供求关系,对现有文化资源进行配置,将文化资源转化为文化产品的生产、再生产的服务过程。

文化产业发展的重点就是特色文化产业。特色文化产业是以满足人的精神需要为目的,是文化资源、市场需求、技术进步和体制机制等多种因素共同作用的结果。特色文化产业是具有极强的区外辐射力和影响力的区域特色文化产业。特色文化产业具有投入低、效益高、发展速度快、财富创造能力强等特点。因此,在国家和区域的文化产业发展中,特色文化是文化产业发展领域首选,特色文化产业是文化产业发展的核心。通过系统的挖掘、整理、开发好本区域的文化资源,提升区域文化认可度,打造代表区域发展的实力符号,增强区域的"软实力"。

丝绸之路经济带产业集群价值网络的演化与重构

一、科教文产业集群发展的条件

区域文化产业的发展和其他产业一样,总是需要一定的基本条件的,主要表现在五方面。一是文化资源。任何一个产业的发展,都与资源禀赋和文化资源的丰裕度息息相关,文化产业作为特殊的产业,除了依赖与其他产业共需的共性资源,如资金、技术等外,还必须仰仗特殊的资源,即文化资源。区域文化资源的盈缺,将直接决定是否有大量的基础文化资源进行文化相关产品的设计、开发和营销,也是文化产业发展的基础,如果在该区域内没有丰富的文化资源,发展该区域的文化产业将是"巧妇难为无米之炊"。二是人力资源。人力资源,特别是有创新能力的专业人才,是区域文化产业发展的创新源,将直接决定文化产业发展的技术和营销水平,甚至成为区域文化产业发展的核心要素。英国将文化产业称为创意产业,正是基于个人创意在文化产业发展中的突出贡献。可以说,发展文化产业,培育相关的专业人才是关键。对于区域文化产业而言,在具备基本的文化资源基础上,需要有强有力的人力资源进行文化产品的设计、开发和营销等一系列具体的生产过程,为文化产业的发展提供人才支撑,否则文化产业的发展将无从谈起。三是区域环境。区域环境主要包括自然环境、政策环境、法制环境、投资环境、人文环境等,它是区域文化产业发展的保障。任何产业的发展都离不开一定的区域环境,作为新型产业的文化产业,由于其本身的创意性本质,对环境的要求相当严格。比如,艺术家只有在适宜的环境下才有可能产生艺术的灵感和创作的冲动。对文化产业而言,环境会带来发展的机遇,机遇也会选择合适的环境,市场的竞争,某种意义上也是机遇的竞争,营造良好的区域环境,抓住机遇,才能促进产业的发展。四是政策支持。政策支持是区域文化产业发展的关键。任何一个新型产业在发展初期都需要有相关的政策支持,从而为该产业的发展提供便利的条件。在市场化经济已经日益普及的今天,发展文化产业需要政府提供良好的政策支持,尤其是在文化产业基础项目

第十章 丝绸之路经济带科技、文化及教育产业价值网络演化

的开展过程中,需要产业引导、行业规范及企业税收等领域的政策扶持,从而为文化产业的发展提供外力支持,使之逐步卓著成长。从世界各地以及我国文化产业发达区域的经验来看,政府除了在知识产权保护、基础设施建设、社会及自然环境领域提供产业发展的基础条件,还需要在投融资政策、行业竞争政策、文化产业税收政策、产业扶持政策、市场管理政策以及构建区域创新体系等方面进行制度创新。五是技术和资本。技术和资本是区域文化产业发展的增值码。任何产业的发展总是建立在一定技术和资本基础上的,所以技术和资本要素本不属于文化产业发展的特殊条件范畴,但由于现代文化产业正呈现出由内容和信息技术相互融合之势,涉及投资越来越"大手笔",技术和资金的作用日益凸现。像好莱坞一部电影巨作《阿凡达》,如果没有过硬的3D技术和丰厚的资本,那么也不会取得那么高的票房和附加值,可见资本和技术对文化产业的发展贡献率在逐步地增加。对于区域文化产业的发展,文化资源、区域环境、人才、政策、技术和资金等基本条件不可或缺。各区域在发展文化产业时,应该集中发挥自身优势条件,建设一批机制灵活、运作高效的文化产业基地,形成优势产业群,充分发挥产业集群效应,壮大文化产业规模,延伸文化产业链,增强区域核心竞争力。

文化产业集群是单个文化创意企业通过正式或者非正式的契约与其他企业发生联系而形成比较稳定的伙伴关系并进而产生的中间组织,这一组织与外界的环境共同构成了一种复杂的巨系统,我们可以将单个文化企业看作巨系统中的一个子系统,这样,由单个文化企业之间构成的子系统之间相互作用、相互影响、相互联系,由此逐渐形成了区域文化创意产业集群的出现及其不断进行的动态演化,并且不断呈现区域文化产业集群发展的新特征。

二、科教文产业集群特征

产业集群实际上是一种复杂适应系统,它的演化过程实质上是集群

系统自组织并不断涌现产生的过程,它具有如下的复杂特征:(1)系统性和整体性。集群是由其构成要素组成的有机系统整体,各要素间均存在复杂的非线性关系,各系统间、不同层次之间相互关联、相互制约、具有复杂的非线性作用。从哲学视角看,复杂性是系统跨越层次之间的相互作用。(2)多层结构。集群由诸多子系统组成,具有多层次、多功能的结构;每个子系统有相对独立的结构、功能和作用。(3)开放性。集群是一个开放系统,它与外部环境保持着联系并与其互动。集群体现出一种非线性的相互作用,它与环境之间保持着物质、能量和信息的交换。(4)自组织性。集群具有复杂系统的自组织特性,即无须外接特定指令而自行组织和演化,自主地从无序走向有序,形成系统结构。(5)涌现性。涌现是集群这种复杂系统自组织过程中出现的新的、协同的结构、模式和性质,出现在系统的宏观层次上,是系统整体具有而部分不具有的、全新的现象。由于集群内企业不完全由系统内部条件决定和其不完全预测性,它们的行为具有显著的涌现性。(6)自适应性。企业集群作为复杂适应系统的适应性体现在:一方面,作为集群主体的企业之间的联系十分紧密,在知识呈加速发展且技术日趋复杂的情况下,主体在新产品开发中需要优势互补才能更好地发挥自身的创新能力,另一方面,企业集群与外部环境之间也同样存在着相互适应——当外部环境发生变化时,集群企业能够及时响应、研究和掌握行业先进核心技术,以更快的速度推出满足顾客快速变化需求的产品。

而文化创意产业集群中的企业、科研机构和中介组织都具有感知和反应能力,具有目的性和主动性,能够与外部环境及其主体随机进行交互作用,自动调节自身状态以适应环境,或与其他主体进行合作与竞争,争取自身的生存和利益最大化。正是这些非线性的相互作用使得文化创意产业集群这个经济系统成为具有自组织特性的复杂适应系统,也就是说,集群的自组织特征是文化创意产业集群这个复杂适应系统的重要特征。

文化创意产业集群内每个企业与其他关联企业相互作用的自组织行

第十章 丝绸之路经济带科技、文化及教育产业价值网络演化

为使其改善了自身的外部环境,并产生了因互相合作而带来的额外收益,集群因此可以发挥系统的总体功能大于各个组成部门之和的作用,而且系统的属性、特征、行为等与企业个体的不同,这又是文化创意产业集群的涌现性特征。

三、科教文产业集群组织结构演进的动因

集群内部不断演化的主要动力来源有:(1)集群内企业在技术创新方面的互动合作。在技术创新方面的合作能增强集群伙伴间企业的竞争能力,在知识和技术上的互补增强了集群内企业伙伴的知识积累,而知识积累越多,领悟和吸收新知识能力越强,伙伴之间合作创新的可能性越大,不断增加的合作企业更能获取效益,从而推动集群系统向更高形式的系统演化。(2)集群系统固有的复杂性与协同性的驱动。系统的复杂性决定了子系统之间具有相互影响、相互作用的非线性关系,这种非线性关系具有正反馈的放大机制,即外界环境中的微小变化会对集群系统产生巨大的影响,因此可能会因环境的微小变化而导致集群系统的突变,而突变的出现会促进集群系统向新的系统形式进化。(3)集群系统中子系统的协同性,这种协同性使得集群系统产生相互作用,从而产生一些新的相互作用驱动力,这种新的驱动力能推动系统进化。

四、科教文产业集群发展模式

任何产业的发展由于本身的发展阶段、属性和特征都具有各自不同的发展模式。文化产业的发展模式是为了实现文化产业的持续稳健发展,在制定和实施的总体规划的基础上,逐步形成的具有文化产业特色的生产经营战略方式。文化产业的发展模式与文化产业的发展战略相互依存,发展模式是发展战略的基础,发展战略则是发展模式的集中体现。一方面,文化产业发展战略为文化产业的发展提供宏观的指导,比如,文化产业发展的目的、原则、思路、发展阶段、具体措施等内容的集中描述,而

发展战略最终必须落实到发展模式上来。因此,国际、区域的文化产业发展模式作为其发展战略的现实形态的反映,在文化产业的具体发展过程中,应当遵循发展战略的相关安排,并且根据文化产业的发展历程,不断地根据实际情况,对文化产业发展战略进行逐步地调整和完善,使文化产业发展战略的指导性和适用性不断增强,从而促进文化产业发展的先进性和科学性。从国内外文化产业发展的历史中,可以总结出文化产业的发展主要有下面几种模式:战略先导型模式、节庆经济型模式、品牌号召型模式、资源整合型模式、活动经济型模式、附加值提升型模式、新媒体参与型模式、多点开花型模式、综合拓展型模式等。

这些发展模式都是在不同的发展战略指导下形成的,集中体现了发展战略的基本要求。比如,品牌号召型模式的发展战略就是以最有特色和市场竞争力的品牌性项目的发展为核心。比如,青岛国际啤酒节、吴桥国际杂技节、曲阜国际孔子节、哈尔滨冰雕节等都是节庆经济型模式;美国的"好莱坞"、英国的"英超联赛",都属于品牌号召型模式的发展战略。再比如多点开花型模式,其模式的形成主要是对战略主体而言,由于区域文化资源的条件因素,不容易在产业的某一方面形成很大规模的发展优势,只能在产业发展过程中追求多点开花的战略,从而实现促进本区域产业发展的目的。因此,通过以上分析可以看出,区域文化产业发展的模式必须切实结合国外文化产业的成熟经验和本区域的特色文化资源、发展环境、政策环境、人力资源条件等各项要素,在文化产业发展战略中要重视其发展模式,并要在发展战略中体现发展模式的要素与特点。而作为发展战略实现形态上的反映,文化产业发展模式也要以发展战略为指导,做到发展战略与发展模式互相匹配、互相促进。

五、科教文产业集群运行机理及演进过程

(一)运行机理

与其他产业一样,文化产业也随着社会经济的发展,在很多因素的共

第十章 丝绸之路经济带科技、文化及教育产业价值网络演化

同影响下,不断地进行变化和完善,通过生产供给能力的发展、市场消费需求的演变、产业组织和产业布局的提升而发展。其中,市场经济的基本规律、一般产业的发展规律、文化发展规律和消费发展规律构成了文化产业自身运动发展的机理,支配着文化产业的不断发展和提升。在市场经济主导全球的当今时代,人们的各类消费,按照市场供应和需求平衡的基本规律进行生产和流通。文化产品的需求和消费虽然存在地区、当地经济发展水平和民族等差异,但其生产和消费的基本规律还是依照社会经济的主流在运行的。因此区域文化产业的发展必须按照市场经济运行的规律,融合文化特性,去满足市场需求。每个产业的发展都有一定的阶段性,需求与需求之间的关系、产品与技术的成熟程度、产业内竞争及其焦点将是产业演变阶段的衡量标准,任何一个产业的存在和发展不仅仅取决于这个社会生产力的发展水平,还取决于社会经济需求的变化、货源的供给状况和产业自身的更替能力。因此,发展区域文化产业,必须严格遵循产业发展的一般规律来运行,才能在文化产业的现成期、成长期、成熟期、衰退期等不同阶段,争取实现区域文化产业的利益最大化。文化的发展如同经济发展、政治发展、社会发展一样,有它自身的特殊规律,文化的传承,离不开两条基本途径,一是积累,二是创新。一般来说经济发展是文化发展的基础,良好的社会环境是文化发展的前提,历史上一定地区的文化积淀是文化发展的条件,"取其精华"的习惯是文化长盛不衰的源泉。发展生产、振兴经济的目的是保证供给,归根结底是满足人们消费的需求。由于社会生活的不断改善,人们不断提出了新的需求,又反过来促进了社会经济的发展。当然,文化产业的一大特点是社会属性,因此在区域文化产业的发展中,要切实考虑人们的生活需求,同时要倡导一种积极向上的精神生活追求,从而正确引导文化品的需求。

(二)演进过程

单一的文化企业可以利用自身的资源优化及其内部各部门的组织协同,还有集群内部企业外部所获得的知识、信息、设备、技术资源等来提升

自身的软实力与硬实力,进而提升自身核心竞争力,这样就构成了企业内部的自循环。同时,集群内部的企业之间通过相互竞争、合作等发生交互作用,形成了企业之间一种相互的交叉循环。就某区域的整个文化产业集群来说,企业之间通过资源互补、相互的学习、核心能力的相互支持及伙伴之间的有效合作与竞争关系,使得集群内部的的资源得到进一步合理、有效的配置,在集群内部形成一种自循环。同时,这一集群群体也在同外部经济环境进行着物质、能量与信息的交换,对区域整体的经济环境也产生着作用和影响,也即与集群外部环境产生一种交叉循环。由此可以看出,文化创意产业集群的产生实际上是一种由文化企业之间自发组织、不断演进的过程,随着内部自循环及企业外部、集群内部之间的交叉循环,形成了产业集群的大系统,自组织成了高一层次的系统循环,这一高层次的系统循环又构成另一高层次循环的子系统,这一系统一样会通过自循环与交叉循环产生系统内部的协同效应,从而形成一种超循环,超循环使得动态的组织系统向一系列更高的组织层次进行质的飞跃。可见,文化创意产业集群这种介于市场与企业之间的组织系统会比单个文化创意产业具有更强的资源优势、吸收负熵的可能性更大,向更高层次系统进化的可能性也更大。

第二节 丝绸之路经济带科教文产业集群价值网络的形成与演化

价值网络是企业在客户价值战略的引导下,系统性协同合作创造价值的体系。价值网络的概念最早由 Adrian 提出,其实质是企业围绕顾客价值,按照整体价值最优的原则,重构原有的价值链。它集战略、结构、管理、文化于一体,是企业与不同层次的利益相关者相互耦合交织而成的价值生成、分配、转移和使用的关系及其结构。奥瑞克等指出,集合型的价值链正在被分解为基本的要素,在这一基本要素层次上价值链被重新组合,使其价值得以更加充分有效地释放。

第十章 丝绸之路经济带科技、文化及教育产业价值网络演化

按照价值网络理论,企业间的合作与联系是当代企业生存与发展的基础,企业创新的结果将产生于一组具有各自特定能力要素的差异化实体所构成的价值网络。如果企业合作创新不是建立在价值创造的基础上,将缺乏持久性和可靠性。关于价值网络,国内外专家、学者已从价值网的本质、价值网的动态竞争优势及其网络模型、价值网络的组构及其管理、价值网节点的选择和价值网在各行业的实证研究等多方面展开了研究,这些研究表明价值网日益成为动态竞争环境下企业提升价值创造优势的一种现实有效的创新运营模式。

一、科教文产业集群价值网络的形成过程

价值网络是一个经济概念,同时也是一个文化概念。作为一种新的客户价值创造系统,价值网络的形成,不仅为产业集群组织成员之间的协作、创新和竞争创造了新的商业模式与学习交流平台,而且它必然会超越技术和商业创新所存在的界域,在集群组织间乃至社会范围内产生一种新的社会文化现象。德国科技哲学家 F. 拉普指出,"实际上,技术是复杂的现象。它既是自然力的利用,同时又是一种社会文化过程"。

价值网络的建设与发展过程,必然伴随着文化体系的重构和文化模式的转换。由此我们从文化意义上来理解,价值网络实质上也是网络成员共同开拓并依赖其实现价值创造的一种崭新的文化空间。价值网络的存在和运行,不只意味着企业网络组织的外在结构化,更为重要的是,在其价值创造活动的背后蕴藏着深刻的文化内涵和意义。

二、科教文产业集群价值网络的演化趋势

文化产业价值网络的运作,是文化产业与传统产业融合,整合技术资本与文化资本、自然资源与文化资源、文化传播与产品全球营销,并引领经济向"创意经济"跃迁的历程。文化产业全球价值网络具有产品(服务)营销、国家(区域)营销的功能,是实现产品(服务)价值增值、创造"原

产地效应"提高企业国际分工地位、促进区域可持续发展并提升国家(区域)形象的重要力量。

(一)文化产业与传统产业融合,引领经济向"创意经济"跃迁

文化产业价值网络运作,首先是文化产业与第一产业、第二产业、第三产业的融合、渗透。不仅注重文化的经济化,更注重产业的文化。由于文化价值网络联结众多的文化企业和传统企业,使得文化产业、传统产业中的文化价值含量提升,使关联产业具有了文化创意产业特征,从而引领经济向"创意经济"跃迁。

(二)文化创意产业价值网络重塑了传统的产业结构

传统意义上的产业是同类企业的集合,按照研发、生产、销售的一般流程组织生产,形成单向的生产链结构,彼此间缺少横向联系,产业组织以垂直一体化为特征,而文化创意企业加入,成为其他产业的投入要素(Werner Holzl,2005),文化创意企业是为传统产业企业提供文化创意服务,形成以优势文化企业为主导,集创意设计、生产制造、营销服务于一体的价值体系。

从现实形态上看,文化创意企业处于产业价值链的最高端,形成以创意设计为中心,生产、营销等环节为外围,联结国内外的同心圆的产业组织结构,各个环节之间相互联系、相互影响,具有反馈效应(厉无畏,2006)。文化创意产业价值网络在不断积累、扩张的同时,通过融入相关产业价值链环节,显著改变了传统产业的内容,甚至改变了以三大产业为特征的纵向产业格局,这种产业纵向整合的功能也赋予产业升级以新的内容。同时,在培育文化创意资本的过程中,艺术家、经纪人、生产商、销售商等不同的参与者被联结起来,并最终出现了一条横跨不同产业和企业的协作链,而链条中的各个环节涵盖各种类型的具体产业,对诱发相关产业的发展、引领经济向"创意经济"跃迁具有重要作用。

第十章　丝绸之路经济带科技、文化及教育产业价值网络演化

（三）文化资本与技术资本整合，实现产品（服务）价值增值

技术、文化同属于人的精神领域。技术建立在知识文化的基础上，在此意义上，技术与文化，技术生产与知识生产、文化生产紧密相关。但技术资本和文化资本是有区别的，技术资本是可编码的知识，可以在人与人之间、国与国之间自由流动，单纯的技术产品同质性强。与此不同，文化资本多为非编码知识或缄默知识，它难以在不同的人与人、国与国之间有效转移。随着信息传递技术的发展，可编码知识（技术创新）的传递成本随通信技术的发展而迅速下降，甚至接近于零。但非编码知识由于与特定的地理位置和人文环境密切相关，其传递成本则不会随信息技术的发展而下降。文化资本的黏性特征使得各个地区或国家都具有了不可替代的优势。文化产品及服务则是文化和技术的载体，其价值取决于荷载意义的文化符号。它们承载并传达文化、知识的内涵及意义，其符号价值远离事物的本来含义，从而产生了超出成本的附加价值。文化赋予技术产品——机器猫、宇航猫以灵性和精神，从而大大提升了工业产品的内在价值和文化特色，使之受到消费者认同和喜爱。

（四）自然资源与人文资源整合，促进区域可持续发展

文化产业主要以人文资源为基础，通过文化元素的发掘利用，推动产业的发展。对美国西部开拓和美国精神的传递、对传统儒家文化遗产和本民族历史题材的挖掘是美国、韩国影视文化产业近年得以在全球扩张的重要基础。但文化产业也需要依附于一定的物质载体，要消耗自然资源。如电影业的胶片来自化工原料，电视摄录设备的制造来自工业材料，图书、杂志的用纸则来自森林资源。文化资源是特定自然与人类发展相互融合的结果，如北京猿人遗址、西安兵马俑遗址等。文化创意也离不开自然资源的启迪，如印象丽江、印象刘三姐充分利用了云南、广西的山水为天然背景。而文化产业渗透到传统资源产业中，生产相关的文化衍生品，如玩具、服装等则因其特有的文化意蕴而具有更高的附加价值。自然资源具有可消耗性。而人文资源以其特有的隐含性、专用性和复杂性，具

有不可消耗性、不断重复利用的特征。因此,发展基于人文资源的文化产业可在增强产品、服务独特性、差异性的同时,规避环保风险,缓解经济增长的资源约束。进入 21 世纪,发达国家经济发展中都出现了自然资源的开采和消耗比例不断下降,人文资源的开发和利用不断上升的趋势。各发达国家和地区大力倡导创意经济和文化产业即是这一趋势的反映。

文化的本意是人与物的教化过程,是对其潜能的培育与完善。它既要考虑人自身行为对行为关联整体的副作用及反作用,同时要顾及事物自身的权利。而文化产业全球价值网络的运作和文化产品及服装、玩具、家电等衍生产品、关联产品的对外输出,将充分整合自然资源与人文资源,即在利用自然资源的同时,充分融入人文资源的高级要素,提高产品的文化价值和品牌价值,满足人们高层次的物质文化需要,促进环境生态改善及社会可持续发展。

人类开始步入体验经济时代,文化艺术、民族风情、信仰观念等要素成为经济发展的主导资源,对提高文化产品和技术产品的国际竞争力具有重要作用。文化创意产业的发展是基于对人文资源的保护开发、自然资源的合理利用,它贯注了生态发展的视野和可持续发展的理念,不仅保留了具有历史文化价值的建筑、风土人情,而且通过历史与未来、传统与现代、东方与西方、经典与流行的交叉融会,为现代社会增添了历史与现代交融的人文景观,有利于提升城市、区域形象和品牌。如南京夫子庙,结合旧城改造,既强化了该地古老的文化底蕴,又融入了现代城市的时尚元素,成为独特的地标景观。文化创意产业价值网络的拓展为许多地区塑造、保护了充满个性、富有艺术感染力的特色街道、古老村落。这些特色人文景观,能有效吸引人才和资金,促进物流、人流、信息流和资金流的大量积聚,从而促进当地经济的生态循环,反过来又会促进文化产业的发展。

文化企业在利用资源、构筑全球价值链的过程中,可集中于知识密集、技术密集、非物质化和虚拟性的功能环节,如产品设计、研究开发、管

第十章　丝绸之路经济带科技、文化及教育产业价值网络演化

理服务、营销及品牌管理等增值环节,而将更多的环境破坏性、资源消耗性生产环节分包给世界各地的合同制造商,甚至完全退出成品生产,以节约自然资源的消耗。

(五)文化传播与产品服务全球营销整合,提升国家"软实力"并创造"原产国效应"

含有特殊文化要素的产品及服务都带有显著的声誉效应,在偏好各异的消费者眼里总是和特殊的地理位置、历史文化及区域、国家形象联系在一起的,如好莱坞的大片,意大利、伦敦的歌剧等。而文化产业价值网络运作及产品服务的全球营销,因其对特定地理区域及人文特色传播,是弘扬民族文化、提升区域及国家影响力的重要途径。文化产品及服务的全球传播营销,兼具国家营销、区域营销的功能,能创造巨大的"原产国"或"原产地效应",带动其他产业产品及服务的全球销售及消费。除了文化价值,文化产业的全球价值网络通过国际产品生命周期的准确把握,将一国成熟、衰退期的产品,引入国际市场,实现产品服务的价值提升。众所周知,在一个买方经济主导、追求异域新奇事物、崇尚个性化消费的体验经济时代,文化特色、文化价值是需求价值的高端领域。而通过文化产品及衍生产品的跨国销售,则能通过其独特的异域文化理念使一国已无市场价值的传统产品重新焕发价值活力,延长产品的生命周期。文化产业外向型发展,是一个产业本身界限日渐模糊,产业间融合不断加强的过程。文化产业同新闻传媒、网络传播及传统产业的外延日益延展。电影业、电视业、音像业、出版业、会展业、IT业、旅游业、服装业、玩具业、家电汽车业相互融合、相互惜力,最终可达到塑造群体品牌、提升国家整体形象的目的。而"原产国"软实力的提升,也是创造"原产国效应",提高第一、第二、第三产业产品服务市场份额和附加价值的有效途径。

三、丝绸之路经济带科教文产业集群协同创新价值网络演化趋势

协同创新的本质是企业、政府、知识生产机构(大学、研究机构)、中

介机构和用户条为了实现重大科技创新而开展的大跨度整合的创新组织模式。协同创新是通过国家意志的引导和机制安排,促进企业、大学、研究机构发挥各自的能力优势、整合互补性资源,实现各方的优势互补,加速技术推广应用和产业化,协作开展产业技术创新和科技成果产业化活动,是当今科技创新的新范式。

在科技经济全球化的环境下,实现以开放、合作、共享的创新模式被实践证明是有效提高创新效率的重要途径。充分调动企业、大学、科研机构等各类创新主体的积极性和创造性,跨学科、跨部门、跨行业组织实施深度合作和开放创新,对于加快不同领域、不同行业以及创新链各环节之间的技术融合与扩散,显得更为重要。协同创新是各个创新要素的整合以及创新资源在系统内的无障碍流动。协同创新是以知识增值为核心,以企业、高校科研院所、政府、教育部门为创新主体的价值创造过程。基于协同创新的产学研合作方式是国家创新体系中重要的创新模式,是国家创新体系理论的新进展。合作的绩效高低很大程度上取决于知识增值的效率和运行模式。知识经济时代,传统资源如土地、劳动力和资本的回报率日益减少,信息和知识已经成为财富的主要创造者。在知识增值过程中,相关的活动包括有知识的探索和寻找;知识的检索和提取;知识的开发、利用以及两者之间的平衡;知识的获取、分享和扩散。协同创新过程中知识活动过程不断循环,通过互动过程,越来越多的知识从知识库中被挖掘出来,转化为资本,并且形成很强的规模效应和范围效应,为社会创造巨大的经济效益和社会效益。

第十一章　丝绸之路经济带物流产业集群价值网络演化

依据新经济地理增长理论,交通运输成本是影响经济增长的一个重要变量,运输成本降低可以加速人流、物流等因素空间流动进而促进经济增长,即物流是影响区域经济增长的一个核心变量。

物流产业作为"第三利润源泉",在降低物资消耗、促进企业提高生产效率等方面发挥巨大作用,其发展水平已经成为衡量一个国家综合国力的重要指标。一般认为物流发展水平与一个国家的综合国力成正比,即物流发展水平较高,认为该国家的经济水平较高、具有较强的国际竞争力;反之,如果一个国家的物流发展水平较低,则认为该国家的经济水平较低、综合国力发展较弱。物流是经济社会这个大系统中的一个重要子系统,它与经济社会发展的关系极为密切。物流成为一个独立的经济过程,是经济社会发展的必然结果;反过来物流自身的不断发展也取决于经济社会发展的程度。

2001年的《关于加快我国现代物流发展的若干意见》、2004年的《关于促进我国物流业发展的意见》等政策表明社会各界对物流的关注度不断提高;随着国际金融危机的到来,2009年的《物流业调整和振兴规划》将物流列入十大振兴产业之一;国家"十一五"规划纲要明确提出"大力发展现代物流业"。"十一五"末期,中央和地方政府都相继建立了促进

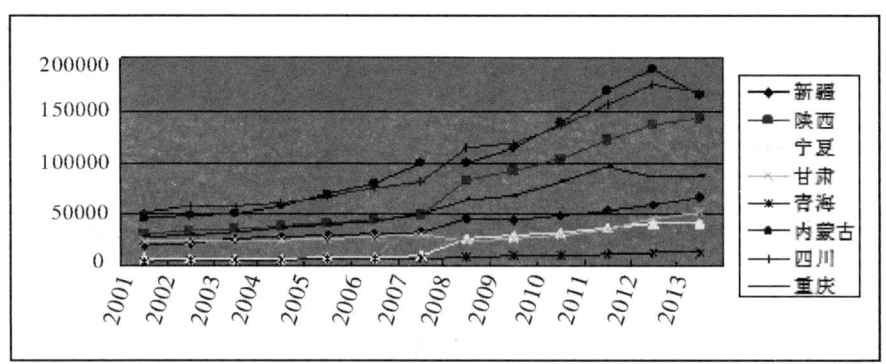

图 11.1 2001—2013 年丝绸之路经济带省区货运总量表(万吨)

物流业发展的机制,出台了支持物流业发展的相关政策;《"十二五"规划纲要》指出"要发展城市物流、绿色物流"等一系列政策,均表明物流在国民经济中扮演着越来越重要的角色,物流业已成为拉动国民经济增长的主导力量。

  而物流集群是指聚集在某一特定的区域内,以交通运输枢纽设施(如港口、机场、铁路货运站、公路枢纽等)、科研开发组织(物流技术、物流信息平台的研发等)、管理部门为依托,以第三方物流企业为核心,运输、仓储、装卸、包装、加工配送、物流信息及其相关制造、流通企业在空间上的集聚现象。物流集群是一种经济社会现象,它是物流专业化分工与协作水平不断提高的产物,是一种遵循经济原则的组织形式和经济现象。物流集群是一种介于市场和企业之间的产业组织形式,并且按照一定规则运行和自我发展。目前,世界各发达工业区和国家物流企业集群发展很快,仅西欧就有 100 多个。德国目前有 33 个物流园区,较成功的例子就是不莱梅物流园区,它投资 1.02 亿欧元,经过十几年的经营,实现的效益为 6.1 亿欧元。欧洲物流企业集群的共同点是充分应用多式联运交接方面的功能,以共用的两式或三式联立节点站和大型的货运中转站,降低物流运作成本,提升多式联运运输链的竞争力。正是产生了这样的物流

第十一章 丝绸之路经济带物流产业集群价值网络演化

企业集群效应,各物流企业以自身的优势,开展货物配载运输、中转、分拣分装、存储保管、流通加工、业务处理以及信息反馈等物流活动。

价值网络运作方式的一个突出特点就是,围绕能力塑造进行价值网络设计。为了塑造网络组织所特有的核心竞争力,网络组织可以突破已有组织的边界,从组织内外重新组合能力与资源,以塑造更强的竞争力。因此在价值网络竞争形态中,竞争者之间的关系已经发生了变化,很多竞争对手之间的关系从单纯的竞争关系演变到竞争与合作的关系。这与传统物流供应链相比,就表现出了非常明显的优势。传统物流供应链的单向思考方式限制了供应链功能的进化,整个供应链在不停追求"更低成本"的线形思维指导下,已经丧失了能力创新的活性。如果将传统的物流供应链模式变为价值网络模式,也就意味着对以往的业务进行重新设计。价值网络是将公司的客户需求与公司的执行能力链接在一起的整体。

价值网络已经成为新经济时代主要的价值创造模式,并且已经在发达国家的企业实践中取得了显著的成绩。传统物流供应链的线形业务模式,限制了企业的竞争能力。面对国际对手强大竞争压力的中国跨国公司,更需要积极利用这种新的价值创造模式去改造自身相对落后的物流供应链,以全面提升自身的竞争能力,从而塑造在全球市场上的竞争优势地位。

第一节 丝绸之路经济带物流产业集群动态演化规律

我国物流业的现状是"多、小、散、弱",这种粗放物流导致物流费用占VDP比重较高,而随着我国经济社会快速发展,人们对物流的质量、效率、安全、服务等都提出了更高的要求,低成本、低能耗、高效率、高质量、绿色环保,已成为物流业发展的必然选择。为适应这种变化,物流业必须进行产业升级,从传统物流业向现代物流业转变,从分散化经营向规模化、集约化发展。近十年来,我国供应链和运输链日益整合,逐步实现了无缝对接,顺应了订单式生产和准时运输的时代要求。大型物流企业正朝着运输链管理方向转变,与中小型物流、运输企业之间的合作越来越密切,大型物流企业以契约形式整合社会分散运力,大量的中小型运输企业被整合到大物流运输链中,形成强有力的货运网络,实现集约化、网络化发展。物流市场在扩张的同时也得到了规范化发展,物流园区、物流节点、配送中心等不断规划建设,物流资源逐步得到集聚整合,物流行业分工进一步细化,物流生产过程和交易过程进一步分离,物流市场由过去的企业竞争转化为合作,出现了网络竞争的新趋势,大型物流企业主导市场已势不可挡。

一、物流企业集群形成的机理

(一)物流设施的共用性

物流企业设施的共享为集群内成员的发展提供了良好的外部条件。设施的共享一方面是指诸如煤气、自来水、道路等基础设施的共享,另一方面是指诸如图书馆、科研、教育机构等软环境所提供的条件共享。从物流业的性质和特征看,其关联行业包括水、铁、空等运输行业,也包括储备、邮政、电信、海关、商检等公共行业。这些行业的基础是公共性质,物流企业集群可以充分利用这些公共设施,其经济效应是显而易见的。

(二)物流信息平台的共享性

目前,从各地物流企业集聚情况看,不管其业务范围和物流功能如何界定,都迫切需要有关管理部门能够提供硬件和软件方面的物流运作平台,其中订单管理、计划、作业管理、成本核算、过程跟踪、客户关系管理、业务协同等功能在内的公用的物流信息系统,以及该信息系统与银行、海关、商检、税务等部门的衔接。物流企业集聚地的网络信息平台建设将使

第十一章 丝绸之路经济带物流产业集群价值网络演化

诸多物流企业能够做到信息共享,从而极大地提高物流作业效率。天津保税物流园区充分运用信息技术和现代科技手段,实现区域化监管、网络化管理、电子化通关、科学化监控,实行通关数据一次录入、多次使用、信息共享,实现了货物的一次申报、一次查验、一次放行快速通关,构建了通关便捷、服务完善、管理规范有效的电子商务平台,营造了大口岸、大通关、大辐射的现代物流环境。

(三) 物流业务的一致性

天津保税物流园区现已具备四项功能:一是国际中转功能,对入区的境外、国内货物进行分拆、集拼后运转至境外其他目的港;二是国际配送功能,对入区货物进行分拣、分配或进行简单的商业性加工后向国内、外配送;三是国际采购功能,对采购的国内货物和境外货物进行综合处理和物流加工后向国外销售;四是转口贸易功能,构建集交易、展示、出样、订货于一体的转口贸易体系,有利于区内企业开展转口贸易。由此可见,建立在物流企业业务相关和一致性的集群效应是显而易见的。

(四) 企业供应链上各"节点"的衔接性

目前,在已经形成的物流园区内,物流产业链的优势已经非常明显,各种不同类型、不同规模、不同业务范围的物流企业在地域上相对集中,从报关、报检、仓储、运输、物流加工等方面所形成的物流产业链显现出明显的集群效应。同时,集群内成员沿产业链分布具有很强的相近性和互补性,这有利于组织间共同学习,取长补短。集群为各成员提供了近距离沟通与交流的机会和条件,从而提高了隐性知识的共享和传播效率,从而提高各物流企业的知识创新能力。

(五) 物流专业人才的流动性

首先,集群内人才流动的交易成本很低,如离开一个公司的员工不需要离开本区域就能找到合适的工作;其次,集群内完善的劳动力市场和各种中介机构也直接促进了人才的流动;再次,集群内企业间的联系也为人才流动提供了条件和途径。物流专业人才流动使社会人力资源得到优化配置,加速了物流园区发展以及知识创新过程。

二、物流业集群组织结构演进过程

(一)物流业组织结构构成要素

在物流业中,产品、资源、网络经济获取及空间组织方式之间存在着密切的互动关系,它们所具有的特定生产组织方式和技术经济特征对产业结构有着重要影响。因此,产品(物流服务)、资源和网络构成了物流企业的三大维度,形成了物流坐标系,回答了物流企业"生产什么""用什么生产""怎样生产"的问题,从而构成物流企业网络化组织基本要素。如图11.2所示。

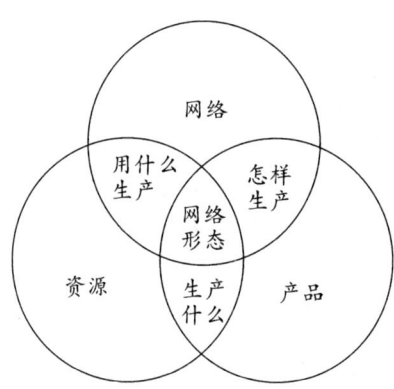

图11.2 资源—产品—网络结构

物流服务内容和服务范围说明了物流企业在"生产什么"。物流企业不同,服务内容和范围可能不同。有些物流企业仅提供运输服务或仓储服务,有些物流企业提供运输、仓储、配送等综合服务,有些则提供将运输链与供应链衔接起来的完整物流服务。

"用什么生产"则是物流利用物流基础设施、信息资源、运输工具、网络布局等提供服务,生产工具体现了各种物流资源的利用和配置,决定了物流企业的生产能力和服务水平。

有些物流任务是由单个企业独立完成,有些则需要多个企业合作完

第十一章　丝绸之路经济带物流产业集群价值网络演化

成,合作的各类物流企业,既可通过市场治理方式进行一次临时合作,也可通过企业兼并来实现纵向一体化运作,还可通过契约形式形成企业之间分工合作。网络和物流企业之间形成合作网络所产生的服务说明了物流企业在"怎样生产"。

物流服务的内容、物流资源的配置情况以及物流企业的生产方式,共同构成了物流企业组织的基本要素,决定着物流企业的组织模式。

(二)物流产业集群组织结构发展过程

物流业的产品、资源与网络的不同结合,形成了不同网络化组织结构,也体现了物流业从分散到集聚发展的过程。网络组织可根据其成员之间关系分为两类:一类是无核心企业网络组织,另一类是有核心企业网络组织,有核心企业网络组织又分为单核心和多核心两种。

1. 初级阶段:无核心

物流市场供给企业众多,市场主体主要提供基本运输服务和仓储服务,服务产品单一,市场上提供物流供需中介服务的企业主要是运输专线等,没有建立企业间合作网络,组织化程度低,服务网络范围小。物流需求方直接面对市场寻找物流企业,众多市场供需直接交易。此阶段处于无核心网络组织形式,成员企业之间通过一个开放契约进行协作,成员企业地位平等,合作关系比较松散。

2. 中级阶段:多核心

能够提供完整物流服务的大型运输企业、第三方物流企业等现代物流经营企业逐渐出现并迅速发展,信息技术应用到物流领域,建立物流基础设施网络和组织网络,吸引部分小型物流企业及社会零散运力加入其网络系统中,形成以任务为导向的分工合作组织模式。大型物流企业可以利用分布在各个区域的基础设施网络进行多地点经营,物流服务范围逐步从地区性向区域性、全国性发展。物流需求方将物流任务委托给大型运输企业、第三方物流企业完成。此阶段形成以具有资源整合能力的物流企业为核心的网络化组织,网络中成员企业虽然名义上相互独立,地位平等,但实际上合作紧密,地位并非平等,处于核心地位的企业因其掌握着资源和信息,对其他成员具有较强的控制能力。核心企业与非核心企业之间的协调更多地依靠权威机制,非核心企业之间的协调则更多地依靠价格机制,但是市场中没有培育出能够将各类物流资源整合起来的市场主体,网络组织中存在多个核心企业,核心企业都与若干个非核心企业相连接,形成以各核心企业为中心的子网络,各个子网络之间相互联结,相互嵌套。

3.高级阶段:单核心

物流园区、物流信息平台运营商等是物流资源集聚区,物流基础设施、各类物流企业及大量分散运力在物流园区、物流信息平台运营商处集聚整合,物流园区除提供基本物流服务外,还提供金融、保险及生活服务等辅助服务,集聚区中各类企业根据供应链分工合作进行更深层次整合。物流需求方将物流任务外包给物流园区、物流信息平台等物流服务集成商,由物流服务集成商根据其整合的物流资源合理安排物流任务,通过集中化生产实现效率最大化。物流资源跨区域整合,服务网络遍及全国甚至全球,实现物流合理化,此阶段在有限局域网络形成单核心网络化组织模式,物流业通过实体或虚拟平台形成产业集群发展。

三、物流业集群组织结构演进的动因

物流业集群组织具有网络效应,网络效益是指网络组织系统的效率不但与参与到网络中的个别企业的效率有关,而且与参与到网络中的企业数量有关,也就是说企业产出数量与加入网络的企业数量有关,而不是由企业自己决定的。

(一)需求方规模经济

需求方规模经济决定网络规模的大小,这是物流企业集群化结构演进的主要经济动因。因为市场中物流需求用户基数达到临界规模后,随着用户数增加可以进一步增强网络效应,并使每一个用户效用增大,充分

第十一章 丝绸之路经济带物流产业集群价值网络演化

享受正反馈效应,这样新用户就会加入。

相反,如果用户数量未能达到临界规模,那么物流产品网络效应就较弱,这样不仅难以吸引到新用户,还将面临失去老客户的风险。也就是说,网络效益随着网络用户增加呈指数增长,处于同一网络节点的企业越多,给每个企业带来的价值就越大。因此,在网络效应下,市场会自发地收敛,出现"赢家通吃,弱者出局"局面。

物流业集群组织还具有开放性,网络中企业可以比较自由地进入或退出某个网络组织,并且一个企业可以同时加入两个或两个以上网络,出现多重注册现象。所以网络核心企业之间也存在竞争,在竞争过程中由于网络效应,一些网络由于信誉和功能都无法与另一些网络相比,加入的网络成员逐步减少,已加入成员也会逐渐向信誉好、功能完善的网络转移。一些竞争能力弱的网络逐渐被市场淘汰,或被强大网络兼并,市场逐渐向功能完善的网络收敛,所以物流业组织结构会逐渐从多核心网络向单核心网络组织发展。

(二)核心企业的价值

产业集群组织竞争力取决于集群网络服务功能,决定网络服务功能的两个关键因素是网络服务差异化和网络规模化,而网络核心企业所具备的服务优势对于提升和增强网络服务功能发挥着不可取代的决定性作用。

服务差异化体现在物流企业具备满足不同物流需求方的能力和提供服务的技术水平上。物流企业网络所覆盖的范围决定物流需求方的生产经营活动能够在多大范围内实现,物流企业服务的技术水平决定能够为需求方提供服务的质量、服务功能,物流企业的物流设计与规划能力能提升和增强整个网络组织的价值和效益。

网络规模化是决定物流企业服务功能强弱的另一关键因素,物流企业、物流园区等能以其品牌声誉及网络服务能力吸引众多的物流需求方和物流服务企业加盟到其网络中,加盟物流服务的企业越多,网络规模越大,越能帮助物流需求方搜索到合适的交易对象,从而越能提高双方成功发生相互作用的概率以及资源整合效率与速度;反之亦然。物流企业为了吸引更多企业加盟,往往采取会员制形式,分别向物流需求企业和物流服务企业收取差别费用以吸引企业加盟,由于货源是网络价值的前提条件,所以一般会向需求企业制定低价格或免收费用。物流企业为保证服务质量,还要通过对双边市场会员的信誉审查和交易的第三方合同监督进行制度性保证,提升网络组织的信用级别,以吸引更多的物流供需企业的加入。

四、物流产业集群发展模式

(一)区位禀赋型

区位禀赋型物流产业集群是基于本区域特有的区位优势和自然资源,依靠当地的微观经济主体自发创新或者是政府的大力推动,获得相对于其他地区在物流产业集群发展方面的比较优势,借助市场的力量或政府的推动逐渐形成的产业集群。区域特有的地理环境、资源禀赋、基础设施、交通等区位地理优势作为物流企业选址的重要影响因素,会引致大量的物流企业和相关机构围绕这些要素进行集聚,为区域物流产业集群的形成提供了契机。良好的物流基础设施条件,吸引主导产业或者企业开始向区域集中,从而使得这个区域的经济增长快于其他地区,形成增长极,对周边城市和地区有着强大的经济辐射作用。

(二)产业依附型

产业依附型的发展模式是以满足所在地区主导产业的物流需求为前提,物流企业围绕主导产业(主要客户)进行集聚,依附于本地区的制造业或者商贸业发展的物流产业集群。物流服务需求是在社会经济活动中间接形成的引致需求。无论是制造业还是商贸业,物流贯穿于采购、生产、销售的每一个环节,物流企业需要为区域内的主导产业提供多样化、多层次的服务,以支撑区域内主导产业的发展。在这种发展模式的引导

第十一章 丝绸之路经济带物流产业集群价值网络演化

下,物流产业集群与地区的主导产业结合,围绕产业链形成一种共生关系,对地区主导产业有着巨大的支撑和带动效应。

(三)设施共享型

设施共享型物流产业集群是物流企业围绕区域的公共设施资源而自发集聚形成的物流产业集群。区域特有的公共设施资源包括良好的交通条件、仓储资源等硬件和软件资源。对于物流企业来讲,良好的基础设施条件是物流业务顺利开展的重要条件,因此区域内完善的公共基础设施是推动物流企业集聚的重要助力,区域特有的公共基础设施对物流企业的集聚有着巨大的吸引力。尤其对于我国的物流企业来讲,物流基础设施的投入较大,投资回收期长。我国现阶段的物流企业数量多、规模小、资金少、分布散。这就决定了企业对于外部公共基础设施的高度依赖性。通过在公共设施较为完善的区域进行集聚,物流企业可以享受良好的外部服务,减少了分散布局所产生的高额交易费用,降低交易成本,企业可以集中力量进行核心业务的开拓。

(四)政府主导型

政府主导型的发展模式,是由政府站在整个区域发展的高度,进行统一规划,给予物流企业优惠政策支持的一种发展模式。在这种发展模式中,区域政府一般以物流园区为依托来建设物流产业集群。由政府根据区域的整体功能规划出特定区域,进行基础设施的建设,并给予一定的优惠政策,进行招商引资。引进专业化的管理团队来负责园区的市场化运作,吸引物流企业和相关机构在物流园区的入驻,形成物流企业及其相关机构在一定范围内的集聚。政府主导型发展模式便于发挥区域物流产业的后发优势,尤其是在某区域的物流产业起点较低,自发作用比较薄弱,单靠市场机制很难在短时间内创造足够的条件,形成物流产业集群的情况下。当然,政府的干预是有限的,政府的作用主要体现在规划和建设方面,集群的运营是由市场机制控制的。政府和市场机制结合,共同促进物流产业集群的形成和发展,并不是政府完全主导。

表11.1 物流产业集群发展模式特征

	区位禀赋型	产业依附型	资源共享型	政府主导型
集聚动力	区位优势 自然资源	主导产业 物流需求	区域硬件、软件资源的共享	政府的政策和资金支持
形成方式	混合型	自下而上	自下而上	自上而下
服务特点	辐射范围较广	为主导产业提供定制化服务	系统性、物流企业之间的合作程度高	以政府政策导向为基础
政府角色	居中	较小	较小	重要
经济效应	区域带动型	推动相关产业发展	物流行业协调发展	区域经济带动型

五、物流产业集群特征

物流产业除了具有一般服务业的特性,还有自己特有的性质,比如,对主导产业的根植性、服务的派生性等。物流产业集群也具有与传统产业集群不同的属于自己的特性,主要体现在以下几方面:

第一,区位选择性。物流产业集群的区位选择特征就是形成物流产业集聚区所需要的合适的空间地点。物流产业的特殊性决定了物流产业的集聚区独特的空间特点。物流产业的集聚区一般选择在城市边缘地区,因为物流产业不同于金融业等其他服务业,对空间的要求较高,城市边缘地区土地资源开发较好,用地充足,成本较低,还要在交通枢纽地带,物流集聚区是货物中转场所,其衔接不同地区和城市内外货物交流的枢纽地位和作用,所以物流集聚区一般在交通较便利的地方,至少有两种以上运输方式连接。

第二,区域产业依赖性。物流业的本质是为进一步的生产活动做准备,本身并不能创造价值。物流业的职能是按需求方的要求,将所需的产品按时、按地、按量、按要求从始点送到终点。物流产业的这种职能特性

第十一章 丝绸之路经济带物流产业集群价值网络演化

决定了其生存是以其他产业的发展为基础的,这就要求物流产业的集聚要与市场需求的空间分布相适应。

第三,集群网络开放性。物流服务的特殊性决定了物流产业集群网络的开放性。物流服务本身就是一个多环节、前后环节联系程度高的过程,在整个活动过程中,各企业之间要保持信息的畅通,要有良好的沟通性,才是提供高质量的物流服务的基本保障。因此产业集群的内部企业构成了集群内部网络,集群内部企业又与社会资源整合成为更大的社会网络。物流企业在服务的过程中与物流服务需求方、中介机构和业务辅助性企业进行交流合作,形成一个开放的网络。

六、丝绸之路经济带物流产业集群动态演化规律

目前,我国物流产业集群虽已出现,但还处于起步阶段,难以从其发展过程把握演进的规律。而欧美国家,尤其以物流园区形式的集群的发展已比较成熟,其规律相对比较明显;通过对欧美国家和中国进行对比分析,认为物流产业集群经历了产业共生集聚和集群两个基本阶段,空间上实现了由城市内部向郊区的转移。其演变规律具体如下。

(一)物流产业集聚萌芽阶段

物流产业集聚首先出现在交通运输和工业大发展时期,并出现在城市内部,这种萌芽体现在传统物流企业以共生的形式集聚在物流基础设施与制造和消费中心的周围地域。在该阶段物流基础设施主要集中在制造和消费中心即城市,集聚的物流企业种类也少,集中度较低,相互间是一种无意识集聚或是简单的自由市场行为。物流企业和物流需求企业间的关系是点共生和间歇共生的关系,目的是补充物流需求企业物流能力的不足和充分利用长距离的准公共运输服务(铁路、航空、水路),物流服务主要集中在运输、仓储等传统领域。物流企业之间的合作是偶然的,不确定的。

(二)物流产业集聚阶段

随着经济的发展和运输技术的提高,以交通基础设施如车站、码头、机场和货运站等为主的物流基础设施日益增多,规模不断扩大,并不断向制造和消费中心集中,相关物流企业如运输、仓储等传统行业发展迅速。传统企业开始向制造与消费中的交通基础设施周围地域集中,产业集聚现象明显,交通基础设施周围地域成为具有明显集聚优势的区位。在该阶段,物流资源和集聚分布的物流企业日益增多,种类也增多并开始综合化,物流企业的空间集中度得到提高,主要是依托物流基础设施集聚,集聚的区位相对分散。此阶段主要发生在欧美国家的20世纪50—70年代,物流企业集聚的动力仍然是市场行为,物流活动主要集中在物流需求企业内部,开始出现需求企业内部的物流功能和业务的整合,以及物流活动的剥离。物流企业与物流需求企业的关系属于间歇共生为主,并出现了寄生、偏利等共生行为,物流企业的发展主要是由制造企业和商业推动的,目的是补充物流需求企业物流能力的不足和充分利用社会公共性物流资源如长距离的运输和仓储服务。物流企业间的合作逐渐增多,合作范围也逐步扩大,开始出现集成物流服务的萌芽。由于物流企业与物流需求企业之间主要是价格竞争,共生关系充满不确定性,影响了集成物流的发展。目前我国多数地区的物流企业集聚普遍进入这个阶段,尤其在中小城市和部分西部大城市,这种现象很明显,这说明目前我国多数城市的物流企业集聚正处于城市内部的发展阶段。

(三)物流产业集群发展阶段

20世纪70年代末期,在石油价格上涨、信息技术发展、环保日益重要和城市问题日益突出的背景下,随着买方市场形成和制造业的外围化,以及生产方式和管理理念的变革,物流得到企业和政府的高度重视。日本、欧洲国家(如德国、荷兰等)政府开始重新审视物流空间布局,调整城市功能,在城市郊区或外环线周围规划物流园区,在空间上引导物流资源(包括物流企业和物流设施)从市区向郊区转移,企图降低物流对城市的

第十一章 丝绸之路经济带物流产业集群价值网络演化

干扰和破坏。该阶段,物流企业的集聚处于从城市内部向郊区转移的调整阶段,城市内部的物流资源(包括物流企业和物流设施)的数量和集聚区位开始逐渐减少,物流企业的空间集中度降低;郊区物流资源逐渐增多,并出现了物流资源整合的空间载体或主导设施——物流园区(或物流基地、流通团地),其内部的专业化分工开始出现,物流资源整合是一种有意识的行为,其空间载体由政府和企业进行管理,物流企业集聚是在市场机制和政府行为共同作用下运行的。物流活动开始关注跨组织的物流活动和供应链管理,出现了跨企业的物流功能和业务的整合与企业物流外包。物流企业与物流需求企业的关系开始由间歇共生为主向连续共生为主过渡,开始由价格竞争转向互惠共生行为,目的是为物流需求企业提供基于时间的定制化服务,增强企业的核心竞争力,节约物流成本和实现增值。物流企业间及相关服务业间的合作广度和深度不断拓展,物流企业间通过合作为物流需求者提供集成物流服务逐步成为物流发展的趋势。目前,我国东南沿海经济发达地区和大城市处于此阶段。

(四)物流产业集群成熟阶段

在日本等发达国家开始大力发展物流园区,这种经验也开始在欧美国家的各个城市得到迅速推广和发展。随着信息技术迅猛发展和全球竞争的加剧,企业间的竞争愈来愈演变为供应链的竞争和创新的竞争,进一步刺激了物流外包的发展和定制化集成物流的需求。在此背景下,物流园区自身发展出现了两种趋势:一是物流园区内物流企业数量日益增多,种类综合化,集中度很高,在园区内形成了完善的物流产业体系,物流企业间的分工不断深化,合作日益密切,有效地形成了物流的范围经济和规模经济;二是物流园区间的分工进一步明确,开始出现物流园区间整合,物流园区总体数量开始减少,而物流园区成为物流资源集聚的空间载体或平台,物流企业集聚程度得到进一步提高,园区内部的各种物流设施得到高度利用,规模效益明显。物流企业与物流需求企业的关系以连续共生为主,企业间的行为以互惠双赢为主。以提供集成物流和创新服务为核心的物流企业间的紧密合作成为物流发展的主流。目前,我国物流产业集群尚未进入此阶段。

丝绸之路经济带上八个省份物流产业集群发展各有特色,整体上而言,经济带物流产业集群处于第三阶段,即发展阶段。

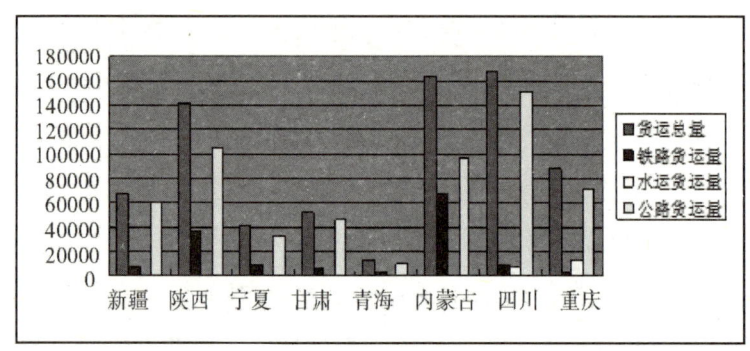

图11.3　丝绸之路经济带2013年铁路、水运、公路等货运量占比

新疆位于祖国西北边陲、亚欧大陆中心,在历史上是多文化交汇的枢纽,曾因为贸易往来而有过长时间的繁荣发展。随着红其拉甫、霍尔果斯、阿拉山口等口岸的开通,开启了我国与俄罗斯、哈萨克斯坦、巴基斯坦、印度等中亚国家的国际贸易模式,目前新疆已开放 17 个一类口岸,为中亚地区通航商贸打下了良好的物流基础。以电子商务为代表的新兴贸易模式又为新疆物流业发展注入强大活力,为新疆的物流产业实现升级转型提供了硬件支持。截至 2014 年年底,新疆铁路货运量 7529 万吨,公路运输量 64756 万吨,民航货物吞吐量 18.03 万吨,全疆范围内建成及在建的物流园区总数已达 21 个,为新疆乃至全国地区提供货物运输、仓储库存、保税商务、出口贸易、金融服务等多项国际化物流服务。

陕西省政府加大对物流产业的扶持力度,扩大物流集群,提升集聚能力。政府合理布局物流园区建设,正确引导物流集群形成。结合区位特点、产业优势、物流需求,发展货运枢纽型、生产服务型、商贸服务型、口岸服务型和综合服务型物流园区,以及煤炭、汽车、医药、农产品、冷链、农

第十一章 丝绸之路经济带物流产业集群价值网络演化

资、钢铁、出版物、危险货物运输、快递等专业类物流园区,及其跨界物流集群形成。强化物流园区基础设施建设,为物流集群发展创造良好条件。按照"路地双赢"原则,推动铁路专用线建设,完善水、电、路、通信设施,建设现代化立体仓库和信息平台。打破地区和行业界限,充分整合现有物流园区,增强物流集群集聚效应,引导、分散自用的各类工业和商业仓储配送资源向物流园区集聚,有效整合物流集群制造业分离外包的物流设施资源,提高设施、土地等资源利用效率。依托西安国际港务区、西咸新区空港新城等平台,充分发挥资源要素优势,推动物流企业和金融保险、信息服务等配套企业入园发展。出台物流园区建设和认定标准,实施"一市一园区"示范工程,扶持创建10个左右国家级示范物流园区,建设一批省级示范物流园区,为陕西省物流产业集群发展创造条件。周云飞(2014)基于陕西制造业与物流业的历史时序数据,构建制造业与物流业种群生态系统,从系统的角度分析制造业与物流业种群生态系统间的耦合关系,分析了两业协同演化的本质,利用定性与定量相结合的方法,分析了陕西制造业与物流业协同演化的规律,并采用模型分析法分析了制造业与物流业种群生态系统协同演化的动力学模型。

表11.2 宁夏物流业与GDP、第一二三产业总值时间序列数据(万元)

时间	物流产值	GDP	第一产业	第二产业	第三产业
2000	295492	2950911	460299	1214322	1275570
2001	370375	3374447	496670	1358851	1518926
2002	435366	3771552	529549	1530631	1711372
2003	499711	4453600	556328	1942697	1954575
2004	568300	5371100	653300	2440500	2277300
2005	661619	6126100	720700	2810500	2594900
2006	776713	7259000	795400	3515800	2947800
2007	937492	9191100	978900	4550400	3661800

续表

时间	物流产值	GDP	第一产业	第二产业	第三产业
2008	1240038	12039200	1189400	6099800	4750000
2009	1596906	13533100	1272500	6623200	5637400
2010	2008900	16896500	1592900	8279100	7024500

宁夏物流规模不断增大,带动作用明显增强,物流总额大幅增长。2011年物流总额达到3353.67亿元,平均年增长31.79%。各种运输方式完成货运量3.7亿吨,比2010年增长23.71%,高于2010年的增长率9.25%;2011年各种运输方式完成货运周转量比2010年增长31.34%,远高于2010年的增长率8.45%。2011年65户重点物流企业实现主营业务营业税金3.16亿元,比2010年增长45.71%,高于2010年增长率33.96%。2011年,全区物流相关行业固定资产投资额完成1479亿元,比2010年增长39.06%。2011年年底,全区铁路通车里程1039公里;公路通车里程34506公里,增长8.8%。以银川河东机场为中心、中卫香山机场和固原六盘山机场为补充的"一干两支"航空服务网络初步形成;3条油气干线管道穿境而过,宁夏成为西气东送的重要枢纽。作为宁夏物流产业发展龙头的"三大口岸"和"九大物流园区"项目建设进展顺利,其中"三大口岸"和"六大物流园区"一期工程已投入使用。全区共登记各类物流企业1466家,注册资本64.56亿元,其中注册资本过亿的有11家。宁夏拥有17家A级物流企业,其中宁夏交通国际物流港、中冶美利物流公司、宁夏佳奇石化实业有限公司3家已荣升为4A级物流企业。宁夏A级物流企业的涌现和升级,使得宁夏物流企业由粗放式管理向精细化管理迈出一大步。2011年,全区65户重点物流企业完成货运量4339.57万吨,同比增长66.47%;完成周转量37.35亿吨公里,同比增长73.41%;实现主营业务收入145.94亿元,同比增长15.9%。

甘肃省物流行业规模快速扩大。截止到2013年年底,甘肃省社会物

第十一章 丝绸之路经济带物流产业集群价值网络演化

流总额达到15088.0亿元,全社会货运量达59907.5万吨,货物周转量达288206亿吨公里;全省物流相关行业实现增加值551.0亿元,占全省地区生产总值的8.8%;截止到2013年年底,甘肃省公路总里程达到13.3万公里,公路密度达到29.26公里/百平方公里,实现甘肃省100%的乡镇通油路,58%的建制村通了沥青水泥路;打通了甘肃与四川、陕西和宁夏等邻近省区的三条省际通道,基本实现了全省县县通二级及以上公路。2013年民航旅客吞吐量突破650万人次大关,全省民用机场总数达到8个。正在建设的天平铁路、兰渝铁路兰州枢纽工程、兰新第二双线甘肃段、兰州至中川机场铁路、敦煌至格尔木铁路、宝兰客专兰州枢纽工程,进一步提升甘肃在全国铁路网中的枢纽地位。2014年年底,兰新二线将通车,甘肃将正式进入高铁时代。甘肃由于自然、地理、历史等多种因素,经济社会发展相对滞后。2013年全省人口占全国的1.90%,而生产总值仅占全国的1.10%左右;2013年,甘肃物流相关行业实现增加值551.0亿元,占GDP比重仅为3.9%,低于全国6.8%的平均水平;全社会物流总费用与生产总值的比率为19.7%,高于全国平均水平1.7个百分点。

青海物流业按照现代物流业发展的特点衡量,起步较晚,发展迟缓,仍处于传统物流阶段,专业化程度低,在发展过程中暴露出了许多不足之处,物流基础设施和装备初具规模,但内在质量及运作效率亟待提高。青海朝阳物流园区完成各类投资超过12亿元。长达7.5千米的5条园区道路基本建成,10个项目建成并已投入运营,5个项目在建。园区由生活消费品物流配送区、生产资料物流配送区、商品展示与交易区、物流CBD、公铁联运区、第三方物流、保税物流区七大功能区及一个电子商务平台构成,已逐渐成为集物流、商流、资金流、信息流于一体的立足西宁、服务青海、辐射周边地区的大型现代化综合物流园区。

内蒙古毗邻8个省份,其中,与蒙古国边境线长3193公里,与俄罗斯边境线长1010公里,是我国多口岸的省之一。口岸物流近几年不断发展,促进边境贸易的发展。边境贸易总量所占比重很大,占内蒙古对外贸易总额的46%。由内蒙古国民经济和社会发展统计公报可知,2014年内蒙古海关进出口总额为145.5亿美元,同比增长21.4%,其中一般贸易为80.4亿美元,边境小额贸易为35.7亿美元,加工贸易为2.6亿美元。内蒙古是我国重要的农畜产品生产基地,其出口产品主要是粮食、畜肉产品,它的奶产量居全国第一;同时内蒙古煤炭、矿产品比较丰富,其重化工业资源类产品是主要工业产品。2013年完成货物运输总量204334万吨,增长10.8%;完成货物运输周转量6347亿吨公里,增长8.7%。2014年完成货物运输总量20.4亿吨,增长18.9%;完成货物运输周转量4550.3亿吨公里,增长3.1%。物流业的滞后影响着内蒙古外贸的发展。如2013年海关进出口总额119.93亿美元,逆差为38.03亿美元。2014年海关进出口总额145.5亿美元,比2013年增长21.4亿美元,逆差为17.7亿美元。内蒙古物流中,出口商品层次低,资源密集型产品的出口份额呈逐步扩大趋势;劳动密集型产品与劳动资金密集型产品的出口份额出现了分化,其中劳动密集型产品整体份额呈现下滑趋势,而劳动资金密集型产品整体呈现上升的趋势。

"十二五"以来,四川物流业发展迅速。2013年,全省社会物流总额为51284.4亿元,比2010年增长47.7%,相当于当年全省GDP的1.95倍;物流业增加值1471.46亿元,比2010年增长53.7%,占全省服务业增加值的15.9%。在物流业发展规模不断壮大的同时,2010—2013年,四川物流成本一直呈上升趋势。2013年,全省物流总费用4970.1亿元,比2010年增长51.7%。其中,运输费用3160.8亿元,增长39.2%;保管费用1354.5亿元,增长82.8%;管理费用454.8亿元,增长72.1%。四川大量的货物运输主要采用公路运输。2013年,全省完成货运量200160万吨,公路、铁路、水运、航空货运量分别为173300万吨、19562万吨、7247万吨、51万吨,分别占全省货运量的86.58%、9.77%、3.62%、0.03%。四川地形地貌以丘陵和山地为主,道路建设和运营成本相对较高,致使过路过桥费较高,无形中加重了物流企业的运输成本。2013年,全省物流运输费用3160.8亿元,占社会物流总费用的61.2%,比全国平均水平高11.1个百分点。其中,公路、铁路、水运、航空运输费用分别为3041.9亿元、94.6亿元、6.4亿元、17.6亿元,分别占全省物流运输费用的96.2%、3.0%、0.2%、0.56%。

重庆地处西南地区中心,是我国长江上游地区唯一汇集水、陆、空交通资源的特大型城市,是西南地区的综合交通枢纽。随着渝新欧大通道的打通,以及新丝绸之路国家战略的提出,重庆已成为衔接长江经济带、带动全国进出口贸易的重要港口。重庆市直辖以来,经济快速发展,商贸流量跻身西南地区前列,这为重庆发展现代物流业奠定了必要的基础。2012年重庆市物流货运量持续增长,全市物流业增加值达到620亿元,同比增长15%,全市货运总量突破10亿吨,同比增长17%。2013年,重庆市主要运输方式完成货物运输量为97402.63万吨,比2012年增长12.7%。其中,公路运输是货物运输的绝对主力,公路运输货运总量达到了80695万吨。在重庆笔记本产业迅猛发展的势头下,2012年重庆市航空货运量增速迅猛,达到5.2%,2013年有所放缓,达到11.97万吨,同比增长0.7%。这些信息都预示着重庆物流发展迅速,物流基础设施更加完善,物流业总量规模在不断扩大。重庆拥有189万多平方米的仓库、15亿公斤容量的粮库、125万立方米的石油库、6万吨冷藏库、4.7万平方米的危险品仓库、38万平方米的货场。这些仓储设施还在不同程度地增加,并且大都配备相应的运输车队,组织形式均为储运公司,正规仓库基本达到现代物流企业的硬件要求。重庆的仓储设施初具规模,成为发展现代物流业重要的物质基础。

第二节 丝绸之路经济带物流产业集群价值网络的形成与演化

随着价值网络理论的深入研究,已经有越来越多的传统企业开始了公司的价值网络化设计和改造。在新老企业的价值网络化过程中,最大的特点就是对企业传统物流供应链的颠覆和重构。传统物流供应链与价值网络的最大区别是：

(1)出发点不同。价值网络更加关注客户需求，客户需求是整个价值网络运转的出发点。传统价值链的出发点是制造产品，制造产品数量的类型根据公司对外部市场的预测。因此，企业的价值网络反映了市场需求的前端拉动力，而传统的物流供应链主要反映了企业的后端推动力。

(2)战略地位不一样。传统的价值链是一种企业的战术选择，各个企业在物流供应链上采取的技巧基本上都是雷同的，所起的作用也是局部的。价值网络则是企业的战略选择，采用价值网络的业务模式，就意味着企业采用一种完全不同于传统的业务模式和运作方式。

(3)时空观不同。传统的物流供应链模式意味着单向顺序式的业务模式，业务增值过程是从物流供应链的后端向前端单向增值，信息则沿着物流供应链从前端向后端单向流动。而价值网络则是多点并行的业务模式，它围绕客户需求，根据实际的业务需要，任何网络内的两个或多个节点之间都可能发生业务联系和信息交换。

(4)与供应商的关系不同。传统的物流供应链与供应商的关系更趋向于长期对抗，因为企业的利润往往是在企业对上下游企业的"讨价还价"式的竞争中获取的，物流供应链内的企业关系更多的是竞争关系。价值网络更像一个系统，系统内的企业更多的是合作，因为系统内的每个企业是靠贡献出自己最有优势的业务，以从外界获取更多的价值，再进行内部分配，每个企业都会在这种更多的外部价值获取中实现自身的利益目标。

价值网络运作方式的一个突出特点就是，围绕能力塑造进行价值网络设计。为了塑造网络组织所特有的核心竞争力，网络组织可以突破已有组织的边界，从组织内外重新组合能力与资源，以塑造更强的竞争力。因此在价值网络竞争形态中，竞争者之间的关系已经发生了变化，很多竞争对手之间的关系从单纯的竞争关系演变到竞争与合作的关系。这与传

第十一章　丝绸之路经济带物流产业集群价值网络演化

统物流供应链相比,就表现出了非常明显的优势。传统物流供应链的单向思考方式限制了供应链功能的进化,整个供应链在不停追求"更低成本"的线形思维指导下,已经丧失了能力创新的活性。如果将传统的物流供应链模式,变为价值网络模式也就意味着对以往的业务进行重新设计。价值网络是将公司的客户需求与公司的执行能力连接在一起的整体。

价值网络已经成为新经济时代主要的价值创造模式,并且已经在发达国家的企业实践中取得了显著的成绩。传统物流供应链的线形业务模式,限制了企业的竞争能力。面对国际对手强大竞争压力的中国跨国公司,更需要积极利用这种新的价值创造模式去改造自身相对落后的物流供应链,以全面提升自身的竞争能力,从而塑造在全球市场上的竞争优势地位。

一、物流产业集群价值网络的形成过程

物流空间结构的集聚化特征,是指物流要素在地理空间分布的非均质性。当今产业组织的基本特征是经济全球化和区域经济一体化,导致要素、资源和分工在不同地域空间层次上迅速地变化,并日益集聚在不同的地区。波特(Michael E. Porter)认为,产业集聚是指"在某特定领域中,一群在地理上邻近、有交互关联的企业和相关法人机构,并以彼此的共同性和互补性相联结"。由于产业集聚可以产生规模经济、范围经济和外部经济等效应,已成为推动区域经济发展的一种重要力量,也是各省份经济发展内部结构形成的基本诱因和动力。

虽然现代科学技术的发展极大地突破了地域对经济增长的限制,站在全球的视野,生产在空间上日益分散了,但在区域经济活动中,无论是新的工业区形成还是边缘区兴起,集聚活动仍然是核心。物流活动伴随着人类经济活动而产生,并服务于产业经济活动,与其他产业相似,在城市空间内物流活动的集聚化特征也越来越强。引起物流集聚主要有两方面的原因:其一是物流需求呈现集聚化特征,其二是物流供给呈现集聚化

特征。

(一) 物流需求集聚

物流需求按需求对象划分可以分为生产物流需求、流通物流需求和消费物流需求。生产物流需求和流通物流需求都有集聚的特征。生产制造业是我国国民经济活动的主体产业和支柱产业,随着城市经济的发展,制造业在城市中以工业园区、开发区、工业基地等形式集聚。随着市场竞争的日益激烈,工业集聚区内的企业更注重于其核心能力的培养与维护,把生产和销售领域以外的运输、储存、配送、流通加工等物流环节外包给专业物流企业。生产前及生产过程中的原材料采购、运输、储存、配送等构成产前及产中物流需求,生产成品进入市场流通前相关的物流作业构成产后物流需求,整个生产物流过程必须有效衔接,才能保证生产过程的顺利进行;以供应链为中心,形成了相互联系、分工协作的工业物流体系。该物流体系高度集聚在工业区内,由于不同企业对物流服务的功能和要求不同,物流需求表现出多功能、多层次、多样化的特性,物流集聚区不仅有较低的物流运作成本,而且更容易满足物流需求方的要求。物流需求企业为了降低物流成本和物流供应商的搜寻成本,总会到物流集聚区寻找物流合作伙伴,从而促进了物流集聚在工业区的形成。

流通是联结生产与消费的纽带,是伴随着商品生产和商品交换而产生和发展的。随着现代生产水平的提高,专业化、规模化、集聚化程度不断提升;生产区域和消费区域的逐步分离,带来流通过程和流通渠道的复杂化。流通的内容包含商流、物流、资金流和信息流,其中,资金流是在实现所有权更迭的交易过程中发生的,从属于商流;信息流则分别从属于商流和物流。因此,流通实际上是由商流和物流组成的。商流是指产成品从生产者所有转变为用户所有,解决所有权的让渡问题;物流则是使商品从生产地转移到使用地以实现其使用价值。区域大型流通市场一般分布于各城市边缘的交通发达地带,如区域性批发市场、物流集散中心等,因此,城市流通物流需求的空间分布形成城市区域特有的物流空间结构。

第十一章　丝绸之路经济带物流产业集群价值网络演化

随着居民收入的提高,个人消费结构和消费水平呈现高端趋势,住宅、汽车、电子通信产品、家用电器等成为居民消费的热点,直接或间接地促进了诸如整车物流、搬家服务、市内配送、包裹快递等物流服务的发展。消费物流需求的总体特征是点多面广,比较分散。物流供给只有集结这些分散的物流需求才能产生规模效益。所以消费物流需求呈分散分布,但消费物流供给仍是相对集中的。

(二)物流供给集聚

物流供给是为了满足物流需求而投入的各种物流资源,包括公共物流资源和市场物流资源。公共物流资源是国家和地区政府提供的服务于社会物流、不具有排他性的物流资源;市场物流资源是在市场机制驱动下具有企业产权性质和排他性的物流资源。物流供给集聚,是物流企业群在地域上集中的一种经济现象。政府为了提高产业经济的运行质量、改善宏观经济运行环境以及发挥宏观调控机制作用,对大型的公共物流基础设施、公共信息平台等进行集中投资建设,如物流园区就是物流供给集聚的组织形态之一。物流园区将众多物流企业聚集在一起,实行专业化和规模化经营,对物流企业发挥整体优势,促进物流技术和服务水平的提高,共享公共物流基础设施,降低运营成本,提高规模效益,发挥了重要作用。

丝绸之路经济带在中国境内初步形成了 8 个有一定规模的城市群,分别是关中城市群、黄河上游城市群、河西走廊城市群、北疆城市群、南疆城市群、哈中北部城市群、费尔干纳盆地及周边城市群、伊犁河谷—哈东南城市群。按照国家对城市群功能的基本要求,为合理和有效发挥不同城市群中心城市在经济带产业布局和经济发展中的作用,为促进不同城市群在经济发展上形成合力,丝绸之路经济带各中心城市间需要形成较为紧密的经济分工和产业发展联系。为此,需要按照物流效率、成本比较优势,以及物流与相关产业的联动、融合发展关系,合理定位各中心城市的物流发展,加快建设国际国内物流枢纽城市,以便最为合理和最大限度地发挥物流服务系统功能,发挥各中心城市在丝绸之路经济带建设中的重要作用。2005年,呼和浩特铁路局率先开行了亚欧铁路集装箱直达列车,截至目前已经开行了呼和浩特至法兰克福集装箱列车、富士康国际联运专列、北京至汉堡集装箱示范列车、重庆至杜伊斯堡集装箱列车、苏满欧集装箱班列、汉新欧国际货运专列、蓉欧直通集装箱列车、郑新欧国际货运班列、西新欧长安号国际货运班列9条国际联运列车。必须高起点、高标准做好丝绸之路经济带物流业发展战略规划,站在提高向西开放国家战略实施水平和质量的高度,在经济带整体层面,制订分工明确、定位准确、贯通全经济带的物流业发展规划,尤其是明确具有向西平台功能的物流枢纽基地的功能,打造资源整合力强、服务效率高和成本低的国家级国际物流枢纽,培育统一有序的一体化物流服务市场,完善运输通道基础设施网络,加快丝绸之路经济带物流系统的建设。丝绸之路经济带涉及诸多省份,为建设统一物流服务市场和建设具有整体性的向西辐射物流服务系统,需要在跨区域物流组织中心城市经济和产业发展、国际货物贸易、国际商贸、过境物流组织等方面建立有效的协调机制。为此,需要积极筹建专门的丝绸之路经济带物流业发展协调组织。

二、物流产业集群价值网络的演化趋势

物流产业集群中,企业外部价值网络是分工与协作的产物,企业在自身专业分工领域所进行的能力升级属于"内部质量升级",企业在价值网络中所进行的地位升级属于"网络结构升级"。处在物流产业集群价值网络中的研发、制造、营销与运营企业属于专业化或模块化的分工企业,分工企业在分工定位下从事专业化生产或运营,然后由价值网络中的平台企业完成价值整合与价值集成。在价值网络结构中,制造企业向设计或研发等方向所进行的横向升级属于企业定位调整或重心调整的"换位升级",横向升级是为了从价值网络中价值链条的低端领域转至价值链条的高端领域进行发展,但升级难度是较大的。同理,由平台企业、链主企

第十一章 丝绸之路经济带物流产业集群价值网络演化

业和众多节点企业组成的层级化价值网络存在着更大的分工差异,这种差异化分工是由企业资源禀赋、企业核心能力以及企业发展定位所决定的,节点企业在原有价值网络中,向链主企业或链主企业向平台企业所进行的纵向升级也是比较难实现的。众多学者根据价值网络发展特征给出的发展建议是俯视性的,这对处于价值链条高端和价值网络顶层的企业更有指导意义,而对处于价值网络中价值链条低端或价值网络底层的企业则容易形成误导。为避免企业走向"错位升级",本章结合企业质量升级与网络结构升级,依托丝绸之路经济带物流产业发展现状,着重探讨丝绸之路经济带物流产业集群价值网络中,价值链条上的低端企业和价值网络中的底层企业在价值网络中进行网络结构升级的升级方向与升级路径问题。

(一)物流产业集群价值网络中企业的升级方向与升级路径

处在物流产业集群价值网络中价值链条上的低端企业,从价值链条的低端区段向高端区段进行横向升级;处在价值网络中的底层企业,从各区段价值网络的底层向更高的层级进行纵向升级,这种横向、纵向以及"横纵相融"的价值网络结构升级形成了金字塔"金边金顶"式的价值升级运动。模块供应商或节点企业在对企业升级方向进行选择的同时,还需选择合适的升级路径(在本网络中进行正向升级、在多网络参与中进行反向升级、通过网络重构进行本位升级),以顺利突破低端锁定并有效实现网络结构升级与拓展。

1. 物流企业在本集群价值网络中进行正向升级

企业可在现有物流集群价值网络中通过横向、纵向或混合方式进行正向升级,选择本网络正向升级的优势在于企业对自身所处的集群网络环境、网络结构、网络界面、成员企业、网络规则比较熟悉,容易找到合适的网络结构定位和网络结构升级的突破口。

2. 物流企业在多价值网络参与中进行反向升级

物流企业并不一定局限在一个价值网络中发展,而是可以参与到多个价值网络中谋求发展。由于价值模块能够通过不同的界面联系规则组合成不同类型的产品,所以,对于节点企业来讲,可以在做强核心竞争力的基础上融入更大网络、融入更多网络,从而通过反向扩张实现价值网络结构升级与发展。当一个企业融入更多的价值网络并成为众多价值网络的节点时,这个企业就已经发展成了一个多节点式的网络化企业。如成立于1968年的英特尔(Intel)公司一直专注于半导体芯片的设计和生产,英特尔公司生产的CPU几乎融入了全球主要的计算机生产网络,产品占全球50%的市场份额。节点企业的反向扩张不但不需要改变原有核心竞争力,反而通过核心竞争力提升参与到多个价值网络中实现本位升级,所以,升级风险较小、升级过程中的网络阻力较小、升级路径更加稳定可靠。

3. 物流企业通过集群网络重构进行本位升级

物流企业集群价值网络中价值链条和价值层级这两个主导维度构成了价值网络矩阵,企业可根据价值网络矩阵选择在价值网络中的结构定位与升级路径。在价值网络矩阵中,分别处在价值链条低端和价值网络底层的模块制造供应商可在自身的专业领域内沿着模块研发或模块运营的价值链条方向进行横向升级,也可以沿着制造链主、制造平台的价值网络层级进行纵向升级,或者通过混合模式进行结构升级,如先横向升级至营销节点,再纵向升级至营销链主和营销平台。从价值网络矩阵可以看出,在任何一个网络节点,企业都可以通过不同的路径实现"做强做大"或"做大做强"。但选择"本网升级"与选择"本位升级"有着较大的区别:选择本网升级需要进行换位升级,而选择本位升级则可以在原有的优势领域内进行网络结构升级;本网升级是在原有价值网络中进行网络结构升级,而本位升级则需要通过网络重构来实现网络结构升级,即以提升企业核心竞争力为主导,打造一个企业自主的价值网络平台,并在自主价值

第十一章　丝绸之路经济带物流产业集群价值网络演化

网络中实现结构升级。例如,在物流价值网络中,发货商或发货企业属于供应商,然而物流路线的设计、规划、运营是一个巨大的产业领域,在这个产业领域内,路线较好、物流成本低的企业可以构建一个庞大的价值网络。这就有如中国一句古话:三百六十行,行行出状元。企业一旦在分工中确定了自己的定位,努力方向则是价值网络构建,在提升专业化发展水平的同时,做成一个企业价值网络,形成一个产业甚至经济。所以,节点企业可通过价值提升与网络拓展来构建企业外部价值网络,并在网络重构中实现网络结构升级。

(二)物流企业自主型价值网络构建与网络结构升级

1. 通过虚拟整合构建物流企业自主型价值网络

物流企业外部价值网络主要通过虚拟整合的方式构建而成。企业通过虚拟整合可以将非核心业务外包给其他合作企业构建自主型价值网络,又可以通过虚拟运营方式对价值网络进行协作管理;企业通过虚拟整合可以从企业外部获取各种互补性资源,又最大限度地减少资产性投入;企业通过虚拟整合可以扩大产品组合或延长价值链条;企业通过虚拟整合可以获得节点与节点之间、层级与层级之间基于协同效应而创造的价值。企业进行虚拟整合与企业被虚拟整合之间存在着差异较大的发展空间和利润空间,如果企业仅在被整合的网络地位和专业领域中发展,企业仅随所融入的价值网络发展而发展,其发展规模的比例空间、产业拓展的结构空间和价值网络的地位空间三重受限;如果企业主动进行虚拟整合,不但企业的虚拟整合能力和网络发展能力得到培养和提升,企业长远发展的网络拓展空间和利润实现空间也会更加广阔,企业在价值网络中的结构升级还会更加主动。市场是多层次的、发展是多元化的,企业主动进行虚拟整合与被动接受虚拟整合都会有各自的生存与发展空间,主动整合与被动整合都是企业的一种战略选择,但主动整合更有利于培养企业的网络化发展能力,更有利于企业建立自主型价值网络,更有利于企业在自主型价值网络发展中实现网络结构升级。

2. 选择综合路径构建物流企业自主型价值网络

价值链条上的低端企业或价值网络中的底层企业可选择综合路径来构建自主型价值网络:(1)企业构建自主型价值网络,并不否定融入以其他企业为主导构建的价值网络中,相反,融入其他价值网络也是企业通过虚拟整合构建自主型价值网络的重要组成部分。(2)企业可依托层次分工构建自主型价值网络,有能力或有条件的企业还可构建主导型价值网络。高层次的企业可在国际分工中利用自身的绝对优势构建全球价值网络,中等层次的企业可利用自身的相对优势构建国家价值网络、区域价值网络或行业价值网络,低层次的企业可依托社会分工梯度在区域分工、行业分工以及市场细分中寻求比较优势构建自主型价值网络。这样,企业就能由原来的"被俘获"状态下的垂直分工转变为具有"主导权"的水平分工。一些发展中国家的实践经验表明,凭借国内市场发育而成的国家价值链中的本土企业或网络,表现出了很强的功能升级与链条升级能力。(3)物流企业应积极协助相关企业进行价值网络重构,并在相关企业的价值网络重构过程中参与到该价值网络中,以此拓展企业自主型价值网络的发展空间。

3. 物流企业在自主发展过程中实现网络结构升级

在庞大的物流产业集群价值网络中,此网络与彼网络相连,大网络中内嵌小网络,所以,价值网络中价值链条上的低端企业或价值网络中的底层企业可以选择以节点企业的身份进行结构升级,也可以选择在大网络中构建自主型价值网络,并以价值网络的主导身份进行自主式结构升级。自主式结构升级可采取递升战略来实现较高的网络结构升级和网络拓展升级目标:(1)企业通过质量提升来构建企业自主型价值网络,并在自主型价值网络中实施网络结构升级;(2)持续提升企业自身发展质量,并在质量提升的基础上拓展自主型价值网络的发展范围和发展空间,从内嵌

第十一章 丝绸之路经济带物流产业集群价值网络演化

式企业价值网络发展到具有更大自主范围的区域价值网络、国家价值网络、全球价值网络，实现从"小"价值网络到"大"价值网络的网络拓展升级。

物流企业选择自主型价值网络发展模式以及在自主型价值网络发展中进行网络结构升级并不是一条狭隘的道路，自主型价值网络包括融入型价值网络、主导型价值网络与合作型价值网络。企业在主导型价值网络中实现网络结构升级后就可以将这种升级成就推广到融入型价值网络及合作型价值网络中，从而在更广阔的网络范围内实现网络结构升级。选择自主型价值网络发展模式也不是一条僵化的道路，物流企业在主导型价值网络中实现网络结构升级后，可在此基础上推动自主型价值网络的网络拓展升级，进而在网络拓展升级的过程中进一步推动企业在更大的价值网络中实现结构升级，如此融合互动、交替升级，使企业在价值网络中的发展更加灵活主动。

物流业从根本上来讲是服务业的一种类型，所以物流服务模式的创新中，所有企业必须根据实际情况，以满足客户对人性化服务的要求。百世物流 CEO 周邵宁曾表示，目前中国物流的总费用占 GDP 的比例为 18.7%，美国在 20 世纪 80 年代达到 18% 左右，如今变为 9%，欧洲国家物流费用占国家 GDP 的比值在 10% 上下波动，日本为 11% 左右。因此，国内物流业的整合提升空间还相当广阔。

创新能力的提升是物流产业集群发展的动力，物流产业集群创新能力是指产业集群网络组织的创新能力，是物流产业集群内的物流企业与客户、竞争对手、政府、高校、科研组织、中介服务机构之间，通过复杂的非线性相互作用产生的单个企业自身无法实现的协同创新过程。物流产业集群协同创新网络是指物流产业集群内物流企业协同物流需求方、政府或其他机构等集群行为主体，以竞争合作和信任关系等方面为基础形成的推动创新产生、传播、溢出和扩散的相对稳定系统，包括节点、关系链和流动要素三大构件。其中,节点是协同创新网络中物流企业、高校、研究机构、中介服务机构、政府、技术设备供应商、竞争对手、客户等创新行为主体;关系链是各节点之间通过交互作用和协同效应形成的纵向产业链和横向知识链;节点间的流动要素主要包括资金、信息、技术、人才等。物流产业集群协同创新网络如图 11.4 所示。

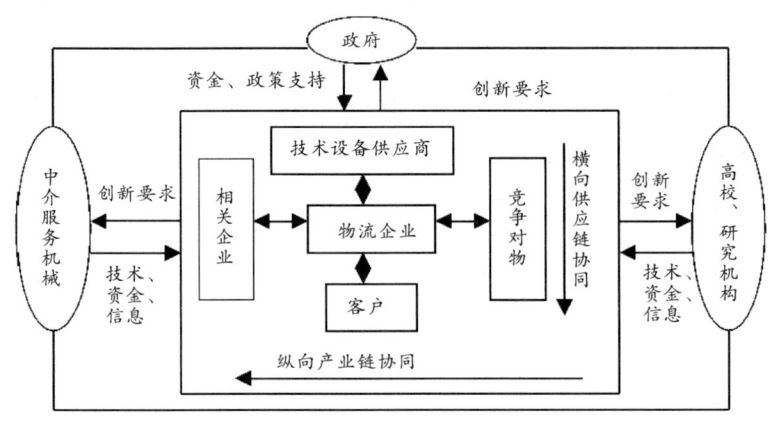

图 11.4 物流产业协同创新网络图

由上图可知,政府、中介服务机构(行业协会、金融机构)、高校、研究机构构成协同创新网络的外层,为物流产业集群企业进行创新活动提供相应的资源,如政策支持、技术、知识、信息咨询、人才培训、经营监督,这些资源适用于网络中的所有企业(物流企业、竞争对手企业、相关企业、技术设备供应商)。物流企业、竞争对手、相关企业、技术设备供应商、客户共同构成协同创新网络的内层。处于内层的企业进行创新需要相应的资源,并向外层的机构提出需求,其中与技术设备供应商、客户的协同创新为纵向产业链协同创新,处于产业链上端的技术设备供应商掌握产业链下游物流企业的创新需求,研发出新的技术设备,提高物流企业服务的创新水平;物流企业通过客户反馈的市场需求信息,捕捉市场新的需求,从而增加新技术的使用。集群内物流企业与竞争对手、相关企业的协同创

第十一章 丝绸之路经济带物流产业集群价值网络演化

新为横向知识链的协同创新,物流企业可以与竞争对手从信任角度出发相互合作,分享新知识和技术,共同进行服务创新,当竞争对手开展服务创新时,物流企业为避免丧失市场地位,必须进行创新,重新获得机会。这种竞争协同关系,加上相关企业(如咨询公司),在横向协同创新中提供相关的服务,减少了创新风险,加快创新速度。以物流企业为创新需求方,以高校、科研机构、政府为供给方的需求合作是"产学研协同创新"的主要形式。

三、丝绸之路经济带物流产业集群协同创新价值网络演化趋势

(一)加强企业—企业之间的协同创新

首先,应加强丝绸之路经济带各省份企业与上游物流技术设备供应商的联系,及时反馈物流企业的创新需求,使物流技术设备供应商改进工艺流程,满足物流企业需求。同时,集群内物流企业可以参与工业制造企业的物资采购和供应链管理,及时捕捉客户的需求,在物流方案设计、流程开发、数据交换、货运、信息管理、仓储配送等方面,为工业制造企业的全部或部分物流业务提供综合服务,形成以供应链为依托的纵向创新产业链。例如,新疆农产品销售商与运输商之间的协同创新,能进一步促进纵向产业链的形成。其次,集群内物流企业也关注横向协同创新,即与竞争对手协同创新。竞争对手的创新行为不仅会对物流企业带来压力,对其产生激励,还会给物流企业的创新提供方向,以更好地做到与竞争对手的差异化。最后,推进集群内物流企业跨地区联合,组建跨地区企业集团,扩大企业的经营规模,改善我国物流企业小、乱的境况。

(二)完善物流产业集群协同创新环境

1. 加强丝绸之路经济带各省份的高校和科研机构与集群内物流企业的协同创新。一方面,建设产学研协同创新平台,加快高校和科研机构

的科技成果向物流产业集群的扩散速度,促进科技成果的转化,产生市场效益;另一方面,高校建立针对物流企业的人才培训体系,定期进行人才培训,为物流产业集群培养专业化的创新人才。例如,西安交通大学与四川大学等均开设物流管理专业,物流企业可与众多科研院所及高校联合培养或者定向培养供应链管理方面人才。最后,高校和科研机构与物流产业集群定期交流,共同制定协同创新战略目标,攻克创新难题,把握适应市场需求的创新动向。

2. 完善中介服务机构的创新服务功能。完成创新,人才、技术、资金是不可少的资源,金融机构应与集群建立合作关系,提供资金支持,解决创新资金问题。同时,在物流产业集群内建立物流行业协会,通过行业协会,定期举办各种创新研讨会、创新技术讲座等,宣传协同创新理念,以创新成功的案例激励集群内其他企业进行创新,形成良好的创新文化氛围。

3. 加强政府在协同创新中的作用。一是政府制定有利于物流产业集群的政策,如通过财政补贴、减免税收、低息贷款等激励政策鼓励集群企业的协同创新;完善知识产权保护制度,保护协同创新成员的积极性。二是政府加强监督,发挥协调管理职能。为保证协同创新的正常运行,政府应充分发挥其协调职能,介入协同创新的过程中,参与制定协同创新过程中的利益分配原则,建立与完善物流产业集群的信用机制和信用体系,促进集群协同创新信任网络的形成,降低协同创新过程中的风险,保障协作创新参与者间的稳定性。

(三)提高物流产业集群内物流企业自身创新力

物流企业是物流产业集群协同创新的主要参与者,研究证明,物流企业自身的素质是产业集群协同创新成功的直接因素。因此,提升物流产业集群的协同创新能力,必须提升集群内物流企业自身的创新力。首先,提高物流企业在创新方面的投入力度,完善企业技术、组织、管理结构,同

第十一章　丝绸之路经济带物流产业集群价值网络演化

时保证创新产出。其次,加强人才的培养,以人才战略为基础。创新人才是物流企业创新的源泉,是形成企业核心竞争力的必要要素,因而应提高企业管理者的自身素质,培养其创新精神,以此带动所有员工的创新热情,形成人人创新的企业文化。最后,在物流服务上创新。改变物流企业单一的物流服务方式,为客户提供运输、仓储、配送、信息咨询综合一体的物流服务,形成完整的价值链;以降低客户的成本为基础,全面提升客户价值,改传统物流为绿色物流、低碳物流。

第十二章　丝绸之路经济带能源集群价值网络演化

丝绸之路经济带内的中国与中亚五国,相互接壤的边境线长达3700千米。唇齿相依的地理位置,以及谋求发展的共同需要,特别是中亚各国丰富的石油、天然气和潜在水能等资源,凸显该区域能源合作领域的巨大潜力与空间。目前,能源领域双边与多边等多种模式的合作项目十分广泛,并延伸至石化和电力等能源资源中下游产业的多个领域。随着区域合作的不断深入与发展,新时期的能源合作,必将成为巩固和加强区域经济密切联系的重要桥梁与纽带,是促进和带动区域经济整体协调发展的重大举措。

中亚不仅是油气资源富集的地区,也是水能资源丰富的地区。其中,油气储量的98%集中在土库曼斯坦、哈萨克斯坦和乌兹别克斯坦三个国家,并且地理位置、地质条件较好,油气生产成本低廉。水能资源最为丰富的塔吉克斯坦拥有中亚地区水能资源总量的52%,吉尔吉斯斯坦水能资源位居独联体第3位。

中国与中亚五国的能源合作始于20世纪90年代。其中,中国与哈萨克斯坦、土库曼斯坦、乌兹别克斯坦等国的能源合作以油气为重点,侧重点各不相同。中哈能源合作的重大项目包括阿克纠宾项目、PK项目、

第十二章 丝绸之路经济能源集群价值网络演化

中哈原油管道、中哈天然气管道等,项目涉及石油天然气勘探开发、炼油化工、管道运输、销售贸易和工程技术服务等多个领域。值得一提的是,2013年9月,中国国家主席习近平访哈期间,签署了关于卡沙甘项目购股确认协议,使中国企业将参与全球近30年来发现的最大油田——卡沙甘油田的开发。中土能源合作从油井修复与设备采购合同开始,随后是中国每年从土库曼斯坦购买天然气,已由300亿立方米增至目前400亿立方米。同时,为保障供应,双方共同勘探和开发土库曼斯坦境内阿姆河右岸的天然气田,并由中国向土库曼斯坦提供优惠贷款,用于项目购买中国的油气设备,目前中国已是该国最大的油气设备供应国之一。中乌能源合作项目,主要集中于油气勘探开发。从多国联合组建"咸海油气开发财团",到中乌两国共同勘探乌斯秋尔特、布哈拉—希瓦和费尔干纳三个盆地,总面积约为3.4万平方千米,五个区块的勘探。成功发现商业油气田后,双方共同组建各占50%股份的合资公司,联合开发油气田。中塔与中吉的能源合作,主要集中在水力资源开发与电力贸易。预计到2020年,塔吉克斯坦电力年出口能力将达到300亿千瓦时。

本章将着重介绍丝绸之路经济带各省份能源产业集群的形成过程与动态演化,由集群构成能源产业价值网络后,价值网络的演化趋势等。

第一节 丝绸之路经济带能源产业集群形成过程与动态演化

能源产业集群指以能源化工产业发展为中心,由能源(煤、石油、天然气)的开采利用而兴起的相关企业和机构在一定区域内聚集,并形成一条或多条具有高附加值的产业链,旨在提升产业和区域的整体竞争力。

原煤、原油、天然气、电力(水电、火电)等是丝绸之路经济带主要的能源资源,石油及炼焦加工业、石油和天然气开采业、煤炭开采和洗选业、电力热力的生产和供应业、燃气生产与供应业是与能源产业紧密关联的产业。西部地区能源产业经过几十年的发展,能源产业集群培育与发展取得了一些成效。在内蒙古、四川、贵州、云南、青海、宁夏、新疆初步形成了煤炭开采和洗选业集群,在内蒙古、广西、四川、贵州、云南、陕西、甘肃、青海、宁夏、新疆、重庆、西藏基本形成了电力产业集群,在四川、陕西、新疆、重庆基本形成了天然气开采及加工业集群,在陕西、甘肃、新疆基本形成了石油开采及炼焦加工业集群,在内蒙古、重庆、四川、贵州、陕西初步形成了燃气生产与供应业集群。

一、丝绸之路经济带能源产业集群的特征

从目前国内外有关产业集群的研究来看,产业集群主要具有地理接近、产业相关、一定区域的文化根植等特征。能源化工产业集群除了拥有一般型产业集群的共同特点外,还具有不同于其他产业集群的特征。能源产业集群在丝绸之路经济带正逐步形成并快速发展,但已形成的产业集群还处于初级阶段。集群主要是依托特定自然资源(如煤炭、石油、天然气)发展起来的,单一的产业结构和简单的供应链形式决定了欠缺多样性和活力缺乏是其先天不足,互补性、网络性的集群特征尚未得到充分体现,而专业性的特点表现得过于突出。集群内各成员间的关系更多体现在自然资源的供应关系上,这种关系使得供应链短且限制了与其他产业部门和服务机构间进一步合作关系的扩展,各成员间的关系更多地表现为直线式而不是网状的关系。从产业集群角度来看,丝绸之路经济带能源产业集群是相对封闭的系统。

(一)对资源的依赖性大

能源产业集群是由能源的开采和加工而形成和发展起来的,资源的禀赋是能源产业集群形成的决定因素。由于以自然资源作为主要投入材料,所以能源企业的规模和发展取决于对资源的开采规模和储量。能源

产业集群与我国东部沿海地区的技术密集型产业集群有很大的不同,受原材料的影响,它必须在能源富集区或是其邻近地区成长,否则集群企业的运输和开采成本将大大增加。内蒙古鄂尔多斯的能源化工产业集群、山西的煤炭产业、吉林的盐化工等都是依托当地丰富的资源发展起来的,对能源资源的高度依赖是能源产业集群最明显的特征。

(二)具有显著的生命周期性

自然资源的储量是有限的,因而依赖自然资源生存的能源产业集群具有显著的生命周期性,其发展也将经历出生、成长、成熟、衰退四个阶段。在自然资源面临枯竭的情况下,能源产业集群有两种选择:要么衰亡,要么升级为新的产业集群。在资源开发的早期,集群发展缓慢;至资源开发中期,集群发展迅速,对当地经济的带动作用也非常明显。到了资源的衰退期,如果集群城市没有及时转型,则该地区经济将会随着矿产资源的枯竭而逐渐衰退。因此,发展循环经济和培育新的产业增长点,是保证能源化工产业集群持续发展的主要途径。

(三)产业链的延伸性强

能源产业是关联性很强的产业,其产业链具有很强的延展性,从上游的资源再生、能源开发可以延伸到下游的电子信息、生物工程等产业,而且容易形成闭合循环系统。以煤炭产业为例,其上游可以扩展到煤炭勘探、煤的采选,下游可以延伸到煤炭发电以及通过煤的气化、液化、焦化等生成煤气、甲醇、甲醛、醋酸等多种产品的煤化工,甚至可以延伸到化学产品制造、医药制造、建筑材料等多种行业。因此,能源产业链的延长,不仅能够提高资源的利用效率,增强创值能力,而且还可以减少对自然资源的掠夺性开采,使得中间产品和副产品得以有效利用。

(四)对环境的制约性大

能源化工产业集群的发展对生态环境具有很强的制约性。长期以来,我国的能源产业一直是粗放型经营模式,各方主体只顾眼前利益不顾长远利益,过度开发资源,造成一些资源富集区地表植被被毁坏,土地荒漠化严重。再加上煤炭、炼焦、火电等一些行业本身的高污染性,使得烟尘、粉尘、大气、水体污染严重,从而给地区生态环境带来很大的破坏。

二、丝绸之路经济带能源产业集聚的两种模型

(一)波特钻石模型

在波特钻石模型中,集群的可持续发展能力是集群动力的函数,而集群动力是集群"钻石"四大元素(生产要素、需求要素、相关产业、企业竞争)之间互动的函数,集群竞争优势的获得是通过竞争者、生产者和消费者互动的高度本地化过程。

生产要素。生产要素是企业生存发展的前提,可以分为基本要素和高级要素两类。在能源产业发展的初期,基本要素(资源储量、地理位置、廉价劳动力供给)对产业竞争力影响很大。但随着科技发展,生产对自然资源的依赖程度逐渐减弱,基本要素影响力逐渐下降,高级要素(现代化的通信网络、高科技、人才等)重要性与日俱增。从基本要素度看,资源富集地区资源储量大、质量好,人力资源丰富而且成本低,在能源重化工的发展初期具有先天优势;从高级要素看,资源富集地区由于地处西部,环境艰苦,高等教育要素的初期供给上略显不足。但是随着产业的发展,可以通过联合地区内外乃至全球范围内的高校、科研院所,加大高科技投入的比例、通过联合培养或引进高科技人才来满足产业发展需要。

需求要素。我国在相当长的时间内能源需求将主要依赖于煤炭、石油、天然气等传统化石能源,以煤炭为主要来源的电力需求也将不断增长。由于东中部地区传统能源资源不断减少,促使东中部地区能源高密度产业向资源富集地区转移集聚,西部能源资源富集地区产业需求十分广阔。

相关产业。能源产业的发展还会受到紧密相关的产业影响,如装备

制造业、建筑业、化工、物流运输等。同时随着经济的发展,医药、塑料、橡胶、纺织、食品、建材等产业随之发展,这些与能源非紧密相关产业的发展,也是能源产业发展的间接影响因素。

企业竞争。在政府与市场引导下,能源产业集群中的企业相互竞争,各种差异条件的最佳组合成为推动当地产业发展的有机动力。

(二)产业价值链模型

价值链理论指出,产业价值链都是由一系列相互联系的创造价值的活动构成。随着产业内分工不断地向纵深发展,传统的产业内部不同类型的价值创造活动逐步由一个企业为主导分离为多个企业的活动,这些企业相互构成上下游关系,共同创造价值,从而构成了产业链。在一个产业里,企业与竞争对手各自的价值链决定竞争优势的差异。企业竞争优势的基础越来越多地来源于企业与产业价值链上、下各环节的系统协同中。

产业链是一种建立在价值链理论基础上的相关企业集合的新型空间组织形式。产业集群的可持续发展动力来源于产业链创造的价值的大小及其相互间竞争的效果。以煤作为原料,实施煤—电、煤—化工的转化,并向下游延伸,形成高载能产品、油品、基本有机化学原料、合成树脂等各个不同系列的产品,形成产业价值链,演化形成煤电、煤电冶、煤电建材、煤化工为一体的产业集群,其中竞争优势明显的产业链将成为产业集聚的主导力量。

三、丝绸之路经济带能源产业集群形成的三个阶段

(一)以市场为主导的小矿厂集聚阶段

20世纪80年代中后期,内蒙古、陕西等资源富集地区一些地方能源企业,包括个体私营企业,为了解决资金不足、技术落后的困难,开始依托资源优势引进资金和技术,合资合作开发煤炭、石油等能源资源。众多外

来投资者围绕着煤炭、石油等资源,本着快投入、快产出的目的,在丝绸之路经济带各省份资源富集地区投资办厂,形成了诸多小煤矿、小炼焦、小油矿、土炼油等小企业及其配套服务产业,按照市场机制自发地聚集在一起,形成了以资源开发为主的产业链条。这种发展模式下,资源开发集约度低、加工转化产业链条短,可持续发展能力明显不足。

(二)宏观调控逐步强化的产业集群起步阶段

在丝绸之路经济带能源资源开发的实践过程中,各级政府逐步意识到小矿厂集聚模式造成的能源资源损失和生态环境问题,不断完善产业政策、强化宏观调控。尤其是进入新世纪以来,采取一系列政策措施引导能源资源产业集群化发展。有关部委先后针对西部能源资源富集地区煤炭、石油开发进行多次专项整顿,加大了石油开采秩序的整治力度,废止不符合国家有关规定的"土"政策。发挥大型骨干企业的资金、技术和管理优势,开展煤炭资源整合。统筹能源资源条件和水资源与生态承载能力,按照经济效益、社会效益和生态效益相统一的原则,组织制订了内蒙古呼包鄂经济区、陕北能源基地、宁夏宁东能源基地等区域发展规划,依靠规划和产业政策的导向作用,推动能源资源型产业集群化发展。这一时期一批各具特色的工业园区已经开始规划建设。如内蒙古鄂尔多斯市规划建设准格尔大路、达拉特树林召等12个能源产业园,陕西省榆林市规划建设榆神煤化工园区、府谷煤电载能工业园区、榆横化工园区等。

(三)市场机制和宏观调控共同作用下的产业集群形成阶段

"十二五"乃至更长的时期内,我国能源生产供应中心将进一步西移,丝绸之路经济带能源富集地区的资源开发强度将逐步增大,在国家能源供给安全格局中的作用更加重要。从发展的基础看,内蒙古鄂尔多斯、陕北榆林、宁夏东部地区、甘肃陇东地区区位优势明显,起步早、基础设施具备一定基础,部分产业园区建设已经启动。从发展的机遇看,受资源、环境等因素推动,我国东部发达地区能源密集型产业逐步加快向中西部转移,能源资源产业将成为西部地区经济增长的重要引擎。从政策导向

第十二章　丝绸之路经济能源集群价值网络演化

看,国家鼓励在做好生态保护和水资源平衡的前提下,优先在西部资源富集地区布局能源密度高、科技含量高、产业链长、附加值高的项目。

四、促进丝绸之路经济带能源资源富集地区产业集聚的四大推手

(一)开发市场

一是开发资源市场。资源是西部能源资源富集地区产业集聚的基础,开发资源市场的关键是加强能源资源勘探,以能源资源勘探为基石,吸引相关产业进驻。目前,丝绸之路经济带资源富集地区勘探开发程度不一,导致产业集聚的步调不一致,发展不均衡,资源价值得不到合理利用。以"金三角"地区为例,北部资源勘探程度较深,南部相对较差,从而北部产业集聚明显要强于南部。只有在加强勘探的基础上,合理引导资源分配,使各类资源、各区域资源都能因地制宜、物尽其用,避免产业集聚的低水平重复和恶性竞争。二是开发产品市场,初期的能源开发产品较少,产业集聚的方向也相对单一,导致产业竞争比较激烈,弱化产业链价值。开发产品市场,将有效延伸产业价值链,实现能源开发价值的最优化。开发资源市场是引导生产,开发产品市场是引导消费,二者相互影响,相互作用,将促进产业发展多元化,形成产业集聚的原动力。

(二)制订规划

统一规划对于能源产业集群的生成、发展十分重要,是政府调控和引导产业集群发展的指挥棒。坚持科技领先、统筹安排、合理开发的原则,加强资源富集地区能源矿产资源综合开发和加工转化的分析,引导投资主体从宏观角度优化投资组合和经营管理,有助于形成产业集聚的良性循环。制订规划的关键是如何根据丝绸之路经济带资源富集地区能源矿产资源分布及结构特点、资源转化条件、自然环境现状、水资源承载能力、交通运输条件、投资环境诸多因素,开展全方位、多方案分析比较,选择有利于资源高效开发利用、区域产业健康成长、经济社会和环境效益俱佳的方案。

(三)构建园区

产业园是能源产业集群的主要载体,它的建设与完善将有效地实现集群系统内、外部主体之间混合涌现,推动产业集群的生成发展,为产业集群的成本优势、市场优势、创新优势、扩散优势、循环可持续发展提供基础条件。目前,相当一部分的丝绸之路经济带资源富集地区已在政府主导下,依托资源条件,开始建设煤炭、电力、化工、装备制造产业集中园区,这些园区既包括资源开发的大型矿区、油田、气田,也包括资源深加工的煤电基地、煤化工园区、石化园区等。一定意义上讲,这些园区有相当多的还处于起步发展阶段,产业还比较单一,配套还不齐全,对区域经济的带动影响作用还不很明显。完善这些产业园,利用园区进行产业孵化,形成若干个功能定位明确、特色优势明显、创新和竞争力强的产业群,这将是丝绸之路经济带资源富集地区各级政府今后一段时间的重要任务。

(四)培育企业

企业是产业集聚的主体,大型企业是产业集群的中坚力量。一是引进企业,中央企业、地方国有企业是能源产业的主力军。产业集聚市场引导阶段的实践证明,有效引进大型能源企业,是促进产业集聚的重要手段。大企业进驻后,围绕大型企业的主业,延伸产业链条,大力发展当地配套的元器件、零部件生产和服务业。充分发挥大企业的辐射作用,带动众多中小企业承担起与其比较优势相应的产业链分工、相互协作、共同发展。二是造就强势龙头企业,带动中小企业发展。按照专业分工协作和规模经济原则,通过上市、兼并、联合、重组等形式,尽快发展壮大龙头企业,使其成为集约化程度高的支柱产业集群中的"火车头"。

五、提升丝绸之路经济带能源资源富集地区产业集聚的三大举措

(一)完善产业体系

丝绸之路经济带能源资源富集地区产业体系的基础是煤炭、石油、天然气等产业。长期以来,丝绸之路经济带各地区这些产业发展方式比较

第十二章　丝绸之路经济能源集群价值网络演化

粗放,产业结构比较单一。根据新形势下能源战略布局调整和东中西部产业转移的新要求,必须加快转变发展方式、调整产业结构、完善产业体系。

煤炭产业是丝绸之路经济带能源资源富集地区的基础和主导产业。应按照统一规划、有序发展,合理布点、相对集中的原则,以市场为导向,在优化扩能的基础上实现递进式开发。立足规模化开发,以规模求效益。优先建设高效大型现代化煤矿,加强煤炭资源整合和中小煤矿升级改造,严格限制新建小型煤矿,实施现代化开发,努力提升科技装备水平,提高资源回收率;推进安全开发,提高安全保障水平,加强安全生产监督,建设安全型煤矿;促进可持续开发,合理利用水资源,在保护生态环境的前提下开发煤炭资源,在开发煤炭资源的过程中推进生态建设。

电力产业由煤炭产业衍生,是西部能源资源富集地区的重要支柱产业。西部地区电力产业发展要坚持就近消纳与外送并举,坚持布局相对集中、煤电同步建设。依托大型矿区和主要铁路,综合水资源条件和运输条件,建设大型坑口电厂或路口电厂。重点发展大容量、高效、环保、节水煤电机组,适当发展热电联产和煤矸石发电项目。完善骨干电网和区域电网,加快建设外送通道,积极发展智能电网,实现厂网协调发展。

丝绸之路经济带各省份是我国陆上石油天然气的主要产区,为保证石油天然气产业的持续快速发展,要加大鄂尔多斯盆地石油、天然气和煤层气勘探力度,提高油气资源保障程度。加快陕北、青海、新疆石油天然气开发,积极运用新技术提高采收率,坚持新井扩能和旧井挖潜并行,稳步提升产量,建设大型石油生产基地。

煤化工产业是产业链延伸的产物,也是丝绸之路经济带能源资源富集地区产业发展的重要支撑力量。要以水资源和生态环境承载力为前提,以示范项目建设为先导,加快推进煤制天然气、煤制油、煤制烯烃等新型煤化工技术自主创新,适时推进升级示范和产业化进程。

新能源和可再生能源产业属于新兴战略性产业。要尽快总结近些年风电发展的经验,以新疆东部、河西走廊、河套地区为重点,稳步建成一批大型风电基地。积极开展太阳能发电示范项目建设,培育和拓展国内光伏产品市场,带动光伏产业发展。

装备制造产业是能源产业发展的重要带动产业。丝绸之路经济带各地区装备制造产业初期重点应是能源装备制造业。采用先进适用技术,促进产品升级,加快企业兼并重组,发展壮大一批能源装备制造企业。在此基础上,积极开展技术创新,利用资源开发所创造的财富发展新型装备制造业。依靠资源富集地区中心城市重点建设一批特色鲜明的装备制造业基地。

(二)推进一体化建设布局

促进产业集群的发展,必须重视专业化分工,合理划分功能区,科学确立各产业的目标市场和经营策略。因此,需要根据资源富集地区能源资源禀赋、建设条件以及国家能源战略需要和市场需求,考虑能源资源的区域分布特点,以基础设施共享、产业功能互补、效益最优为出发点,突破现行区域行政管理格局,对产业发展进行有效的资源整合。以"金三角"地区为例,现行行政体制下,区内各地市分别制订各自的产业发展规划,即使距离很近的地区,也可能形成差距较大的产业发展定位,不利于发挥区域整体效益。因此,迫切需要推进一体化建设布局。根据"金三角"地区资源条件和开发条件,可以探索把"金三角"地区划分为几个跨行政区划的产业区,如鄂尔多斯—榆林东部能源产业区、河套西部能源产业区、黄陇能源产业区、长庆油气产业区等,构建以煤炭、电力、油气为主体,化工、装备制造、冶金为支撑的现代能源产业链体系。这样便于立足全局,通盘谋划具有战略意义的重大工程,如宁东—上海庙煤电化一体化工程、榆林—鄂尔多斯煤电化一体化工程等。宁东—上海庙煤炭资源属同一煤田,宁东水资源经过水权转换后相对丰富,开发条件相对成熟,基础设施相对完善,统筹宁东、上海庙水资源,实现水利设施的最优化配置,可做大做强宁东煤化工基地;把宁东与上海庙电源建设、铁路建设统筹考虑,可以提高宁东、上海庙的煤炭开发效率和资源配置效率。榆林—鄂尔多斯煤炭资源同属神府—东胜煤田,神府矿区开发较早,基础设施相对完善,榆神、榆横工业园区起点较高,统筹榆林榆神、榆横矿区与鄂尔多斯南部矿区开发,建设一体化的煤化工园区,促进资源共享。统筹神府电源建设与准格尔电源建设,有助于提高水资源利用效率,实现电源输出的互补,提高资源配置效率。

(三)打造经济带

经济带是国家扶持产业集群发展的宏观体现。丝绸之路经济带资源富集地区产业集聚要着力发挥重点地区引领和带动作用,打造一批特色经济带。比如:

沿黄能源资源深加工产业带。根据资源赋存状况,沿黄能源资源深加工产业带范围主要包括黄河两岸的宁夏吴忠、银川,内蒙古鄂尔多斯、乌海、巴彦淖尔、包头、呼和浩特,陕西榆林、延安,山西朔州、吕梁、临汾,该区域范围内水资源量相对丰富,可积极利用黄河水资源,重点发展煤化工、煤电和高载能产业,构建资源深加工产业带。

沿路能源产业带。西部资源富集地区主要铁路有包兰铁路、包西铁路、神朔铁路、陇海铁路、兰新铁路、宝中铁路、太中银铁路,这些铁路紧临或从能源资源富集地区穿过,与中心城市紧密相连。以能源资源为依托,发挥运输条件优势,沿路布局能源产业,重点发展煤炭开采、装备制造、石油开采、石油化工等产业,构建传统能源产业带、装备制造产业带或综合性产业经济带。如关中—天水经济带、呼和浩特—包头—鄂尔多斯经济带、河西走廊风电产业带、平凉—庆阳—黄陵煤电一体化产业带,等等。

第二节 丝绸之路经济带能源产业集群价值网络的形成与演化

一、能源产业网络结构特征分析

能源产业是国民经济体系中最基础的物质生产部门,特别是进入21

世纪以来能源短缺带来各种瓶颈效应使得各个部门对能源问题的关注度日益增加。由于国民经济系统之间错综复杂的供给与需求的关系,能源产业如何影响国民经济系统中其他行业,影响程度有多大,作用机制如何,成为目前迫切需要解决的问题。

(一)产业网络结构评价

中国产业网络的度值分析表明,中国产业网络各节点的平均出、入度值为12.9,即平均每个产业都会与近13个行业有效关联。其中,能源行业中煤炭开采和洗选业、石油和天然气开采业作为一次能源开发行业表现出较高的资源供给型产业的特征,与上游产业联系密切,呈现出度值较小而入度值较大的拓扑属性。石油加工、炼焦和核燃料加工业、燃气生产和供应业等将一次能源加工转换为二次能源产品的行业则表现出很强的市场需求性,所以入度较小而出度较大。近年来,随着我国能源消费结构中对电力需求比例的迅速提高,电力热力的生产和供应业成为与其他行业联系最为紧密的行业之一,因而其出度和入度都超过产业网络度值的平均水平,成为所有能源行业中对国民经济其他行业影响最广泛的行业部门。

表12.1 中国能源产业网络结构特征值

	出度	入度	出权	入权	单位出权	单位入权	聚类系数	介数
煤炭开采和洗选业	5	11	4031	8504	336	1417	0.506	11.12
石油和天然气开采业	2	9	2887	125734	289	4191	0.478	44.57
石油加工炼焦核燃料加工业	17	5	15082	19350	2513	1075	0.358	32.18
电力热力的生产和供应业	17	13	19973	23890	1427	1328	0.337	37.83
燃气生产和供应业	14	1	590	590	302	39	0.305	16.35
整体网平均值	12.9	12.9	11364	11364	780	1410	0.41	30.71

第十二章 丝绸之路经济能源集群价值网络演化

点权分为出权、入权和总权,出权表示某产业节点在国民经济网络中为其他产业节点提供原材料或服务的总值,入权表示该产业在经济发展中接收其他产业为其提供的原材料或服务的总值,总权则是出权和入权的和,其结果反映该产业在国民经济发展中通过其自身发展带动的投入产出联系量。

从能源产业的点权规模来看,电力热力的生产和供应业、石油加工炼焦核燃料加工业由于庞大的消费群体,无论是出权还是入权都远远高于产业网络平均水平,在国民经济发展中具有明显的吸纳和促进优势;而煤炭开采和洗选业、燃气生产和供应业出权和入权都相对较小,在国民经济体系中的带动力有限,燃气生产和供应业的影响力则微乎其微。但是从单位出权规模来看,石油加工炼焦和核燃料加工业、电力热力的生产和供应业单位出权分别是全网平均值的 3.22 和 1.83 倍,对外投资的强度很大,因而在国民经济发展中影响力较大;煤炭开采和洗选业、石油和天然气开采业及燃气生产和供应业的单位出权则很小,不及网络平均水平的一半,相比而言对其他行业的影响水平低。从单位入权的规模来看,石油和天然气开采业单位出权是全网平均水平的 3 倍,尽管其上游产业并不多,但这些产业对石油和天然气的平均投入规模非常大,因此石油和天然气开采业的发展需要注意与上游行业的协同合作。

产业节点 i 的聚集系数是指与该节点相邻的所有节点之间实际存在的边数 E 与这些相邻节点之间最大可能存在连边数 $k_i(k_i-1)/2$ 的比值,是测度与某产业节点实际存在有效关联的其他产业节点间彼此也存在有效关联的可能性的指标,其计算公式为:

$$C_i = \frac{1}{N}\sum_i^N \frac{2E_i}{k_i(k_i-1)} \tag{12.1}$$

从能源产业的聚类系数来看,以煤炭开采和洗选业、石油和天然气开采业为核心的一次能源生产产业集群内部联系较为密切,超过了整体网络的平均水平,形成了较好的资源流通网络,而石油加工炼焦核燃料加工业、电力热力的生产和供应业、燃气生产和供应业的聚类系数较低,没有形成规模化的协作产业群体,因此能源加工转换产业若要提高行业的整体产出水平还需要加强产业集群间的合作。

节点的介数又称作节点的介数中心性,定义为网络中节点对最短路径中经过节点的个数占所有最短路径的比例,是反映节点在整个网络中的作用和影响力的一个重要的全局几何量。从介数规模来看,石油和天然气开采业、石油加工炼焦核燃料加工业、电力热力的生产和供应业的中介功能都超过网络平均水平,在产业网络中具有较强的信息传递控制能力,是保证国民经济产业网络的稳定性及抗毁性的重要节点。从这点来看,石油和天然气开采业的正常运转是保证我国经济系统安全运行十分关键的因素,也是能源安全建设的重点。相比而言,煤炭开采业、天然气生产和供应业的介数水平较低。

(二)个体网络发展状况

能源产业尽管是国民经济发展的基础性产业,但由于服务对象及生产过程的不同,能源产业各部门在运行过程之中也表现出巨大的差异,因而网络结构特征明显。见表12.2。

表12.2 以能源产业为核心的个体网络发展状况

	网络规模	有效连接	网络密度	投入/总投入	产出/总产出	最大投入对象	最大产出对象
煤炭开采和洗选业	13	79	0.5064	0.8%	1.8%	煤炭开采和洗选业	电力热力的生产和供应业
石油和天然气开采业	10	43	0.4778	0.6%	2.6%	电力热力的生产和供应业	石油加工炼焦核燃料加工业
石油加工炼焦核燃料加工业	20	136	0.3579	3.2%	4.1%	石油和天然气开采业	交通运输及仓储业
电力热力的生产和供应业	24	186	0.3370	4.2%	5.0%	电力热力的生产和供应业	电力热力的生产和供应业
燃气生产和供应业	15	64	0.3048	0.1%	0.1%	石油和天然气开采业	化学工业

1. 煤炭开采和洗选业产业个体网络

受能源储量的影响,新中国成立以来我国能源消费结构一直以煤炭为主体,煤炭开采和洗选业也理所当然地成为重工业及能源加工转换部门的先导行业。因此,在煤炭开采、加工、利用过程中形成了以该产业为核心、辐射13个产业节点的个体网络(图12.1),形成79个有效连接,网络密度(节点间实际存在的边与可能存在的边的比值)达到0.5064,密度较大。从产业运行状态来看,煤炭开采和洗选业为其他经济部门提供的投入约占国民经济体系总投入的0.8%,并得到了1.8%的国民经济产出,产出效益较好。其中,从投入方向看,作为基础资源产业,煤炭开采和洗选业除去本身消耗了约24%的自身产品外,最重要的投入对象是电力、热力的生产和供应业、设备制造业、交通运输及仓储业、金属冶炼及压延工业,四大产业占据原煤开采和洗选业总投入的50%以上,其中交通运输业是煤炭外运最重要的支撑,而其他三个产业均是我国重要的耗能产业。从产出方向看,电力热力的生产和供应业也同样为煤炭开采和洗选业提供了高额的产值回报,占煤炭开采和洗选业总产出的38.8%,成为其重要的产业伙伴,这与我国当前电力建设主要依赖煤炭发电的现实有密切联系。

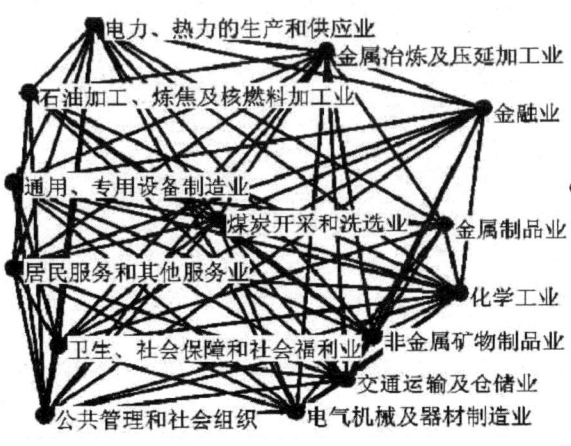

图12.1 以煤炭开采和洗选业为核心的个体网络

2. 石油和天然气开采业个体网络

随着工业化水平的提高,对石油和天然气的需求比例会越来越高,因而,各国都很重视石油和天然气行业的健康发展。2007 年,以石油和天然气开采业为核心的个体网络辐射 10 个行业部门,形成 43 个有效连接(图12.2),网络密度达到 0.4778。近年来随着石油、天然气等现代能源品种需求量的增加,我国石油和天然气开采业的经济效率有了很大的提升,石油和天然气开采业对其他经济部门投入仅占国民经济体系总投入的0.6%,却得到了 2.6% 的国民经济产出,产出效益较好。从投入方向看,由于主要为其他行业提供原材料,石油和天然气开采业的主要投入对象集中在一些高耗能产及能源转换行业,如电力、热力的生产和供应业、设备制造业、金属冶炼及延压加工业、石油加工炼焦及核燃料加工业,四大产业分别占石油和天然气开采业总投入的 23.1%、19.8%、17% 和 12.5%。从产出方向看,作为重要的二次能源加工转化部门的石油加工炼焦及核燃料加工业则是石油和天然气开采业最主要的产值来源部门,占其总产出的 94.6%。

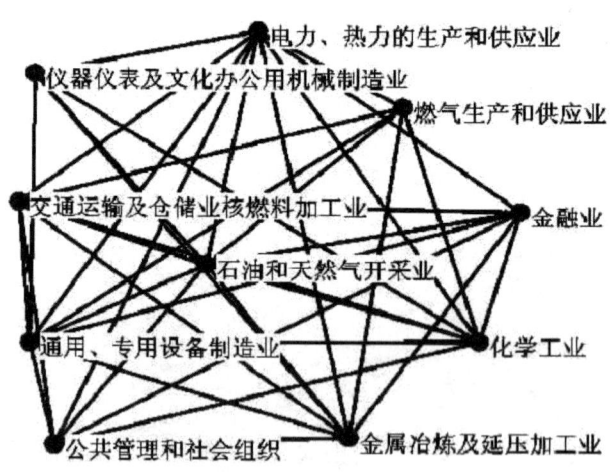

图12.2 以石油和天然气开采业为核心的个体网络

(三)石油加工炼焦及核燃料加工业个体网络

由于生产工艺的复杂性以及面向广大的消费群体,以石油加工、炼焦

第十二章 丝绸之路经济能源集群价值网络演化

及核燃料加工业为核心的个体网络成员众多,形成一个包括 21 个产业节点的产业集群(图 12.3)。此外,由于链式生产过程使得很多产业节点间多为单向的联系,以石油加工、炼焦及核燃料加工业为核心的个体网络密度并不高,仅为 0.3579。石油加工炼焦及核燃料加工业的最大特点是对国民经济的其他行业投入大,但是获得的投资回报规模也较大,对其他行业的投入及从其他行业获得的回报分别占国民经济总量的 3.2% 和 4.1%。从投入方向看,作为中间产品生产行业,石油加工、炼焦及核燃料加工业主要的投资对象集中在石油和天然气开采业与煤炭开采和洗选业两个一次能源开采行业,对这两个行业的投资分别占其投资总额的 78.8% 和 7.4%。从这里可以看出,石油加工、炼焦及核燃料加工业的主要成本来自原材料的费用。从产出方向看,石油加工、炼焦及核燃料加工业的主要产值来源于交通运输及仓储业、化学工业、金属冶炼及延压工业,石油加工、炼焦及核燃料加工业在这三个行业的产出分别占其总产出的 30.5%、20.3% 和 14.5%,而其在生产过程中创造的价值仅为 6.3%,表现出明显的中间产品加工产业的特征。

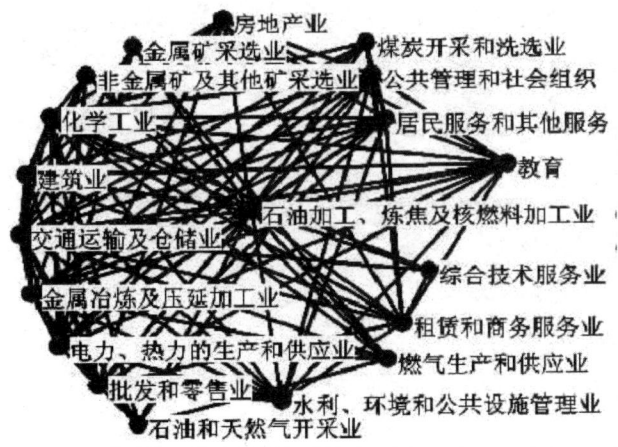

图 12.3 以石油加工炼焦及核燃料加工业为核心的个体网络

(四)电力、热力的生产和供应业个体网络

庞大的消费群体使得以电力、热力的生产和供应业为核心的个体网络形成了一个拥有 24 个节点、186 个有效连接的网络(图 12.4),但网络密度仅为0.3370。同石油加工炼焦及核燃料加工业类似,电力、热力的生产和供应业的特点同样是对国民经济的其他行业投入大、获得的投资回报规模也较大,对其他行业的投入及从其他行业获得的回报分别占国民经济总量的4.2%和5.0%。从投入方向看,电力、热力的生产和供应业的主要投资对象是自身,它对自身的投入占其总投入的56.5%,其次是煤炭开采和洗选业、电气机械及器材制造业,对这两个行业的投入分别占其总投入的16.5%和8.3%。从产出方向看,电力、热力的生产和供应业的主要产值除了来源于自身的生产过程外,化学工业、金属冶炼及压延工业也是其重要产出来源部门,在这三个行业的产出分别占其总产出的47.3%、12.3%和12.0%,这说明电力、热力的生产和供应业最重要的工作应当是通过自身生产水平和生产效率来提高产值。

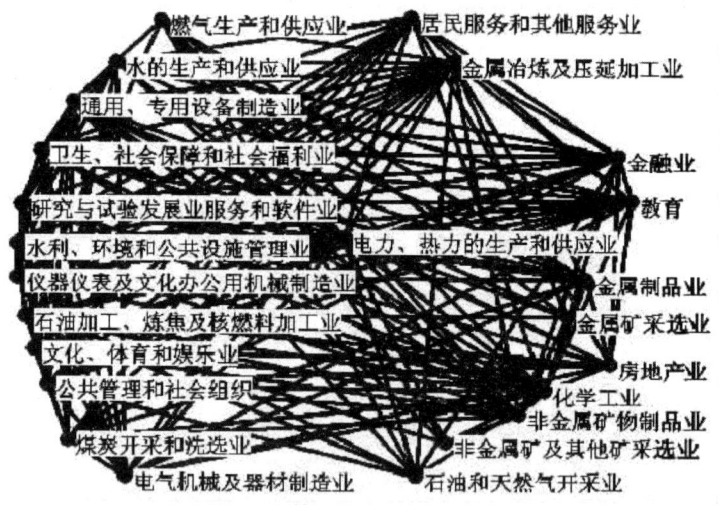

图12.4 以电力、热力的生产和供应业为核心的个体网络

(五)燃气生产和供应业个体网络

由于燃气生产和供应业主要为客户提供最终消费品,所以网络节点较少,仅形成了一个包括15个产业节点、64个有效连接的个体网(图12.5),网络密度仅为0.3048,节点间联系松散。从产业运行状态来看,由于燃气生产和供应业主要是提供终端消费品的行业,因此其在国民经

第十二章 丝绸之路经济能源集群价值网络演化

济体系中的地位较弱,为其他经济部门提供的投入和产出均为国民经济体系的0.1%。其中,从投入方向看,燃气生产和供应业最重要的支出对象是石油和天然气开采业,石油和天然气开采业占据燃气生产和供应业总投入的91.9%。从产出方向看,化学工业、金属冶炼及压延加工业是其主要产值来源部门,两个产业分别占其总产出的24.1%和13%。

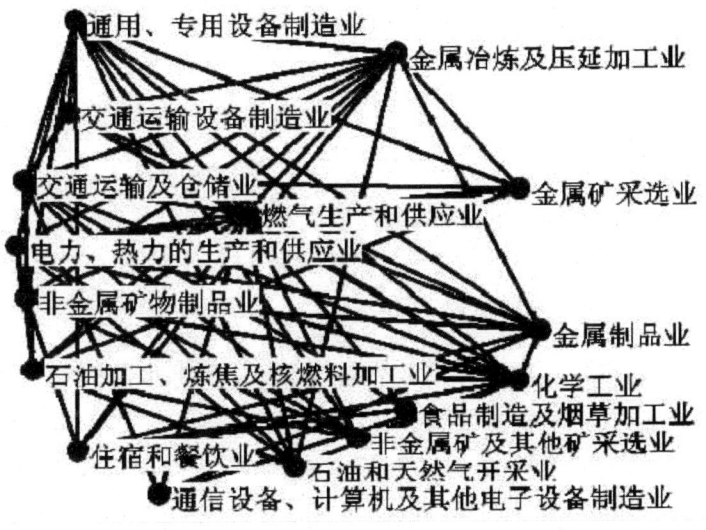

图12.5 以燃气生产和供应业为核心的个体网络

二、丝绸之路经济带能源产业价值网络演化趋势

能源是国民经济发展的重要物质基础,能源产业是国民经济重要的产出部门,近30年来我国经济的快速发展与能源产业的有力支撑密不可分。然而,由于不同能源品种的生产过程及服务对象不同,能源产业各部门在运行过程之中对国民经济的产出及产业构成影响也表现出巨大的差异。丝绸之路经济带能源行业价值网络结构表现出以下特征:

(1)能源产业网络拓扑结构分析表明,相对于一次能源生产部门(煤炭开采和洗选业、石油和天然气开采业),二次能源生产部门(石油加工炼焦核燃料加工业、电力、热力的生产和供应业)对国民经济的影响范围

和影响力都更广泛和强烈,这主要体现二次能源产业在国民经济网络中节点度值高、总权大等网络拓扑结构特征,同时高介数值使得其对国民经济稳定性和安全性具有重大影响。但一次能源生产部门产业节点间网络密度大、资源流通效率较高,具有较好的产出回报。为此,我国一次能源产业的发展重点在于稳定、持续的产品供应,而二次能源产业的发展重点在于加强与产业群内其他节点间的协作,提高流通和自身加工转换环节的经济效率。

(2)能源产业个体网分析表明,尽管各能源产业网络结构和属性差异巨大,但是都对自身有较强的依赖性,能源产业之间也存在很强依赖性,为此,要保证能源产业稳定、高效发展,一方面要加强各能源产业节点间的相互合作,同时要从技术装备和管理水平方面入手提高能源产业自身的经济效率。

(3)产业网络是各个产业节点由于相互作用而形成的复杂系统,产业效益的提升及产业链的拓展都需要相关节点的配套与合作。由于一次能源产业和二次能源产业的生产过程及服务对象存在较大差异,一次能源产业应该重视交通运输及仓储业的发展,而二次能源产业则应该重视基础性工业及第三产业的培育和发展。

第十三章 基于协同论的丝绸之路经济带产业集群价值网络重构

第一节 协同论理论

协同论(Synergetics)亦称"协同学"或"协和学",是20世纪70年代以来在多学科研究基础上逐渐形成和发展起来的一门新兴学科,是系统科学的重要分支理论。其创立者是联邦德国斯图加特大学教授、著名物理学家哈肯(Hermann Haken)。1971年他提出协同的概念,1976年系统地论述了协同理论,发表了《协同学导论》,还著有《高等协同学》,等等。

一、协同论简介

协同论主要研究远离平衡态的开放系统在与外界有物质或能量交换的情况下,如何通过自己内部协同作用,自发地出现时间、空间和功能上的有序结构。协同论以现代科学的最新成果——系统论、信息论、控制论、突变论等为基础,吸取了结构耗散理论的大量营养,采用统计学和动力学相结合的方法,通过对不同的领域的分析,提出了多维相空间理论,建立了一整套的数学模型和处理方案,在微观到宏观的过渡上,描述了各种系统和现象中从无序到有序转变的共同规律。

协同论是研究不同事物共同特征及其协同机理的新兴学科,是近十几年获得发展并被广泛应用的综合性学科。它着重探讨各种系统从无序变为有序时的相似性。协同论的创始人哈肯说过,他把这个学科称为"协同学",一方面是由于我们所研究的对象是许多子系统的联合作用,以产生宏观尺度上结构和功能;另一方面,它又是由许多不同的学科进行合作,来发现自组织系统的一般原理的。

客观世界存在着各种各样的系统,社会的或自然界的,有生命或无生命的,宏观的或微观的系统等,这些看起来完全不同的系统,却都具有深刻的相似性。协同论则是在研究事物从旧结构转变为新结构的机理的共同规律上形成和发展的,它的主要特点是通过类比对从无序到有序的现象建立了一整套数学模型和处理方案,并推广到广泛的领域。它基于"很多子系统的合作受相同原理支配而与子系统特性无关"的原理,设想在跨学科领域内,考察其类似性以探求其规律。哈肯在阐述协同论时讲道:"我们现在好像在大山脚下从不同的两边挖一条隧道,这个大山至今把不同的学科分隔开,尤其是把'软'科学和'硬'科学分隔开。"

二、协同论的功能结构

协同论认为,千差万别的系统,尽管其属性不同,但在整个环境中,各个系统间存在着相互影响而又相互合作的关系。其中也包括通常的社会现象,如不同单位间的相互配合与协作,部门间关系的协调,企业间相互竞争的作用,以及系统中的相互干扰和制约等。协同论指出,大量子系统组成的系统,在一定条件下,由于子系统相互作用和协作,这种系统的研究内容,可以概括地认为是研究从自然界到人类社会各种系统的发展演变,探讨其转变所遵守的共同规律。应用协同论方法,可以把已经取得的研究成果,类比拓宽于其他学科,为探索未知领域提供有效的手段,还可以用于找出影响系统变化的控制因素,进而发挥系统内子系统间的协

第十三章 基于协同论的丝绸之路经济带产业集群价值网络重构

同作用。

哈肯在协同论中,描述了临界点附近的行为,阐述了慢变量支配原则和序参量概念,认为事物的演化受序参量的控制,演化的最终结构和有序程度决定于序参量。不同的系统序参量的物理意义也不同。比如,在激光系统中,光场强度就是序参量;在化学反应中,取浓度或粒子数为序参量;在社会学和管理学中,为了描述宏观量,采用测验、调研或投票表决等方式来反映对某项意见的反对或赞同,此时,反对或赞成的人数就可作为序参量。序参量的大小可以用来标志宏观有序的程度,当系统是无序时,序参量为零;当外界条件变化时,序参量也变化,当到达临界点时,序参量增长到最大,此时出现了一种宏观有序的有组织的结构。

协同论指出,一方面,对于一种模型,随着参数、边界条件的不同以及涨落的作用,所得到的图样可能很不相同;但另一方面,对于一些很不相同的系统,却可以产生相同的图样。由此可以得出一个结论:形态发生过程的不同模型可以导致相同的图样。在每一种情况下,都可能存在生成同样图样的一大类模型。

协同论揭示了物态变化的普遍程式:"旧结构→不稳定性新结构",即随机"力"和决定论性"力"之间的相互作用把系统从它们的旧状态驱动到新组态,并且确定应实现的那个新组态。由于协同论把它的研究领域扩展到许多学科,并且试图对似乎完全不同的学科之间增进"相互了解"和"相互促进",无疑,协同论就成为软科学研究的重要工具和方法。

协同论具有广阔的应用范围,它在物理学、化学、生物学、天文学、经济学、社会学以及管理科学等许多方面都取得了重要的应用成果。比如,我们常常无法描述一个个体的命运,却能够通过协同论去探求群体的"客观"性质。又如,针对合作效应和组织现象能够解决一些系统的复杂性问题,可以应用协同论去建立一个协调的组织系统以实现工作的目标。

协同论应用于生物群体关系,可将物种间的关系分成三种情况:竞争关系、捕食关系、共生关系。每种关系都必须使各种生物因子保持协调消长和动态平衡,才能适应环境而生存。协同论应用于生物形态学,提出形态形成的基本途径是通过某些化学物质的扩散与反应形成一种"形态源场",由形态源场支配基因引起细胞分化而形成生物机体。由于协同论强调不同系统之间的类似,因此它试图以远离热动平衡的物理系统或化学系统来类比和处理生物系统和社会系统,所以协同论除设计了许多物理、化学的模型外,还设计了许多生灭过程、生态群体网络和社会现象模型。像"社会舆论模型""生态群体模型""经络模型""人口动力模型""捕食者—被捕食者系统模型""形态形成模型",等等。协同论还探讨了人的大脑中化学图样的形成和求知过程与脑细胞之间的联系模型等。

此外,哈肯提出了"功能结构"的概念,认为功能和结构是互相依存的,当能流或物质流被切断的时候,所考虑的物理和化学系统要失去自己的结构;但是大多数生物系统的结构却能保持一个相当长的时间,这样生物系统颇像是把无耗散结构和耗散结构组合起来了。他还进一步提出,生物系统是有一定的"目的"的,所以把它看作"功能结构"更为合适。

自然,协同论的领域与许多学科有关,它的一些理论是建立在多学科联系的基础上的(如动力系统理论和统计物理学之间的联系),因此协同论的发展与许多学科的发展紧密相关,并且正在形成自己的跨学科框架。协同论还是一门很年轻的学科,尽管它已经取得许多重大应用研究成果,但是有时所应用的还只是一些定性的现象,处理方法也较粗糙。但毫无疑问,协同论的出现是现代系统思想的发展,它为我们处理复杂问题提供了新的思路。

三、主要内容

协同理论的主要内容可以概括为三方面。

第十三章　基于协同论的丝绸之路经济带产业集群价值网络重构

(一)协同效应

协同效应是指由于协同作用而产生的结果,是指复杂开放系统中大量子系统相互作用而产生的整体效应或集体效应(《协同学引论》)。对千差万别的自然系统或社会系统而言,均存在着协同作用。协同作用是系统有序结构形成的内驱力。任何复杂系统,当在外来能量的作用下或物质的聚集态达到某种临界值时,子系统之间就会产生协同作用。这种协同作用能使系统在临界点发生质变产生协同效应,使系统从无序变为有序,从混沌中产生某种稳定结构。协同效应说明了系统自组织现象的观点。

(二)伺服原理

伺服原理用一句话来概括,即快变量服从慢变量,序参量支配子系统行为。它从系统内部稳定因素和不稳定因素间的相互作用方面描述了系统的自组织的过程。其实质在于规定了临界点上系统的简化原则——"快速衰减组态被迫跟随于缓慢增长的组态",即系统在接近不稳定点或临界点时,系统的动力学和突现结构通常由少数几个集体变量即序参量决定,而系统其他变量的行为则由这些序参量支配或规定,正如协同学的创始人哈肯所说,序参量以"雪崩"之势席卷整个系统,掌握全局,主宰系统演化的整个过程。

(三)自组织原理

自组织是相对于他组织而言的。他组织是指组织指令和组织能力来自系统外部,而自组织则指系统在没有外部指令的条件下,其内部子系统之间能够按照某种规则自动形成一定的结构或功能,具有内在性和自生性特点。自组织原理解释了在一定的外部能量流、信息流和物质流输入的条件下,系统会通过大量子系统之间的协同作用而形成新的时间、空间或功能有序结构。

第二节 系统不稳定条件分析

产业集群的稳定性即指产业集群作为一种组织形态在一定时期保持不变的状态,也就是说,在一定时期内,虽然这一组织形式内部随时都处在运动、变化、矛盾、冲突之中,但产业集群的基本形态是不变的。产业集群的稳定是在不断自我更新的发展运动中实现的,它是一种动态的稳定,相对的稳定。集群有其存在的外部环境,并且它相对于外部环境永远是开放的,外部环境的变化对集群产生各种影响,有些是积极的,有些是消极的。产业集群要想获得稳定,就必须有对环境变化做出迅速反应并产生相应对策的能力,这是产业集群稳定性的第一层含义——环境适应性。此外,集群内部时刻存在着不稳定因素,如果我们把集群内企业的破产、倒闭而导致集群的瓦解看作其稳定性破裂的最终标志,那么,任何一种不加控制的不稳定因素都可能是导致其最终不稳定状态出现的"祸根",所以,产业集群对其自身不稳定因素的控制能力是其稳定性的第二层含义——可控性。总之,产业集群的稳定性是通过对造成不稳定的外部因素的适应和对内部不稳定因素的控制来实现的。

产业集群是一个复杂的经济系统,集群内存在不同类型的企业,它们进入某个产业集群的目的是不同的。本节从集群层次分析产业集群的影响因素的同时,从集群内企业的角度更微观的分析这些因素对集群稳定性的影响,以此能更清楚认识产业集群的稳定性影响因素。

在众多影响产业集群稳定性的因素中,以下六个因素对产业集群的稳定性具有至关重要的影响,具体分析如下。

一、产业自身因素——产业生命周期与稳定性

奥地利经济学家蒂奇(Tichy)借鉴佛农的产品生命周期理论,认为集群的能力应该放在一个相当长的发展周期中来考察。蒂奇将集群的生命

第十三章 基于协同论的丝绸之路经济带产业集群价值网络重构

周期划分为诞生期(the initial phase)、成长期(the growth phase)、成熟期(the maturity phase)、衰退期(the petrify phase)四个阶段,如图13.1所示:

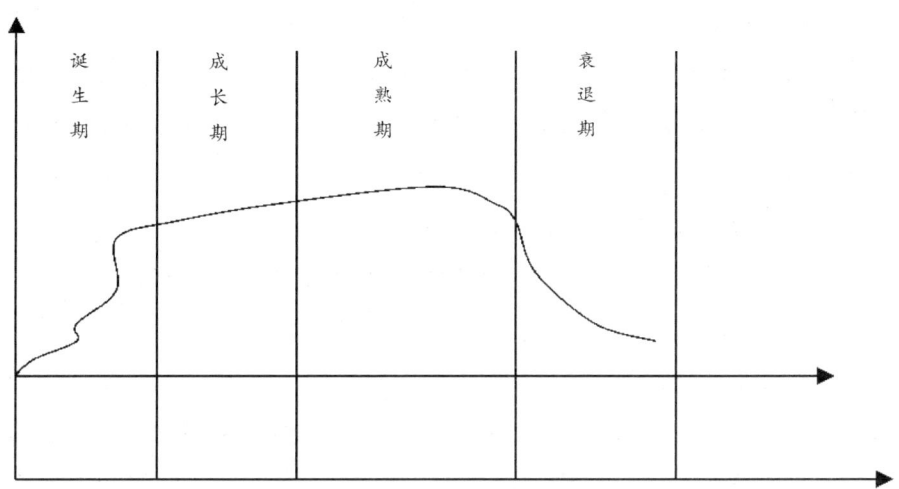

图13.1 产业集群生命周期

产业集群的发展总要经历这四个阶段,但是不同的产业集群存续的长短是有较大的差别的。一些产业集群能够保持长久的生命力,如日本的燕市地产产业就是集群持续发展的一个典型例子。日本燕市地产产业在18世纪开始形成,至今仍然保持兴盛,其生产的产品从最初的"和钉"、铜制品到后来的烟管、西洋餐具、厨房用品,20世纪80年代又转产复合金属加工用品。近三个世纪以来,燕市地产产业立足于自身的资源优势,根据市场信息变化及时转换产业或产品,始终保持对集群外企业的成本和技术上的优势。与燕市地产产业发展的可持续性相比,我国的产业集群则存在不少昙花一现的现象,一些产业集群甚至尚未经历成熟阶段就步入了衰退阶段,如浙江永康的保温杯企业集群的衰退。1995年4月,永康市保温杯只有几家企业小批量生产,而同年9月后,由于保温杯生产有利可图,导致大量五金制品企业转产保温杯,到1995年11月至12月,集群内从事保温杯及其配件生产的企业达到1300多家,生产线扩到2000多条,1995年产值达到16亿元左右,但是12月以后,产量急剧下降,1996年2月产值只有高峰期的1/8,短短4个月的时间,集群就从成长期进入衰退期。

与集群外部单个企业相比,产业集群这种组织形式介于市场和企业组织之间,这种相对松散的网络组织结构有利于成员企业保持规模经济优势和范围经济优势,从而使产业集群实现产业规模效应和企业规模经济效应的兼容,以及规模经济和范围经济的兼容,集群的成员企业也得以产生与外部企业竞争的成本势差。

从企业层次分析,对于产业自身的生命周期,集群内不同战略目标的企业都应该根据自己的实际情况及时调整对策。

第一,在产业集群的初期,这种通过成员企业之间的协作和专业化分工的规模经济效应和范围经济效应会随着集群内企业数目的增长而迅速提高,从而使集群内成员的成本优势得到进一步强化。这对以更低成本和产品差异化为目标的企业是很有吸引力的,特别是对于以更低成本为目标的企业,而这对开辟新销售渠道的企业是没有多大吸引力的。

第二,在产业集群的成长期和成熟期,某个产业集群内一般都有一个或多个"区域品牌",这对于以产品差异化为目标和开辟新销售渠道的企业特别有吸引力,它们可以借助集群的品牌使自己相对于集群外的企业有着更好的竞争优势。然而,由于集群内企业数量的高度膨胀使管理费用、交易费用和监督费用大大增加而抵消集群带来的集聚收益时,对于很多以成本最小化为目标的企业就没有什么吸引力,严重的甚至会出现集群企业"外飞"的现象。

第三,在产业集群的衰退期,如果没有出现好的产品或技术,对于集群内外的不同目标的企业都没什么吸引力,久而久之会造成产业集群的瓦解。

从集群层次来看,产业集群处在不同的生命周期,要采取不同的战略与策略来实施,不能一成不变,要根据市场信息变化及时转换产业或产品,始终保持对集群外企业的成本和技术上的优势。充分重视产业生命

第十三章 基于协同论的丝绸之路经济带产业集群价值网络重构

周期对产业集群的稳定发展所带来的影响。

二、群内企业间的信任程度与集群的稳定性

研究作为构成产业集群的细胞——企业之间的行为对于分析产业集群的稳定性有着重要的意义。企业间的信任程度是影响产业集群稳定性主要的因素。信任如空气一样存在于人们的生活之中,在经济个体之间的相互交往过程中,信任机制无所不在,在交易中你要么信任对方,要么不信任对方,只是程度不同而已。信任作为一种减少社会复杂性的机制,在经济和社会的发展中发挥着非常重要的凝聚作用。

集群初期,企业主之间非文字契约的口头承诺成为企业间信任的主要表现。但是这种基于"人情圈"扩散而形成的信任是比较脆弱的。个别企业的败德行为很容易破坏整个企业集群由信任建立起来的运行秩序。如浙江省乐清市曾在1986年3月间发生了民间钱庄和标会的倒闭,引发1万多家庭小工厂瘫痪的事件,使当时上半年该县的工业总产值下降了30%。

企业间信任制度的形成对于产业集群的稳定性有着重要意义。一个集群具有良好的信任机制可以减少很多交易费用和监督成本。这也可以增加产业集群的吸引力(特别是以更小成本为目标的企业)和凝聚力,使产业集群更好地稳定发展。如以浙江"块状经济"模式为代表的、以民营经济为主体的绍兴轻纺企业群、宁波服装企业群等中小企业集群。在这些集群企业的柔性生产中,企业间可不经详细讨价和签订协议就进行交易就是企业信任的一种体现。

三、集群内企业文化与集群的稳定性

企业文化是指一个企业内独特的并得到员工认同和接受的价值、准则、信念、期望、追求、态度、行为规范、历史传统、思想方法、处事准则等一整套体系。企业文化对企业的影响是广泛而深入的,它塑造着企业的管

理风格和管理理念,有助于建立一些准则和不成文的制度,以指导员工行为。集群内的企业文化对企业之间的协同合作甚至对于产业集群的稳定性有着重要的影响。一个区域要取得持续发展,单纯依赖外力是不够的,如果区域内的企业只与国外企业结网而不与本地企业发生联系。当外部经济环境发生变化,本地原有的成本优势如低劳动力成本或政策优惠等减弱时,区域内企业会寻找更佳的区位"飞走"他地,致使本地经济走向衰落。如果进行合作的企业之间的文化相互适应、配合良好,将会促进协同效应取得合作最佳状态。如图13.2所示:

战略配合	高	由此产生很多新起点	最佳状态
	低	没有协调效应	可持续竞争优势在何处?
		低	高
		文化配合	

图 13.2　战略与文化双重配合

因此,在理解产业集群时,必须强调企业的根植性,强调集群内企业相互信任、相互依赖的企业文化。

四、自然禀赋与集群的稳定性

在农业经济时代和工业经济时代,由于交通运输及其他相关交易成本的存在,企业在选址时首先考虑的就是资源的供应是否便利。因此,资源的稀缺性使企业向生产资料丰富的地区集聚,逐步发展而形成传统产业集群。传统产业在向集聚发展的过程中,土地、自然资源、一般劳动力资源和生产管理方面的技术起到了主要作用,即低层次的基本生产要素。传统产业集群一般是基于自然禀赋形成的。

第十三章　基于协同论的丝绸之路经济带产业集群价值网络重构

然而本地要素禀赋不是一成不变的,而是将根据社会的发展和生产力的进步出现新的变化。因为自然资源是有限的,而人类的需求是无限的,所以许多原来让本地居民赖以生存的禀赋随着时间和人口的增加出现了变化,如有的耗尽了,有的无效了,有的开发了。因而以自然禀赋为基础形成的本地产业种类也必将发生变化。

另外一种情况,随着技术的进步和人类文明的发展,本地不断被开发出新的产业赖以生存的禀赋,比如,现在科研机构就是一种新的禀赋资源。当然这是高科技企业发展起来以后出现的现象,而在不太遥远的过去是不可想象的现象。再有,荒凉的阿拉伯大沙漠,在石油进入人类社会之前,是一文不值的不毛之地,而今成为全球最富裕的产油国。硅谷原先是一个盛产葡萄酒的地方,而现在却成了一个高科技产品的输出地。所以随着技术、市场等因素的改变,本地自然禀赋也会发生变化,而这些变化恰恰是影响本地产业集群稳定的重要因素。

从集群内企业来看,集群所拥有的自然禀赋特别受以更小成本为目标的企业的关注,不管集群是拥有自然资源优势还是技术资源禀赋,都会使集群内企业运作成本降低以致保持对集群外企业的优势。集群只有对企业具有一定的吸引力(不管是针对哪一个类型),才能保持良好的发展态势。要不然集群久而久之就会成为一个空壳子,集群内企业会不断"外飞",集群最后会由于构成其细胞的企业不断减少而瓦解。

五、技术创新与集群的稳定性

技术创新是保持产业集群经济竞争优势的一个持续性动力。技术创新是影响产业集群稳定性的重要因素。当集群内的技术创新结果是适销对路的产品时,它会给集群带来新的用户和新的市场,给集群内企业带来更多的收益而且可以在更广泛的市场中选择。一个产业集群要想维持它的稳定性就必须不断地创新来保持自身的活力和优势,这样就会延缓进入产业集群的衰退期。

产出市场的过度拥挤和竞争是集群进入成熟期之后经常出现的现象,这也是我国一些产业集群过早步入衰退期的主要原因,产出市场的网络成本会由于市场环境经济政策等外部原因而变化,但更多情况下这是产业集群内部的竞争优势的丧失而导致的。与聚集经济带来的静态竞争优势(如要素条件)很容易随外部的环境变化而削弱不同,基于不断技术创新的产业集群由于集群学习能力和内部知识的根植性重要的地位,难以为其他区域复制,而且在产品市场上由于技术的领先而具有更故可以更长期的竞争优势。从集群内企业不同的目标的角度来看,进而保证产业集群稳定持续的发展。不断地技术创新会使进入集群三种不同的基本战略的企业都获得收益,这也使集群更具有吸引力和凝聚力,为其稳定的发展奠定良好的基础。

第一,对于以更小成本为目标的企业,集群内不断地技术创新会使其降低产品的生产成本进而获得相对于集群外的价格竞争优势。如福特公司的创始人福特,在发展汽车市场的初期通过管理与生产技术的创新使汽车的价格大幅度下跌,成为普通消费者乐于接受的交通工具,财源滚滚而来,福特公司得到快速的发展。

第二,对于实施产品差异战略的企业,集群内不断地技术创新,会使其不断地拥有新的市场、产品的选择而更具有主动性。

第三,对于以开辟新销售渠道为目标的企业,集群内不断地技术创新,可以推出新的产品或者是不断地改进产品的质量与服务,从而形成好的"区域品牌",开拓新的销售渠道。

综合上述,集群内不断地技术创新不管从集群层次上还是从企业层次上分析,对于集群内甚至是外面的企业都是有很强的吸引力的。因此,技术创新是集群稳定发展的重要影响因素。

六、政府部门的制度供给与集群的稳定性

政府部门在产业集群的发展过程中扮演了一个特殊的角色,它可以

第十三章　基于协同论的丝绸之路经济带产业集群价值网络重构

以顾客、供应商竞争者或是互补者的角色出现,它还可以扮演重要的幕后角色。特别是政府实施的产业集群政策正确与否更是关系到产业集群发展的好坏甚至是其稳定。

Boekholt(1999)认为:不同国家产业集群的政策实施是不同的。其最基本的差异是自上而下和自下而上的方法的选择。自下而上的方法重点是市场功能的培育和市场失灵的消除。市场诱致产业集群的雏形出现,而国家的主要作用是促进和监督,如美国。自上而下方法的重点是政府制定国家优先发展产业,通过市场主导产业集群的形成过程,政府对产业集群的干预逐渐减少,如荷兰。自上而下和自下而上方法的本质差异在于市场与政府的作用大小。

根据公共产品经济学理论,在市场机制下,利益的外溢会带来效率损失。在市场机制下,人们按照自己获得的利益决定购买量。为了经济效率的实现,政府可以直接提供准公共产品,或提供各种优惠政策和措施以及各类补贴、更进一步完善的公共服务设施,来降低准公共产品的成本,从而能以较低的价格鼓励人们增加消费,达到有效率的消费量。由于购买者可受到直接的利益,所以也应向他们收取一定的费用,而不是完全免费。

技术的使用具有外溢性,使用的企业越多,其社会效应越大。新的技术产品可以满足人们日益增长的需求,可以使人们不断地开拓新的领域,技术的更新可以带来更高的市场效率,推动社会的进步,新的技术应用越广泛,对社会的推动作用越明显。当然技术开发同样存在着成本高的现象,需要企业之间的合作协同,如产业集群就是一种非常好的组织形式。因此,政府部门对产业集群的发展要给予大力的支持,降低集群内企业间合作的成本,消除各种现存的不合理的阻碍集群内企业合作发展的因素,推进企业合作发展,从而推动产业集群的稳定发展。

对于发展中国家而言,全球化强大的竞争压力迫使其政府不得不采取政府干预的方式促进其富有竞争力的产业集群的培育和发展。政府失灵常常使政府的干预适得其反。政府在产业集群中如何更好地发挥作用，是学术界和政府共同关心的问题。

第三节 状态参量(续变量)

协同学(Synergetics)是继耗散结构理论之后产生的又一重要的关于非平衡系统的自组织理论。其创始人德国物理学家赫尔曼·哈肯(H. Haken, 1978)认为，在一个复杂系统的演化过程中，存在着无数参变量，如果某个参量在系统演化过程中从无到有地变化，并通过对系统其他参量的支配或役使作用，主宰着系统整体演化的过程，指示出新结构的形成，反映新结构的有序程度，它就是序参量。产业集群创新系统是一个自组织系统，分析其复杂的演化升级过程需要应用协同学理论，准确界定序参量因素，以推动和促进产业集群创新系统的良性发展。

一、序参量

序参量是用来表示系统有序程度的量，是相变热力学中的概念，被哈肯引入协同学。在平衡相变理论中，系统相变过程是一个由系统状态变量形成序参量，序参量又役使系统其他状态变量的过程。在相变前的旧结构下，序参量为零，从相变点起序变量取非零值。序参量表征相变后的系统有序的性质和程度，协同论做了进一步阐述，认为，在一个复杂系统的演化过程中，存在着无数参变量。一类是临界处阻尼大、衰减快的快驰豫参量，它们数量很多，虽然此起彼伏、活跃异常，但对系统演变过程的性质并不起主导作用，处于次要地位；另一类是慢驰豫参量，即序参量，在临界点前的行为与快驰豫参量区别不明显，但当系统达到临界点时，由于环境条件和边界条件对它们的生长有利，出现无阻尼现象，并且衰减得很慢，这类参量数量极少，却驱使着其他快驰豫参量的运动，系统演变的最终状态或结构是由它们决定的。

序参量确定以后，我们讨论系统的演化时只研究序参量即可，序参量

第十三章　基于协同论的丝绸之路经济带产业集群价值网络重构

将整个系统的信息集中概括起来提供给我们,为我们了解、认识系统提供了一把钥匙。

二、知识产权优势与产业集群创新系统的序参量

所谓知识产权优势是指通过科学合理的知识产权制度安排,在创造、占有、转化和营运知识产权资源及其他知识要素的过程中,最大限度地提升核心竞争力,以实现长远的价值。它避免了笼统的竞争优势的理论缺陷,突出了以制度、知识、技术和品牌为核心的经济优势和社会价值、知识产权优势。具体体现在两方面:知识产权制度安排和知识产权资源。知识产权资源与技术创新、经济发展和核心竞争力密切相关,是关系企业生命和产业经济发展的关键因素;同时,知识产权保护和规制等制度安排则是维系创新系统协同有序演进的重要保障。通过具体分析,可以发现知识产权优势在演变过程中的主导作用。

(一)集群创新系统开放性是知识产权优势产生的前提

集群创新主体的多元化和多层次化决定了集群创新系统的开放性。产业集群包括一连串上、中、下游产业以及其他企业或机构,如零部件、设备、服务等供应商以及特定基础建设的提供者。集群向下会延伸到下游企业和顾客,也会延伸到互补性产品的制造商以及和本产业有关的技能、科技或是共同原料等方面的公司。集群还包括政府和其他机构,像大学、制定标准的机构、职业训练中心以及贸易组织等,提供专业的训练、教育、资讯、研究以及技术支援。集群创新系统具有创新系统的共性特征,内部呈现网络结构,同时以合作创新为主要形式,以创新网络为载体,以资源、信息、技术共享为目的,与外界发生着广泛的联系,说明不是一个封闭系统,而是开放系统。

集群创新系统与外界的能量交换决定了知识产权优势产生的前提。集群创新系统是一个包含若干要素的复杂系统,不断从外界环境引入资金、人才、信息等负熵流,抵制熵增,使系统有序度的增加大于其自身无序

度的增加,促使系统向有序方向演化。如企业通过科技教育和岗位培训挖掘企业现有人才资源的潜力,并采取多种招聘手段及优惠措施广泛吸引国内外各专业领域的优秀人才,引入人才负熵流,使创新系统保持鲜活的动力;通过企业自筹,同时不断拓宽融资渠道,使创新系统源源不断地引进资金负熵流;吸纳外界最新信息以引入负熵流,抑制由于信息老化而导致的信息熵增,避免系统向无序方向发展。这一系列开放性活动导致两个过程相继出现,一是知识化过程,即知识的溢出、共享、转化、应用到新知识产生的过程,而知识恰是集群创新系统的核心元素;二是价值化过程,即通过知识的应用与生产,创新系统内部诸要素协同作用产生了知识产权资源和知识产权制度安排,也即知识产权优势得以出现。知识产权优势实质是外化为知识产权的制度安排、稀缺性核心知识、关键技术等。

(二)要素间非线性作用导致集群创新系统远离均衡态

非线性作用,是指复杂系统中要素间存在的相互作用方式,由于描述这种相互作用的方程是非线性微分方程,所以称之为非线性相互作用。与线性相互作用相比,非线性作用具有不独立的相干性、时空的不均匀性和多体的不对称性等特点。

如前所述,产业集群创新系统是产业集群创新主体与产业集群创新环境的叠加。产业集群创新系统内部诸要素间的相互作用是非线性的。

首先,产业集群创新主体之间存在着非线性的相互作用。产业集群创新主体由企业、科研机构、中间组织(行业协会等中介服务组织)、公共部门(政府等公共组织机构)构成。研究表明,任何个人或某个有创新能力的企业,都很难单独进行重要的创新活动。系统内的创新行为主体采取目的结网形式,企业、大学、科研机构、政府机构等有选择地相互进行长期合作,在此基础上结成长期稳定关系。这种关系包括各行为主体之间通过各种合同而结成的正式合作关系,以及非合同性的但在长期交往如面对面谈判、信息交流、新思想的交流等过程中所结成的非线性关系。如企业通过中介组织把具有核心优势的科研成果产业化;企业与科研院所

第十三章 基于协同论的丝绸之路经济带产业集群价值网络重构

打破平衡的独立主体运作模式,不断进行信息、资金、人才等的交换,提高科技成果的成熟性、实用性以及决策的正确性,减少技术创新过程中的不确定性;政府、企业、大学、研究院所、中介机构等为寻求共同的社会经济目标而建设性地相互非线性作用,并将创新作为变革和发展的关键动力,创造、引入、改进和扩散知识和技术,使系统创新取得更好绩效。所以,产业集群创新主体之间存在很强的非线性作用,它们之间的相干和协同作用会为集群创新系统形成新的有序结构创造条件。

其次,产业集群创新环境诸要素之间也具有非线性相互作用。集群创新环境因素包括产业集群内部的创新平台与规制、区域经济环境和社会文化环境,以及产业集群外部的产业发展技术、市场环境、产业政策等,涵盖社会、文化、市场、外部资源和规制等多方面内容。内部的创新平台会因外部的产业发展技术水平而相应式微或扩张;知识产权规制水平又决定产业发展技术的走向;而产业发展技术会影响产业政策的制定和调整;外部产业政策的调整又同时扰动了区域经济环境和外部市场环境;区域经济环境和社会文化环境相互作用,决定了系统内部技术创新与扩散的机制。可见,产业集群创新环境诸要素之间的作用也是错综复杂的非线性作用,引导这些因素发生协同作用有利于集群创新系统健康有序演化。

最后,集群创新主体与集群创新环境之间也存在着较强的非线性作用。创新是包括基础研究、应用研究、技术开发、产品定型、产业投资、产品商业化和产品对市场的适应等众多互补功能之间的合作与联系的一种很复杂的过程。单个企业不能操纵技术创新的全部过程和创新所需的各种要素,创新需要创新主体建立与环境之间的联系,需要企业间既竞争又合作的特殊文化氛围。如创新平台建设需要相关创新主体共同推进;作为知识生产和提供者的研究开发机构、实验室和大学、人力资源开发的培训机构、金融机构、产业协会、技术服务机构等,这些科研机构和中介组织对创新平台的建设起着很强的制约作用,既有相互不断促进、放大正反馈作用,也有维持稳定、抑制或制约偏离的负反馈作用;市场需求及市场竞争状况等市场环境会对企业创新有调节和刺激作用;政府制定产业政策,决定知识产权规制水平及系统内部其他产业规制手段,影响区域经济环境;产业政策及产业发展技术会影响企业创新的走向以及科研机构与企业的合作。凡此种种,不胜枚举,说明集群创新主体与集群创新环境之间也存在着十分复杂的非线性作用,对这些作用加以有效利用和引导,将对集群创新系统自组织起到很好的推动作用。

集群创新系统中各要素之间存在竞争和协作,这种博弈本质是非线性的,结果是系统保持一种远离均衡态的动态平衡。远离平衡态不仅是集群创新系统出现有序结构的必要条件,也是知识产权优势涨落的原因。

(三)集群创新系统动态平衡导致知识产权优势的涨落

协同学提示了物态变化的普遍程式:"旧结构—不稳定性—新结构",即随机"力"和决定性"力"之间的相互作用把系统从它们的旧状态驱动到新组态。"协同导致有序"是这一基本理论的高度概括。涨落是状态变量对其平均值的偏离,是对原有系统均衡态的破坏,又是使得系统达到新的均衡状态的内在动力。在自组织理论框架下,涨落是产业集群创新系统演化的内在动力,是驱动集群创新系统由原来的稳定分支演化到耗散结构分支的初始推动力。系统处于动态平衡之中,创新主体之间、环境要素之间的相互作用以及创新主体和环境要素之间的相互作用会引起知识产权优势这一变量的涨落,知识产权优势的涨落随机地驱动系统中各个要素在获取物质、能量和信息的非平衡过程,这种涨落在临界点经正反馈放大后,会形成巨涨落,从而导致创新过程突变,系统就有可能涌现出新的结构,朝着新的方向演化。

初始状态,创新主体更多地处于"并驾齐驱"的竞争,而创新总是在这种势均力敌的竞争中发生得最频繁,因为这时企业处于同一技术水平,谁都无法施加市场权力。当国内创新能力尚处于对现有产品和技术进行微小创新的初级阶段时,传统观点通常会把鼓励技术传播和抵制知识产

第十三章 基于协同论的丝绸之路经济带产业集群价值网络重构

权保护混为一谈,然而事实表明,忽视知识产权优势将使经济长期处于低水平的恶性竞争之中,集群创新系统行为将受到抑制。知识产权优势促进了产业集群内知识的积累、溢出、共享、转化等活动,因而企业以知识产权优势摆脱竞争的动力最为强烈。反垄断规制通过限制领先企业实施市场权力来鼓励竞争,导致模仿削弱领先企业的创新动力,而知识产权保护政策却是通过授予知识产权所有者垄断权力来规避竞争以鼓励创新。两者在集群创新系统中相互协同作用,知识产权优势充当了集群创新系统的慢驰豫变量。当重要发明、技术突破、生产要素与供求状况的重大变化以及其他突发事件发生,即所谓过程突变、巨变时系统结构、模式趋变,发生知识产权优势的转移,进而引致该创新集群产业主导发展技术、产品的转向,核心知识、关键技术及技术支持、技术许可安排的变迁。集群创新系统依靠参量涨落发生巨变,从而达到新的稳定状态。

第四节 重构"产业集群格局"的体系分析

随着经济的发展和经济全球化进程的加快,原有产业集群的发展方式,包括集群企业的生存基础、行为特征及其所依托的"区域网络平台"变得越来越不适应。我们的许多集群企业正不断被推向全球化视野下价值链的低端、以低成本劳动力和粗放式资源消耗作为自己的生存基础;以成本优势和无序价格竞争作为自己的行为特征,从而大大削弱了集群企业的竞争力和可持续发展能力。根据我们长期对浙江产业集群和集群内企业的实地调查,浙江产业集群大多是以规模密集型和供应商支配型为主要特征的加工和组装式集群,没有成为制造基地,更没有成为产业中心;加之集群企业间的同业无序竞争,产品利润空间迅速压缩。此外,许多产业集群依托于粗放式发展模式所产生的"拥挤成本"包括过度竞争、资源短缺、工业污染、商业成本上升等。企业经营理念、创新模式的相对"锁定"和"依赖"等,已经并将继续削弱产业集群的竞争力;特别是过分地依赖非熟练工人,靠支付低工资来生存发展的现状并没有太大转变。调查显示枉少华等久在浙江,当前以低工资和低价格作为自己生存基础的企业约占 1/4;相反,产品质量好、精度高和具有独特设计的企业,只占企业总数的 1/3。

在资源配置方面的行为特征是,由于雇用了低工资的就业人员,而使企业生存发展的比例高达 26%;相反,具有较高产品开发技术、生产工艺技术和管理水平的企业只占企业总数的 30%。正与美国著名管理学家波特指出的,"当一个国家把竞争优势建立在初级生产要素上时,它通常是浮动不稳的,一旦新的国家踏上相同的发展阶梯,也就是该国竞争优势结束之时"。一个国家是这样,一个区域产业集群也是这样。如何改变长期沿袭下来的粗放型产业集群发展模式?如何创造和培育产业集群高级化演进中所需的高级生产要素?如何构建在国际视野下,作为产业集群高级化演进中的竞争优势核心来源的"四大区域网络"(区域产业网络、区域创新网络、区域虚拟网络和区域融资网络)是摆在当前产业集群发展中一个亟待解决的问题。

一、基于产业集群的"区域产业网络"及其重构

(一)"区域产业网络"是中小企业嵌入全球价值链的基本平台

区域产业网络是指产业集群内各成员企业按照价值链的要求进行的网络联结。在这种网络型组织中,各企业之间的联结基本上不是通过产权确立的基础上达成的承担各自义务与职责、分享既定利益的约定。当某一产品或服务结束,围绕这一价值链的网络就不存在了,但各成员企业还会寻求建立新的网络联结,重新围绕另一条价值链来进行价值创造活动。在"区域产业网络"这个有机体中,各个相关企业各自承担一部分职能,共同创造更大的网络经济价值。与现代大企业相比,集群产业网络中的每个企业是独立的、自主经营的,但又可取得规模或范围经济;与纯市场交易行为相比,集群网络中的企业既可获得分工效率,又产生协同效

第十三章　基于协同论的丝绸之路经济带产业集群价值网络重构

应;这就是为什么现代经济活动主要是通过生产网络来实现的。

理论与实践浙江集群经济的发展已证明,区域产业网络之所以成为中小企业嵌入全球价值链的主流模式和基本平台,是基于以下四大因素:第一,基于集群的区域产业网络提高了区域内专业化分工与合作水平,取得了外部规模经济和范围经济效益;第二,基于集群的区域产业网络优化了专业化分工和市场竞争,使网络中的企业能够而且只能集中于其所擅长的核心经济活动上,从而有效地将网络各节点企业的核心竞争力整合形成整个区域产业网络的核心竞争力;第三,基于集群的区域产业网络有利于克服市场协调经济活动通常遇到的机会主义和企业组织刚性问题,是市场和企业的一种替代;第四,基于集群的区域产业网络能超越企业边界进行资源配置,从而实现资源在更大范围内优化配置,提高了资源配置效率。

(二)历史形成的"区域产业网络"当前正面临挑战

在改革开放初期的短缺经济环境下,当时民营企业发展存在着很高的体制壁垒和资本壁垒;在这种约束条件下,他们只能优先选择生产与国有企业具有较强互补性、较低竞争性和较低资本壁垒的劳动密集型的产品。但是,20年过去了,鉴于产业结构演化中呈现的路径依赖性,我国的很多产业集群至今仍基本"锁定"在劳动密集型的轻工部门。尽管在许多传统劳动密集型行业中,产业集群内专业化分工程度之高,营销网络之密,市场竞争力之强,几乎无人能与匹敌;但是,另外一个不容忽视的问题是"70:10:10"现象的凸现:产量占全球的70%、销售收入占10%,而利润则仅占10%。以浙江为例,据国家统计局对532种主要工业产品产量统计,2001年,浙江有336种产品的产量居全国前10位,占被统计产品的63%,其中有109种产品产量居全国前两位,但是集群产品多为附加值低的劳动密集型低端产品,收益并不理想,很多企业仅是赚取极其微薄的加工费。如何尽快改变这种情况,使产业集群的主业有效地插入全球价值链,并逐步向价值链的两端延伸,进而不断改善中国产业集群在国际竞争中的地位是当前摆在我们面前一个重要问题。

(三)"区域产业网络"重构中的路径探索

中国产业集群发展到今天,已经出现了哈佛商学院教授 Michael Jense 所论及的现象:一个行业产生伊始,高额的投资回报必然吸引大量的资本进入,从而促进该行业的发展并推动行业走向成熟;由于过量资本的涌入最终又形成了过剩的生产能力,这些过剩的生产能力就需要有一定的渠道退出。而整合不但为这些过剩生产能力的退出提供了可能,而且因这种整合而提高了行业集中度,在提升了企业核心竞争力的同时实现了规模经济效益。

本节所论及的基于集群的产业整合是指集群内的强势企业,主要是小巨人企业通过收购、兼并、合并、合资、战略结盟等方式取得竞争对手的产能、市场份额和经营性资源(人才、品牌、营销渠道、原材料或零部件供应关系等)的一种发展模式。这种方式将使整合者在快速获得企业成长的同时,优化集群内的产业结构和竞争秩序,给集群内资源的流动提供一个通道,有利于提高产业集群的竞争力。特别是产业整合中所整合的是集群内的存量产能和市场份额,所以即便在市场总量或集群产能总量不增长的条件下,企业也可以通过产业整合的方式获得成长,集群也可以通过产业整合来进行高级化演进。这一点对于普遍存在产能存量过剩和集群内恶性无序竞争的中国产业集群尤为重要。

根据东方微巨传媒策划公司选择3000多家中小型目标企业,历经10个月所进行的调研显示:90%以上的中小企业认为"整合"是一种战略选择;90%以上的中小企业认为产业整合与资源整合都是必要的。我们也进行了相关的调研,并已深切感到在浙江的许多产业集群中,以产业整合为突破口,以集群中的"小巨人企业"为主体、沿着全球分工体系中的价值链进行区域产业网络重构的时机基本上已经成熟。但遗憾的是,由于

第十三章　基于协同论的丝绸之路经济带产业集群价值网络重构

社会文化等种种原因,进展缓慢。正与一直关注浙江区域产业网络重构问题的上海交通大学阎峰教授的感受一样,"为什么像浙江省一些竞争已经白热化的产业集群,如温州柳市低压电器行业等地未能出现产业整合者"?

二、基于产业集群的"区域创新网络"及其重构

(一)区域创新网络的界定

区域创新网络由创新核心主体(企业)、创新基础系统包括物质基础和知识基础,如主要由公共研究机构、私人研究机构、技术中介机构、职业中介机构、教育机构和政府机构等环口区域,创新制度环境包括信用环境、社会文化和价值取向环境等构成。国外对"创新网络"(Innovation Networks)的研究,可以追溯到美国经济学家熊·彼特(Joseph A. Schumpeter)在1912年首次提出的"创新理论"。以后有世界著名技术创新研究学者伦德瓦尔(B. Lundvall)提出的(产品)创新是生产者——用户交互作用过程论点,以及1996年英国卡迪夫大学库克(Philip Nicholas Cooke)教授在其主编的《区域创新系统:全球化背景下区域政府管理的作用》一书中所提出的"在地理上相互分工与关联的生产企业、研究机构和高等教育机构等构成的区域性组织体系"的论点等。区域创新网络的研究自20世纪90年代才被中国政府和理论界广泛重视。几年来,国内学者从熊·彼特定义的区域创新内涵中的某一个侧面并结合中国的实际情况进行了诸多研究,取得了一些成果。综合国外的研究成果,可以认为区域创新网络至少应包括以下基本内涵:(1)具有一定的地域空间范围和开放的边界;(2)以生产企业、研究与开发机构、高等院校、地方政府机构和服务机构为创新的主要单元;(3)不同创新单位之间通过关联,构成创新系统的组织结构和空间结构;(4)创新单元通过创新组织结构和空间结构及其与环境的相互作用而实现创新功能,并对区域社会、经济、生态产生影响;

(5)通过与环境的作用和系统自组织作用维持创新的运行和实现创新的持续发展。

(二)区域创新网络的重构模式

实际上,产业集群"区域创新网络"的构建并没有统一的模式,大家都在不断地探索中。目前被证明是较为有效的做法是,首先在产业集群内选择并培育一些基于产业集群的、有"公共技术"特征的"新型创新主体",再以其为龙头,重构基于产业集群的"区域创新网络"。例如,浙江绍兴县轻纺产业集群中的"金昌"模式。它就是以"轻纺科技中心"为龙头,辅以行业技术开发中心以及产学研基地形成了三位一体的技术创新网络(图13.3)。

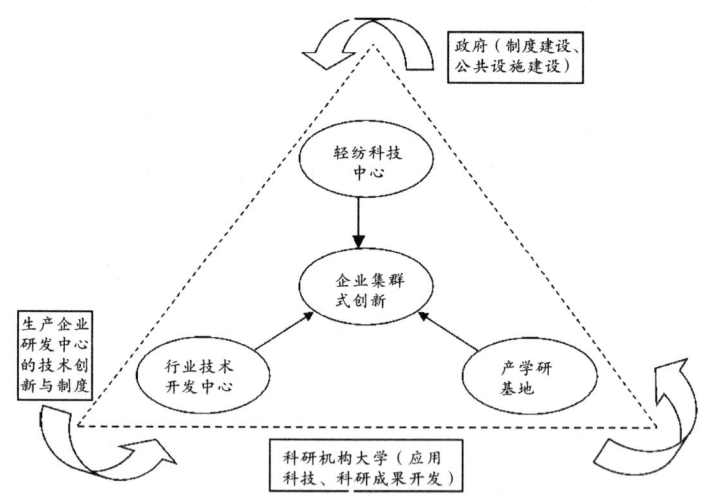

图 13.3 绍兴轻纺产业集群技术创新网络构建示意图

三、基于产业集群的"区域虚拟网络"及其重构

在产业集群理论研究中,人们很早就发现以一种虚拟形态出现的社会网络在区域经济发展中的重要性。无论在马歇尔的"产业区"、巴格那斯科的"第三意大利"、欧洲创新环境研究小组的"创新环境",还是斯托

第十三章 基于协同论的丝绸之路经济带产业集群价值网络重构

普的"非贸易性相互依赖",都强调或暗含着社会网络是促成企业间合作的基础,并由此产生集体效率。众所周知,经济网络是植根于社会网络之中的,而社会网络作为一种环境,对创新主体企业起着一种至关重要的作用。1957年经济史学家卡尔波拉尼在《作为制度过程的经济》一文中提出"人类经济根植于经济与非经济的制度之中"。格兰诺维特指出经济行为根植于社会结构,而社会结构的核心就是人们生活中的社会网络。社会关系、规则、制度等因素影响着作为经济主体的个人的决策活动,进而影响到他的经济行为。

从产业集群内企业之间的关系看,企业之间的关系绝不是纯粹的"显性"市场交易关系;相反,是包含了信任、合作、嵌入、相互锁定等特征在内的呈现出一种"隐性或虚拟"的网络关系。企业不是独立存在的,而是一群相互依赖的整体,这一点在产业集群内表现得十分明显。最近,有人提出了"联结经济"的概念,并指出:Cowan 和 Jonad 分析了组织之间的信息交易过程,发现企业间的信息交换可以产生效益,但绝大多数的这类交换或连接过程是当地化的,即知识的传递过程主要在企业网络的最邻近几个组织之间进行,而且相邻组织间的知识变异程度也较小。Contractor 和 Lorange 分析讨论了企业之间协同联结的战略联盟的当前发展态势,他们指出知识经济环境会比产品经济更加有助于战略联盟的发展,即企业之间的协同作用在新经济条件下会更趋重要。

根据我们的研究,产业集群区域虚拟网络主要表现为两种形态。一种是以信息化、网络化为主要特征的"有形虚拟网络"形态。即利用现代信息技术、计算机网络互联技术,发展电子商务,开设基于产业集群的"网上超市"开展网上交易,拓展信息服务功能,实现产业集群供应链、营销渠道的网络化,促进产业集群高级化演进的一种形态。另一种是基于区域社会文化和价值取向所形成的、以社会网络为主要特征的"无形虚拟网络"形态。关于基于产业集群的"无形虚拟网络"问题,中国的学者近年来做了大量的研究,如浙江学者对浙江省"内源型"产业集群中的基于人文方面的虚拟网络进行许多研究;珠三角地区和江苏省的许多学者对当地FDI产业集群中所形成的虚拟网络进行了许多研究。

区域"有形虚拟网络"的核心是如何使"信息"在集群内高速而低成本地流动、如何使"交易产品、技术、资源等"在集群内外通畅而低成本地进行。它既是产业集群赖以生存和发展的最本质要求之一,也是使集群内企业获得国际竞争优势的必由之路。现在,在一些著名的产业集群中,如浙江的绍兴轻纺产业集群和义乌的小商品产业集群等为了集群自身的发展,在实践中探索出一些各具特色的集群区域虚拟网络的路子来。

例如,随着义乌小商品集群的不断发展,义乌市政府为了"打造基于义乌小商品产业集群的全球最大超市",将义乌小商品城构建成基于产业集群的"网上超市"和现代物流网络,以形成产、供、销、运和外贸出口"一条龙"的小商品物流产业链。信息技术在产业集群中的充分运用,促使企业效率成倍提高。到目前,义乌国际物流分系统、国内物流分系统、企业分销管理系统和总部业务管理分系统的开发和建设基本完成,部分项目已经投入试运行,取得了较好的效果。

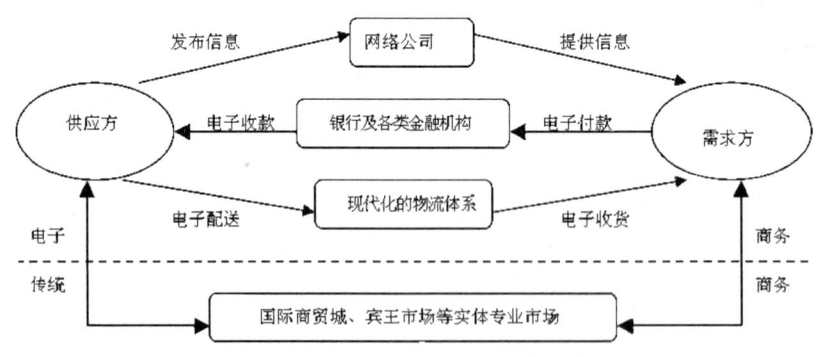

图13.4　义乌小商品城信息化运作总体框架

四、基于产业集群的"区域融资网络"及其重构

中小企业融资问题国内外已经有很多研究。本质上讲,基于产业集

第十三章　基于协同论的丝绸之路经济带产业集群价值网络重构

群区域融资问题属中小企业融资范畴。中小企业融资难是一个一直没有解决的世界性问题。我们认为,"小企业融资难是正常的,不难倒是不正常的"。严重的信息不对称、高企的交易成本以及所有者个人与企业的高度融合决定了小企业融资需求与传统理论之间存在着相当的差距,信贷配给问题在小企业当中表现突出。浙江学者史晋川研究了浙江温州和台州等地后认为,对于像浙江这样一个市场化程度高的区域,已经对国家统一的金融政策感到非常不适应,并在不断地寻找适合于集群经济发展的金融突破口。现在的问题是,一方面,民资富庶,东冲西撞,集群式地在地产市场(如著名的温州炒房团)、外汇市场甚至期货市场频繁出击;另一方面,庞大的中小企业苦于资金短缺,在银行门前发呆。我们认为,解决这些问题的关键是如何针对产业集群的特点,发挥企业集群独特的融资优势,构建基于产业集群的区域融资网络,使那些诚信、有发展前景的小企业及时地得到足够的资金支持,实现小企业的融资需求与信贷配给、金融工具创新对接,而不是简单地解决"小企业融资难"问题。那么,基于产业集群"区域融资网络"的特征及其赖以生存的基础是什么呢?

由于产业集群通常是以某一主导产业为核心,由大量产业联系密切的企业以及相关支撑机构在某一区域集聚的结果,具有地理接近、拥有共同的产业文化和制度背景等特征。从意大利的中北部地区、美国的加州硅谷到我国浙江的块状经济、广东珠三角的专业镇,无一例外。产业集群的这种空间上集聚,不但为形成区域产业网络、区域创新网络和区域虚拟网络提供了条件,也是构建区域融资网络所赖以生存的基础。因此,在对基于产业集群的"区域融资网络"进行重构时,应重点考虑以下因素:

(1)在重构区域融资网络时,应充分利用产业集群形成的独特产业环境因素。产业集群内的中小企业由于地域依附性和专业化分工与协作程度高,与一般游离的企业相比都具有独特的信用优势,因为声誉对集群中企业的生存与发展很重要,企业间的相互联系,比如承包、转包,产品的质量、交货时间、资金结算等本身就是建立在信任的基础上,一旦某企业信用缺失,很快就会在集群内传开。维持声誉的重要性,使集群内的中小企业不会轻易"妄动",使企业逃废债务的可能性减少。而且,集群内的中小企业往往离不开集群这个产业环境和赖以生存的社会网络,企业的"根植性"强,迁移的机会成本高,从另一方面也减少了企业的机会主义倾向,增大了企业的守信度,这是我们在重构基于产业集群区域融资网络时所必须利用的因素。

(2)产业集群的产业发展方向明确,一批生产经营及配套服务的上下游相关企业,主要是围绕某一产品系列发展,产业风险具有一定的可预测性;而且由于地理接近,集群内金融机构与企业之间的信息是准对称的,这是我们在重构基于产业集群区域融资网络时所必须利用的第二个因素。

(3)重构区域融资网络时,应充分考虑产业集群内集聚了数以千计的业务相同或相关的中小企业,尽管单笔业务量较小,但积少成多,可以取得规模经济与范围经济效益,有利于构建有特色的基于产业集群的区域融资网络。实践也证明,金融机构对集群内企业贷款的风险相对较小,以温州市为例,从统计数据看,温州各商业银行及城乡信用社人民币不良贷款比率比全省低6个百分点,与全国相比优势更为明显,温州市的信贷资产质量相对良好。

参考文献

[1] Asheim, COOKE B T, P. Localized innovation networks in global economy[C]. paper presented on the IGU commission on the organization of industrial space residential conference, Gothemburg, Sweden, 1998, (8).

[2] BALDARASSI, L. PAGANETTO L, and PHELPS E, eds. ´International Differences in Growth Rates. New York: MacMillan, 1994.

[3] BARKLEY, DAVID L, Stephen M·Smith, at al. High Tech Entrepreneurs in the Nonmetro West: Who is Starting what? [J]. Community Eeonomies Series WREP 116. Western Rural Development Center, Corvallis, Oregon. January 1990.

[4] BECKER, G S, MURPHY K M., The Division of Labor, Coordination costs, and Knowledge. Quarterly Journal of Economics. 1992, (4): 1137 - 1160.

[5] BRAUNERHJELM P., Borgman, B. Agglomeration, Diversityand Regional Growth[W]. CESIS, No. 71, 2006.

[6] BUEEOCK, CHARLES J. The Variation of Productive Forces[J]. The Quarterly Journal of Economics. 1902, 16(4): 473 - 513.

[7] BURE, R S. Structural holes: The social structure of competition [M]. Cambridge. MA: Harvard University Press. 1992.

[8] BUTLER P, HALL T W, HANNA A M. et al. A revolution in interaction [J]. The McKinsey Quarterly, 1997, (1):4 - 23.

[9] CAMAGNI, R. Innovation Networks: Spatial Perspectives [M]. London: Belhaven Press. 1991. 45.

[10] CANNING, D., FAY M, and PEROTTI R. Infrastructure and E-

conomic Growth [M]. In M.

[11] CAPALDO, A. Network Structure and Innovation: The Leveraging of a Dual Network as a Distinctive Relational Capability [J]. Strategic Management Journal, 2007, 28 (6): 585 – 608.

[12] Carbone, A. Galli F, Sorrentino A. Coordination Mechanisms along the Supply Chain: a Key – Factor forCompetitiveness [C]. 113th Seminar, 2009, Chania, Crete, Greece.

[13] Christoph H. Loch, Bemardo A. Huberman. A Punetuated – Equilibrium Model of Technology Diffusion[J]. Management Science, 1999, 45 (2): 160 – 176.

[14] Daniel Friedman. On economic applications evolutionary game theory[J]. Journal of Evolutionary Economics, 1998, 8: 15 – 43.

[15] Feldman MP. The Geography of Innovation[M]. Kluwer Academic, Boston, MA. 1994.

[16] Goldstein, Harvey and Michael J. Lugar, Research Parks Can be a Rural Development Tool [J]. Rural Development perspectives, Vol. 9 (2), 1994.

[17] Granovetter, M. The Strength of Weak Tie[J]. American Journal of Sociology, 1973, 78: 1360 – 1380.

[18] Granovetter, M. Economic action and social structure: the problem of embeddedness[J]. American Journal of Sociology, 1985, 91 (3): 481 – 510.

[19] H. Schmitz. Local Enterprises in the Global Economy[C]. Cheltenham: Edward Elgar, 2004.

[20] Harrison, Bennett and Sandra Kantor. The Political Economy of States' Job – Creation Business Incentives[J]. AIP Journal, Oetober1978.

[21] Ikujiro Nonaka. The knowledge – creating company: how Japanese

companies creat the dynamies of innovation[M]. Oxford University Press,1995.

[22] Kitchin, JosePh, Cyeles and Trends in Eeonomic Factors[J]. Review of Economics and Statistics, 1923, 5(1).

[23] Kondratieff, N. D. The Long Waves in Economic Life"[J]. Review of Economics andStatistics, 1935, 17(6).

[24] Krackhardt, D. Endogenous Preferences: A tructural Approach[C]. in Jennifer Halpern and Robert N. Stern Debating Rationality: Nonrational Aspects of Organizational Decision Making, Cornell University Press, 1998, 239 – 247.

[25] Kreps, D., Game theory and Economic Modeling[M], Oxford University Press,1990.

[26] Kuhn H. W., Classics in Game Theory[M], Princeton University Press,1997.

[27] Lin, J. Y., Tan, G., Policy Burdens, Accountability and the Soft Budget Constraint[J], American Economic Review, 2009.

[28] Lundvall, B. National systems of innovation: towards a theory of innovation and interactive learning[M]. London: Pinter Publishers, 1992.

[29] M. W. Lee. Economic fluctuations[M]. Homewood, IL, Richard D. Irwin, 1955.

[30] Melissa M. AP Pleyard. Knowledge Diffusion in the Semieonductor Industry[J]. Journal of Knowledge Management,1999,3(4):27 – 34.

[31] Messner D, Meyer Starmer J, Governance and Networks: Tools to Study the Dynamics of Clusters and Global ValueChains[C], Paper prepared for the IDS/INEF Project.

[32] Nelson R., Winter, S. G., A evolutionary theory of economic change[M]. Cambridge: Cambridge University Press, 1982.

[33] Porter M E. Clusters and New Economics of Competition[J]. Harvard Business Review, 1998,(11).

[34] Porter M E. The Competitive Advantage of Nations[M]. 1990, London: Macmillan.

[35] Porter, Michael. Knowledge – based clusters and National Competitive Advantage[J]. Ottawa: Presentation to Techno polis 97, September, 1996:15 – 60.

[36] Reagans R, McEvily B. Network structure and knowledge transfer: the effects of adhesion and range[J]. Administrative Science Quarterly, 2003,48:240 – 267.

[37] Reisdorph, David H. Industrial Parks as an Economic Asset[J]. Economic Development Review. Fall1991.

[38] Robert Gibbons, A Primer in Game Theory [M]. Harvester Wheatsheaf,1992.

[39] Rogers, E. M. Diffusion of innovation[M]. New York, Free Press, 1995, 4th edition, . pp:336 – 352.

[40] Roy Gardner, Games for Business and Economics[M]. 1995.

[41] SchumPeter, J. A. History of Economic Analysis[M]. London: GeorgeAllen&Unwi, 1954.

[42] Shaffer, Ron. Community Eeonomies, Eeonomic Structure and Change in Smaller Communities [M]. Ames, Iowa: Iowa State University Press 1989.

[43] Swee C Goh. Managing effective knowledge transfer:an integrative framework and some Practice implications[J]. Journal of Knowledge Management,2002,6(1):23 – 30.

[44] Syed Omar Sharifuddin Syed – – Ikhsan, Fytton Rowland. Knowledge management in a Public organization: a study on the relationship be-

tween organizational elements and the performance of knowledge transfer[J]..Journal of Knowledge Management,2004,8(2):95-111.

[45] Venable, Tim. Attractive Business Park Deals for Tenants on the Rise[J]. Site Selection Magazine, December 1990.

[46] Vinton. D. E. A New Look at Time, Speed, and the Manager[J]. Academy of Management Executive, 1992, (6):9-28.

[47] WeibullJ. W. ,Evolutionary Game Theory[M]. MIT, 1995.

[48] H.哈肯.大自然构成的奥秘[M].凌复华,译.上海:上海译文出版社,1995:239.

[49] 艾伦·W·埃温斯.城市经济学[M].甘士杰,译.上海:远东出版社,1992:57-58.

[50] G·J·施蒂格勒.产业组织和政府管制(中译本)[M]. 上海:上海人民出版社,1996:82-83.

[51] 安娜蓓尔·碧莱尔.领导与战略规划[M].北京:机械工业出版社,2000:43-46.

[52] 包健.区域经济协调发展中的政府作用[M].北京:经济科学,2009.

[53] 蔡宁,杨门柱.企业集群风险的研究:一个基于网络的视角[J].中国工业经济,2003(4):59-64.

[54] 蔡宁.产业集群组织间关系密集性的社会网络分析[J].浙江大学学报(人文社会科学版),2006,(4):58-65.

[55] 蔡宁.企业集群风险的研究:一个基于网络的视角[J].中国工业经济,2003,(4):59-64.

[56] 蔡齐祥.高新技术产业管理[M]. 广州:华南理工大学,2000.

[57] 陈家祥.国家高新技术开发区效应演化与发展对策研究——以南京高新技术开发区为例[J].人文地理,2009,(3):78-83.

[58] 陈三可.组织文化_知识管理与企业竞争力作用机制研究[D].

四川:西南财经大学,2009.

[59] 陈文华.产业集群治理研究[M].北京:经济管理出版社,2007:95-96.

[60] 崔天明.高新技术开发区经济指标统计系统[D].长春:吉林大学,2011.

[61] 范明,汤学俊.企业可持续成长的自组织研究——一个一般框架及其对中国企业可持续成长的应用分析[J].管理世界,2004,(10).

[62] 方桂芬.高新技术开发区价值创造能力评价研究[D].湖北:华中科技大学,2008.

[63] 方齐云,郭炳发.演化博弈理论发展动态[J].经济学动态,2005,2:70-72.

[64] 冯·诺伊曼.摩根斯坦[M].上海:三联书店,2004(中译本).

[65] 傅淞.我国物流产业集群形成机理研究[J].中国集体经济(下半月),2007,02:71-72.

[66] 高博.国内外高新技术开发区创业环境的比较研究[D].长春:吉林大学,2006.

[67] 高洁,盛昭瀚.演化博弈论及其在电力市场中的应用[J].电力系统自动化,2008,27(18):18-21.

[68] 高世宪,梁琦,郭敏晓,等.丝绸之路经济带能源合作现状及潜力分析[J].中国能源,2014,04:4-7.

[69] 顾朝林.中国高技术产业与园区[M].北京:中信出版社,1998.

[70] 郭斌.企业核心能力生命周期论[J].科研管理,2001,(1):92-100.

[71] 郭毅,朱森.企业家及企业家网络构建的理论分析——基于社会网络的分析观点[J].苏州城市建设环境保护学院学报(社会科学版).2002,(1):44-48.

[72] 哈伯勒.繁荣与萧条[M].北京:商务印书馆,1963年.

[73] 洪银兴.地方政策行为和中国市场经济的发展[J].经济学家,1997,(1):77-84.

[74] 胡鞍钢,马伟,鄢一龙."丝绸之路经济带":战略内涵、定位和实现路径[J].新疆师范大学学报(哲学社会科学版),2014,2.

[75] 胡大立.企业竞争力论[M].北京:经济管理出版社,2001.

[76] 胡娟,余凌,杨瑶.物流产业集群演进机制及发展模式探析[J].商业时代,2014,32:28-29.

[77] 胡俊杰.产业集群的稳定性分析[D].上海:华中科技大学,2004.

[78] 黄继忠.区域内经济不平衡增长论[M].北京:经济管理,2001.

[79] 黄文冠.马克思主义经济周期理论与当前经济危机解析[D].安徽:安徽大学,2010.

[80] 惠海霞.区域增长极与周边地区的协调发展研究[D].西安:西北大学,2008.

[81] 江曼琦,张志强.推进型企业在区域发展中的极化与扩散作用机理与效应分析—个案例研究[J].中国软科学,2008,(1):78-87.

[82] 姜巍,高卫东,熊天琦.中国能源产业网络结构特征分析[J].干旱区资源与环境,2015,08:196-202.

[83] 金碚.竞争力经济学[M].广州:广东经济出版社,2003.

[84] 金晶.基于经济周期理论的中国纺织产业发展周期性研究[D].上海:东华大学,2011.

[85] 科斯等著.财产权利与制度变迁(中译本)[M].上海:上海人民出版社,1995:286-287.

[86] 雷井生.中小企业创新网络中知识转移机制研究[D].湖南:中南大学,2010.

[87] 黎继子,蔡根女. 价值链供应链视角下的集群研究新进展[J]. 外国经济与管理,2004,26(7):8-11.

[88] 李福龙,赵景柱. 西部能源资源富集地区产业集群形成机理与发展模式研究[J]. 中国能源,2011,05:17-20+28.

[89] 李金华. 基于复杂网络理论视角的产业集群网络特征浅析[J]. 苏州商论,2007,(1):46-47.

[90] 李明霞. 企业进化机制研究[M]. 北京:北京图书馆出版社,2001.

[91] 李煜华,胡运权,孙凯. 产业集群规模与集群效应的关联性分析[J]. 研究与发展管理,2007,(2):63-70.

[92] 李垣,刘益. 基于价值创造的价值网络管理:特点与形成[J]. 管理工程学报,2001,(4):38-41.

[93] 林毅夫. 繁荣的求索——发展中经济如何崛起[M]. 北京:北京大学出版社,2012年.

[94] 林毅夫. 新结构经济学的理论框架研究[J]. 现代产业经济,2013,3.

[95] 林毅夫. 新结构经济学——反思经济发展与政策的理论框架[M]. 北京大学出版社,2012,(17):219-220.

[96] 林毅夫. 新结构经济学——重构发展经济学的框架[J]. 《经济学》(季刊),2010,(1).

[97] 刘光明. 企业文化[M]. 北京:经济管理出版社,2004.

[98] 刘君言,陈梦玫. 打造丝绸之路经济带可再生能源走廊——宁夏可再生能源产业发展研究[J]. 宁夏社会科学,2016,01:144-149.

[99] 刘滢. 重庆物流现状及其发展建议[J]. 科技信息,2013,26:484-485.

[100] 刘振彪,陈晓红. 企业家创新投资决策的进化博弈分析[J]. 管理工程学报,2005,19(1):56-59.

[101] 卢杰.社会网络嵌入性对产业集群竞争力的影响分析[J].江西社会科学,2009,(5):108-111.

[102] 罗家德.网络理论、产业网络与技术扩散[J].管理评论,2003,(1):27-31.

[103] 马丽.物流产业集群发展模式研究[D].武汉:武汉理工大学,2008.

[104] 马玉杰,朱亚琪.浅议青海物流的发展[J].中国市场,2010,41:17-18+29.

[105] 迈克尔·波特.国家竞争优势[M].北京:中信出版社,2015.

[106] 蒙第.政治经济学新原理[M].何钦,译.北京:商务印书馆,1964.

[107] 姆斯·C·柯林斯,杰里·I·波勒斯.基业常青[M].北京:中信出版社,2003.

[108] 穆继丰,张炜,陈方丽.建立企业竞争优势的知识管理框架[J].决策借鉴,2002.

[109] 庞俊婷.虚拟产业集群创新网络中知识转移影响因素实证研究[D].湖南:中南大学,2013.

[110] 朴昌根.从物质系统有序结构看经济系统有序结构[J].系统工程,1988,(2):1-4.

[111] 齐炳和.企业技术创新理论分析与实证研究[D].山东:山东大学,2006.

[112] 钱德勒.企业规模经济与范围经济:工业资本主义的原动力[M].北京:中国社会科学出版社,1999.

[113] 任佳星,王帅."一带一路"战略下新疆物流业的现状与前景[J].中国市场,2016,02:18-19.

[114] 盛洪.分工与交易[M].上海:上海人民出版社,1995:151-153.

[115] 孙冰.企业自主创新动力系统的协同论解释[J].商业经济与管理,2008(4).

[116] 孙伟.网络位置、知识转移对集群企业竞争优势的影响[D].浙江:浙江工业大学,2012.

[117] 孙壮志."丝绸之路经济带":打造区域合作新模式[J].新疆师范大学学报,2014,3.

[118] 谭雍.技术创新理论结构研究[D].湖南:湖南大学,2006.

[119] 唐凯江,蒋永穆.产业集群演化论[M].北京:社会科学文献出版社,2013.

[120] 汪鸣,王彦庆.丝绸之路经济带物流系统建设发展思路[J].交通建设与管理,2013,12:20-23.

[121] 汪少华,汪佳蕾.基于产业集群的区域网络重构研究[J].科研管理,2007,03:47-52+69.

[122] 王贝贝,肖海峰,孙赫.丝绸之路经济带:省区经济增长与产业优势[J].广东财经大学学报,2015,01:4-11+22.

[123] 王博,闫军,郭春晖.甘肃物流特点及发展探讨[J].物流科技,2014,10:82-85.

[124] 王金柱.技术自组织演化机制和序参量[J].自然辩证法研究,2007,(4).

[125] 王凯.企业集群的地方化学习与知识转移研究[J].情报杂志,2009,28(3):134-137.

[126] 王琴.基于价值网络重构的企业商业模式创新[J].中国工业经济,2011(1):79-88.

[127] 王小明,王艺锦.西部地区能源产业集群发展战略研究[J].西部论坛,2010,03:42-50.

[128] 王永平,孟卫东.供应链企业合作竞争机制的演化博弈分析[J].管理工程学报,2007,18(2):96-99.

[129] 魏江.产业集群——创新系统与技术学习[M].北京:科学出版社,2003.

[130] 魏娟.物流业集群组织结构演进及动因研究[J].物流技术,2014,19:27-29.

[131] 魏明亮,李斌.价值网络理论在中国跨国公司物流供应链中的应用研究[J].中国市场,2008,45:124-125.

[132] 吴桂明,李红伟.宁夏现代物流业发展现状及对策建议[J].现代经济信息,2012,20:228.

[133] 吴强军.中小企业集群成长的影响因素及其实证研究——以永康小五金产业为例[J].浙江社会科学,2004(5):73-78.

[134] 西斯蒙第.政治经济学新原理[M].何钦,译.北京:商务印书馆,1964.

[135] 谢识予.经济博弈论[M].第3版.上海:复旦大学出版社,2007.

[136] 谢识予.有限理性条件下的进化博弈理论[J].上海财经大学学报,2001,3(5):3-10.

[137] 熊爱珍.浅谈低碳经济下陕西快递物流业的发展[J].物流科技,2014,01:76-78.

[138] 熊彼特.经济发展理论[M].孔伟艳等,译.北京:北京出版社,2008.

[139] 徐婷.网络关系强度、组织学习与技术创新的关系研究[D].山西:中北大学,2014.

[140] 杨锐.产业链竞争力理论研究[D].上海:复旦大学,2012.

[141] 叶建亮.知识溢出与企业集群[J].经济科学,2001(3):23-30.

[142] 尹伯成(主编).西方经济学简明教程[M].4版.上海:上海人民出版社,1995:463-464.

[143] 远亚丽,张长森. 基于网络视角的物流产业集群协同创新能力评价与提升策略[J]. 铁道运输与经济,2015,04:29-33.

[144] 约瑟夫·熊彼特. 经济发展理论[M]. 何畏等,译. 北京:商务印书馆,1997:73-74.

[145] 张超. 丝绸之路经济带研究综述[J]. 理论月刊,2015(5):112-115.

[146] 张洁. 综合比较优势视角下的中国产业集群竞争力研究[D]. 长春:吉林大学,2011.

[147] 张良桥,郭立国. 论模仿者动态理论[J]. 中山大学学报(自然科学版)[J],2003,42(3):97-99.

[148] 张维迎. 博弈论与信息经济学[M]. 上海:上海三联书店,上海人民出版社,1996.8.

[149] 赵瑞霞,刘友金,胡黎明. 基于行为生态学的产业集群规模研究[J]. 求索,2005,(2):29-31.

[150] 郑霖,马士华. 供应链是价值链的一种表现形式[J]. 价值工程,2002,(1):9-12.

[151] 周煊. 企业价值网络竞争优势研究[J]. 中国工业经济,2005(5):112-118.

[152] 周颖. 产业集群竞争力分析:以浙江纺织业集群为例[J]. 技术经济,2007,26(1):22-25.

[153] 周云飞. 陕西制造业与物流业协同演化研究[D]. 西安:西安工业大学,2014.

[154] 朱华晟. 浙江产业集群[M]. 杭州:浙江大学出版社,2003:105-106.